브랜드와
고객체험

브랜드와
고객체험

김우성 지음

이담
Books

이 저서는 2012년도 영산대학교의 지원을 받아 출판되었음.

머리말

필자는 평소 브랜드관리, 소비자행동, 마케팅 커뮤니케이션, 서비스마케팅 등의 분야에서 강의 및 연구를 해왔다. 필자가 마케팅 과목들을 가르치면서 항상 느끼는 것은 소비자와 브랜드가 조직체의 경영에서 핵심이 되어야 한다는 것이다. 브랜드들은 우리 주변에서 산재하고, 확장된 브랜드 개념을 적용할 때는 제품 관리뿐만 아니라 조직체 관리, 도시 관리, 국가 관리도 브랜드관리가 되는 것이다. 자기 자신의 관리도 브랜드관리의 원칙을 적용해서 성공적으로 행해질 수 있다. 체험마케팅은 다양한 근원을 가지고 있는데 1999년 Schmitt의 『Experiential Marketing』이라는 책이 발간되면서 감각, 인지, 감성, 행동, 관계를 통합하는 총체적 체험으로서의 관리가 학계와 소비 현장에서 체험마케팅 붐을 일으키게 했다.

필자는 이전부터 2000년대 이후 또는 최근 학계와 실제 소비시장에서 관심과 조명을 받고 있는 영혼마케팅(코틀러의 『마켓 3.0』), 브랜드개념 관리, 브랜드와 소비자 관계 모델, 스토리텔링 마케팅, 애호도 및 애호도 제고 프로그램, 브랜드 커뮤니티, 스타마케팅, 서비스브랜딩 모델, 체험마케팅 등의 중요하고 흥미 있는 주제들을 포함하는, 브랜드관리와 고객체험 관리의 이론들과 실제 활용전략들을 책으로 정리해보고 싶었다.

본 저서는 기본적으로 전공서적이며 기본적인 이론들, 모델들, 개념들, 원칙들 외에 심화된 지식을 포함하고 있다. 해당 분야의 핵심적인 논문들이나 서적들을 참고해 정리했고 필자 나름대로 해석을 했다. 본 저서는 브랜드관리의 이론들에서 끝나지 않고 마케팅 실무에서 적용될 수 있는 다양한 활용전략들도 제시한다. 실무에서의 활용과 독자들의 흥미를 위하여 각 장의 도입 사례들을 해당 장의 주제와 관련시켜서 제시했고 많은 브랜딩 사례들, 일부 미니 본문 사례들을 포함했다. 특히 각 장의 모든 도입 사례들은 최근까지의 다양한 참고자료들을 이용해 필자가 이 책을 위해서 직접 만들었다.

책을 쓰기에 앞서서 필자는 타깃 독자들을 미리 생각하고 책의 전체적 흐름, 포함될 주제들, 난이도, 구성을 결정했다. 필자는 이 책의 1차 타깃 독자들로 학계와 실무에서 브랜드 관리와 고객체험 관리의 전문적 지식과 활용전략들을 필요로 하는 전문 연구자들, 경영자들, 마케터들을 삼았다. 2차 타깃 독자들로 마케팅이나 관련 분야의 대학원생들, 고학년 학부 대학생들을 염두에 두었다. 이들에게 본 저서의 일부 심층 내용들은 다소 어렵게 느껴질 수도 있으나 일부 모델들이나 일부 이론들의 상세 내용은 대략적으로 이해하거나 일부 건너뛰더라도 큰 무리는 없을 것이라고 생각된다. 경영대학원 브랜드관리 관련 과목의 교재나 경영학과 학부 3, 4학년 마케팅 세미나 강좌, 고급 브랜드관리 강좌의 교재나 일반 브랜드관리 강좌의 부교재로서 활용되기에 적합할 것이다. 본 저서의 3차 타깃 독자들은 브랜드와 체험마케팅에 흥미를 가지고 있고 이 분야에서 교양서적을 찾고 있는 다양한 배경의 일반 독자들이다.

필자가 그들의 저작물들을 통해 많은 지식을 얻었고 창의적이고 미래지향적인 사고에 항상 감탄을 하는 마케팅의 대표적인 석학들인 Kotler, D. Aaker, Keller, Schmitt 교수님들의 연구들이 이 책을 저술하는 데 특히 큰 도움을 주었다. 또한 소비자행동과 브랜드관리에서 지식을 제공해주셨고 인지적 · 감성적 자극을 주셨던, 필자의 오리건 대학교의 박사과정에서 공동 지도교수들이었던 Kahle 교수님과 Boush 교수님께 감사를 드린다.

이 책은 필자의 다른 저서들에 비해서 더 많은 노력과 시간을 투자했다. 기존에 수집된 자료들을 바탕으로 후에 추가 자료들을 필요 시 첨가하면서 두 번의 방학 기간에 걸쳐서 실제 약 4개월 반 동안 이 책에 몰두해서 완성하게 되었다. 책을 쓰면서 즐겁기도 했지만 중간 중간에 지겹기도 하고 다른 연구할 일들이 가끔 생각나기도 했는데 가치 있는 결과물이 나오니 뿌듯함과 기쁨이 일어난다. 항상 긍정적으로 사시는 어머님, 자신의 일들에 충실한 아내와 아들에 감사한다. 마지막으로, 한국학술정보(주)의 채종준 대표이사님과 권성용 대리, 김소영 씨 등 직원 여러분께도 감사를 표한다. 본인의 작은 저서가 브랜드 관리 분야에서 작은 기여를 하기를 바란다.

2012년 2월
김우성

Contents

PART 2. 브랜드 관리

Chapter 5. 브랜드 커뮤니케이션 —————————————— 125

Chapter 6. 브랜드확장 —————————————————————— 155

Chapter 7. 서비스브랜드 관리 ——————————— 183

PART 3. 체험마케팅의 핵심과 활용

Chapter 8. 체험에 관한 접근방법과 고객체험의 5가지 유형들 ——————— 205

PART 1
브랜드의 이해

Chapter 1

현대 마케팅과 브랜드

〈도입사례: 코카콜라(Coca-Cola)〉

영국 브랜드컨설팅 회사 '인터브랜드'와 미국 '비즈니스위크'가 2011년 10월 공동 발표한 '올해의 100대 글로벌 브랜드'에서 코카콜라는 작년보다 2% 상승한 약 719억 달러를 기록해서 12년 연속 1위를 했다.

코카콜라의 역사

1886년 애틀랜타의 약제사인 J. S. 펨버턴이 코카의 잎, 콜라의 열매, 카페인 등을 주원료로 하는 음료를 만들어 "코카콜라"라는 이름으로 상품화하였고 1893년에는 브랜드명을 법적 트레이드마크로 등록했다. 1888년에서 1891년 사이에 펨버턴은 약 $2,300에 약제사인 캔들러에게 제조 및 판매권을 넘겨주었으며 1895년 캔들러는 코카콜라 원액 제조 공장을 시카고와 댈러스, 로스앤젤레스에 세웠다. 1916년 인디아나 주의 테러호트 시의 루트글래스 사에서 코카콜라 병을 생산해내기 시작하였으며, 1923년 우드러프가 코카콜라의 사장직을 맡게 되면서 전 세계적으로 코카콜라가 알려지기 시작하였으며, 특히 제2차 세계대전 중에는 국방성의 후원으로 매출이 대폭적으로 늘어났다. 현재는 코카콜라 외에 환타, 스프라이트, 티부 등의 청량음료와 과즙음료를 제조하여 세계 각국에 판매하고 있다. 특히, 코카콜라는 미국에서 최대의 시장점유율을 자랑하며 국외에서도 아메리카니즘의 대명사로 쓰일 만큼 보급되어 있다.

코카콜라는 본사에서 원액만을 제조하여 국내 및 해외의 특정회사에게만 공급하는 프랜차이즈 방식을 채용하고 있다. 국외의 회사에 대해서는 자본, 종업원 등에 관하여 철저한 현지주의를 채용하고 있는 것이 특징이다. 한국에서는 1997년 현지법인인 (주)한국 코카콜라보틀링를 설립하여 직영체제로 전환하고, 2001년에 (주)한국 코카콜라로 상호를 바꿨다.

브랜드자산

코카콜라는 브랜드명에서 '오'와 '아'가 단순 반복되면서 외우기 쉽고 청각적인 즐거움을 준다. 코카콜라의 브랜드 인지도는 오랜 시간에 걸쳐서 형성되어 왔고 탄산음료, 콜라 하면 바로 떠올려지는 대표적인 브랜드로 자리 잡았다. 코카콜라는 브랜드를 통해 자유롭게 즐기는 자아를 표현하는 상징적 브랜드 이미지를 가진다. 단순한 음료가 아니라 그 자체가 미국의 문화를 상징하는 브랜드 아이콘이 되어서 반미운동이 일어날 때는 불매운동의 주요 대상이 된다. 저관여 제품이지만 꾸준한 품질 관리를 해오고 있고 친숙하지만 좋은 품질의 브랜드로 지각되어 오고 있다.

코카콜라는 애호도를 가진 고객들을 많이 확보했다. 코카콜라는 제2차 세계대전 중에는 해외의 미국 군인들에게 고향을 의미하였고 1960년대와 1979년대의 베트남전쟁과 가치관의 상실로 인한 혼란기에는 안정과 평화의 상징으로서 자리 잡는 등 다양한 소비자들의 희망, 위로, 기쁨, 즐김을 대변하는 브랜드로서 오랜 기간 동안 소비자들과 애착을 형성하는 데 성공한 것이 높은 애호도로 이어졌다.

코카콜라의 고객에 대한 애호도는 1985년 4월에 등장했다가 몇 달 후에 사라진 'New Coke'와 이전의 친숙한 맛의 코카콜라를 브랜드 수식어만 바꾸어 다시 등장시킨 'Classic Coke'에서 명확하게 드러났다. 'New Coke'가 등장한 후 코카콜라 사용자들뿐만 아니라 일부 비사용자들까지 법적 투쟁을 하는 등 강력하게 항의해서 원래의 코카콜라를 복구하게 한 것은 마케팅의 고전적 사례로 인용된다. New Coke는 시장에 대대적으로 출시하기 전 블라인드(blind) 맛 테스트 등으로 광범위하게 진행된 소비자 조사들에서 나타난 맛의 우위에도 불구하고 크게 실패했다. 코카콜라의 관계자들도 이것을 계기로 자신의 브랜드가 단순한 해당 제품군의 시장 1위 브랜드가 아니라 소비자들의 자아에 파고들어 있는 브랜드, 코카콜라라는 음료를 통해 자연스럽게 즐기는('Enjoy') 문화를 바탕으로 소비자들의 영혼을 잡고 있는 브랜드라는 것을 인식하게 되었다. 코카콜라의 음료의 원액은 특허로도 보호되는 코카콜라를 상징하는 맛을 가진다. 브랜드자산의 요소들이 합쳐져서 코카콜라는 권위 있는 미디어나 기관들이 브랜드자산 관련 점수와 순위를 발표할 때 거의 매년 1위를 차지해 왔다.

마케팅 전략

코카콜라는 다양한 마케팅 전략들을 전개한다.

첫째, 코카콜라는 뉴미디어를 활용한 감성마케팅을 펼친다. 코카콜라는 소비자의 마음에 다가가는 마케팅을 일찍부터 선보였다. 1920~1930년대 대공황 때 이 회사는 '힘들 땐 코크와 함께(When it's hard to get started, start with Coca-cola)'라는 캐치프레이즈를 들고 나왔다. 올 4월 시작한 캠페인은 '행복을 여세요(Open Happiness)'이다. 특히 뉴미디어를 즐겨 활용한다. 블로그 등 다양한 온라인 수단을 이용한 '소셜 미디어(Social Media) 마케팅'을 한다. 코카콜라는 미국 사회연결망 사이트인 페이스북에 330만 명의 팬을 보유하고 있다.

둘째, 코카콜라는 그린마케팅과 스포츠마케팅에 열심이다. 코카콜라는 북극곰 살리기 캠페인을 위해 후원재단을 설립해 북극곰의 안전을 위한 순찰 활동과 보존 작업, 북극의 환경보호 연구를 지원한다. 후원 홈페이지를 만들어 일반인이 모금에 참여하도록 했다.

지구온난화 방지를 위해 포장용기 재활용 운동도 각국에서 펼 계획이라고 한다. 그린마케팅은 브랜드이미지를 높이는 주요 수단이다. 코카콜라의 스포츠마케팅의 역사도 길다. 1928년 암스테르담 올림픽 때 출전 선수에게 공짜로 콜라를 나눠준 것은 스포츠 마케팅의 효시로 꼽힌다. 이미 60년 전에 월드컵경기장 내 광고를 시작했다. 남아프리카공화국 월드컵을 앞두고서는 스위스에서 남아공까지 이동하는 '월드컵 트로피 투어' 이벤트를 했다.

셋째, 코카콜라는 캐릭터마케팅을 성공적으로 해왔다. 코카콜라와 함께 떠올려지는 산타클로스 이미지도 코카콜라의 인위적인 작품이었다. 원래 산타는 장난꾸러기 꼬마요정의 이미지였는데 1931년 코카콜라의 잡지광고 담당자가 코카콜라를 상징하는 붉은색의 외투에 풍성한 하얀 수염을 가진 산타 할아버지를 탄생시켰다. 수십 년간 일관된 마케팅을 해온 결과 코카콜라만의 산타는 세계인의 산타가 됐다. 요즘도 코카콜라는 제품을 캐릭터와 함께 등장시키는 기법을 자주 쓴다.

넷째, 맛, 상징하는 색깔, 패키지 등을 통해 감각마케팅을 계속 펼쳐 왔다. 코카콜라의 친숙한 톡 쏘는 시원한 맛은 미각을 자극한다. 코카콜라를 상징하는 빨간색은 전 세계 사람들에게 익숙한 코카콜라의 색깔이 되었고, 젊은 여성의 육체를 연상하게 하는 코카콜라의 병은 시각, 촉각에 호소하고, 잡기에도 편하게 되어 있어서 패키지의 기능을 충실히 수행한다.

다섯째, 끊임없는 혁신전략도 효과적이었다. 시장 진입 초기 음료수를 병에 담아 어디서나 구매할 수 있게 만든 점, 미국 역사상 처음으로 무료 샘플과 쿠폰제를 도입한 점, 2차 세계대전 당시 해외 주둔 미군들에게 공급하기 위해 지역마다 병입 공장을 별도로 설립한 점, 개인 소비에서 가족단위 소비로 바꾸기 위해 여섯 개들이 포장제품을 내놓은 점, 여름에만 애용되던 코카콜라를 크리스마스 시즌과 연계해 사시사철 즐기는 음료로 자리매김한 전략은 대표적인 혁신 사례들이다.

자료원: 박충환, 2007; 중앙일보, 2009년 12월 21일; Keller, 2008; www.encyber.com

1. 브랜드의 의미

1) 브랜드 패권화와 정의

브랜드(brand)는 우리 생활 속에 깊이 침투해 있고 우리 생활의 일부분이 되어 있다고 할 수 있다. 우리는 소비자로서 하루 일과를 보내는데 우리가 구매하고 사용하고 체험하는 제품들, 서비스의 대부분(예: 휴대전화, 인터넷 검색엔진, 대학, 버스, 식당, 볼펜 등)에는 브랜드 이름이 부착되어 있다. 브랜드는 현대 기업경영과 현대 마케팅의 핵심으로 자리 잡고 있고, 기업들은 브랜드의 가치를 높이려고 다방면에서 노력하고 있다. 전통적 마케팅 관리에서 4P 중 제품의 일부분으로 취급되었던 브랜드 관리는 현대 마케팅 관리에서는 4P 전략들의 핵심으로 자리 잡았다(우석봉, 2010). <그림 1-1>은 전통적 마케팅관리와 현대 마케팅관리에서 브랜드의 위치를 대조해서 보여 준다.

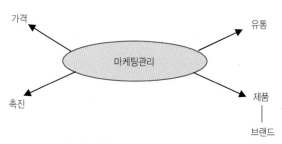

전통적 마케팅관리에서 브랜드의 위치

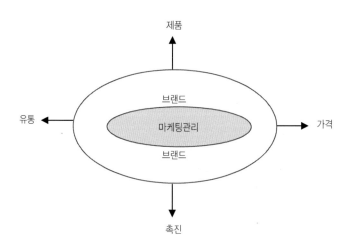

출처: 우석봉, 2010

〈그림 1-1〉 현대 마케팅관리에서 브랜드의 위치

브랜드의 중요성은 Schmitt(1999)가 21세기 마케팅에 큰 영향을 미치는 3가지 트렌드들 중의 하나로서 브랜드의 패권화를 언급한 데서도 잘 나타나 있다. 브랜드의 패권화는 우리 주변의 우리나라 아파트 브랜드들에서 쉽게 찾아볼 수 있다. 2000년 이후에 분양하는 아파트들 중에 고유의 브랜드를 가지지 않은 것은 거의 찾아보기 힘들다. 기업들은 삼성물산, 현대산업개발, GS건설, 대우건설, 롯데건설 등의 기업명을 부각시켜 아파트를 분양하지 않고 래미안, 아이파크, 자이, 푸르지오, 캐슬 등의 브랜드를 내세워 분양한다. <브랜딩사례 1-1>은 우리나라 대표적인 아파트 브랜드들 중의 하나이고 아파트 브랜드붐을 가져오게 한 삼성물산 래미안의 브랜드 전략들 및 마케팅 전략들을 설명한다.

〈브랜딩사례 1-1: 삼성 래미안 브랜드〉

국내 주택 트렌드를 이끄는 한국의 아파트 대표 브랜드, 삼성물산 건설부문(삼성건설)의 '래미안'에 대한 평가이다. 2000년 모습을 드러낸 래미안은 국내 아파트의 브랜드 바람을 일으킨 주인공이다. 자부심(pride)이라는 브랜드 철학을 내포한 래미안은 최고 아파트라는 이미지를 구축하며 주택시장의 선두권에서 뒤처진 적이 없다.

아파트 브랜드화 개척

아파트에 브랜드 개념이 없던 국내에서 래미안은 브랜드 개국공신에 해당한다. 어느 아파트 브랜드가 최초인지에 대해서는 다소 논란이 있다. 대림산업의 'e-편한세상'도 비슷한 시기에 나왔기 때문이다. 그러나 래미안이 대대적인 홍보와 함께 한발 앞서 주택 트렌드를 제시함으로써 아파트 브랜드화의 불을 지폈다는 평가에 대해서는 반론이 별로 없다.

래미안이 주거문화에 대한 화두를 던지는 창구는 '래미안 스타일 발표회'이다. 이 자리에서 지향하는 주택 개념과 새 기술, 디자인 등을 내놓는다. 개최 첫해인 2004년에는 사람을 이롭게 하는 건강한 주택의 기준인 '주거 성능주의'를 발표했다. 주택에 웰빙이라는 개념을 접목해 당시 불기 시작한 참살이 열풍을 반영한 것이다.

2005년에는 유비쿼터스 기술을 주택에 도입한 '래미안 U플랜'으로 첨단 아파트를 제시했다. 이때 선보인 유비쿼터스 아파트는 큰 화제가 됐다. 상당수 사람들은 첨단 기술과 집이 어떤 관계가 있는지 궁금해했다. 래미안은 의자에 앉으면 생체리듬에 맞는 음악이 나오거나 인터넷 TV(IPTV)와 유사한 TV 등을 선보이며 정보기술(IT)이 주거 생활을 편리하게 만들 수 있다는 점을 보여 줬다. 2008년에는 친환경과 에너지 효율을 강조한 'e큐빅'을 발표했다.

커뮤니티 시설 확대도 래미안이 던진 키워드 가운데 하나로 꼽힌다. 아파트를 거주만 하는 곳이 아니라 '사람들이 어울리는 공동체'로 해석한 것이다. 래미안이 제시한 키워드를 다른 아파트 브랜드들도 속속 수용하면서 래미안은 '자부심을 가져도 되는' 최고의 아파트라는 이미지를 세워 나갔다.

래미안은 사람들이 가장 살고 싶어 하는 아파트들 중 하나로 꼽힌다. 부동산114가 전국의 성인 1,041명을 대상으로 아파트 브랜드에 대한 의견을 조사해 2009년 1월 발표한 결과가 이를 뒷받침한다. '가장 먼저 떠오르는 아파트 브랜드'에서 '래미안'이라고 답한 비율이 39.4%로 가장 많았다. 수도권, 대구·경북, 대전·충남북에서는 가장 선호하는 브랜드로 꼽혔다. 부동산114 김규정 부장은 "정기적으로 실시하는 브랜드 조사에서 래미안은 선호도, 인지도와 함께 세련미, 신뢰감 등에서 독보적인 위치를 차지한다"라고 말했다.

톱모델 내세우지 않는 광고전략

래미안은 광고에서 톱모델을 고정적으로 쓰지 않는 편이다. 과거 황수정, 이병헌, 장서희를 모델로 선택했지만 계약기간이 길지 않았다. 최근 3년간은 아예 톱모델 없이 광고를 만들었다. 요즘 들어 톱모델 없이 광고하는 아파트 브랜드가 늘고는 있지만 건설업계에서 톱모델을 사용하는 전략이 일반화한 것을 감안하면 다소 이례적인 일이다. 최근 래미안은 특정 모델의 이미지에 구애받지 않고 자유롭게 자신만의 색깔을 정확하게 전달하기로 방향을 잡았다. 최근에는 아빠와 딸, 집들이하는 가족, 결혼을 앞둔 연인 등을 등장시켜 가정의 가치를 강조하고 있다.

아파트는 공간과 문화가 있는 곳

래미안은 아파트를 단순한 공동주택이 아니라, 방, 거실, 벽 등으로 이뤄진 하드웨어와 주거문화라는 소프트웨어가 결합된 상품으로 보았다. 이를 위해 소프트웨어의 수준을 높이는 데도 신경을 썼다. 입주 뒤 하자보수만 하는 데서 그치지 않고 고객들의 불편사항을 종합적으로 해결하는 '래미안 헤스티아(그리스/로마 신화에 나오는 가정을 지키는 화로의 여신 이름)'라는 서비스 브랜드를 별도로 만들어 운영하는 것도 이러한 발상에서 나왔다.

2010년에 래미안은 브랜드 출범 10주년을 맞는다. 10년 전에는 브랜드를 만든 것 그 자체만으로도 경쟁에서 우위를 확보할 수 있었다. 앞으로는 다른 브랜드와 격차를 벌리고 과거와는 다른 새로운 가치를 얼마나 만들어낼 수 있느냐가 과제로 꼽힌다.

자료원: 동아일보, 2009년 7월 4일.

일부 우수 브랜드들은 장부 가격보다 훨씬 더 높은 가격에 종종 매각된다. 예를 들어 Philip Morris는 치즈 등으로 유명한 Kraft란 식품 회사를 유형자산에 대한 장부가격의 4배가 넘는 129억불에 인수했고 Nestle는 영국의 Rowntree라는 브랜드를 장부 가격의 5배가 넘는 45억불에 인수했다(Keller, 2008). 1998년 Johnson & Johnson 한국 지사는 우리나라 살충제 시장의 선도 브랜드인 삼성제약의 '에프킬라'를 387억 원에 인수했는데 당시 삼성제약의 자산 가치는 90억 원이었으니 존슨앤드존슨(Johnson & Johnson)은 자산가치의 3배가 넘는 프리미엄을 에프킬라에 지불한 셈이다(안광호·한상만·전성률, 2008).

브랜드란 무엇인가? 브랜드는 초기에는 한 제조업자의 제품을 다른 제조업자의 제품으로부터 식별하기 위한 수단으로서 사용되었다. 예를 들면 옛날에 브랜드는 가축의 주인들이 그들이 키우는 동물들을 확인하기 위해 동물들의 몸에 찍어둔 낙인이었다. 브랜드('brand')란 단어는 '태운다(burn)'는 의미를 가진, 옛날 노르웨이 단어인 'brandr'에서 비롯되었다(Keller, 2008). 이러한 식별 기능은 브랜드의 정의에서 아직도 반영되어 있다. 예를 들면, 미국 마케팅학회(AMA)는 브랜드를 "특정 판매업자나 판매업자들로 구성된 집단이 제품이나 서비스를 확인하고 다른 경쟁업자들의 제품과 식별하고자 하는 목적으로 사용되는 이름, 말, 표시, 상징, 디자인 또는 이들의 결합체"라고 정의한다.

브랜드와 브랜딩(branding)은 구분해야 한다. 브랜드란 브랜드 활동을 하는 주체(브랜드를 생명체가 있는 실체처럼 본다면), 활동의 대상, 결과인 반면에 브랜딩은 브랜드를 구축, 유지, 강화하는 브랜드경영과 관련된 활동이다. 기업들이 실제로 브랜드전략을 차별화된 경쟁 우위의 중요한 마케팅 도구로 인식한 것은 1879년 Procter & Gamble(P&G)의 '아이보리' 비누의 예가 효시로 널리 알려져 있다(안광호·한상만·전성률, 2008). 이전에는 상인들이 비누를 팔 때 봉처럼 잘라서 무게로 달아서 판매했는데 P&G의 창업자들 중의 한 명인 Harley Procter는 소비자들에게 편리하게 작은 크기로 일정하게 잘라 포장을 하고 희고 순수함을 의미하는 아이보리(Ivory)라는 브랜드명을 새겨 넣음으로써 다른 브랜드들과 차별화를 시도했다. 이후 1881년 아이보리는 물에 뜨고 '99.44% 순수하다'는 것을 진술하는 첫 번째 아이보리 광고를 종교 관련 주간지에 내보냈는데 이것은 후에 성공한 광고 슬로건의 전통이 될 정도로 대성공을 거두었다(Aaker, 1991). 이후부터 오늘날까지 아이보리는 지속적인 광고, 순수하고 온화하고 물에 뜨는 것을 강조하는 브랜드 포지셔닝, 브랜드명, 아기들과의 연상 등에 힘입어 높은 인지도, 긍정적이고 독특하고 강한 연상, 높은 애호도를 바탕으로 대표적인 비누 브랜드들의 하나로서 시장에서 장수하고 있다.

현대 마케팅에서 브랜드는 복합적인 실체로서 소비자들이 브랜드에게 할당하는 상징적이고 심리적인 의미를 포함한다. 즉, 브랜드는 여러 수준들에서 의미를 전달할 수 있는 복잡한 상징물이다. 필자를 포함한 상당수의 브랜드 연구자들은 소비자의 마음속에 자리 잡고 있는, 실체인 제품과 관련되어 지각된 것으로 브랜드를 생각한다. 비록 기업들이 마케팅 프로그램들과 다른 주요 활동들을 통해 브랜드 창조를 위한 동력을 제공하지만, 브랜드란 궁극적으로 소비자들의 마음속에 자리 잡고 있는 실체에 대한 지각물이다(Keller, 2008).

브랜드는 소비자들의 마음속에 나타나는 상호 연결된 개념들의 네트워크로 설명될 수 있다(Tybout and Carpenter, 2001). Sherry(2005)는 브랜드의 의미를 강조하면서 마케터들, 소비자들 및 공공정책자들은 의미를 발견, 창조, 번역, 변형, 변환하는 영원한 게임을 하는데 브랜드들은 의미의 저장소와 발전소로서 우리의 소비문화를 지속하도록 하는 의미를 부호화하고 생성한다고 주장한다.

제품과 달라서, 브랜드는 경쟁자들에 의해 쉽게 모방될 수 없고 잘 관리된 브랜드는 영구적일 수 있다. Kotler(2003)에 따르면, 아래의 Mercedes-Benz의 예와 같이 브랜드는 속성들, 혜택들, 가치들, 문화, 개성 및 사용자들과 연관된다.

① 속성: 브랜드는 속성들을 생각하게 한다. 예로 Mercedes-Benz는 고가격, 잘 만들어짐, 기술적임, 내구적임, 높은 긍지를 지님과 같은 속성들을 가지고 있다.

② 혜택: 브랜드가 가진 속성은 기능적인 또는 감정적인 혜택과 연관된다. 예를 들면 Mercedes-Benz의 고가격이란 속성은 감정적 혜택인 "그 자동차는 나에게 중요하면서도 근엄한 느낌을 준다"와 연관된다.

③ 가치: 브랜드는 속성, 혜택과 관련된 가치에 대해서 말해준다. Mercedes-Benz는 고성능, 안전, 위신 등의 가치들을 나타낸다.

④ 문화: 브랜드는 문화를 표출한다. Mercedes-Benz는 조직성, 효율성 및 높은 품질과 관련된 독일의 문화를 대표한다.

⑤ 개성: 브랜드는 독특한 특성들인 개성을 표출한다. Mercedes-Benz는 허튼 짓을 하지 않는 상사나 강력한 상사를 암시한다.

⑥ 사용자: 브랜드는 해당 브랜드를 구입하고 사용하는 소비자들을 암시한다.
Mercedes-Benz를 타고 다니는 사람들은 55세의 전후의 최고경영자들일 가능성이 많다.

2) 제품과 브랜드의 차이

제품은 "소비자들의 필요와 욕구를 충족시키고 주의, 획득, 사용, 소비를 위해 시장에 제공되는 것"이다. 따라서 제품은 물리적 제품, 서비스, 소매점, 사람, 조직, 지역(place), 심지어 생각을 포함한다(Keller, 2008). 여기서 지역은 도시, 주, 국가 등을 포함한다. 브랜드는 "같은 필요를 만족시키도록 디자인된, 다른 제품들로부터 어떤 제품을 차별화시키는 다른 차원들이 더해진 제품"이다(Keller, 2008). 브랜드개념도 제품과 같이 넓게 생각할 수 있다. 즉, 브랜드개념도 물리적 제품, 서비스, 소매점, 사람, 조직, 지역, 생각 등에 적용될 수 있다. 브랜드와 브랜드가 없는 제품의 핵심 차이는 브랜드에서는 소비자의 지각과 상징적·정서적·무형적 특성들이 있다는 것이다. 우리가 브랜드에 대한 넓은 관점을 택하면 현대사회에서 브랜드는 도처에 있고 우리 생활에 깊숙이 스며들어 있다는 것을 쉽게 발견한다. 우리가 전통적으로 브랜드라 생각하지 않았던 것들도 현대사회에서는 브랜드로 생각한다. 이런 예들에는 도시(예: 서울, 파리), 국가(예: 대한민국, 미국), 대학교(예: 서울대학교, 스탠퍼드 대학교), 개인[필 나이트(나이키 창업자), 추신수(미국 클리블랜드 인디언스 소속 프로야구 선수)] 등이 있다.

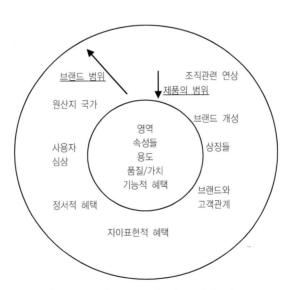

〈그림 1-2〉 브랜드와 제품 간의 비교

<그림 1-2>는 브랜드와 제품의 차이에 주목하여 각각이 포함하는 범위를 나타낸다. 제품은 제품 영역, 제품 속성들, 품질/가치, 용도들, 기능적 혜택들을 포함한다. 브랜드는 이러한 특성들뿐만 아니라 사용자 심상, 제조된 또는 브랜드가 소속된 국가(country of origin), 조직과 관련된 연상들, 브랜드개성, 상징물들, 브랜드와 고객과의 관계, 자아표현적인 혜택들, 정서적 혜택들을 포함한다(Aaker and Joachimsthaler, 2000). 즉, 브랜드는 제품보다 포괄하는 범위가 넓다.

제품과 브랜드 간의 차이는 크게 세 가지로 요약될 수 있다(김재영, 2007; Tybout and Carpenter, 2001).
① 제품은 공장에서 만들어지는 반면에 브랜드는 소비자들의 마음속에서 만들어진다.
② 대부분의 제품들은 쉽게 경쟁자들에 의해 모방될 수 있지만 브랜드들은 복제될 수 없다.
③ 제품은 언젠가는 진부해지고 최신 유행에 맞지 않으면서 사라지지만, 성공적인 브랜드는 지속적이고 효과적인 브랜드경영에 의해서 영원히 존재할 수 있다. 실제로 아이보리 비누, 코카콜라 같은 잘 관리된 브랜드들은 소비자들의 마음속에서 100년 넘게 강하고 지속적인 위치를 유지해왔다. 우리나라에서도 칠성사이다, 박카스와 같은 브랜드들은 탄생 후 각각 약 60년, 50년 동안 국민브랜드들로서 소비자의 꾸준한 사랑을 받아 왔다.

2. 브랜드 역할의 변화

1) 브랜드의 역사적 발전

과거 반세기 동안 마케팅은 많은 변화와 발전을 해왔고 변화와 발전 중의 하나는 브랜드관리이었다고 할 수 있다. 특히 최근의 경제적·정치적·기술적·사회문화적 환경의 변화, 경쟁의 심화, 글로벌화는 브랜드를 더욱 중요하게 만들었다. Temporal(2006)은 최근 20년간 브랜드관리의 주요 변화를 다음의 아홉 가지로 제시한다.
① 산업 중심에서 시장 중심으로의 변화
② 전술적 사고에서 전략적 사고로 변화

③ 현지 시장 중심에서 글로벌 시장 중심으로의 변화

④ 제품 관리에서 범주(category) 관리로의 변화

⑤ 제품 브랜딩에서 기업브랜딩으로의 변화

⑥ 제품에 대한 책임에서 고객관계에 대한 책임으로의 변화

⑦ 가시적인 브랜드 세계에서 가시적이면서도 동시에 가상적인(인터넷에서의) 브랜드 세계로의 변화

⑧ 브랜드 성과관리에서 브랜드 가치와 자산관리로의 변화

⑨ 재무적 신뢰성에서 사회적 책임으로의 변화

Lindstrom(2006)은 <표 1-1>과 같이 1950년대로부터 미래까지 브랜드의 역사적 발전으로 6가지 판매제안들을 제시했다. 먼저, 1950년대 브랜딩은 독특한 판매제안의 시기였다. 이 시기에는 브랜드보다 제품의 차별화하고 독특한 물리적 차이에 소비자들이 주목을 했고 이것이 브랜드의 판매에 결정적인 요소로 작용했다. 1960년대에는 감성 판매제안이 나타났다. 브랜드에 첨가된 감성이 소비자들의 구매선택과 사용에 핵심으로 작용하기 시작하였다.

〈표 1-1〉 브랜드의 역사적 발전과 판매 제안들

판매제안	등장 시대	핵심 설명
독특한 판매제안 (Unique Selling Proposition: USP)	1950년대	차별화되고 독특한 제품의 물리적 특성이 중요
감성 판매제안 (Emotional Selling Proposition: ESP)	1960년대	브랜드 관련 감성이 중요
조직 판매제안 (Organizational Selling Proposition: OSP)	1980년대	브랜드를 소유하는 조직체나 기업이 중요시됨
브랜드 판매제안 (Brand Selling Proposition: BSP)	1990년대	물리적 차원의 상품보다 브랜드가 더 중요시됨
자신 판매제안 (Me Selling Proposition: MSP)	1990년대 후반	브랜드에 대한 소유를 기업의 브랜드관리자들이 아니라 소비자들이 가짐
총체적 판매제안 (Holistic Selling Proposition: HSP)	미래	감각브랜딩의 개념을 활용하여 총체적인 뉴스를 전파하는, 종교적 특성을 가짐

출처: Lindstrom, 2006

1980년대에는 조직 판매제안이 나타나서 개별 브랜드보다 브랜드를 소유하는 조직체 또는 기업이 더 부각되었고 중요시되었다. 기업들도 다른 기업들과 차별화하는 조직 철학을 강조하기 시작하였고 기업들은 조직의 철학이나 문화를 조직체 광고나 내부적 브랜딩을 통해서 브랜드의 연상이나 이미지와 연관시키려고 노력했다. 1990년대에 본격적으로 브랜드 판매제안 시대가 왔다. 브랜드자산 개념 등이 보편적으로 받아들여지기 시작했고 제품과 구분되는, 확대된 브랜드개념을 중심으로 제품의 물리적 속성보다 브랜드 자체가 고객을 유치, 유지하는 구심점이 되었다.

1990년대 말에는 기술 혁신과 개인마케팅에 힘입어 일부 브랜드들은 소비자들에게 맞춤 브랜드의 선택을 제공했고 소비자들은 자신이 원하는 브랜드를 선택, 디자인할 수 있게 되었다. 존스 소다(Jones soda)는 소비자들이 디자인한 레이블을 붙여서 고객들의 거주지에서 유통을 보장해서 인기를 끌었다. 나이키와 리바이스 등은 웹사이트를 통해 특정 브랜드들에서는 고객이 자신이 원하는 신발, 스포츠 의류, 청바지 등을 주문할 수 있게 했고 기업은 주문에 맞추어서 해당 상품을 고객에게 배달했다. 마지막으로 현재 징조가 일어나고 있고 미래에 본격화될 총체적 판매제안이 있다. 총체적 판매제안 브랜드는 자신들의 기반을 전통에 두고 감각브랜딩 개념을 활용하여 총체적인 뉴스를 전파하는 종교적인 특성을 가진다. 전통이 있는 명문 스포츠 팀이나 종교처럼 메시지, 상징물, 의식, 전통을 통해 표현되는 독특한 정체성을 가지고 있고 열광하고 높은 애호도가 있는 고객들을 다수 지니고 있다. 아래의 존스 소다 미니사례는 총체적 판매제안의 예를 보여 준다.

존스 소다(Jones Soda)

존스 소다사는 Peter van Stolk가 Y세대 소비자들을 위한 청량음료 브랜드 제조업체로서 미국 워싱턴 주 시애틀에서 설립했다. 존스 소다는 처음에는 서핑과 스노보드용품을 제공하는 미국의 스포츠 용품점에서만 판매되었다. 이 기업은 웹사이트를 통해 존스 소다의 라벨에 사용할 개인사진을 보내도록 고객들을 고무하였고 선택된 개인사진으로 개인화된 브랜드 라벨이 붙은 병들을 구입할 수 있도록 해서 고객들과 깊은 관계를 형성해 왔다. Turkey and Gravy, Pineapple Upside Down, Berry White(가수 Barry White를 빗댄 이름), Purple Carrot 등 기존에 익숙하지 않은 맛의 음료로 유명해지자 이 회사는 추가적인 관계와 독특함을 형성하기 위해 병뚜껑 밑면에 고객들이 제공한 간결한 지혜의 목소리를 추가하였다. 이러한 노력으로 2006년에는 3,900만 달러의 수익을 창출하였으며 수익은 매년 15에서 30% 정도 증가하였다.

<자료원: Kotler and Keller, 2009>

총체적 판매제안 브랜드의 특성은 다음과 같다(Lindstrom, 2006).

① 총체적 판매제안 브랜드는 로고 중심이 아니고 브랜드의 모든 면을 활용한다. 브랜드의 메시지, 소리, 냄새, 맛, 촉감 등 오감을 다 활용한다.

② 총체적 판매제안 브랜드는 브랜드의 철학을 전달하기가 가능한 모든 채널을 활용한다. 특히 온라인 커뮤니티도 적극 활용한다.

③ 총체적 판매제안 브랜드에서는 기업보다 소비자가 소유권을 주장한다. 이러한 브랜드의 존재는 해당 브랜드의 소비자들에게 중요하기 때문에 브랜드가 어려울 때에는 소비자들이 브랜드를 구하려고 적극 노력한다.

④ 총체적 판매제안 브랜드는 사용법을 바탕으로 소비자들이 개발한 의식과 전통에 의해 강해진다.

⑤ 총체적 판매제안 브랜드는 뚜렷한 경쟁사, 리더, 추종자들을 가진 브랜드이다.

⑥ 총체적 판매제안 브랜드는 변화, 역사적인 순간, 특이한 행사를 가지고 있고 흥미로운 이야기를 계속 만들어낸다.

⑦ 고객들은 총체적 판매제안 브랜드를 단순히 소유하는 것이 아니라 몸에 걸치려고 한다.

2) 마케팅 3.0과 21세기의 브랜드의 역할

Kotler(2010)는 마케팅의 흐름을 이성에 바탕을 둔 마케팅 1.0 시대, 이성과 감성에 바탕을 둔 마케팅 2.0 시대, 고객의 영혼을 사로잡는 마케팅 3.0 시대로 나누었다. 마케팅 3.0 시대는 제품 중심의 1.0 시대, 소비자 지향시대인 2.0 시대를 지나서 진화한, 가치 주도의 시대이다. 마케팅 3.0을 실천하는 기업들은 더 이상 사람들을 단순한 소비자들로 대하지 않고 이성과 감성에 더해서 영혼을 지닌 전인적 존재로 바라보는 접근방식을 취한다. 소비자들도 자신이 선택한 제품이나 서비스가 기능이나 정서적 만족감을 충족시키는 데에서 더 나아가 영적 가치까지 제공하기를 원한나. 3.0 마켓에서 고객들을 집기 위해시는 영혼을 감동시키는 영혼마케팅을 실행해야 한다. 마켓 3.0은 참여의 시대, 세계화 패러독스 시대, 창의적 사회의 시대가 동시에 영향을 미치는 마켓으로서 협력, 문화, 영성의 3가지가 핵심이 된다. 마케팅 3.0은 앞에서 설명한 총체적 판매제안과 관련된다. <표 1-2>는 1.0 시장, 2.0 시장 그리고 3.0 시장의 주요 특성들을 대조한다.

요소	1.0 시장	2.0 시장	3.0 시장
목표	제품 판매	고객 만족 및 유지	더 나은 세상 만들기
동인	산업혁명	정보화 기술	뉴웨이브 기술
기업이 시장을 보는 방식	물리적 필요를 지닌 대중 구매자들	이성과 감성을 지닌 영리한 소비자	이성, 감성, 영혼을 지닌 완전한 소비자
핵심 개념	제품 개발	차별화	고객 가치
기업의 지침	제품 명세	제품과 기업의 포지셔닝	기업의 미션, 비전, 가치
가치 명제	기능	기능과 감성	기능, 감성, 영성
소비자와의 상호작용	일대다 거래	일대일 거래	다대다 협력

출처: Kotler, 2010.

Kotler가 제시한 영혼마케팅은 Lindstrom(2006)이 제시한, 종교적 관계와 같이 브랜드를 중심으로 강한 애호들를 가진 고객들을 결속시키는 궁극적인 브랜딩의 역할 모델과 밀접히 관련된다. Lindstrom의 궁극적 브랜드의 10가지 핵심적 구성요소들은 ① 독특한 소속감, ② 목표의식이 있는 명확한 비전, ③ 경쟁사를 명확히 규정과 차별화, ④ 진실성, ⑤ 일관성, ⑥ 완벽한 세계에 대한 동경을 반영, ⑦ 감각에 호소, ⑧ 의식적 행사, ⑨ 상징을 활용, ⑩ 영감과 경외를 일으키는 신비감이다.

마케팅 3.0의 예들에는 시세이도와 애플이 있다. 시세이도는 사회적 책임 마케팅개념을 실현하고자 노력했고 직원 스스로 자신의 영혼을 살찌우고 고객들의 혼에 호소하도록 했다. 마에다 사장은 판매사원들에 대한 호칭인 뷰티 건설턴트들에 대한 평가에서 매출 대신 고객들의 판매사원에 대한 평가를 평가항목으로 사용해서 대성공했다. 또한 기업 내 대학인 '에콜 시세이도'를 2007년 개교해서 철학, 문학 등을 포함하는 다양한 커리큘럼을 제공했다(이지훈, 2010). <브랜딩사례 1-2>는 마케팅 3.0을 실천하는 애플을 다룬다.

〈브랜딩사례 1-2: 애플의 고객의 영혼을 잡는 마케팅 전략〉

Kotler(2010)는 마케팅 3.0의 시대에서는 이성과 감성을 넘어 협력, 문화, 영성을 바탕으로 고객의 영혼을 사로잡는 마케팅 전략이 필요하다고 주장했다. 애플의 성공 비결은 이런 전략과 연결되고 구체적으로 다음의 3가지로 설명되어질 수 있다.

협력과 집중화 전략

아이팟이나 아이폰의 성공은 음원제작자들이나 앱제작자들과 원원하는 상생 비즈니스모델 덕이다. 이것을 통해 애플은 내용물인 콘텐츠를 지속적으로 확보할 수 있었고 콘텐츠 제공자들은 콘텐츠 제공으로 발생하는 수입을 직접 챙길 수 있었다. 잡스는 하나의 성공 요인을 철저히 활용하는 것으로도 유명하다. 아이패드, 아이팟, 아이폰의 3부작의 기기들과 콘텐츠는 제각각이지만 이를 접목시키는 방식은 똑같다. 잡스는 아이튠즈라는 온라인 음원 시장과 아이팟을 연결시켰다. 이 방식은 앱스토어와 아이폰으로 이어졌다. 잡스는 또 동시에 여러 모델들을 출시하지 않고 단 하나의 제품에 올인해서 제품에 대한 주목도와 집중도를 높인다.

사용자를 최대한 고려하는 전략

잡스는 평소 "내가 갖고 싶은 물건을 만든다"고 강조한다. 매장에서 고객들이 제품을 직접 사용해 볼 수 있게 해 편리성을 체험하게 하는 것도 그의 전략이다. 특히 디자인과 매뉴얼을 최대한 단순하게 만들어 소비자가 질리지 않게 하는 게 그의 재능이다. 단순한 디자인은 어린이와 노인도 고객으로 만든다. 잡스는 단순히 기기를 파는 게 아니라 사용자가 다양한 경험을 할 수 있는 공간을 제공하려 한다. 아이폰 이용자는 앱스토어를 통해 내려 받은 프로그램으로 자신만의 아이폰을 만들 수 있다. 이런 과정에 동화된 소비자는 애플의 단점까지 인간적인 것으로 받아들인다고 한다.

고객의 호기심을 끄는 신비주의 전략

잡스는 비밀에 싸여 있던 제품을 적당한 타이밍에 노출시키는 것으로 유명하다. 미국의 인기 코미디언 스티브 콜버트는 1월 말 그래미 시상식에서 아이패드를 꺼내 후보자를 호명했다. 아이패드가 출시되기 전이었다. 현지 IT 전문기자들이 아이패드를 먼저 사용해 볼 수 있도록 한 것도 같은 맥락이다. 출시와 동시에 게재된 사용기는 관심이 높을 수밖에 없다. 때로는 잡스가 직접 깜짝쇼를 하기도 한다. 아이패드 출시를 한 달 앞두고는 잡스는 평소의 검은 티셔츠에 청바지 차림과는 전혀 다른 턱시도 차림으로 아카데미 시상식에 나타났다.

자료원: 중앙일보, 2010년 4월 7일.

최근 브랜드는 조직체의 경영 및 마케팅의 핵심으로서 그 역할이 증대되었다고 할 수 있다. 특히, 2000년 이후의 브랜드의 역할과 관련해서 다음의 6가지 현상들을 주목해야 할 것이다.

① 브랜드의 주인이 조직체의 브랜드관리자에서 소비자로 바뀌어 가고 있음(Lindstrom, 2006; Temporal, 2006).

② 브랜드는 총체적 체험의 제공물로 여겨지고(Schmitt, 1999) 고객체험이 중요시됨.

③ 브랜드와 고객 간의 깊은 관계 형성이 강조됨(Fournier, 1998).

④ 브랜드 자산관리에서 브랜드 개성이 중요시 여겨지고(안광호·한상만·전성률, 2008), 브랜드를 동적이고 생동적인 실체로 다룸.

⑤ 친환경 제품, 사회공헌 등 브랜드의 사회적 역할이 중요시됨.

⑥ 강한 애호도와 열정을 가진 고객 유지 및 고객의 마음을 넘어서 영혼을 잡는 마케팅이 나타남(Kotler, 2010).

3. 브랜드의 중요성

Kotler(2010)에 따르면 지난 60년 동안의 마케팅은 3가지 핵심을 바탕으로 역할을 해왔다. 이 3가지 핵심은 제품, 고객, 브랜드였는데 시대에 따라 중점이 변했다. 1950년대부터 1960년대까지는 마케팅의 핵심은 제품관리에 초점이 맞추어져 있었고, 1970년대부터 1980년대까지는 고객 관리에 중점을 두는 쪽으로 진화했다. 이후 감성마케팅, 체험마케팅, 브랜드자산 등을 바탕으로 1990년대와 2000년대에서는 브랜드관리가 마케팅의 핵심으로서 자리 잡았다. 최근 20년간 브랜드 관리는 4P, 7P 등을 통한 마케팅 관리에서 마케팅믹스 요소들을 통합하는 핵심으로서 큰 역할을 했다고 할 수 있다. 2010년대 이후에도 브랜드는 조직체의 경영 및 마케팅에서 핵심으로 자리 잡을 것이고 뒤의 브랜드의 일반적인 중요성에서 설명하는 것과 같이 브랜드 개념은 우리 사회 곳곳에서 더 많이 사용될 것이다.

1) 브랜드의 일반적인 중요성

브랜드의 일반적인 중요성은 크게 5가지 면들에서 설명될 수 있다(김우성, 2006; Kim, 2007). 첫째로, 마케팅은 흔히 지각의 게임이라고 하는데, 브랜드는 소비자의 지각에서 큰 역할을 한다. 지각의 게임에서 승리하기 위해서는 소비자의 마음속에 경쟁 브랜드들과 차별화시켜서 자기 브랜드의 강점을 부각시키는 것이 중요하다. 소비자들에게 브랜드가 잘 알려져 있고(브랜드 인지도) 좋은 특성, 혜택, 광고모델 등이 자연스럽고 빨리 연상되는 것은(브랜드 연상) 큰 장점이 된다. 예를 들어, 삼성전자란 상위 브랜드는 우리에게 잘 알려져 있고 TV, 스마트폰, 냉장고, 모니터 등의 전자제품을 생각하면 쉽게 떠올려진다. 해당 제품에 따라 하우젠, 지펠, 파브, 센스, 갤럭시, 애니콜, 연아폰 등의 공동브랜드명 또는 하위브랜드명을 가진다. 삼성전자는 전자제품, 높은 품질, 뛰어난 애프터서비스, 슬림 디자인, "또 하나의 가족"이란 광고 슬로건, 이건희 회장, 광고모델 이효리, 김연아 등과 연관된다.

둘째, 최근에는 대량마케팅, 표적시장 마케팅을 넘어서 개인마케팅을 중요시하고 고객의 소비 상황과 실제 체험을 중요시하는데 브랜드는 고객과의 일대일 관계 형성, 유지 및 제고에 기여한다. 소비자들은 브랜드를 통해 자신의 자아표현을 하고 가치를 분출시키고 독특한 문화와 연관된다. 기업은 브랜드관리를 잘해서 고객만족, 고객감동을 가져올 수 있고 이것은 고객유지로 이어진다.

셋째, 브랜드는 범주(category)로서 지식통합의 역할을 한다. 우리는 생활을 하면서 처리할 일들을 많이 가지고 있는데, 체계적인 카테고리의 개념을 사용하여 종종 편리하고 손쉽고 단순하게 처리할 수 있다. 예를 들어, 대학교로 오는 교통수단이란 범주는 도보, 자신의 차, 전철, 학교버스, 일반버스, 몇 가지 수단들의 혼합 등을 포함한다. 비슷한 방식으로 브랜드 자체가 범주를 형성할 수 있고 브랜드 범주는 브랜드에 속하는 모든 제품들에 공통적인 기본적인 연상들을 가진다.

학계에서도 범주로서의 브랜드의 역할은 일부 연구자들(예: Boush, 1993b; Calder, 2005; Joiner and Loken, 1998)에 의해 다루어졌다. Calder(2005)는 브랜드를 지각과 제품들의 분류로부터 생겨나는 개념으로 고려했다. 개념이란 브랜드에게 특별한 의미를 주고 다른 브랜드들로부터 차별화시키는 특성들과 연상들의 조합이다. 이런 관점은 브랜드를 디자인하고 포지셔닝하는 데 특별히 유용할 수 있다. 일부 연구자들은 모 브랜드와 그것의 모든 확장제품들을 하나의 브랜드 범주로서 고려했다(Boush, 1993b; Joiner and Loken, 1998). 버진(Virgin)이란 브랜드 범주는 항공기, 의류, 콜라, 비디오테이프 등과 같이 버진 브랜드를 사용하는 다양한 제품들/서비스를 총괄하는 범주로서 도전적이고 당돌한 브랜드개성 및 즐거움의 최종적 가치를 공유한다.

넷째, 어떤 브랜드가 우수하면 현재의 제품 영역들에서뿐만 아니라 현재의 제품영역과 관련된 새로운 제품 영역들에 들어가서 추가적인 매출, 수익을 올릴 수 있다. 이것을 브랜드확장이라 칭하는데 브랜드확장에 대해서는 6장에서 설명할 것이다. 브랜드확장은 소비자들이 시장에서 증명된 좋은 브랜드를 새로운 제품 영역에서 계속 사용함으로써 새로운 브랜드와 관련된 위험을 회피하도록 해주고, 기업들에는 현존하는 브랜드를 최대한 활용하는 전략으로서 비용 절약 및 추가적인 성장 동력 확보를 위한 좋은 전략이 될 수 있다.

다섯째, 브랜드의 개념은 단순히 영리기업의 제품/서비스뿐만 아니라 대학 브랜드, 병원 브랜드, 도시 브랜드, 주 브랜드(예: 미국의 캘리포니아 주 브랜드)나 도 브랜드(예: 한국의 경상남도 브랜드), 국가 브랜드 등으로 적용될 수 있고 개인의 자기관리에도 브랜드 개념을 효과적으로 적용할 수 있다. <브랜딩사례 1-3>은 국가 브랜드들, 도시 브랜드들, 기업 브랜드들에 대한 브랜드자산 가치평가 결과를 보여 주고, <브랜딩사례 1-4>는 우리나라의 도시 브랜드 및 농산품 브랜드의 예들을 설명한다.

〈브랜딩사례 1-3: 한국브랜드 세계 10위〉

산업정책연구원은 2009년 11월 26일 밀레니엄 서울힐튼호텔에서 '2009 코리아 브랜드 컨퍼런스'를 열고, 국가, 도시, 기업에 대한 브랜드 자산가치 평가결과를 발표했다. 산업정책연구원의 브랜드 가치 평가는 기업의 재무적 측면과 함께 3,000여 명을 대상으로 한 브랜드 파워 설문조사 등을 종합하고, 산업별 특성을 감안한 가중치를 반영해 도출된다.

전 세계 40개국의 국가 브랜드 가치평가를 분석한 결과, 2009년 한국의 브랜드 가치는 1조 1000억 달러로서 평가된 40개국 중에서 10위를 차지했다. 한국의 국가브랜드 가치 순위는 지난 2007년부터 10위를 기록하고 있다. 미국은 10조 4000억 달러로 가장 가치가 높았고, 독일(6.5조 달러), 영국(3.4조 달러), 일본(2.9조 달러), 프랑스(2.8조 달러) 등이 뒤를 이었다. 지난해 7위였던 중국은 올해 6위(2.1조 달러)로 한 단계 상승해 눈길을 끌었다.

도시 중에서는 서울시가 447조 5,000억 원으로 국내 주요 7개 도시들 중에서 1위를 차지했고, 부산시는 104조원으로 2위, 인천시의 도시브랜드 가치는 81조 3,000억 원으로 3위를 기록했다. 지역 내 총생산(GRDP) 대비 브랜드가치는 부산이 71.2%로 가장 높았다.

기업브랜드 가치평가에서는 삼성전자가 20조 원으로 평가되면서 10년 연속 최고의 브랜드에 올랐다. 세계 100대 기업들 중에서는 작년 대비 2단계 상승한 19위이다. 지난해 조사에서 삼성전자의 브랜드가치는 11조 7,000억 원 수준이었다는 점을 감안하면 1년 만에 두 배가량 뛴 셈이다. 산업정책연구원 측은 "세계 경제의 침체에도 불구하고 TV부문 세계 1위와 컬러 레이저 복합기 시장에서 1위를 차지하는 등 세계시장에서 선전하고 있고, 품질현장 공포 등 삼성전자의 브랜드 이미지 강화를 위한 노력의 결과"라고 설명했다. 현대자동차와 LG전자가 각각 8조 원과 7조 원으로 2위와 3위를 차지했고, 기아자동차는 4조 원으로 그 뒤를 이었다. 은행권에서는 신한은행이, 보험 부문에서는 삼성생명, 백화점 부문은 롯데백화점, 할인점 부문에서는 신세계 이마트, 인터넷 포털 산업에서는 NHN의 네이버가 각각 1위로 조사됐다.

자료원: 이데일리, 2009년 11월 26일.

〈브랜딩사례 1-4: 농산물이나 도시도 브랜드이다〉

1970년대 미국 뉴욕 시가 만든 '아이러브 뉴욕(I Love NY)'이나 미국 캘리포니아 주의 오렌지 재배 농민들이 개발한 '썬키스트'는 지역 및 농산물 브랜드마케팅의 대표적인 성공사례이다. 꼭 한번 방문하고 싶은 지역, 먹고 싶은 농산물이라는 이미지를 만들기 위해 적극적으로 브랜드 전략을 활용하고 있는 것이다. 한국도 예외는 아니다. 1990년대 이후 각 지방자치 단체의 브랜드 경쟁이 치열하게 펼쳐지고 있다.

한국의 도시 브랜드 경쟁

대전시는 문화와 경제, 과학의 중심도시라는 도시 브랜드 이미지를 구축하기 위해 2004년 '이츠 대전(It's Daejeon)'이라는 슬로건을 선포했다. 'It's Daejeon'은 '대전이 가장 살기 좋은 도시'라는 뜻이다. 영문 첫 단어의 i(interesting)는 '삶이 재미있고 풍요로운 도시'를, t(tradition & culture)는 '전통과 다양한 문화의 도시'를, s(science & technology)는 '과학의 도시, 미래의 도시, 첨단 과학기술의 중심지'를 의미한다.

이에 앞서 서울시는 2002년 10월 '하이 서울(Hi Seoul)'이라는 브랜드 슬로건을 내놓았다. 간결한 인사말을 통해 세계로 열려 있는 서울의 친근함을 전달하고 활기찬 매력을 표현하고 있다. 동시에 한 단계 높은(high) 비전을 추구하겠다는  뜻도 포함하고 있다. 부산시의 브랜드 슬로건인 '다이내믹 부산(Dynamic Busan)'은 개방적이고 진취적인 부산 시민들의 기질을 나타낸다. 제주도는 '세계 속의 제주'라는 이미지를 만들기 위해 2000년에 지자체로는 처음으로 'Jeju'라는 영어를 사용한 로고를 내놓았다.

농산물브랜드 경쟁

농림부가 주최하는 '2005 농산물파워 브랜드대전'에는 전국 1,206개 농산물 공동브랜드들 가운데 광역자치 단체의 추천을 받은 76개가 출품됐다. 경기 안성시는 1996년부터 '안성마춤'이라는 농산물 공동브랜드를 사용하고 있다. 쌀, 한우, 배 등 경쟁력이 있는 다섯 개 품목을 정해 생산 및 판매 단계에서 엄격한 브랜드 관리를 하고 있다. 충북 청원군의 '생명 쌀'이나 경기 이천시의 '임금님표 이천쌀' 및 '성주참외풍경', '의성마늘', '안동사과', '순창전통고추장' 등은 소비자들에게 익숙한 농산물 브랜드들이다.

자료원: 동아일보, 2005년 10월 6일.

최근, 브랜드개념을 개인의 경력, 생활 관리에 적용하고자 하는 시도가 일부에서 나타났다. 사람에게 신분증이 있고 그 사람에 대한 설명, 통합적 심상이 필요하듯이 브랜드도 브랜드 아이덴티티가 있고 브랜드 연상과 이미지가 있다. 경쟁이 심한 우리나라 사회에서 취직, 직장에서의 승진, 장기간 근무 등을 위해 자기관리는 특히 중요하고, 여가, 건강, 삶의 질과 행복을 위해서도 자기관리는 중요하다. 3장에서 자세히 다룰, Aaker(1991)의 브랜드 자산의 5요소들을 자기관리에 적용시킬 수 있다. 예를 들어, 나는 다른 사람들에게 잘 알려져 있는가?(인지도), 나는 부지런하고 신뢰가 있는 사람으로 인식되는가?(연상), 다른 사람들은 나를 종합적으로 어떻게 묘사하고 설명할까?(이미지), 내가 거쳐 오거나 현재 있는 조직에서(학교, 동우회, 기업, 아르바이트회사 등) 나를 인정해주고 추천해주는 사람들은 많은가?(애호도), 나는 전반적으로 우수한 학생으로서, 뛰어난 인간으로서 인식되는가?(지각된 품질), 나는 독특한 경험(예: 철인3종 경기 완주)이나 유용한 자격증(예: 공인회계사, 자산관리사)을 가지고 있는가?(독점적 자산)(김우성, 2006).

브랜드 전략들도 자기관리에서 다음과 같이 응용될 수 있다. 자기관리에서 중요한 것은 나만의 개성(브랜드 개성)을 살리고 어떤 사람이 되고자 하는가를 심사숙고해서 결정하고 (브랜드개념과 목표 선택) 그것을 포기하지 않고 지속적으로 실천(브랜드 전략의 집행)하는 것이다. 나는 다양한 방법들을 사용하여 나를 잘 알리고 내가 세운 목표를 실제 달성할 것이다(통합적 마케팅커뮤니케이션). 브랜드 이미지 관리에서의 FUSC의 원칙들(favorable/unique/strong/consistent: 긍정적이고, 독특하고, 강한 이미지를 지속적으로 유지)을 자기관리에 적용할 필요가 있다.

2) 브랜드의 기능

브랜드는 어떤 역할들을 수행하는가? Berthon 등(1999)과 Keller(2008)에 따르면 브랜드는 소비자들 및 기업들에게 직접적인 중요한 역할들을 제공한다. <표 1-3>은 브랜드의 중요한 기능들을 열거한다.

<표 1-3> 브랜드의 중요한 기능

소비자에게 제공하는 기능	기업에게 제공하는 기능
1. 제품의 근원에 대한 정체를 확인함	1. 제품을 다루거나 추적하는 것을 단순화하기 위해 식별함
2. 제품 제조업자에 대한 책임을 할당함	2. 제품의 독특한 특성들을 법적으로 보호함
3. 다양한 지각된 위험을 감소시킴	3. 만족하는 고객들에게 품질을 나타내는 수단으로 사용됨
4. 제품 탐색 비용을 감소시킴	4. 제품에게 독특한 연상들을 부여함
5. 제품 제조자와의 약속 또는 계약을 보여주는 수단	5. 경쟁적인 장점들을 줌
	6. 마케팅 프로그램의 효율과 효과를 증진시킴
6. 상징적인 도구로서 사용됨	7. 조직체의 운영에서 핵심이 됨
7. 품질을 표시함	8. 위기관리의 수단으로서 작용함
	9. 유통업자들의 협력을 획득함

출처: Berthon et al., 1999; Keller, 2008.

브랜드는 대체로 7가지 중요한 기능들을 소비자들에게 제공한다. 첫째, 브랜드는 제품이 어디에서 제조되었는지 원천을 밝히거나 제품의 제조업자에 대해 알려 준다. 둘째로 이러한 식별기능은 교환, 환불, 보증, 애프터서비스, 상담 등을 통해 특정 제조업자나 유통업자에게 브랜드에 대한 책임을 요구하도록 해준다.

셋째, 브랜드, 특히 잘 알려진 브랜드는 소비자들의 특정 브랜드 구매 및 사용과 관련된 다양한 유형의 위험을 감소시켜 준다. 위험은 결과에 대한 평가 및 결과에 대한 불확실성이란 2가지 측면에서 파악된다. 소비자들은 특정 제품을 구매하거나 사용하는 데 일반적으로 다음과 같은 다양한 유형의 위험을 지각할 수 있다(Keller, 2008).

① 기능적 위험(functional risk): 제품이 기대만큼 성능이 따라오지 못함

② 신체적 위험(physical risk): 제품이 사용자나 다른 사람들의 신체적 안정이나 건강에 위협을 줌

③ 재무적 위험(financial risk): 제품에 지불한 가격만큼의 가치가 없음

④ 사회적 위험(social risk): 제품으로 인해 다른 사람들로부터 곤혹스러움을 당함

⑤ 심리적 위험(psychological risk): 제품이 사용자에게 정신적 불안정을 줌

⑥ 시간 위험(time risk): 소비자를 만족시키는 제품 구매를 하지 못해서 만족시키는 다른 제품을 찾는 데 드는 기회비용을 발생시킴

넷째, 아는 브랜드는 소비자들이 제품구매를 위해 필요한 내적 탐색(장기기억에 저장된 정보를 찾음)이나 외적 탐색(소비자의 기억이 아닌 외부에서 정보를 찾음)을 하는 탐색 비

용을 상당히 줄일 수 있게 해준다. 소비자들이 어떤 브랜드를 이미 알고 있다면 제품에 대한 결정을 할 때 이러한 정보를 이용해 간단히, 능률적으로 빨리 처리할 수 있다. 더 나아가 소비자는 어떤 브랜드의 품질, 가격, 제품 속성들에 대한 이전의 지식으로부터 그 브랜드에 대해 잘 알지 못하는 것에 대한 가상이나 기대를 형성할 수 있다. 소비자는 어떤 브랜드에 대한 전반적인 평가를 기억에 저장할 수 있고 장래에 필요 시 이것을 끄집어내어 사용할 수도 있다. 이것은 감성의존(affect referral)이라 불린다(Wright, 1976).

다섯째, 브랜드는 제품 제조업자가 고객들에게 한 약속이나 계약을 보여 주는 수단이 된다. 소비자들은 자신들이 선택한 브랜드가 제품 성능, 가격, 촉진, 유통 프로그램 등을 통해 약속한 효용을 실제로 자신들에게 제공할 것이라는 암묵적인 이해를 가지기 때문에 호의적이고 지속적인 신뢰와 애호도를 해당 브랜드에게 표시한다. 여섯째, 브랜드는 상징적인 수단으로서의 역할을 한다. 즉 브랜드는 소비자들이 자신들의 자아 이미지를 브랜드에게 투사하고 브랜드 관련 가치들, 문화, 사용자들과 연관되도록 한다.

일곱째, 소비자가 브랜드의 중요한 특성(예, 품질)을 모를 때에 브랜드는 품질이나 제품과 관련된 다른 특징들을 소비자에게 알리는 단서의 역할을 할 수 있다. 연구자들은 제품들과 서비스를 탐색재(search products), 경험재(experience goods), 신용재(credence products)의 3가지 주요 부류들로 분류해 왔다(Darby and Karni, 1973; Nelson, 1970). 탐색재에서 주요 제품특성(예: 크기, 색상)은 실제로 제품을 사용하기 전에도 탐색과 검사에 의해 평가될 수 있다. 경험재에서는 소비자들이 해당 제품을 실제로 사용하고 경험할 때 중요한 특성들(예: 음식의 맛)이 보통 평가되어진다. 신용재에서는 중요한 특성들(예: 의료수술의 성공에 대한 장기적 평가)이 해당 서비스를 받은 뒤 상당한 시간이 지난 후에야 정확히 평가될 수 있고 경우에 따라서는 정확한 평가가 영원히 불가능할 수도 있다. 따라서 경험재나 신용재의 경우 제품 속성들이나 혜택들을 측정하거나 해석하는 데 어려움으로 인해 브랜드는 이러한 제품의 품질과 특성들을 소비자들에게 나타내주는 특별히 중요한 단서의 역할을 수행할 수 있다.

브랜드는 대체로 9가지 중요한 기능들을 기업들에게 제공한다. 첫째, 브랜드는 제품을 다루거나 추적하는 과정을 단순화하기 위해 브랜드 식별의 역할을 하고 재고와 회계 기록을 정리하는 데 도움을 준다. 둘째, 브랜드는 기업에게 독특한 특성들(예: 브랜드명, 제품포장, 제조과정)을 위한 법적인 보호를 제공한다.

셋째, 브랜드는 품질에 만족해하는 소비자들이 계속해서 그 브랜드를 선택하고 사용하도록 품질 수준을 알려 준다. 소비자들이 지닌 브랜드 애호도는 기업에게는 수요에 대해 예측성과 안정성을 제공하고 다른 기업들이 같은 시장에 들어오는 것을 어렵게 하는 진입장벽을 만든다. 넷째, 기업들은 어떤 브랜드에 대한 다양한 투자를 통해 해당 브랜드에게 다른 브랜드들과 차별화되는 독특한 연상들과 의미를 부여할 수 있다.

다섯째, 소비자들의 브랜드 애호도와 다른 기업들에 대한 진입장벽을 통해 브랜드는 해당 기업체에게 가격 프리미엄, 마진의 개선 등 다양한 경쟁적 우위를 제공할 수 있다. 여섯째, 소비자들의 높은 인지도와 애호도를 가진 브랜드는 마케팅 프로그램과 관련된 노력과 비용을 줄이고도 소비자들의 긍정적인 반응을 이끌어냄으로써 마케팅 프로그램들의 효율과 효과를 증진시킬 수 있다.

일곱째, 브랜드는 조직체의 목표와 관련된 통합된 의미를 경영자들과 종업원들에게 전달할 수 있다. 여덟째, 조직의 위기 시 강력한 브랜드는 조직이 위기를 빠르고 효과적으로 다루고 극복하는 데 도움을 줄 수 있다. 아홉째, 유통업자들은 잘 알려지지 않은 브랜드 제품들을 취급하는 것에 대한 위험을 지각하기 때문에, 잘 알려지고 강한 브랜드는 유통업자들로부터 신뢰를 확보하고 해당 브랜드 제품들에 대한 판매에서 협력을 획득할 수 있다.

Chapter 2

브랜드 아이덴티티, 구성요소들 및 개성

〈도입사례: 나이키(Nike)〉

나이키는 미국 오리건 주 포틀랜드 시 외곽의 비버턴에 본사를 두고 있는 세계 1위의 스포츠용품 기업이다. 스포츠 신발, 의류, 장비, 다양한 스포츠 및 피트니스 관련 액세서리 분야에서 세계 최고의 기업이다. 끊임없는 혁신을 바탕으로 한 최상의 제품 품질을 내세웠고 명확한 브랜드 아이덴티티의 확립과 브랜드자산의 철저한 관리를 통해 나이키는 스포츠용품 산업에서 정상을 차지하고 있다. 2010년 발표된 인터브랜드와 비즈니스위크의 세계 100대 글로벌 브랜드에서 나이키의 브랜드자산 가치는 전년 대비 4%가 상승한 약 137억 달러로 전체 25등, 스포츠용품에서는 1위를 기록했다.

나이키의 역사

나이키는 1964년 필립 나이트(Philip Knight)와 오리건 대학교 육상코치였던 빌 보워먼(Bill Bowerman)에 의하여 초기 투자금액 300달러로 블루리본 스포츠(Blue Ribbon Sports: BRS)란 이름으로 출발하였다. 오리건 대학교 학부와 스탠퍼드 경영대학원을 졸업한 나이트는 처음에는 트럭에 러닝슈즈들을 싣고 운동경기장을 찾아가 판매활동을 시작하였다. 1972년에는 기업명을 그리스 신화의 승리의 여신의 이름을 딴 나이키(Nike)로 변경하였고 유명한 스워시(Swoosh) 로고도 개발하여 계속 사용해 오고 있다.

1979년에 이르러 나이키는 스포츠용품 선두업체로서 가장 인기 있는 회사들 중 하나가 되었다. 하지만 얼마 후 에어로빅 붐에 편승한 리복(Reebok)에 정상의 자리를 빼앗기게 되자 스포츠 종류에 따라 신발을 다양화하는 전략을 사용해서 리복을 공략하였다. 두 회사는 한동안 치열한 경합을 벌였다. 그 뒤에 나이키는 세계적인 농구선수 마이클 조던(Michael Jordan)을 위하여 '에어조던(Air Jordan)'이라는 운동화를 디자인하였고, 조던에 의한 나이키의 광고효과가 기대를 훨씬 초과하는 엄청난 성공을 거둠으로써 1980년대 말에는 신발업계의 정상을 차지하였고 이후 정상을 계속 유지하고 있다.

브랜드 아이덴티티와 자산

나이키는 하위 브랜드별로 브랜드 아이덴티티에 약간의 차이가 있지만 바탕이 되는 다음
과 같은 아이덴티티는 대체로 모든 나이키 브랜드들에서 존재한다(Aaker, 1996).

1) 핵심 아이덴티티
① 제품 요점: 스포츠와 피트니스 제품
② 사용자 프로파일: 정상의 운동선수들, 덧붙여 피트니스와 건강에 관심 있는 모든 사람들
③ 성능: 기술적 우위에 바탕을 둔 최고의 성능의 신발들
④ 삶을 향상시키기: 운동을 통해 사람들의 삶을 향상시키기

2) 확장된 아이덴티티
① 브랜드개성: 활기찬, 도발하는, 힘찬, 침착한, 혁신적인, 공격적인, 건강과 피트니스, 탁
   월함을 추구하는
② 관계의 기초: 옷, 신발, 그 외의 것에서 최상을 추구하는, 억세고 남성다운 사람과 어울
   려 다님
③ 하위 브랜드들: Air Jordan과 많은 다른 하위 브랜드들
④ 로고: 스워시 상징물
⑤ 슬로건: "Just do it"
⑥ 조직체 관련 연상들: 스포츠 선수들과 스포츠들과 연결되어 있고 뒷받침하는, 혁신적인
⑦ 주요 광고 모델들: 마이클 조던, 앙드레 아가시, 디온 샌더스, 찰스 바클리, 존 맥켄로
   를 포함하는 최고의 운동선수들
⑧ 전통: 오리건에서 육상 신발들을 개발함

3) 가치제안
① 기능적 혜택들: 성과를 향상시키고 편안함을 제공하는 첨단기술의 운동화
② 정서적 혜택: 운동성과의 향상에 따라오는 유쾌함; 바쁜, 활동적이고 건강하다는 느낌
③ 자기표현적인 상징적 혜택들: 소비자의 자아표현은 유명 선수와 연관된 강한 개성을
   가진 운동화를 사용함에 의해 생성되어짐

나이키 로고와 브랜드자산

나이키의 스워시(Swoosh) 로고는 세계에서 가장 잘 알려진 로고들 중의 하나이다. 이 로고
는 나이키 회사 설립 초기에 포틀랜드 대학교의 디자인 전공 학생이 35달러를 받고 만들어
준 것이다. 곡선의 속도감이 두드러진 이 로고는 곧 나이키의 모든 제품들에 들어갔고 심지
어 나이트는 자신의 종아리에 나이키 로고의 문신을 새겼다고 한다. 후에 스워시 로고의 위
력이 발휘되자 나이키는 대부분의 자사 제품들에 브랜드명인 Nike를 아예 **빼** 버렸다.

나이키가 후원하는 운동선수들이 경기할 때마다 그들의 의상과 스포츠 장비에 부착된 나이키 로고는 관람객들과 시청자들의 관심을 받고 엄청난 PR효과를 가져왔다.

나이키는 스포츠용품 업계에서 최고의 브랜드로서 최고의 인지도를 가지고 있다. 나이키 관련 핵심 연상들에는 스워시 로고, "Just do it" 슬로건, 미국, 오리건, 마이클 조던, 타이거 우즈 등 유명 광고모델들, 활기차고 노력하는 브랜드개성, 운동화 및 운동복, 최고의 성능, 기술 혁신 등이 있고 이런 연상들을 바탕으로 거칠지만 계속 정상을 위해 노력한다는 이미지가 있다. 세계 도처에 애호도를 가진 많은 고객들이 있고 나이키의 로고는 스포츠행사에서 쉽게 발견할 수 있는 상징물이다. 일부 고객들은 광적이어서 다양한 나이키 운동화들을 수집하는 데 열성이다. 혁신과 전통을 바탕으로 최고의 품질로 지각되는 브랜드들 중의 하나이다

마케팅 전략

첫째, 정통 스포츠화와 피트니스 브랜드로 초기부터 포지셔닝하고 이를 위해 적극적인 마케팅 노력을 해 왔다. 나이키는 스포츠화에 가장 중요한 것은 기능성이라 초기부터 믿고 최고의 품질을 유지하기 위해 끊임없이 노력하고 새로운 재질, 새로운 성능의 운동화를 개발해 왔다. Nike Zoom Air, Air Jordan, Air max 등은 시장을 선도한 기술적인 브랜드들이다.

둘째, 나이키는 기능성에만 국한하지 않고 소비자의 감성적 욕구에 호소하고 개인적 가치를 자극하는 전략을 사용했다. 나이키의 성공적인 광고 캠페인은 강력한 브랜드 구축에 기여하였다. 전반적인 나이키의 경험은 자아실현, 성공, 성장 등의 개인적 가치를 자극한다. 광고 슬로건인 "Just Do It"은 소비자들이 자신의 라이프스타일을 돌아보고 과감하게 자아실현 등 자신의 가치를 향해 행동하라는 의미가 담겨 있다.

셋째, 나이키타운(Niketown) 매장 등에서 진행되는 소비자들과 점원들의 개인적이고 상호적인 경험을 주는 체험마케팅을 활용한다. 나이키타운은 활력과 자극을 주는 상징적 공간으로 작용하고 이곳에서 사람들은 오감을 다 사용하며 건강정보와 스포츠 역사 같은 유용한 정보를 제공받고 인간 성취를 보여 주는 미디어와 이야기를 통해 감동을 전달받는다.

넷째, 정상에 있는 운동선수들이나 슈퍼스타의 자질이 보이는 신인선수들과 광고모델로 계약하고 후원하는 촉진 전략을 사용한다. 나이키는 제품과 브랜드의 선택은 소수의 최상의 운동선수들의 선호와 행동에 영향을 받는다는 '영향의 피라미드'를 믿었다. 나이키의 최초의 광고모델은 당시 장거리의 모든 종목들에서 미국 최고기록을 보유했던, 오리건 대학교를 졸업한 전설적인 육상선수 스티브 프리폰테인이었다. 그는 최선을 다하는, 반항적인, 거친 나이키 브랜드 이미지에도 딱 어울리는 선수이었지만 불행히 20대 중반 한창의 나이에 교통사고로 요절했다.

노스캐롤라이나 대학의 스타 농구선수로 3학년만 마치고 프로농구리그인 NBA에 들어간 마이클 조던의 스포츠 스타로서의 성장 가능성과 광고 스타로서의 잠재력을 일찍 파악해 1985년 광고모델로 계약하고 후원한 것은 나이키의 대표적인 스타마케팅 성공 사례이다. 조던은 1984년 미국프로농구 드래프트에서 1라운드 3순위로 시카고 불스에 지명되어서 NBA

선수생활을 시작했다. 첫해 신인상을 탔고 이후 13년간 시카고 불스에 6번의 미국 프로농구 챔피언 타이틀을 안겨주었고, 그사이 10번의 득점왕과 5번의 리그 최우수선수(MVP)에 올랐다. 조던을 핵심 광고모델로 활용하는 전략은 바로 적중해서 첫해에만 무려 1억 달러의 수익을 창출하였다. 조던의 뛰어난 농구 성적, 카리스마, 깨끗한 매너, 승부 근성, 결정적인 순간의 마무리 등은 나이키의 이미지와 잘 맞았고 나이키와 조던은 동반 승승장구하였다. 후에 마이클 조던은 나이키의 하위 브랜드인 에어 조던 브랜드에 경영자로서도 관여했다.

다섯째, 나이키는 개별 운동화를 광고하는 것보다 스포츠 자체를 광고함으로써 축구=나이키, 미식축구=나이키와 같이 나이키와 개별스포츠 간의 강한 연상 관계를 구축하는 데 성공했고 더 나아가 스포츠=나이키를 확립하는 데 성공했다.

여섯째, 마이크로마케팅 전략을 성공적으로 구사했다. 마이크로 마케팅은 고객을 여러 가지 변수들로 아주 세분화하여 그들에 맞는 제품들을 제조하고 공급하는 마케팅이다. 마이크로 마케팅을 통해서 에어쿠션, 마이크로 칩 부착 운동화와 같은 특별한 기능을 관련 운동화에 추가한 결과 일부 운동화는 200달러의 가격에까지 팔릴 수 있었다. 이 전략을 통해 나이키는 1만 3,000여 가지의 스타일을 운동복과 운동화에 선보일 수 있었다. 인도의 크리켓을 즐기는 사람들을 위한 운동화, 미국에서 축구를 즐기는 사람들을 위한 운동화 등 다양한 운동화를 내놓았다. 전문 운동선수들을 위해서는 특별한 기능을 고려한 운동용품들을 내놓았고 나이트의 모교인 오리건 대학교의 스포츠 팀들과는 특별 후원계약을 맺어 매 경기 해당 팀에서 유니폼과 운동화를 선택하는 것이 가능하도록 다양한 스타일의 제품들을 공급했고 많은 새로운 재질과 기능의 제품들을 오리건 대학교 스포츠 팀들을 통해 실험 등장시켰다.

일곱째, 공동 창립자이었고 나이키의 최고경영자로서 약 40년간 활약했던 필 나이트의 비전과 혁신적이고 도전적인 정신, 리더십 능력이다. 그는 오리건 대학교에서 육상 장학금을 받고 선수로 뛴 경험을 바탕으로 스스로가 기능성이 뛰어난 운동화, 운동복 개발에 열심이었다.

자료원: 안광호·한상만·전성률, 2008; 하틀리와 장대련, 2011; Aaker, 1996; Kotler and Keller, 2009; Robinette et al., 2003; www.encyber.com

1. 브랜드 아이덴티티

1) 브랜드 아이덴티티의 중요성과 구조

브랜드 아이덴티티(identity: 정체)는 브랜드관리에서 중요한 개념들 중의 하나이다. 브랜드 아이덴티티는 브랜드가 무엇인지를 나타내는 것이다. Aaker와 Joachimsthaler (2000)는 브랜드 아이덴티티를 "브랜드전략가가 창조하거나 유지하기를 열망하는 브랜드 연상들의 집합"이라고 정의한다. 이들에 따르면 브랜드 아이덴티티는 조직체가 고객에게 제공하는 약속이다. 브랜드 아이덴티티는 뒤의 3장에서 다룰 브랜드 자산과 구분해야 한다. 브랜드 아이덴티티는 브랜드에 대한 묘사인 반면에 브랜드 자산은 브랜드의 진짜 가치와 관련된다. 브랜드 아이덴티티는 브랜드 이미지와도 구분될 수 있다. 브랜드 아이덴티티와 브랜드 이미지 둘 다 브랜드 관련 연상들에 바탕을 두지만, 브랜드 아이덴티티는 상대적으로 브랜드가 어떻게 객관적으로 묘사되는가와 관련되는 반면에, 브랜드 이미지는 소비자들의 마음속에 브랜드가 어떻게 주관적으로 지각되어지는가와 관련된다.

조직체들이 브랜드 아이덴티티에 신경을 써야 하는 것은 크게 다음의 3가지 면들에서 설명될 수 있다(Wheeler, 2006). 첫째, 브랜드 아이덴티티는 고객들이 사는 것을 용이하게 해 준다. 아이덴티티는 조직체에 대한 지각을 도와주고 경쟁자들로부터 차별화시킨다. 기억하기 쉬운 브랜드명, 독특한 제품 포장디자인 등으로 잘 구현된 아이덴티티는 소비자들이 그 구성요소들을 이해하는 것을 쉽게 해 주고, 고객들에게 기쁨을 주고 애호도를 생성한다. 둘째, 브랜드 아이덴티티는 판매 집단이 해당 제품을 판매하는 것을 쉽게 해 준다. 잘 구현된 브랜드 아이덴티티는 다양한 청중들과 문화에 효과적으로 파고들어 조직체 및 브랜드의 강점들에 대해 파악하고 이해하도록 해 준다. 셋째, 브랜드 아이덴티티는 브랜드 자산을 축적하는 것을 쉽게 해 준다. 강한 브랜드 아이덴티티는 증가된 재인, 인지, 고객 애호도 등을 통해 브랜드자산을 형성해 가는 데 도움을 준다.

브랜드 아이덴티티는 기능적인, 정서적인 또는 자아표현적인 혜택들을 포함하는 가치제안을 생성하거나 단순히 보증 광고하는 브랜드에 대한 신뢰성을 제공함으로써 브랜드와 고객 간의 관계를 확립하는 데 도움을 준다. <그림 2-1>은 브랜드 아이덴티티의 구조와 4가지 구성요소들을 보여 준다. 브랜드 아이덴티티의 구조는 브랜드 진수(brand essence), 핵심 아이덴티티(core identity) 및 확장 아이덴티티(extended identity)를 포함한다.

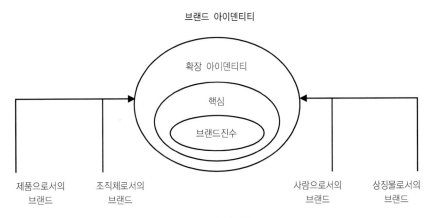

브랜드 아이덴티티

출처: D. Aaker and Joachimsthaler, 2000으로부터 압축

〈그림 2-1〉 브랜드 아이덴티티

브랜드 진수는 브랜드의 영혼을 포착하는 하나의 생각이다. 브랜드 진수는 핵심 아이덴티티 요소들을 같이 유지시키는 아교 또는 모든 핵심 아이덴티티 요소들에 연결된 바퀴 축으로 볼 수 있다. 핵심 아이덴티티는 종종 브랜드에 대한 간결한 묘사로서 대개 브랜드 비전을 요약하는 3, 4차원들을 가진다. 확장 아이덴티티는 핵심 아이덴티티에 포함되지 않은 나머지 브랜드 구성요소들을 포함하고 의미 있는 그룹들로 조직되어 있다(Aaker and Joachimsthaler, 2000).

브랜드 아이덴티티 시스템의 네 가지 구성요소들은 ① 제품으로서의 브랜드(brand as a product), ② 조직체로서의 브랜드(brand as an organization), ③ 사람으로서의 브랜드(brand as a person), ④ 상징물로서의 브랜드(brand as a symbol)이다. 이 4가지 구성요소들은 다음과 같은 하위요소들을 가진다(Aaker, 1996; Aaker and Joachimsthaler, 2000).

① 제품으로서의 브랜드: 제품 영역, 제품 속성들, 품질/가치, 사용 경험, 사용자들, 원산지 국가
② 조직체로서의 브랜드: 조직 관련 속성들, 지방적 대 글로벌적
③ 사람으로서의 브랜드: 브랜드개성, 브랜드와 고객과의 관계
④ 상징물로서의 브랜드: 시각적 심상/은유물, 브랜드 전통

버진(Virgin) 브랜드는 명확하게 확립된 브랜드 아이덴티티를 가지고 있고 꾸준히 유지해 오고 있다. <표 2-1>은 버진의 브랜드 아이덴티티의 구조, 가치제안, 고객과의 관계를 나타낸다.

〈표 2-1〉 버진의 브랜드 아이덴티티

1) 브랜드 진수(brand essence): 우상 파괴
2) 핵심 아이덴티티(core identity) 　① 서비스 품질: 유머감과 재능을 통해 전달되는 최상의, 지속적인 품질 　② 혁신: 진정으로 혁신적이고 가치를 더하는 속성들과 서비스를 통해 최초로 특정 제품과 서비스를 제공함. 　③ 즐거움과 오락: 즐거움과 오락을 제공하는 회사 　④ 지불 금액 대비 가치: 합당한 가치가 없는 높은 가격의 제품 선택권을 제공하지 않고 모든 제공물들 　　은 소비자들에게 탁월한 가치를 제공한다.
3) 확장 아이덴티티(extended identity) 　① 열세 브랜드(underdog brand): 새로운 창의적인 제공물들을 통해서 확립되어 있는 관료적인 기업과 싸움 　② 브랜드 개성 　　－ 규칙들을 경시한다. 　　－ 때로는 뻔뻔할 정도의 유머 감각 　　－ 언더독으로서 시장에 확립된 대상을 기꺼이 공격하려 한다. 　　－ 능력 있는, 항상 일을 잘 하는, 높은 표준을 설정한다. 　③ 버진 상징물들: 그룹 회장 브랜슨과 그의 라이프스타일, 필기체 활자 로고 등
4) 가치 제안 　① 기능적 혜택: 품질로서 가치를 제공하고 덧붙여서 재능과 유머로 전달되는 혁신적인 추가물들 　② 정서적 혜택: 언더독으로서의 자부심 　③ 자아표현적 혜택들: 약간 뻔뻔할 정도까지 시장에서 확립된 대상들에게 기꺼이 대항함.
5) 고객과의 관계: 고객들을 즐거운 동료들로서 생각함

출처: Aaker and Joachimsthaler, 2000

<브랜딩 사례 2-1>은 순창 고추장의 브랜드 관리를 다룬다. 청정원은 제품 속성, 품질, 조직 관련 속성, 고객과의 관계, 상징물 등을 통해 자연과 정성의 브랜드 정수를 잘 살려 브랜드 아이덴티티를 확실하게 구축했다.

〈브랜딩사례 2-1: 청정원의 일관성 있는 브랜드 관리〉

　대상이 내놓은 "청정원 순창 우리 쌀로 만든 고추장"(이하 "순창 우리 쌀 고추장")이 소비자들의 뜨거운 관심을 받고 있다. "순창 우리 쌀 고추장"의 가장 큰 특징은 수입 밀가루 대신 국산 쌀 100%로 원료를 전격 교체했다는 점이다. 전통 방식대로 쌀을 원료로 사용해 깔끔하고 칼칼한 고추장 고유의 맛을 구현했을 뿐만 아니라 운반 과정에서 살충제를 사용하고 표백 작업을 거치는 수입산 밀 대신 국산 쌀만을 사용해 안전하고 건강한 먹을거리로 소비자들에게 어필하고 있다.

　시판용 고추장은 쌀 자급량이 부족하던 1960년대부터 원가 절감을 위해 쌀 대신 밀쌀(밀)과 소맥분 등을 사용하고 있다. 밀가루가 지금도 시판용 고추장 원료의 20%를 차지하고 있어 전통 고추장이 가지고 있던 칼칼하고 깔끔한 맛을 제대로 구현하지 못하고 있는 실정이다. 청정원은 2009년 5월부터 청정원 순창 고추장 전 제품에서 밀가루를 국산 쌀로 전부 교체했다. 건강과 맛을 중시하는 소비자의 눈높이에 맞추고 전통 음식문화를 바로잡기 위해서이다. 이번 신제품 순창 우리 쌀 고추장은 색상이 밝고 윤기가 좋아 각종 무침이나 볶음 요리를 더욱 맛깔스럽게 만들 수 있으며, 고추장을 오래 두면 표면이 검게 변하는 갈변 현상도 기존 제품들보다 3개월 이상 지연시켰다.

　청정원 순창 고추장은 현재 대표적인 고추장 브랜드로 자리매김하고 있다. 치밀하고 과학적인 브랜드 전략과 일관성 있는 마케팅 덕분이다. 현재 청정원 순창고추장은 청정원의 기본정신인 '자연과 정성'을 전통적인 장맛을 추구하는 장류 브랜드라는 개념으로 승화해 깨끗한 원료와 전통 제조 공정으로 고객만족 극대화를 추구하는 브랜드를 지향하고 있다. 현재 청정원 순창고추장은 브랜드 파워 11년 연속 1위, 고객만족도 6년 연속 1위, 슈퍼 브랜드 5년 연속 1위 등 각종 브랜드 조사에서 고추장 부문 1등을 수상했다.

　자료원: 한국경제, 2009년 7월 7일

2) 브랜드 구성요소 선택

　브랜드 구성요소는 브랜드를 확인하고 차별화하는 데 역할을 하는 등록상표화할 수 있는 수단이다(Keller, 2008; Kotler and Keller, 2009). 예를 들면 삼성전자는 '삼성'이란 기업 브랜드명, 파란 타원형 바탕에 흰 글씨의 영어로 된 SAMSUNG 로고(<그림 2-2>를 참고), "또 하나의 가족"이란 광고슬로건을 가지고 있다. 브랜드 구성요소들은 브랜드를 연상시키고 브랜드 인지도를 높이거나 소비자들에게 긍정적인 태도를 형성시킬 수 있다. 예를 들어, 코카콜라는 젊은 여성의 아름다운 육체를 상징하는 병 모양만으로도 브랜드를 연상시키는 강력한 효과를 발휘하였고, 나이키는 TV광고에서 브랜드명을 나타내지 않고도 스워시 로고만 사용하여 오히려 소비자들에게 더 강력한 인상을 심어 주고 있다.

　브랜드 구성요소를 선택하는 데 사용하는 일반적인 6가지 기준은 다음과 같다(Keller, 2008).
　① 기억의 용이성: 재인이 쉬움, 회상이 쉬움

② 의미성: 묘사적임, 설득력이 있음

③ 호감성: 즐거움을 주고 흥미로움, 풍부한 시각적 요소와 언어적 심상화, 미학적으로 즐거움을 줌

④ 전이성: 제품군 내에서와 제품군을 가로질러서 잘 전이됨, 지역적인 한계들과 문화를 가로질러 전이됨

⑤ 적응성: 유연함, 최신화 가능성

⑥ 보호가능성: 법적으로 보호가능성, 경쟁자들로부터 보호가능성

다음의 2절에서는 브랜드 아이덴티티를 형성하는 데 중요한 핵심적인 구체적 구성요소들인 브랜드명, 로고, 상징물, 캐릭터, 슬로건, 징글, 패키지를 설명한다.

2. 브랜드 구성요소들

1) 브랜드명

브랜드는 브랜드를 식별하게 하는 이름(브랜드명)을 가진다. 브랜드명은 해당 브랜드가 무엇이고 무엇을 할 수 있는지를 소비자들에게 외적으로 보여 주는 수단으로서 제품 품질, 지위 상징 등의 기능까지 전달한다. 브랜드명은 브랜드 아이덴티티의 형성과 유지에 있어서 가장 중요하고 강력한 구성요소들 중의 하나이다(안광호·한상만·전성률, 2008). 과거에는 소금, 설탕과 같은 생필품들 중에서 기본적인 기능적인 속성만 가진 제품에 브랜드명을 붙이지 않고 내용(예: 소금)만 표시한 무상표품들(generic brands)도 시장에 간혹 있었다. 하지만 브랜드가 경영과 마케팅에서 중요한 위치를 차지하는 현대에서는 브랜드명을 가지지 않는 제품은 거의 없다.

연구자들과 실무자들에서 완전히 일치하지는 않지만 브랜드명을 결정하는 데 학계와 실제 시장에서 적용하는 원칙들이 있다. 실제로 브랜드명을 결정하는 데에는 상황에 맞추어 창의력을 발휘하는 것이 중요한 것 같다. 마케팅이 과학인가? 기술인가? 심지어 예술인가? 라는 흥미 있는 논의도 있어 왔지만 브랜드명 결정은 이 3가지를 어느 정도 다 포함한다고 할 수 있다. 브랜드자산을 위해서는 인지도를 증진시키고 연상 면에서 도움이 되는 브랜드명을 선택하는 것이 좋다. ① 단순하고 발음하고 철자화하기 쉽고, ② 친숙하고 의미 있고,

③ 색다르고 차별화되고 특별한 브랜드명이 브랜드 인지도에 도움이 된다. 또한 긍정적이고 독특하고 강한 연상을 일으키는 브랜드명이 좋은 연상을 형성하는 데 도움이 된다(Keller, 2008). 좋은 브랜드명의 두 가지 예들로 미국의 '썬키스트'와 우리나라의 '물 먹는 하마'를 제시한다.

썬키스트(Sunkist)

썬키스트(Sunkist)는 1908년 미국 캘리포니아 주 농장주 연합이 도매상의 횡포에 대항해서 자신들의 과일들을 보호하고 광고, 유통 등을 통해 공동으로 브랜드관리를 하기 위해 세계 최초의 과일브랜드로서 오렌지에 붙인 농산품브랜드였고 이후 레몬, 자몽에도 같은 브랜드를 사용했다. Sunkist는 과일이 캘리포니아의 강렬한 햇빛을 받고 자라서 싱싱하다는 것을 나타내는 'Sun Kissed'를 줄여서 같은 발음의 Sunkist라는 브랜드명을 만든 것이라고 한다. 썬키스트 그로워즈(Sunkist Growers Inc.)에 의해 현재 썬키스트 라이선스로 생산되는 제품은 청량음료, 캔디, 스낵, 비타민 등 약 600종류가 있으며, 세계 45개국 이상에서 판매되고 있다.

<자료원: www.encyber.com>

물 먹는 하마

옥시의 습기제거제 '물 먹는 하마'는 2006년 중순까지 2억 개가 팔려 나갔다고 한다. 물 먹는 하마는 출시 이후 습기제거제 시장에서 한 번도 시장점유율 1위 자리를 빼앗기지 않은 생활용품업계의 대표적인 히트상품이다. '물 먹는 물보', '물 먹는 물소', '물 먹는 공룡', '물 먹는 코끼리', '물 먹는 하마' 등 물 먹는 동물류의 유사 브랜드들만도 10개가 넘을 정도이다.

1984년 여름 동양화학(옥시의 모기업) 개발팀은 습기를 퇴치하기 위한 연구에 착수해 2년간의 노력 끝에 고어텍스를 바탕으로 한 습기제거제 상품화에 성공한 동양화학은 그룹 전 직원 공모를 통해 신제품 이름 짓기에 나섰다. 사내 공모에서 처음 채택된 안은 '내 친구 하마'였고 최종 결정단계에서 '흡습'이라는 기능을 설명해주는 '물 먹는'을 덧붙여 브랜드명이 정해졌다. 물 먹는 하마는 브랜드를 통해 소비자에게 제품 기능에 대한 정보를 압축적으로 전달함과 동시에 하마 캐릭터를 활용해 친근감, 특이성, 기억용이성도 높이기에 브랜드명 안에 핵심 속성(물 먹는)과 캐릭터(하마)가 혼합된 좋은 브랜드명 결정의 예이다.

<자료원: 한국경제, 2006년 6월 23일>

2) 로고, 상징물, 캐릭터

로고, 상징물, 캐릭터는 브랜드명을 보조하거나 기업명이나 브랜드명을 시각적으로 보여주기 위해서 사용된다. 로고는 브랜드명 자체를 시각적 요소로 반영하는 구체적 형태의 로고(예: 코카콜라의 로고, 삼성의 로고)와 브랜드명이나 기업명과 직접 관련 없이 브랜드의 의미를 강화시키기 위한 목적의 추상적인 로고(예: 나이키의 스워시 로고, 벤츠의 로고, 롤렉스시계의 왕관 로고)의 두 가지 형태로 구분된다(안광호, 2003). 상징물(symbol)은 특정의 디자인으로 표시된 기업명이나 브랜드명인 워드마크(wordmark)가 아닌, 브랜드의 의미나 핵심적 속성을 대표하거나 브랜드를 상징하는 개체를 의미한다.

<그림 2-2>는 우리에게 잘 알려진 슈퍼 기업브랜드들인 삼성, 나이키, 맥도날드, 메르세데스 벤츠, 구글, NHN의 로고들을 보여 준다. 때로는 <그림 2-3>에서 보여 주는 네이버의 스페셜 로고들과 같이 특별한 기념일을 기념하거나 특별한 사건이나 행사에 관심을 주고 상기시키기 위해 기본적인 브랜드 로고를 바탕으로 관련된 추가적인 요소를 더해 스페셜 브랜드로고를 만드는 경우도 있다.

〈그림 2-2〉 잘 알려진 브랜드 로고들

〈그림 2-3〉 네이버의 특별 브랜드 로고들

<브랜딩사례 2-2>는 로고의 형체가 궁금증을 자아내서 더 관심을 가지게 하는 브랜드 로고들 중의 2가지 대표적 예들인 애플과 스타벅스의 로고들을 다룬다.

〈브랜딩사례 2-2: 애플과 스타벅스 로고〉

티저(teaser) 광고는 소비자를 궁금하게 만들어 관심을 유도한다. 수십 년의 역사를 자랑하는 기업 로고에도 일종의 티저 기법이 숨어 있다는 사실을 아는 사람은 많지 않다. 대표적인 사례가 애플 컴퓨터와 스타벅스가 아닐까?

사과 한쪽을 베어 먹은 듯한 모양의 애플 컴퓨터 로고에는 온갖 해석이 난무한다. 우선 '깨물다(bite)'라는 영어 단어에서 컴퓨터 연산단위인 '바이트(byte)'를 떠올리도록 만든 언어유희라는 풀이가 있다. 또한 애플 창업자 스티브 잡스가 창고에서 컴퓨터를 만들 때 사과를 한입 먹고 컴퓨터 위에 올려놓은 것에서 아이디어를 얻었다는 설도 있다. 창세기에 나오는 이브가 사과를 따먹고 원죄를 지었듯 컴퓨터의 발명은 인류에게 중요한 전환점이라는 걸 표현했다는 거창한 설명도 있다. 다양한 설들 중에서 가장 유력한 것이 천재 수학자 앨런 튜링에 대한 존경심에서 만들어졌다는 설이다. 옥스퍼드 대학교 교수였던 튜링은 1940년 독일군의 암호를 해독하는 컴퓨터를 개발해 연합군 승리에 결정적으로 기여한 인물이다. 그러나 동성애자인 그는 1952년 남자를 밝혔다는 죄명으로 영국 정부에 체포됐고 괴로워하다가 결국 청산가리를 넣은 사과를 먹고 자살했다. 스티브 잡스는 평소 튜링에 대한 존경심을 회사 로고에 재치 있게 담았다고 한다.

세계적인 커피숍 체인인 스타벅스 로고 한가운데에는 긴 머리의 여자가 있고, 이 여자의 양쪽으로 인어 꼬리 모양이 있다. 가장 흔한 해석은 이 로고가 그리스 신화에 나타난 꼬리가 두 개 달린 인어 '사이렌'을 표현했다는 설이다. 사이렌이 아름다운 노래로 뱃사람을 유혹한 것처럼 커피로 고객을 유혹하겠다는 뜻을 담았다는 해석이다. 하지만 사이렌은 예전부터 커피 운반선에 다는 깃발에 그려졌기 때문에 '커피를 안전하게 수호해온다'는 뜻이 있다는 설명도 있다. 또 다른 해석은 고대 이집트에서 숭배된 풍요의 여신 '이시스'라는 설명이다. 여섯 갈래로 난 머리카락이 이시스 여신의 상반신을 덮고 있는데 이는 6대륙을 상징한다고 전해진다.

브랜드컨설팅사인 인터브랜드코리아의 박상훈 사장은 "애플과 스타벅스처럼 소규모 창업으로 시작된 회사는 로고를 만들 때 큰 의미를 부여하거나 회사 정체성을 담으려는 생각을 하지 못했기 때문에 뚜렷한 해석이 존재하지 않는다"고 풀이한다.

자료원: 매일경제, 2005년 6월 18일.

잘 알려진 상징물의 예들에는 맥도날드(McDonald's)의 금빛 아치(arch), 푸르덴셜(Prudential) 보험의 바위, SC제일은행의 엄지손가락, 국민은행의 별, BC카드의 빨간 사과 등이 있다. <브랜딩사례 2-3>은 코카콜라가 비수기인 겨울에 코카콜라의 매출을 올리기 위해서 산타클로스에게 코카콜라를 상징하는 색깔인 빨간색 옷을 입혔는지를 흥미 있게 설명한다.

〈브랜딩사례 2-3: 코카콜라와 빨간 산타클로스〉

산타클로스의 기원은 소아시아의 주교이었던 성 니콜라스로 거슬러 간다고 한다. 원래 산타클로스는 굴뚝을 잘 타고 내려갈 수 있도록 날씬한 몸매를 지녔고 녹색 옷을 주로 입는 것으로 묘사되었다고 한다. 이후 1860년 뉴욕의 『하퍼스 위클리』지의 전속만화가인 토머스 내스트가 크리스마스 삽화에서 산타클로스를 뚱뚱하게 그렸고 북극에 사는 것으로 만들었다고 한다. 이후에도 산타는 빨간색보다는 녹색 옷을 주로 입었다.

지금과 같이 빨간 옷을 입은 산타클로스는 코카콜라가 콜라 판매의 비수기인 겨울에 판매량을 늘리기 위한 아이디어로서 겨울과 콜라를 연결시키기 위해서 산타를 광고모델로 등장시키면서 탄생했다. 코카콜라의 로고를 연상하게 하는 흰색 털이 달린 붉은 옷을 입고 콜라의 탄산 거품을 연상하게 하는 흰 수염을 지닌 산타클로스는 코카콜라의 마케팅 전략으로서 탄생했다. 1931년 미국 『새터데이 이브닝 포스트』지에 선드블롬이라는 일러스트 작가가 만든, 뚱뚱하고 붉은 옷을 입은 산타가 코카콜라를 들고 있는 광고가 실린 것이 대대적인 인기를 끌면서 코카콜라와 산타와의 관계가 시작되었다고 한다. 이후 코카콜라를 마시며 어린이들에게 동화책을 읽어 주는 산타클로스의 모습은 자연스럽고 전형적인 것으로 받아들여졌고 코카콜라의 글로벌 브랜드 구축에 큰 역할을 하였다.

자료원: www.naver.com

캐릭터는 브랜드 상징물의 특별한 유형인, 인간적 또는 다른 생물의 특성들을 가진 상징물이다(Keller, 2008). 잘 알려진 캐릭터의 예들에는 켄터키 프라이드 치킨(KFC)의 창립자인 샌더스 할아버지, AFLAC 보험의 오리(duck), 플레이보이(Playboy)의 토끼(bunny), 제너럴 밀스(General Mills)의 Betty Crocker라는 여성, 말보로의 카우보이, 헬로키티의 고양이, 물 먹는 하마의 하마 등이 있다. <그림 2-4>는 우리에게 잘 알려진 말보로의 카우보이, 헬로키티의 고양이, 물 먹는 하마의 하마를 시각적으로 보여 준다.

말보로 카우보이　　　　　　　헬로키티 고양이　　　　　　　물 먹는 하마의 하마

〈그림 2-4〉 잘 알려진 캐릭터들

헬로키티

헬로키티(Hello Kitty)는 일본의 캐릭터 전문 기업인 산리오에서 캐릭터 상품용으로 만들어낸 캐릭
터이다. 일본에서는 대단히 유명한 캐릭터이며, 판매되는 상품은 문방구를 중심으로 식품, 컴퓨터에
서 경자동차까지 일상생활의 거의 전 영역에 걸쳐 있다. 캐릭터로서 개발된 것은 1974년이며, 공식
적으로는 1974년으로 되어 있으나 실제로 처음 상품이 발매된 것은 1975년 3월이다. 최초의 상품
은 비닐제 동전지갑이었다. 1975년까지는 이름이 없는 상태였으나 거울나라의 앨리스에 등장하는
흰 아기고양이의 이름을 따와 '키티'라는 이름을 붙이게 되었다. 성인 '화이트'는 나중에 설정이 변
경되며 붙은 것으로, 초기 설정에는 없었거나 비공개로 추정된다.

<자료원: 위키피디아 백과사전>

로고, 상징물, 캐릭터는 일반적으로 4가지 혜택들을 가진다(안광호·한상만·전성률, 2008;
Keller, 2008). 첫째, 로고, 상징물, 캐릭터는 종종 브랜드명보다 쉽게 인식되고 제품을 식별
하는 데 유용하게 쓰일 수 있다.

둘째, 로고, 상징물, 캐릭터는 종종 색채가 풍부하고 심상이 풍부하기 때문에 관심과 주
의를 끌게 되고 브랜드 인지도를 생성하거나 높이는 데 유용하다. 사람들은 그림이나 사진
과 같이 강한 시각적인 자극을 단어로 구성된 자극보다 일반적으로 더 잘 인식하고 기억하
는 경향이 있다.

셋째, 로고, 상징물, 캐릭터는 브랜드와 관련한 풍부한 연상을 일으키고 다른 브랜드들과
명확히 차별화하는 데 도움을 준다. 푸르덴셜(Prudential) 보험회사는 강인함, 안정성, 역경의
극복을 의미하는 지브롤터 해협의 바위라는 상징물을 통해 다른 보험회사들과 브랜드 이미
지를 차별화하여 자사 브랜드의 확신성, 안전성을 소비자들에게 강하게 심어 줄 수 있었다.

말보로는 부드러움을 바탕으로 여성스러운 이미지로 자리 잡은 브랜드 이미지를 카우보이 캐릭터와 잘 집행된 광고 등 촉진을 통해서 남성적인 브랜드 이미지로 대전환한 재포지셔닝의 대표적인 성공한 사례로 꼽힌다. 이러한 연상에는 제품의 핵심적인 기능적인 속성이나 혜택도 있는데 제품의 기능적 특성을 적절하게 나타낼 수 있는 상징물이나 캐릭터를 사용할 경우 효과적일 수 있다. 예를 들어 필스베리(Pillsbury)의 도우보이(Doughboy)는 제품의 신선함을, 미쉐린(Michelin)의 비벤덤(Bibendum)은 튼튼하고 안전한 타이어를 각각 캐릭터를 통해 형상화해서 효과를 보았다.

넷째, 로고, 상징물, 캐릭터는 호감도를 향상시키고 때로는 브랜드를 즐겁고 흥미 있는 존재로 지각하게도 한다. 특히 생명체가 있고 개성이 있는 캐릭터를 사용할 때 이런 효과가 강하게 나타난다. 물 먹는 하마의 하마 캐릭터는 익살스럽고 물 먹는 하마의 제품의 효력을 상징하는 하마를 통해 친근하게 소비자들에게 다가가는 데 성공했다. KFC는 샌더스 할아버지를 통해 가족들이 언제라도 찾을 수 있는 친근한 레스토랑 브랜드로 지각되는 데 큰 도움을 받았다.

3) 슬로건과 징글

슬로건(slogan)은 브랜드에 대해서 묘사하거나 설득적인 정보를 의사소통하는 짧은 문구이다(Keller, 2008). 슬로건은 브랜드명을 슬로건에 포함시키거나 브랜드명과 제품군을 연관시키는 슬로건을 사용해서 인지도를 높이거나 브랜드의 포지셔닝과 바람직한 차별점을 강화하는 데 도움을 줄 수 있다. 그 결과 브랜드의 아이덴티티를 명확히 하고 브랜드자산을 구축, 유지하기 위해 매우 효율적인 수단으로 사용된다. 이러한 슬로건은 무엇이 특정 브랜드를 특별나게 하는지 소비자가 파악하는 데 도움을 주는 '갈고리'나 '핸들'로서의 기능을 할 수 있다. 슬로건은 마케팅 프로그램의 의도를 요약하고 변환하는 데 절대 필요한 수단이다(Keller, 2008; Kotler and Keller, 2009). 슬로건은 두 가지 종류가 있는데 하나는 광고에서 브랜드에 대한 핵심을 짧게 표현한 광고 슬로건이고 다른 하나는 브랜드와 관련해 강조하고 싶은 것을 브랜드 앞에 붙여서 직접 수식하는 브랜드 슬로건인데 대부분의 브랜드의 경우에는 광고 슬로건만 사용하고 있다.

슬로건은 신중하게 만들어야 하고 때로는 많은 시간과 시행착오를 통해 불후의 슬로건이 만들어지기도 한다. "최고의 카드로 사려 하는 마음을 전하고 싶다면(When You Care Enough to Send the Very Best)"은 홀마크 카드의 슬로건으로 미국 산업계에서 가장 성공한 슬로건들 중의 하나로 여겨진다. 홀마크는 "홀마크 카드는 여러분이 전하고 싶은 것을 여러분이 원하는 방식으로 전해 줍니다!"라는 장황한 슬로건 등 여러 번의 수정 끝에 홀마크의 배려의 의미를 강조하는 간결하고 압축적인 멋진 슬로건을 만들었고 이것은 홀마크의 포지셔닝과 비즈니스 목표 설정과 집행에 영향을 미쳤다(Robinette et al., 2003).

삼성전자의 "또 하나의 가족", 오리온 초코파이의 "정", Nike의 "Just Do It", State Farm의 "Like a Good Neighbor, State Farm is There", GM Pontiac의 "We Build Excitement", Avis의 "We Try Harder" 등은 오랜 기간 성공적으로 사용된 광고 슬로건의 예들이다. <브랜딩사례 2-4>는 경쟁자에 대조해 포지셔닝해서 성공한 대표적 예들 중의 하나인 Avis의 "We Try Harder" 광고 슬로건을 설명한다.

〈브랜딩사례 2-4: 에이비스(Avis)의 "We Try Harder" 슬로건〉

브랜드 자산을 구축하기 위해 광고 슬로건을 사용해 성공한 예에는 Avis가 있다. 에이비스는 "We Try Harder"란 단순하지만 의미 있는 광고 슬로건을 내세운 캠페인으로 렌터카 사업에서 1위 브랜드인 Hertz라는 경쟁자에 대조해 Avis를 성공적으로 포지셔닝했다. 에이비스가 41년이 되던 해인 1963년 이 캠페인이 개발되었을 때 에이비스는 시장 선도기업인 Hertz 다음으로 2번째인 자동차 렌트 기업으로 널리 인식되고 있었고 당시에 손실을 보고 있었다. DDB광고대행사의 관리자가 에이비스 관리자들에게 "경쟁사보다 무엇을 잘 할 수 있는가"라고 물었을 때 에이비스 관리자는 "우리는 노력해야만 하기 때문에 열심히 노력한다"고 응답했고 이것이 이후 광고 캠페인의 핵심이 되었다. 에이비스는 솔직하고 정직했기에 그 캠페인을 처음에는 방송하기를 주저했지만 약속대로 전달해야만 했다. 그러나 에이비스의 구성원들, 특히 일선 종업원들이 "We Try Harder"를 받아들이고 열심히 노력했기에 이 기업은 이에 맞는 문화와 브랜드 이미지를 창조할 수 있었고 비록 1등은 하지 못하지만 꾸준히 노력해 2위를 주로 하는 성실하고 신뢰성 있는 기업으로 고객들의 마음속에 자리 잡았다.

자료원: Kotler and Keller, 2009

징글(jingle)은 브랜드를 중심으로 만들어진 짧은 음악적 메시지이다. 징글은 일반적으로 직업적인 작사/작곡가에 의해 만들어진다. 징글은 제품의 의미를 간접적이고 추상적으로 전달하기 때문에 그것이 생성하는 연상은 느낌, 개성, 다른 무형적 자산과 주로 관련된다 (Keller, 2008). 징글은 크게 2가지의 정의들을 가지고 있다. 하나는 협의의 정의로서 광고 속에서 반복되는 짧은 사운드나 단어를 의미하고 학계에서는 이 정의를 주로 채택한다. 이 정의에 해당하는 징글의 성공한 예들에는 하이마트의 "하이마트로 가요!" 인텔의 "인텔 인사이드, 두두두둥", 미국 육군의 "Be All That You Can Be" 등이 있다. 다른 하나는 광의의 정의로서 협의의 의미인 징글뿐만 아니라 CM송까지 모두 포함하는 것으로서, TV, 라디오, 인터넷광고 속에 삽입되는 브랜드와 관련한 음악, 멜로디 등을 모두 의미한다. 광의의 정의의 징글에는 '새우깡', '브라보콘', '미녀는 석류를 좋아해' 음료의 CM송 등도 포함된다.

징글은 4가지 효과를 가진다. 첫째, 징글은 소비자들의 관심을 끌어 인지도에 도움을 준다. 둘째, 징글의 청각적 처리를 통해 브랜드에 대한 정보를 시각적과 청각적으로 동시에 처리하도록 해서 정보를 입력하고 기억하는 데 도움을 준다. 셋째, 징글은 브랜드를 떠올리는 또 하나의 단서로 사용되어 브랜드명의 인출을 도울 수 있다. 넷째, 광고에서 사용되는 징글은 소비자들의 기분을 좋게 만들 수 있다.

4) 패키지

패키지는 포장이라고도 하며, 제품의 상품 가치를 높여 주는 동시에 그것을 보호하기 위한 적절한 재료, 용기 등을 제품에 적응시키는 기술 및 적용시킨 상태로 정의된다(www.naver.com). 코카콜라의 S라인 병은 오랜 기간 동안 코카콜라를 상징하는 패키지로서 브랜드자산 형성에 기여하였다. 미국에서 소금 브랜드로 유명한 모톤(Morton)은 패키지를 통해서 강력한 브랜드를 구축한 사례이다. 1800년대만 하여도 소금은 종이봉지에 담겨서 팔렸는데 비가 오면 습기 때문에 소금이 쉽게 눅눅해졌다. 모톤은 이를 예방하기 위하여 습기로부터 보호할 수 있는 두꺼운 재질의 원통 모양의 용기를 개발하였다. 또한 비가 오는 날, 비에 젖은 포장지가 찢겨져서 종이봉지에 든 소금을 사서 집에 가는 소녀가 소금을 조금씩 흘리면서 가고 있는 삽화그림을 용기에 그려 사용하였다. 모톤의 이 패키지는 100년이 넘도록 일관적으로 사용되어 오면서 모톤의 브랜드 아이덴티티를 창출하는 데 크게 기여했다(안광호·한상만·전성률, 2008).

마케터들은 마케팅 목표들을 성취하고 소비자들의 필요들을 충족시키기 위해서 패키지의 미학적 및 기능적 구성요소들을 정확하게 선택해야만 한다(Keller, 2008). 패키지는 다음과 같은 기능들을 가지고 있다(Keller, 2008; www.naver.com).

① 브랜드를 식별하도록 하고 경쟁 상품과 선명하게 구분시킨다.

② 패키지 안의 내용물을 보호한다.

③ 제품을 묘사하고 소비자를 설득하는 정보를 전달하는 디스플레이 효과를 갖는다.

④ 사용하고 소비하는 데 편리를 준다.

⑤ 제품 수송과 보관을 용이하게 한다.

⑥ 소비자의 구매력을 자극한다.

⑦ 패키지의 심미적 속성은 소비자의 해당 브랜드에 대한 미적 감각을 자극한다.

<브랜딩사례 2-5>는 먹을거리에서도 제품 및 패키지 디자인을 중요시하는 현대의 트렌드를 제시한다.

〈브랜딩사례 2-5: 먹을거리 디자인〉

가전, IT 제품에서 시작된 디자인 열풍이 먹을거리로 번지고 있다. 고객들 선택 기준이 맛뿐만 아니라 멋까지 고려하는 경향을 보이고 있기 때문이다. 이에 업체들은 "보기 좋은 떡이 먹기도 좋다"는 속담처럼 고객이 '한번 보면 식욕을 돋우는 제품'을 위해 분주히 움직이고 있다.

삼양사는 설탕에 여러 가지 색을 가미한 '큐원 플라워 슈가'를 최근 출시했다. 플라워 슈가는 치자에서 추출한 천연색소를 사용해 다양한 색깔의 꽃잎을 연상케 하는 제품이라는 것이 회사 측의 설명이다. 삼양사는 멋, 분위기, 디자인을 담은 설탕을 계속 출시할 계획이다. 신세계백화점 본점 식품 코너에는 프랑스 등에서 수입된 스틱형 설탕, 하트나 과일 모양을 그려 넣은 각설탕, 여러 색으로 물들인 설탕 등 다양한 설탕이 고객의 눈을 즐겁게 하고 있다.

가공식품에서도 디자인적 요소를 가미한 제품이 늘고 있다. 오리온이 내놓은 과자 '이구동성'은 피자 한 판 모양을 지름 3.7㎝의 과자에 그대로 옮겨놓은 제품이다. 이구동성은 비스킷 위에 토마토소스, 카망베르 치즈, 파머산 치즈 등을 올려 피자 맛을 그대로 재현한 제품으로 오리온은 이 제품 디자인을 특허청에 출원하기도 했다. 월평균 20억 원의 매출을 기록하며 성공적으로 시장에 진입했다. 롯데제과도 가을을 겨냥해 지난달 나뭇잎 모양을 담은 '립파이'를 출시했다.

식품뿐만 아니라 담는 용기에도 디자인 바람이 불고 있다. CJ의 된장찌개 양념 '다담'은 장독대에서 디자인을 고안했고, 마시는 식초 '미초'는 상의는 짧고 하의는 긴 하이웨이스트 원피스 모양을 병 디자인에 접목시켰다. 이탈리아 수입 올리브유인 '프란토이오'의 용기는 유리 공예품을 연상시킬 정도로 용기 디자인에 신경을 썼다. 신세계 관계자는 "예쁜 용기는 재활용이 가능하고 최근에는 주방을 꾸미는 데도 그릇 못지않게 양념류가 담긴 용기가 중요한 역할을 하기 때문에 고객들이 많이 찾는다"고 설명했다.

자료원: 국민일보, 2006년 11월 10일.

3. 브랜드 개성

1) 브랜드 개성의 정의와 차원

원래 개성은 심리학에서 중요하게 생각하는 개념으로 일반적으로 내성적/외향적 등 'Big Five'의 5가지 차원들로 묘사, 설명된다. 개성은 가치, 라이프스타일과 같이 사이코그래픽스(psychographics)를 구성하는 요소로서 소비자행동에서 중요하게 여겨져 왔다. 브랜드도 브랜드를 나타내는 지속적이고 독특한 특성으로 묘사될 수 있다. 브랜드개성은 어떤 브랜드와 관련된 인간적인 특성들로 정의된다. 현대마케팅에서 브랜드의 동적이고 감성적인 개념과 브랜드와 고객과의 관계가 강조되면서 1990년대 중반 이후 브랜드개성이 부각되기 시작했다. 브랜드개성은 브랜드 아이덴티티 형성 및 유지에 중요한 요소들 중의 하나이고 브랜드 이미지에 영향을 주는 중요 요소들 중의 하나이다.

Jennifer Aaker(1997)는 브랜드의 특성들에 대한 광범위한 조사 및 분석을 통해 브랜드개성을 브랜드연구에서 부각시켰다. 그녀는 성실(sincerity), 활기참(excitement), 유능함(competence), 세련됨(sophistication), 억셈(ruggedness)의 5가지 'Big Five' 상위 차원들과 42개의 하위 차원들을 브랜드개성 척도(BPS: Brand Personality Scale)로서 제시했다. 5개의 상위 차원들과 각각에 해당하는 하위 차원들은 다음과 같다.

① 성실(sincerity): 현실적인, 가정적인, 소도시의, 정직한, 성실한, 실제적인, 건강한, 독창적인, 즐거운, 우수어린, 친근한

② 활기참(excitement): 과감한, 첨단의, 활기차게 하는, 활발한, 침착한, 젊은, 환상적인,

독특한, 최신의, 독립적인, 현대적인

③ 유능함(competence): 믿을 만한, 열심인, 안전한, 지적인, 기술적인, 조직에 속한, 성공적인, 선도적인, 자신 있는

④ 세련됨(sophistication): 상류층의, 매혹적인, 잘생긴, 매력적인, 여성적인, 부드러운

⑤ 억셈(ruggedness): 야외를 좋아하는, 남성적인, 서구적인, 거친, 억센

2) 브랜드개성의 활용

브랜드개성은 여러 가지로 활용될 수 있다. Aaker(1996)는 브랜드개성의 활용을 기능적 혜택 모델, 자아표현 모델, 관계기반 모델의 3가지로 설명한다. 첫째, 브랜드의 기능적 특성을 대상 고객층에게 전달하기 위해서 제품 속성을 의인화해서 표현한 브랜드 개성을 활용한다. 에너자이저(Energizer) 배터리의 토끼와 같이 기능적 속성을 함축하는 상징물이 있을 때는 브랜드 상징물도 같이 이용하는 것이 효과적이다. 둘째, 브랜드 개성을 마케팅 커뮤니케이션을 통해 표현함으로써 소비자들이 자신의 자아와 관련된 개성을 표현하는 것을 돕는다. 셋째, 브랜드와 고객 간의 일체감 형성을 통해 장기적이고 깊은 관계를 유지, 형성하는 데 브랜드 개성을 활용한다. 소비자들은 자신의 자아 이미지와 브랜드 개성이 일치하거나 비슷한 브랜드를 흔히 선호, 구매, 사용한다.

이러한 소비자의 개성과 브랜드개성의 일치는 다음과 같은 제품 범주나 소비자들의 유형에서 특히 두드러질 수 있다. 첫째, 소비자들은 일반적으로 사회적 과시가 강한 제품 범주의 구매에서 자아표현과 관련된 브랜드개성을 가진 브랜드를 선택한다. 둘째, 사치품과 같이 상대적으로 희소한 제품범주에서 브랜드개성이 브랜드 선택에 큰 영향을 미친다. 셋째, 첨단 IT 제품, 향수, 서비스상품 등 품질 판단이 어려운 제품일수록 브랜드개성이 브랜드 선택에 더 큰 영향을 줄 수 있다. 넷째, 자신이 주변의 사람들에게 어떻게 평가되고 지각되는가를 민감하게 의식하는 자기 감시성이 높은 소비자 유형에서 브랜드개성의 효과가 일반적으로 더 크다. 브랜드개성의 창출에는 마케팅 커뮤니케이션의 역할이 큰데 주요 커뮤니케이션 요소들에는 광고 보증인 모델, 사용자 이미지, 광고실행요소(예: 배경음악, 색상), 광고 슬로건, 상징물 등이 있다(안광호 · 한상만 · 전성률, 2008).

Chapter 3

브랜드 자산

른 팀 스피드, 팀 화합, 성실함 등의 속성들 또는 가치와 연관되고, 오리건 주, 나이키, 풋볼 팀, 육상 팀, 오리(duck) 마스코트 등이 다른 주요 연상들이다. 이런 연상을 바탕으로 오리건 대학교 스포츠 팀들은 최첨단의, 고품질의, 힙(Hip) 브랜드의 이미지를 가진다.

오리건 대학교 스포츠 팀들은 열성적이고 적극적으로 후원하는 팬들을 가지고 있다. 풋볼의 경우에 10여 년간 홈경기 연속 매진(현재도 기록이 진행 중임)으로 일부 입석 관중을 포함하여 약 6만 명 가까운 관중이 경기장을 가득 채운다.

일반적으로 비인기 스포츠인 육상과 크로스컨트리도 오리건에서는 인기 스포츠들이다. 주요 팬들 중에는 오리건 대학교 재학생들과 동문들도 포함된다. 매 경기에 앞서서 한정된 수의 경기 입장권을 재학생들에게 선착순으로 무료로 배분한다. 특히 재학생 팬들은 풋볼과 남자 농구 등에서는 경기 시작부터 끝날 때까지 서서 홈(Home) 팀을 응원하면서 관람하는 전통을 가지고 있다. 애호도가 강한 팬들 탓에 원정 팀들은 오리건 대학교에서 경기를 할 때 원정 팀 공격 시 관중이 일부러 내는 큰 소음 등 불리한 조건에서 경기를 한다.

현재 오리건 대학교 스포츠 팀들은 대체적으로 우수한 품질을 가지고 있다. 1990년대 초까지는 뛰어난 전통과 탁월한 업적을 가진 육상과 크로스컨트리 팀이 오리건 대학교 스포츠 팀들의 우수한 품질의 상징이었지만, 1994년 시즌의 풋볼 팀이 1995년 1월 로즈 볼(rose bowl)에 출전한 것이 전환점이 되면서 풋볼을 비롯해 다른 팀들의 성적도 점차로 향상되어서 지금은 전반적으로 높은 품질의 스포츠 팀들로 지각된다.

독점적 자산 면에서 오리건 대학교 스포츠 팀들은 오리건 주에 본사가 있는 나이키의 적극적인 후원과 파트너십을 가지고 있고 필 나이트의 열성적인 후원이 있다. 현재의 오리건 로고는 녹색 또는 노란색의 영문 알파벳 'O'이고 오리건 스포츠 팀들을 상징하는 상징물은 마스코트인 오리이다. 대학 스포츠 팀의 핵심 색깔은 자연을 상징하는 녹색인데 최근의 유니폼, 기념 티셔츠 등에서는 녹색, 노란색, 검은색, 회색, 흰색을 복합적인 조합으로 사용한다.

서비스 상품

오리건 대학교 스포츠 팀들 중 가장 전통이 있고 뛰어난 성적을 거둔 팀들은 남녀 육상 팀들(실외 및 실내)과 크로스컨트리 팀들이다. 여자 실내 육상의 경우에는 최근 2년간(2010년과 2011년 시즌들) 연속 전국 챔피언을 차지했다. 최근에는 미식축구에서 두각을 나타내고 있고 야구, 남녀 골프, 여자 체조, 여자 배구, 여자 소프트볼 등에서 대체로 상위의 성적을 꾸준히 거두고 있다.

미국 대학 스포츠 팀들에서 팬들에게 가장 인기가 있고 대학에 가장 많은 수익을 가져오는 스포츠 팀은 풋볼이 압도적인 다수로 1위이고 ,보통 2등은 남자 농구이다. 오리건 대학교의 경우에도 풋볼은 단연 최고의 인기 스포츠 팀이다. 1990년 이전에는 대부분의 시즌들에 중, 하위권에 머물렀는데 1990년대부터는 꾸준히 좋은 성적을 거두고 있다. 1995년 1월 로즈 볼에서 시즌 무패에 최강이었던, 전설적인 조 패터노(Joe Paterno) 감독이 이끄는 펜실베이니아 주립대학교(Pennsylvania State University)에게 아깝게 졌다.

하지만 이후 필 나이트를 비롯한 후원자들이 가능성을 발견하고 눈에 띄게 오리건 대학교에 기부를 늘려 왔고 많은 금액들을 스포츠 부서에 지원하였다. 필 나이트와 아내가 오리건 대학교 스포츠 부서에 기부한 돈은 최소한 3,400억 원이라고 한다. 1995년 시즌부터는 로즈 볼 이후에 프로에 스카우트되어 자리를 옮긴 브룩스(Brooks) 감독의 뒤를 이은 벨로티(Bellotti) 감독이 14년간 오리건 대학교 풋볼 팀을 꾸준히 정상급의 팀으로 관리해왔고 2009년부터 그의 뒤를 이은 켈리(Kelly) 감독은 오리건 대학교 풋볼 팀을 한 단계 업그레이드해서 3년 연속 소속한 팩10/팩12 컨퍼런스의 우승팀으로 만들었다. 특히 2010년 시즌에는 전국 챔피언 결정전에서 동점이다가 1초를 남겨 놓고 필드골(field goal)을 허용해 분패해서 챔피언을 간발의 차이로 놓쳤다. 풋볼 팀의 뛰어나고 꾸준한 성적은 AP 기자단 최종 랭킹 2010년 시즌 3등, 2011년 시즌 4등 등 최근 5년간(2007~2011년 시즌들) 최종 AP 기자단 평균 랭킹에서 오리건 대학교의 풋볼 팀이 전미 풋볼 팀들 중에서 1등을 차지한 것에서 증명된다.

남자 농구의 경우에는 오리건 대학교 현역선수 출신인 켄트(Kent) 감독이 10년 이상 감독으로 재임하면서 전국 토너먼트에서 8강에 두 번 오르는 등 좋은 성적을 냈지만 전반적으로 팬들의 기대에는 부응하지 못했고 말년에는 성적 부진으로 결국 경질되었다. 그 후 알트먼(Altman) 감독이 2010년부터 새로 부임해서 팀을 재건하고 있고 2012년 1월 말에는 컨퍼런스 순위 1위를 달리는 등 예상보다 좋은 성적을 거두고 있어 1~2년 안에 미국 전체에서 지속적인 정상급의 남자농구팀을 산출할 것이라고 기대를 받고 있다.

서비스 마케팅믹스의 관리

오리건 대학교 스포츠 팀들의 추가된 서비스 마케팅믹스(사람, 물리적 증거, 과정)는 오리건 대학교 스포츠브랜드를 다른 대학 스포츠 팀들과 차별화하는 데 큰 공헌을 한다. 사람 면에서 오리건 대학교 스포츠 팀들에는 많은 뛰어난 성적을 거둔 졸업한 스포츠 선수들과 현역 스포츠 선수들이 있다. 대표적인 오리건 대학교 출신의 스포츠 스타들에는 전설의 육상스타인 Steve Prefontaine, 프로풋볼의 Joey Harrington, Ahmad Rashad, Dan Fouts, Haloti Ngata, 프로농구의 Terrell Brandon, Frederick Jones, Luke Ridnour 등이 있다. 최정상급의 감독들, 코치들, 트레이너들도 많은데 대표적인 감독들에는 풋볼의 켈리, 육상의 Lananna, 야구의 Horton, 수석 신체단련 및 컨디셔닝 코치인 Radcliffe 등이 있다. 풋볼 팀을 비롯해 많은 스포츠 팀들은 오랫동안 오리건 대학교 팀에서 일해 온 코치들을 보유하고 있다. 스포츠 팀들의 소비자들인 팬들은 애호도가 뛰어나다.

오리건 대학교 스포츠 팀들의 물리적 증거는 건물 및 시설과 유니폼에서 찾아볼 수 있다. 건물 및 시설 면에서 오리건 대학교 스포츠 팀들은 전체적으로 미국 내에서 5위 안에 들어갈 정도로 최고의 물리적 시설들을 가지고 있다. 대표적 스포츠 시설들에는 스포츠 본부 건물인 Casanova Center, 풋볼구장인 Autzen Stadium, 미국 대학 최고의 다목적 실내체육관으로 꼽히는 Matthew Knight Arena, 전설적인 육상구장인 Hayward Field가 있다. 이 외에도 최신의 야구장인 PK Park, 여자 축구와 라크로스 구장인 Pape Field, 소프트볼 경기장인 Howe Field,

풋볼을 위한 실내 연습구장인 Moshofsky Center, 운동선수들의 학습지원 센터인 Jaqua Academic Center 등이 있고 최첨단 라커, 스파, 재활센터 등을 가지고 있다.

유니폼 면에서 나이키와 특별계약을 하고 있다. 각 팀에서 원하는 유니폼 조합을 각 스포츠 팀에서 선택하도록 하기 때문에 풋볼의 경우에는 거의 매 경기 선수들이 다른 유니폼을 입고 나와서 다른 대학 팀들의 부러움을 받고 있다. 나이키는 오리건 스포츠 팀들을 통해 다양한 새로운 유니폼들의 재질 및 디자인에 대해 소비자들의 반응을 알아보고, 선수들은 멋진 다양한 유니폼들을 입을 수 있어서 서로에게 혜택을 준다.

과정과 관련해서는 각 스포츠 팀들마다 독특한 과정이 있기에 일반화해서 설명하기는 어렵다. 전 스포츠 팀들 중에서 팬들에게 가장 인기 있고 오리건 대학교 운동부서에게 절반 이상의 매출과 수익을 가져오는 풋볼의 경우에는 과정 면에서 특이한 것이 많다. 풋볼 감독인 켈리는 'Win the Day'라는 유명한 캐치프레이즈를 내세워 매일의 연습에서 최선을 다하고 바로 앞의 시합만 생각하도록 선수들에게 주지시켰다. 일반적으로 빠른 템포의 공격을 펼치며, 2011년 시즌 평균 득점이 46점으로 전체 3위의 화끈한 공격력을 자랑한다. 풋볼 팀은 신입생 운동선수들로 팀 화합에 적합하고 아주 빠른 스피드가 있는 선수들을 주로 받아들이고, 실전을 방불하게 하는 빠른 템포와 집중해서 하는 훈련으로 유명하다.

켈리 감독은 아무리 뛰어난 선수라도 연습에서 최선을 다하지 않으면 실제 경기에서 주전으로 기용하지 않는다. 실제로 2010년 시즌에서 2학년이었던 Harris라는 선수는 시즌 중 뛰어난 능력을 보여서 시즌 후에는 코너백(corner back)과 펀트리턴(punt returner) 두 포지션들에서 각각 미국대학 전체 미식축구선수들 중에서 최고의 선수로 선정되었지만, 2011년 시즌에는 후보로만 일부 경기들에만 뛰었고 게다가 경기장 밖에서 팀이 정한 규칙을 두 번 위반해 결국 시즌 중에 팀에서 방출되었다. 현재는 3학년만 마친 상태로 프로로 바로 가려고 NFL(미국 프로풋볼리그) 신인선발 대상자 명단에 신청해 놓았다.

오리건 대학교 풋볼 팀의 코칭스태프들은 훈련 및 실제 시합에서 선수들이 지속적으로 "빠르게, 열심히, 확실히 끝내라(Fast, Hard, Finish)"라는 캐치프레이즈를 강조하고 선수들도 이를 충실히 따른다.

마케팅전략

오리건 대학교 스포츠 부서는 팀 성적과 오리건 스포츠 팀 브랜드 관리를 위해 다양한 전략을 구사한다. 첫째는 나이키와 파트너십을 통한 마케팅이다. 오리건 대학교 스포츠 팀들은 나이키의 혁신적·미래지향적·도전적인 이미지와 비슷한 이미지를 자연스럽게 부각시켜 왔다. 나이키와의 특별한 협력마케팅을 통해 오리건 풋볼경기에서는 가끔 새로운 최첨단의 재질과 디자인을 선보이는데 이것은 오리건 스포츠 팀의 인지도와 연상에 긍정적 영향을 미친다. 2012년 1월의 로즈 볼에서는 최첨단의 나이키 프로 전투시스템의 유니폼들을 선보였는데 유동금속(liquid metal) 재질의, 빛을 반사하는 반투명의 헬멧은 특히 미디어들과 소비자들의 시선을 끌었다.

둘째, 혁신적인 생각과 과감한 실행이다. 예를 들면 2001년 시즌에는 당시 4학년 스타 쿼터백이었던 조이 해링턴의 하이즈만(그해의 최고의 대학 풋볼 선수에게 주는 상) 캠페인을 위하여 전통적인 방법 외에 뉴욕의 맨해튼의 타임스 광장에 해링턴 선수의 사진을 보여 주는 거대한 빌보드를 제작해서 걸어놓았다. 미국 스포츠 전문채널인 ESPN의 'College Game Day'는 그 주의 가장 관심 있는 풋볼경기 장소에 진행자들이 직접 찾아가 경기 중계에 앞서서 진행하는 인기 프로그램인데 최근 5년간 매년 오리건 대학교로 진행 팀이 찾아왔다.

셋째, 브랜드의 기본원칙에 입각한 브랜드 이미지 관리와 공격적인 마케팅이다. 오리건 대학교 스포츠 팀들은 긍정적이고 독특하고 강하고 지속적인 브랜드 이미지 관리 원칙을 철저히 준수해 왔다. 이러한 노력의 결과, 풋볼 팀, 육상 팀을 비롯한 오리건 스포츠 팀들은 현재 전국적인 엘리트 팀들로 대부분의 소비자들에게 지각된다.

자료원: Forde, 2011; Schroeder, 2010; www.goducks.com

1. 브랜드자산의 정의와 핵심요소들

1) 브랜드자산의 정의

현대 마케팅에서 브랜드는 더욱 중요하게 여겨지지만 브랜드관리는 더 어려워지고 있다. 브랜드관리의 어려움은 브랜드 관리자들에게 난제들을 제공하는, 시장에서의 많은 새로운 상황들에 기인한다. 그런 도전이 될 만한 상황들은 다음과 같다(Shocker et al., 1994).

① 정보에 정통한 소비자들

② 더 복잡해진 관련된 브랜드들 및 포트폴리오

③ 성숙한 시장

④ 더 복잡해지고 심화하는 경쟁

⑤ 차별화에서의 어려움

⑥ 많은 제품 영역에서의 감소하는 브랜드 애호도

⑦ 유통업자 브랜드들의 증가

⑧ 증가하는 거래의 힘

⑨ 단편적인 미디어의 도달 범위

⑩ 소멸하는 전통적인 미디어의 효과

⑪ 나타나는 새로운 커뮤니케이션 수단들

⑫ 증가하는 촉진 지출들

⑬ 감소하는 광고 지출들

⑭ 증가하는 신제품 도입 및 지원 관련 비용

⑮ 단기적인 성과 지향성

⑯ 증가하는 직장 이직률

1980년대 브랜드가 각광받으면서 생겨난, 가장 인기 있고 중요한 마케팅 분야에서의 개념들 중의 하나가 브랜드 자산(brand equity)이다. 브랜드 자산은 브랜드의 가치를 측정하고 이해하고 브랜드와 관련된 중요한 전략적·전술적 결정을 하는 데 유용한 개념이다. 연구자들에 따라 브랜드자산에 대한 다양한 정의가 있다[예: 브랜드 이름으로 발생되는 증가하는 현금흐름, 브랜드의 평판(goodwill), 추가된 가치, 남겨진 가치, 브랜드 이름의 미래 가치, 제품과 서비스에 부여되는 부가적인 가치(Farquhar, 1989; Kotler and Keller, 2009; Moran, 1995; Rangaswamy et al., 1993)]. 브랜드자산에 대한 많은 정의들 중에서 Aaker(1991)의 정의와 Keller(2008)의 정의가 브랜드 관련 문헌연구에서 유명하고 영향력이 크기에 여기에 두 가지 정의를 특별히 언급한다.

Aaker(1991)에 따르면, 브랜드자산이란 "브랜드를 소유한 기업 또는 고객들에게 제품이나 서비스의 가치를 더하거나 빼게 하는, 브랜드와 관련된 한 벌의 자산과 부채"이다. 그는 브랜드자산의 각 자산이 다양하게 다른 방식으로 가치를 창조하고 브랜드자산은 해당 기업 및 고객들에게 가치를 창조한다는 것을 강조한다. 반면에, Keller(2008)는 브랜드자산을 조직체의 마케팅 덕에 생겨나는 브랜드의 차별적인 효과로 보고 브랜드자산의 힘을 고객기반의 브랜드자산 모델(CBBE: customer－based brand equity model)로 설명한다. 이 모델의 기본 전제는 브랜드의 힘은 고객들이 오랜 기간 동안 브랜드를 경험한 결과로서 브랜드에 대해서 학습하고 생각하고 느끼고 지각하고 보고 듣는 것에 놓여 있다는 것이다. Keller(2008)에 따르면 브랜드자산은 "브랜드에 대한 지식이 해당 브랜드의 마케팅에 대한 고객의 반응에 대해 주는 차별적인 효과"라고 정의 내려진다. 고객기반의 브랜드자산은 고객들이 해당 브랜드와 친숙하고 기억 속에 긍정적이고, 강하고, 독특한 브랜드 연상들을 지닐 때 발생한다.

브랜드 자산은 3가지 면에서 특히 중요하다, 첫째, 브랜드자산은 브랜드의 가치를 측정하는 통합된 개념이다. 기업들은 브랜드자산 가치를 올리려고 노력하고 있고 '인터브랜드', 『파이낸셜타임즈』 등에서 발표하는 잘 알려진 브랜드평가는 브랜드 가치를 객관적으로 판단하는 중요한 척도로서 여겨진다. <브랜딩사례 3-1>은 '인터브랜드'와 『비즈니스위크』가 공동 발표한 "2009 세계 100대 브랜드"를 다루고 <표 3-1>은 상위 20위 브랜드들의 순위 및 브랜드 가치를 제시한다.

〈브랜딩사례 3-1: 삼성전자 브랜드가치 세계 19위로 도약〉

삼성전자의 브랜드 가치가 처음으로 세계 20위권 안에 진입했다. 브랜드 컨설팅기업인 '인터브랜드'와 『비즈니스위크』가 2009년 9월 18일 공동 발표한 "글로벌 100대 브랜드"에 따르면, 삼성전자는 175억 2,000만 달러(약 21조 1600억 원)의 브랜드 가치로 전체 19위를 기록했다. 100대 브랜드 가운데 삼성을 제외한 국내 기업은 46억 400만 달러의 브랜드 가치로 69위에 오른 현대자동차뿐이다. 글로벌 100대 브랜드는 미국의 주간지인 『PR위크』가 미국 500대 최고경영자(CEO)와 최고재무책임자(CFO)들을 대상으로 한 설문에서 세 번째로 가장 많이 참고하는 보고서로 꼽힌다.

세계 금융위기 영향으로 삼성전자의 브랜드 가치는 지난해(176억 9,000만 달러)에 비해 1% 감소했으나, 순위는 지난해 21위에서 두 계단 올랐다. 1999년 조사를 시작한 이래 국내 기업들 가운데 가장 좋은 순위이다. 반도체와 LCD 등의 수익성 악화로 브랜드 가치가 소폭 하락했지만 LED TV와 풀터치 휴대전화 같은 혁신 제품을 지속적으로 선보이면서 브랜드 순위를 끌어올릴 수 있었다고 인터브랜드 측은 설명했다. 현대자동차도 경기침체임에도 불구하고 프리미엄 세단 "제네시스"를 출시하는 등 공격적인 투자를 펼치며 고객들의 기대를 만족시킨 결과 지난해에 비해 순위를 세 단계 상승시켰다는 분석이다.

자료원: 중앙일보, 2009년 9월 19일.

〈표 3-1〉 2009년 세계 20대 브랜드(단위: 백만 달러)

2009년 순위(2008년 순위)	브랜드	국가	2009년 브랜드 가치
1(1)	코카콜라	미국	68,734
2(2)	IBM	미국	60,211
3(3)	마이크로소프트	미국	56,647
4(4)	GE	미국	47,777
5(5)	노키아	핀란드	34,864
6(8)	맥도날드	미국	32,275
7(10)	구글	미국	31,980

8(6)	도요타	일본	31,330
9(7)	인텔	미국	30,636
10(9)	디즈니	미국	28,447
11(12)	HP	미국	24,096
12(11)	메르세데스 벤츠	독일	23,867
13(14)	질레트	미국	22,841
14(17)	시스코	미국	22,030
15(13)	BMW	독일	21,671
16(16)	루이비통	프랑스	21,120
17(18)	말보로	미국	19,010
18(20)	혼다	일본	17,803
19(21)	삼성전자	한국	17,518
20(24)	애플	미국	15,433

출처: 국민일보, 2009년 9월 19일(재인용, 인터브랜드와 비즈니스위크, 2009).

둘째, 브랜드자산은 고객애호도, 지각된 제품 품질 등 다양한 방식으로 창조되어질 수 있고 더 큰 수익, 감소되는 촉진 비용 등과 같이 기업에 이익이 되도록 활용되어질 수 있다. Keller(2008)는 고객에 기반을 둔 브랜드 자산의 장점들을 다음과 같이 열거한다.

① 제품 성과에 대한 개선된 지각

② 더 큰 브랜드 애호도

③ 경쟁자의 마케팅 활동들에 대한 취약점의 약화

④ 마케팅 위기에 대한 취약점의 약화

⑤ 더 큰 판매마진들

⑥ 가격 증가에 대한 소비자의 덜 민감한 반응의 증가

⑦ 가격 감소에 대한 소비자의 민감한 반응의 증가

⑧ 교역에서의 더 큰 협력과 지원

⑨ 마케팅 커뮤니케이션의 효과의 증가

⑩ 라이선스 기회들

⑪ 추가된 브랜드확장의 기회들

셋째, 브랜드자산은 전략적 브랜드 결정을 하고 평가하는 데 유용한 개념이다. 브랜드자산의 전략적 유용성은 본장의 4절인 브랜드자산의 활용전략들에서 다룬다.

2) 브랜드자산의 핵심요소들

많은 연구자들은 브랜드자산을 다차원적인 개념으로 생각한다(예: Donius, 1995; Keller, 2003). 브랜드자산은 어떻게 구성되어져 있는가? Donius(1995)에 따르면, 브랜드자산은 문화적ㆍ사회적ㆍ심리적ㆍ경제적ㆍ기능적 차원들의 5가지의 바탕이 되는 차원들로 구성되어 있다. Aaker(1991)는 브랜드자산의 다섯 가지 요소로서 ① 브랜드 인지도, ② 브랜드 연상들, ③ 지각된 품질, ④ 브랜드 애호도, ⑤다른 독점적 자산들(예: 특허, 등록상표)을 제시한다. 인지도란 그 브랜드가 소비자들에게 알려져 있는가를 말한다. 연상이란 소비자의 마음속에 브랜드의 어떤 것이 부각되는가를 나타낸다. 지각된 품질이란 어떤 브랜드가 소비자들에게 전반적으로 우수하게 지각되는가를 나타낸다. 애호도란 고객들이 그 브랜드에 감성적 애착을 가지고 계속적으로 구매, 사용하는가를 나타낸다. 마지막으로, 독점적 자산은 특허 등과 같이 모방할 수 없는 독특한 자산이다. <그림 3-1>은 Aaker(1991)가 제시한 브랜드 자산의 5가지 요소들을 보여 준다.

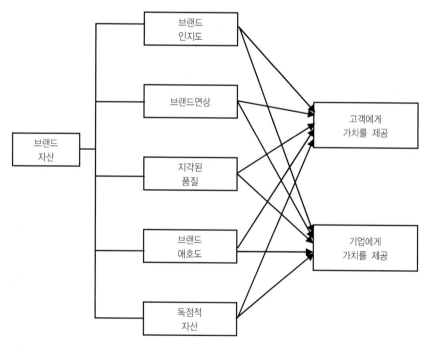

출처: D. Aaker, 1991로부터 편집

〈그림 3-1〉 브랜드 자산과 5 요소들

Aaker(1991)는 브랜드 자산의 5가지 요소들 각각이 어떻게 가치를 고객들과 기업에게 제공하는지 설명한다. 우선 브랜드 인지도는 다음과 같은 방식으로 가치를 창조한다.

- 다른 연상들이 부착될 수 있는 핵심 기준으로서 작동함.
- 보통 호감으로 이끌어지는 친숙성을 제공함.
- 내구재 산업재 구매자들이나 소비자들에게 브랜드의 존재, 몰입, 실체의 신호를 줌.
- 소비자 구매 의사결정에서 고려상표군에 포함될 가능성을 증진시킴.

브랜드 연상은 다음과 같은 방식으로 가치를 창조한다.

- 정보를 처리하고 인출하는 데 도움을 줌.
- 현저한 연상 차원을 바탕으로 브랜드를 차별화하고 포지셔닝함.
- 구매할 이유를 줌.
- 긍정적인 태도나 느낌을 창조함.
- 브랜드 확장을 위한 기반을 제공함.

지각된 품질은 다음과 같은 방식으로 가치를 창조한다.

- 해당 브랜드를 구매할 이유를 줌.
- 품질 차원을 바탕으로 브랜드를 차별화하고 포지셔닝함.
- 가격 프리미엄을 줌.
- 유통업자들이 해당 브랜드를 상점에서 팔고자 하는 관심과 동기를 줌.
- 성공적인 브랜드확장에 이용됨.

브랜드 애호도는 다음과 같은 방식으로 가치를 창조한다.

- 감소된 마케팅 비용
- 거래 시 영향력
- 소비자에 대한 브랜드 인지도와 확신을 통해 새로운 소비자들을 끌어들임.
- 경쟁자들의 위협에 대응할 시간을 벌어 줌.

브랜드자산의 각 요소들의 가치 창조는 최종적으로 고객들과 기업들에게 가치를 제공하는 것으로 이어진다(Aaker, 1991). 고객들에게는 ① 고객들의 정보의 해석과 처리, ② 구매결정에서의 자신감, ③ 브랜드의 사용, 소비, 경험에서의 만족을 향상시킴을 통해서 브랜드자산은 가치를 제공한다. 기업에게는 ① 마케팅 프로그램들의 효율과 효과, ② 고객들의 브랜드 애호도, ③ 가격과 가격 마진, ④ 브랜드확장의 성공가능성을 향상시킴을 통해서 브랜드자산은 가치를 제공한다.

Keller(1993)의 원래의 고객기반 브랜드자산 모델은 비교적 단순해서 2가지 핵심 브랜드 요소들인 브랜드 인지도와 브랜드 연상에 집중한다. 하지만 다른 연구들을 통합하고 자신의 관점을 확대해서 Keller(2003)는 브랜드 지식의 다차원적인 요소들을 포함하는 더 넓고 총체적인 관점을 제시했다. 이 새로운 모델에서는 브랜드 지식의 8개의 일차적인 요소들(차원들)과 4개의 이차적인 요소들이 제시되었다. 브랜드 지식의 8개의 일차적인 요소들은 다음과 같다.

① 인지도: 제품 영역 식별, 브랜드 재인과 회상
② 속성: 브랜드 제품의 특색을 나타내는 묘사하는 특성들
③ 혜택: 소비자들이 제품 속성들에 부여하는 개인적 가치와 의미
④ 이미지: 구체적 또는 추상적 시각적 정보
⑤ 생각: 브랜드와 관계된 정보에 대한 개인적인 인지적 반응들
⑥ 느낌: 브랜드와 관계된 정보에 대한 개인적인 감성적 반응들
⑦ 태도: 브랜드와 관계된 정보에 대한 요약적인 판단 또는 전반적인 평가
⑧ 체험: 구매 및 소비 행동들 및 다른 브랜드와 관련된 사건들

한편 브랜드 지식의 이차적인 원천들은 제품 마케팅 프로그램들을 통해 더 직접적으로 브랜드에 관한 지식을 성취하기 어려울 때 브랜드 지식을 구축하거나 활용하는 수단으로서 사용될 수 있다. 브랜드 지식의 4개의 이차적인 요소들은 다음과 같다.

① 사람: 종업원들, 브랜드 광고에 나오는 보증인들
② 장소: 원산지 국가, 경로
③ 사물: 이벤트, 운동(cause), 제3자의 보증들
④ 다른 브랜드들: 제휴, 구성요소들, 기업, 확장들

2. 브랜드 인지도, 연상 및 이미지

1) 브랜드 인지도

브랜드 인지(awareness)란 소비자가 특정 브랜드를 재인(recognition)하거나 회상(recall)할 수 있는 것으로 정의 내려질 수 있다. 따라서 인지도는 브랜드 재인(recognition)과 브랜드 회상(recall)의 2가지로 구성되어 있다. 브랜드 재인은 브랜드가 단서로 주어졌을 때 해당 브랜드에 대해 이전에 접해본 것을 소비자가 확인하는 능력이다. 예를 들어 어떤 할인점에 소비자가 갔을 때 우유 진열대에 진열되어 있는 특정 브랜드(예: 매일우유)를 보고 과거에 그 브랜드를 접해본 경험이 있는 브랜드라고 인지하는 것이다. 브랜드 회상(recall)은 해당 제품군, 제품군에 의해 충족되는 필요들과 욕구들, 또는 구매나 소비상황이 단서로 제공될 때 소비자가 기억으로부터 특정 브랜드를 끄집어 낼 수 있는 능력이다. 예를 들어 소비자들이 탄산음료에 대해 생각하거나 목이 말라서 마실 음료를 생각할 때, 상점에서 탄산음료의 구매를 생각하거나 집에서 어떤 탄산음료를 마실까를 결정할 때 소비자들의 기억으로부터 특정 브랜드(예: 코카콜라)가 떠올려지는가이다(Keller, 2008).

일반적인 학습에서와 마찬가지로 브랜드 학습에서도 재인은 상대적으로 적은 노력이 필요하고 정확히 기억 속에서 떠올리지 못해도 주어진 브랜드들 중에서 특정 브랜드를 정확히 식별하면 가능하기 때문에 소비자들의 브랜드 인지도에서 브랜드 재인이 브랜드 회상보다 일반적으로 쉽다. 브랜드 재인과 브랜드 회상의 상대적 중요성은 소비자가 브랜드를 직접 물리적으로 볼 수 있는가에 의해 결정된다. 예를 들어 브랜드명, 로고, 패키지 등이 명확히 보이는 점포의 진열대 앞에서 소비자의 구매 결정이 이루어질 때에는 브랜드 재인이 중요한 반면, 점포 밖에서 소비자의 구매 결정이 이루어질 때에는 소비자의 기억에 의존해야 하기 때문에 브랜드 회상이 더 중요하다.

브랜드 인지도는 여러 가지 장점들을 가진다. 첫째, 브랜드 인지도는 친숙도와 연관되고 친숙도는 호감도와 연관된다. 브랜드 인지도가 호감도에 주는 영향은 단순 노출 효과(mere effect)에서 극적으로 나타난다. 미국 미시간 대학교의 Zajonc는 실험을 통해서 한자를 모르는 학생들이 우연히 한자들을 본 경우와 그렇지 않은 경우 후에 이 학생들의 여러 한자들에 대한 호감도를 비교했다. 놀랍게도 대부분의 피실험 학생들은 전혀 보지 못한 한자들보다는 전혀 의미는 모르지만 한 번 본 한자들에 더 호감이 있는 것으로 평가했다. 이 단순 노출효과는 최소의 인지도도 긍정적 태도로 이어진다는 중요한 사실을 증명했다.

Keller(2008)는 브랜드 인지도의 강점들을 학습에서의 강점, 브랜드 고려에서의 강점, 선택에서의 강점의 3가지로 설명했는데 이것들을 추가적인 장점들로 여기에 제시한다. 둘째, 브랜드 인지도는 브랜드에 대한 학습에서 첫 번째 단계인 기억에서 마디(node)를 확립하는 것과 관련되고 브랜드 연상의 형성과 강도에 영향을 미친다.

셋째, 브랜드 인지도를 높이는 것은 해당 브랜드가 구매 의사결정에서 소비자가 구매를 위해서 진지하게 고려를 하는 소수의 브랜드들인 고려상표군(consideration set)에 속할 확률을 증가시키고 동시에 경쟁 브랜드들이 고려상표군에 속할 확률을 감소시킬 수 있다. 소비자의 구매의사결정에서 소비자는 자신이 잘 아는 브랜드들 중에서 머릿속에 떠올려지는 상기상표군(evoked set)에 있는 브랜드들 중의 일부와 추가로 외부 탐색에 의해 첨가되는 극히 일부 브랜드(들)로 구성되는 고려상표군에서 최종 브랜드를 선택하는 것이 일반적이고 소비자가 현재 고려상표군이 충분하다고 생각하고 어느 정도 확신을 가지면 외부 탐색을 전혀 안 하는 경우가 흔하다.

넷째, 브랜드 인지도를 높이는 것은 해당 브랜드가 구매 의사결정에서 최종적으로 선택되는 브랜드가 될 확률을 증가시킨다. 소비자들은 어떤 경우들에서는 단지 더 친숙한, 시장에서 확립된 브랜드를 산다는 휴리스틱(heuristic) 선택 규칙에 따라 최종 선택을 한다. 또한 많은 저관여 의사결정 상황들에서는 완전히 형성된 브랜드에 대한 태도 없이 어떤 브랜드에 대한 최소한의 인지도가 바로 브랜드 구매로 이어질 수도 있다. 브랜드 인지도의 강도와 속도는 구매 결정에 직접적인 영향을 미칠 수도 있다. 코카콜라, 펩시콜라와 같이 잘 알려진 브랜드들이 막대한 광고 예산을 들여 계속 광고를 하는 이유들 중의 중요한 하나는 소비자의 머릿속에서 탄산음료 하면 해당 브랜드가 제일 먼저, 바로 떠올려지도록 하는 것에 계속된 광고가 큰 영향을 미치기 때문이다.

2) 브랜드 연상 및 이미지

브랜드 연상(association)이란 소비자의 기억 속에 있는 브랜드와 연관된 어떤 것이다 (Aaker, 1991). 브랜드 연상은 제품 영역, 품질, 조직체, 상징물, 광고 슬로건, 핵심 광고 대변인, 제품 속성, 제품이 주는 혜택, 개인적 가치, 원산지 국가, 사용자들 등이 될 수 있다. 예를 들면 Aaker(1991)는 다음과 같은 11가지의 연상의 유형들을 제시했다.

① 제품 속성들
② 무형적인 것들
③ 고객에 주는 혜택들
④ 상대적 가치
⑤ 용도 및 활용
⑥ 사용자/고객
⑦ 유명인/보증인
⑧ 라이프스타일/개성
⑨ 제품 영역
⑩ 경쟁자들
⑪ 국가/지리적 영역

브랜드 이미지의 형성과 관리에 활용할 수 있는 브랜드 연상들은 크게 ① 제품 속성과 직접 관련된 브랜드 연상, ② 제품 속성과 직접 관련이 없는 브랜드 연상, ③ 조직체와 관련된 연상의 3가지 범주로 일반적으로 분류된다. 각각의 연상의 범주에는 다음과 같은 연상들이 보통 포함된다.

(1) 제품 속성과 직접 관련된 브랜드 연상
① 제품이 속한 제품 범주에 대한 연상: 코카콜라의 경우에는 콜라라는 제품 범주
② 제품의 물리적 속성에 관련된 연상: 죽염치약의 경우에는 죽염 성분
③ 제품의 품질/가격과 관련된 연상: 폴로 의류의 경우에는 고품질과 고가격

(2) 제품 속성과 직접 관련이 없는 브랜드 연상
① 브랜드가 주는 혜택, 사용상황, 제품 용도: 리복 농구화의 경우에는 운동 능력 향상에 도움, 농구나 관련 운동을 할 때, 농구나 관련 운동을 할 때 착용하는 신발
② 브랜드와 관련된 개인적 가치: 나이키는 자아실현, 홀마크 카드는 행복

③ 브랜드 개성: 캠벨 수프의 경우에는 성실성

④ 브랜드와 관련된 사람들(주요 사용자들, 광고모델, 최고경영자): 라네즈의 경우에는 10대 후반에서 20대의 젊은 여성 소비자들과 전지현, 이나영, 송혜교 등의 주요 광고 모델들, 나이키의 경우에는 광고모델이었던 마이클 조던, 필 나이트 전 최고경영자

⑤ 브랜드와 관련된 지역, 도시, 국가: 보령 머드축제의 경우에는 충청도 보령(한국), 스타벅스의 경우에는 시애틀(미국)

(3) 조직체와 관련된 연상

① 조직체의 핵심문화: 3M의 경우에는 창의적이고 혁신적인 문화

② 구성원의 주요 특성: 서울대학교의 경우에는 공부를 뛰어나게 잘하는 학생들

③ 최고경영자의 가치관: 유한양행의 경우에는 설립자 유일한의 사회공헌, 버진의 경우에는 설립자이며 현재 최고경영자인 리처드 브랜슨의 도전적이고 즐거운 삶

브랜드 연상과 밀접하게 관련되는 브랜드 이미지는 브랜드와 소비자행동을 이해하는 데 중요한 개념으로 마케팅, 광고, 심리학, 디자인학 등 다양한 분야에서 쓰이고 있지만, 정의와 구성요소에서 연구자들 간에 통일이 되어 있지 않다. Dobni와 Zinkhan(1990)은 과거 여러 연구자들이 제시한 다양한 브랜드 이미지의 정의들을 다음과 같이 4가지 범주로 분류하였다.

(1) 총괄적인 정의: 예, 많은 원천으로부터 소비자가 받는 인상의 총합(Herzog, 1963)

(2) 의미나 메시지를 강조하는 정의: 예, 시장에서 구매된 제품의 정신적이거나 상징적인 가치(Grubb and Grathwol, 1967)

(3) 의인화(personification)를 강조하는 정의: 예, 물리적 특성이 아니라 광고, 가격, 사용자들, 심리적 연상과 같은 요소들에 의해서 형성되는, 제품이 지니고 있는 사람과 같은 개성 이미지(Sirgy, 1985)

(4) 인지적·심리적 요소들을 강조하는 정의: 예, 브랜드지식을 통합시키고 브랜드 태도를 유지하게 해주는 사람들의 마음에 있는 생각과 그림(Levy, 1978)

마케팅 영역의 브랜드 관리에서는 대체적으로 브랜드 이미지를 다양한 연상들의 전체적

인상이나 지각으로 정의 내린다. 브랜드 이미지는 연상들을 바탕으로 형성된 브랜드에 관한 심상으로서 브랜드 이미지(image)는 소비자의 지각과 밀접하게 관련된다. Biel(1993)은 브랜드 이미지를 "브랜드 명에 소비자들이 연결시키는 속성들과 연상들의 무리"라고 정의 내렸다. Keller(1993)는 브랜드 이미지를 "소비자의 기억 속에 있는, 브랜드 연상들이 반영된 브랜드에 대한 지각"이라고 정의 내렸다. Biel(1993)에 의하면 브랜드 이미지는 ① 기업이미지, ② 사용자 이미지, ③ 제품이나 서비스 자체의 이미지의 세 가지 하위 이미지들을 가진다.

브랜드 이미지는 브랜드의 역사에서도 중요하다. 1950년대 독특한 판매제안의 시대에 볼보(Volvo) 자동차는 핵심적인 제품속성을 바탕으로 한 가치인 안전을 소비자들의 두뇌와 마음속에 강한 이미지로 성공적으로 심어 놓았다. 1960년대 감성 판매제안의 시대로 들어서면서 브랜드 이미지의 역할은 더 중요하게 되었다. 1950년대 후반 이후에 데이비드 오길비(David Ogilvy)와 같은 광고계의 일부 거물들은 광고에서 단순한 가치제안보다는 호의적이고 강력하고 독특한 브랜드 이미지를 구축하는 것이 소비자들의 마음을 잡고 장수브랜드를 구축하는 데 효과적이라고 생각하고 이를 실행하였다(Cheverton, 2003). <브랜딩사례 3-2>는 고급스러운 브랜드 이미지를 바탕으로 한 데카르트마케팅을 다룬다.

〈브랜딩사례 3-2: 데카르트마케팅 열풍〉

장 프랑수아 밀레의 "이삭줍기", 빈센트 반 고흐의 "해바라기", 구스타프 클림트의 "키스", 에드가 드가의 "무용교실" 등 명화가 생필품에 파고들고 있다. 명화 복사본을 달력이나 액자에만 넣고 감상하는 것은 옛 방식이다. 최근 별로 어울릴 것 같지 않은 과자 포장지와 화장품 케이스, 심지어 압력밥솥 디자인에도 명화를 집어넣는 것이 인기다. 업계에서는 이를 데카르트 마케팅이라고 부른다. 기술(Tech)과 예술(Art)이 결합된 말이다.

유통업계가 데카르트 마케팅에 환호하는 이유는 무엇보다 제품 이미지가 고급스러워지기 때문이다. 애경은 최근 고급 향수향을 담은 비누를 출시하며 상자 디자인에 고흐의 "아이리스" 등 명화 4점을 활용했다. 애경 측은 "고급 원료를 사용한 점을 강조하기 위해 명화를 디자인에 접목했다"고 밝혔다. 풍년밥솥으로 알려진 세광알미늄도 5월에 출시한 밥솥 표면을 밀레의 그림 "이삭줍기"로 장식했다. 명화 장식은 특히 화장품 업계에서 선호한다. 코리아나는 올해 출시한 화장품 케이스를 클림트의 "기다림"으로 꾸몄다. 2년 전부터 국내 유명 작가들의 예술작품을 접목한 아트 시리즈를 선보인 색조전문 화장품 클리오는 5월 출시한 아이섀도 용기에 화가 김부자의 "꽃의 요정"이라는 작품을 넣었다. 더 페이스샵의 아르생뜨 라인에도 고흐의 "삼나무"가 들어가 있다.

명화를 이용한 제품들은 해당 작품에 대한 로열티를 지불하기 때문에 그만큼 가격이 비싸다. 그러나 업계에서는 아름답고 고급스러운 디자인을 선호하는 소비자의 욕구가 가격 상승에 대한 저항을 낮출 것으로 보고 있다. 이처럼 제품 기능뿐 아니라 외관 등 감성적인 측면까지 중요시하는 소비자를 '아티젠'으로 부르는데 이는 아티 제너레이션(Arty Generation)을 줄인 말이다.

자료원: 국민일보, 2007년 7월 31일

스포츠 제품영역에서 1등 브랜드인 나이키의 성공에서 주요 요인들 중의 하나는 강하고 독특한 브랜드 이미지를 구축한 것이다. 나이키는 개별 제품의 속성이나 혜택을 강조하는 광고들보다 개인적 가치에 브랜드를 연결시키는 광고들에 오랫동안 중점을 두어 목표를 달성하기 위해 난관에도 굴하지 않고 열심히 노력하는 억센 나이키 브랜드 이미지를 전 세계 소비자들에게 심었다. 나이키의 유명한 광고 슬로건인 "Just Do It"은 광고계에서 성공한 대표적인 광고 슬로건이다. 빈폴은 아래의 본문 미니사례와 같이 고급스럽고 고전적인 이미지를 계속 유지해 왔다.

빈폴

국내 고급캐주얼 의류시장의 빈폴은 특유의 자전거 모양 로고로 소비자에게 호소한다. 빈폴이 국내에 첫발을 내디딘 때는 폴로 등 해외 유명브랜드들이 국내시장을 장악하던 1989년이었다. 신사복으로 명성을 지켜오던 제일모직이 철저한 시장조사를 통해 트래디셔널 캐주얼의 야심작으로 내놓았다. 브랜드 이름은 콩 줄기를 의미하는 Bean Pole을 사용하여 콩이 많이 나는 미국 보스턴의 고풍스럽고 전통적인 이미지를 소비자 머릿속에 각인시키려고 했다. 1989년 고급 캐주얼 브랜드로서 등장한 이후 긴 시간이 흘렀지만 빈폴은 철저한 브랜드관리로 '고루하다', '유행 지났다'는 인상을 결코 주지 않는다.

<한경비즈니스, 2005년 9월 5일>

조직체에 의해서 행해지는 다양한 브랜드 관련 활동들이 브랜드 이미지 형성, 유지에 영향을 미친다. 지각된 품질, 브랜드 태도, 지각된 가치, 감정, 브랜드 연상들, 광고에 대한 태도가 브랜드 이미지에 공헌하는 중요한 입력물들이다(Kirmani and Zeithaml, 1993). 브랜드 이미지는 다음과 같은 여러 가지 방식으로 조작화할 수 있다(Reynolds and Gutman, 1984).

① 일반적 특징들, 감정들 또는 인상들

② 제품에 대한 지각

③ 신념과 태도

④ 브랜드 개성

⑤ 특징들과 감정들 간의 연결들

비록 밀접히 연관된 개념들이지만, 브랜드 이미지와 브랜드 개성의 차이점을 명확히 할 필요가 있다. 브랜드 이미지는 브랜드 관련된 다양한 속성들과 연상들의 무리이고 브랜드 개성은 브랜드와 연관된 두드러진 인간적인 특성들이다. 브랜드 이미지는 브랜드 개성 외에도 다른 속성들과 혜택들을 포함할 수 있기에 브랜드 이미지는 브랜드 개성보다 더 넓고 포괄적인 용어이다(Batra et al., 1993). 브랜드 이미지와 브랜드자산의 차이도 명확하게 할 필요가 있다. 브랜드 자산은 이미지가 아닌 요소들과 브랜드 이미지를 다 포함하는 훨씬 더 넓은 개념이다(Biel, 1993). 브랜드 이미지는 브랜드에 관한 소비자의 지각과 관련된 개념인 반면에, 브랜드 자산은 조직체의 경영과 관련된 개념이다(Kirmani and Zeithaml, 1993).

브랜드 이미지는 전략적으로 매우 유용하다. Boush와 Jones(2006)는 브랜드 이미지 연구의 확장에 관한 전략기반의 뼈대를 제시했다. 그들의 모델에서는 브랜드 이미지는 ① 브랜드에 관한 신념 계층들(예: 수단-목적 연쇄 모델), ② 스키마들(schemas), ③ 브랜드 범주들, ④ 비언어적인 이미지들(예: 그림, 소리)의 4가지의 방식들로 표현된다. 전략적인 면에서는 브랜드 이미지의 4가지의 전략적 기능들을 다음과 같이 제시했다.

① 시장 진입을 위한 혜택: 긍정적이고 강한 브랜드 이미지는 선구자 브랜드 우위, 브랜드 확장, 브랜드 제휴 등을 통해서 기업이 새로운 시장에 성공적으로 들어가는 것을 허용하고 동시에 경쟁업체들의 시장 진입을 방해한다.

② 부가된 제품 가치의 원천: 브랜드 이미지는 브랜드와 관련된 체험의 변경 또는 승화를 통해 브랜드에 가치를 더할 수 있다.

③ 기업체의 가치의 창고: 브랜드 이미지는 광고에 대한 계속적인 투자와 제품품질의 유지를 위한 가치의 저장소를 대변하는 것으로 여겨질 수 있고, 전략적 마케팅 생각을 장기적인 경쟁우위로 전환시키기 위해서 기업들은 이러한 가치의 창고를 활용할 수 있다.

④ 유통에서의 힘: 좋은 브랜드 이미지는 유통경로에서 힘의 지표와 원천을 제공한다.

3. 브랜드 품질과 애호도

1) 브랜드 품질

학계에서는 품질에 대한 많은 정의들이 있다. 가장 보편적이고 간단한 정의에 따르면, 품질은 전반적인 우월성 또는 탁월성이라고 정의 내려지고, 지각된 품질은 "제품의 전반적인 우월성 또는 탁월성에 대한 소비자들의 판단"이라고 정의 내려진다(Zeithaml, 1988). Zeithaml(1988)의 더 상세한 설명을 따르면, 지각된 품질은 소비자의 고려상표군 안에서 대개 만들어지는 높은 수준의 추상적 개념에서의 소비자들의 전반적인 판단이다. Holbrook 과 Corfman(1985)은 내재적/외재적, 기계적/인간적, 개념적/조작적의 3가지 차원들에 기초를 둔 품질의 정의들의 분류를 개발하였다.

제품 품질은 전략적 역할을 수행하고 기업의 다른 핵심적 변수들(예: 시장점유율, 가격, 원가)과 강하게 연결되어 있다(Hellofs and Jacobson, 1999; Jacobson and Aaker, 1987). 품질이란 모 브랜드의 강도와 연관된 가장 중요하고 현저한 요소들 중의 하나이다. 지각된 품질은 재무적 성과를 추진시키고 사업의 주된 전략적 추진력이고 브랜드 지각의 다른 면들과도 연결되어 있다. 지각된 품질은 브랜드 정체의 영향을 측정하는 결론적인 지표이고 브랜드의 다른 요소들 전반에 퍼지는 우수성의 척도이다(Aaker, 1996).

소비자들은 일반적으로 다양한 요소들이나 차원들을 바탕으로 전반적인 품질을 측정하는데 이러한 차원들이나 요소들은 제품의 특성들에 따라 다르다. 예를 들어, 자동차에 대한 품질 차원들은 오렌지 주스에 대한 품질차원들이나 호텔서비스에 대한 품질차원들과 같지 않을 것이다. Garvin(1984)은 재화에 대한 지각된 품질의 7가지의 일반적 차원들을 다음과 같이 제시한다.

① 성과: 제품의 기본적인 작동 관련 특성들
② 제품 특성: 제품의 이차적인 요소들
③ 상세서와 일치: 제품이 상세서의 기준들을 충족하고 결함이 없는 정도
④ 신뢰도: 오랜 시간 동안 및 계속 구매 시 성과의 지속성
⑤ 내구성: 제품의 예상되는 경제적 수명
⑥ 서비스 가능성: 제품에 대해 서비스를 제공하는 데 편리함

⑦ 스타일과 디자인: 외양 또는 품질감

서비스에 대해서는 다른 차원들이 제시되어 왔다. 가장 대표적인 서비스 차원들에는 Parasuraman 등(1988)이 제시한 서비스품질의 5가지 일반적 차원들이 있다.

① 신뢰성(reliability): 약속된 서비스를 믿을 수 있고 정확하게 수행하는 능력

② 확신성(assurance): 종업원들의 지식 및 공손함과 신뢰와 자신감을 불어넣는 능력

③ 응답성(responsiveness): 고객들을 도와주고 즉각적인 서비스를 제공하려는 의지

④ 공감성(empathy): 고객에 대한 사려 깊고 개별화된 보살핌

⑤ 유형성(tangibles): 물리적 시설들, 장비, 직원들 및 문서들의 외양

2) 브랜드 애호도

Oliver(1999)는 애호도를 "행동을 바꾸도록 하는 잠재력을 지니고 있는 상황적 영향과 마케팅 노력에도 불구하고 장래에도 현재 선호하는 제품이나 서비스를 재구입하거나 계속 애호하려고 하는 깊이 내재된 몰입"으로 정의한다. 애호도(loyalty)는 정서적인 호감과 몰입이라는 감성적인 요소와 같은 대상에 대한 반복적인 구매와 사용이라는 행동적인 요소를 지니고 있다. 즉, 고객이 어떤 브랜드에 대해서 긍정적이고 지속적인 정서적 애착을 가지고 있고 해당 브랜드 제품을 반복해서 구매할 때 브랜드 애호도는 발생한다.

애호도의 주체는 고객들이고, 애호도의 대상은 흔히 브랜드이지만 제품, 조직체, 점포 등도 대상이 될 수가 있다. 기업이 애호도 있는 고객들을 확보하기 위해서는 가치 있는 제품 및 서비스를 제공하고 고객들을 지속적으로 만족시켜야 한다. 고객만족과 애호도의 관계는 많이 연구되어 왔다. 고객만족이 반복된 후에 그 결과로서 애호도는 일어난다. 하지만 고객만족보다 강한 형태인 고객감동이나 고객환희가 일어나는 경우에는 한두 번의 고객감동이나 고객환희가 애호도로 이어질 수도 있다.

아마도 가장 강력한 형태의 브랜드 애호도를 확신할 때는 고객들이 브랜드의 구매 및 소비에 투자하는 것을 넘어서서 시간, 에너지, 돈 또는 다른 자원들을 해당 브랜드에 사용하고 있거나 기꺼이 투자하려 할 때이다. 예를 들어, 브랜드 관련 클럽에 가입하거나 최신 정보를 받거나 다른 브랜드 사용자들 또는 브랜드 관리자들과 의견을 교환할 수 있다. 또는 브랜드 관련 웹사이트를 방문하거나 대화방에 참가하는 등의 활동을 할 수 있다. 이런

경우에는 고객들 자신이 브랜드 전도사나 대사가 되어서 브랜드에 대해서 커뮤니케이션을 하는 것을 돕고 다른 사람들과 브랜드의 유대 관계를 강화하는 데 도움을 준다. 브랜드에 대한 능동적인 몰입이 일어나기 위해서는 강한 애착, 사회적 일체감, 또는 둘 다가 일반적으로 필요하다(Keller, 2008).

4. 브랜드자산 관리를 위한 활용전략

1) 브랜딩 원칙

Aaker(1996)는 자신의 브랜드자산 모델로부터 다음과 같은 10가지 가이드라인들을 제시한다. 그는 브랜드 아이덴티티, 포지셔닝, 커뮤니케이션을 중심으로 해당 브랜드를 담당하는 브랜드 관리자가 지속적이고 통합적으로 관리하고 재무적으로 나쁜 상황 속에서도 브랜드에 대한 투자를 계속하는 것을 제시한다.

(1) 브랜드 아이덴티티 관리
① 각 브랜드에 대한 아이덴티티를 가지기
② 제품으로서의 브랜드, 인간으로서의 브랜드, 조직체로서의 브랜드, 상징물로서의 브랜드의 관점을 고려하기
③ 핵심 아이덴티티를 찾아내기
④ 다른 세분시장들이나 제품들에게 맞추어서 아이덴티티를 수정하기
⑤ 이미지는 당신의 브랜드가 어떻게 지각되어지는 것이고, 아이덴티티는 당신의 브랜드가 어떻게 지각되어지기를 열망하는 것임을 명심하기

(2) 가치 제안
① 추진 역할을 하는 핵심 브랜드의 가치 제안을 알기
② 기능적·정서적·상징적 혜택들을 고려하기
③ 보증 브랜드들이 신뢰성을 제공하는 방식을 알기
④ 고객과 브랜드 간의 관계를 이해하기

(3) 브랜드 포지셔닝

① 각 브랜드에 대해서 커뮤니케이션 프로그램 집행자들에 대한 명확한 안내를 제공하는 브랜드 포지션을 가지기

② 포지션은 실제 커뮤니케이션에서 사용되는 아이덴티티의 일부분이라는 것을 명심하기

(4) 실행

① 아이덴티티와 포지션의 목표를 적중하며 동시에 뛰어남과 내구성을 성취하는 커뮤니케이션 프로그램을 실행하기

② 대안을 생성하고 미디어를 통한 광고를 넘어서는 다른 방법들을 고려하기

(5) 장시간에 걸친 브랜드 지속성

① 수행할 목표로서 지속적인 아이덴티티, 포지션, 장기간에 걸친 실행을 포함하기

② 효과적인 상징물들, 심상, 은유를 유지하기

③ 아이덴티티, 포지션, 실행을 변경하는 것에 대한 조직의 편견들을 이해하고 저항하기

(6) 브랜드 시스템

① 포트폴리오의 브랜드들이 지속적이고 통합적이도록 명확히 하기

② 포트폴리오의 브랜드들의 역할들을 알기

③ 브랜드 아이덴티티와 포지션에 도움이 되는 묘책들을 가지거나 개발하기

(7) 브랜드의 지렛대 활용

① 단지 브랜드 아이덴티티가 사용되고 강화되는 경우에만 브랜드들을 확장하고 공동 브랜드 프로그램들을 개발하기

② 광범위 브랜드(range brand)를 발견하고 각각에 대해 아이덴티티를 개발하고 다른 제품 상황들에서는 아이덴티티가 어떻게 다른가를 열거하기

③ 브랜드가 상위 품질이나 하위 품질의 제품군으로 확장된다면 결과로서 생겨나는 브랜드 아이덴티티의 품격을 관리하는 데에 주의하기

(8) 브랜드자산의 핵심차원들을 관측

① 브랜드자산을 시간변화에 따라 브랜드 인지도, 지각된 품질, 브랜드 애호도, 특히 브랜드 연상들 면에서 관측하기

② 상세한 커뮤니케이션 목표들을 가지기

③ 브랜드 아이덴티티, 포지셔닝, 커뮤니케이션 목표들이 브랜드에 관한 지각에 반영되지 않은 영역들을 특별히 주목하기

(9) 브랜드에 대한 책임관리

① 브랜드 아이덴티티와 포지션을 창조하고 조직체의 부서들, 매체들, 시장들에서 실행을 조정할 브랜드 담당자를 가지기

② 초석이 아닌 사업에서 브랜드가 사용되고 있을 때 주의하기

(10) 브랜드에 투자

① 비록 재무적 목표들이 충족되지 못하고 있을 때에도 브랜드에 대해서 계속적으로 투자하기

나이키 브랜드와 스타벅스 브랜드의 핵심 컨설턴트로 활약했던 Bedbury와 Fenichell(2002)은 브랜딩에 대한 고객지향적인 접근방법을 제시한다. 그들은 21세기를 위한 브랜드관리 8가지 원칙들을 다음과 같이 제시한다.

① 브랜드 인지도에 의존하는 것은 '마케팅의 황동석'으로 최상의 전략이 아니다.

② 당신의 브랜드를 성장시키기 전에 당신의 브랜드를 알아야 한다.

③ 브랜딩의 고무줄 법칙('spandex rule')을 명심해라: 브랜드를 활용할 수 있다고 해서 활용해야만 한다는 것을 의미하지는 않는다.

④ 고객들과의 오로지 한 제품만의 관계를 초월해라.

⑤ 브랜드와 관련된 모든 것이 중요하다.

⑥ 모든 브랜드들은 좋은 브랜드 관리자들을 필요로 한다.

⑦ 거대 브랜드들이 반드시 나빠야 한다는 것은 아니다.

⑧ 기술보다는 관련성, 단순성, 인성이 장래에는 브랜드를 차별화시킬 것이다.

조직체의 입장에서는 브랜드 자산관리를 위한 활용전략들을 효과적으로 사용해 자신의 브랜드들을 장수브랜드로 유지하는 것이 중요하다. <브랜딩 사례 3-3>에서는 장수브랜드의 3가지 성공요인들인 새 시장 개척, 품질관리, 지속적인 혁신에 대해 설명한다.

〈브랜딩사례 3-3: 장수 브랜드들의 3가지 성공요인들〉

신라면, 칠성사이다, 초코파이, 다시다, 빈폴, 설화수 등은 수십 년 동안 소비자들의 변함 없는 사랑을 받아온 국내 대표 장수 브랜드들이다. 장수 브랜드는 저마다 히트상품을 꿈꾸며 하루에도 수천, 수만 종의 신상품이 쏟아져 나오는 요즘 더욱 진가를 발휘한다. 그렇다면 어떤 상품들이 장수 브랜드 반열에 오르는 것일까. 그 비결은 크게 다음의 3가지로 요약될 수 있다. ① 새 시장 개척, ② 품질에 충실, ③ 끝없는 혁신이 그것이다.

우선, 용기 있는 자가 미인을 얻듯이 새로운 시장을 개척한 점을 들 수 있다. 국내 참치 브랜드의 대명사인 "동원참치"는 1982년 12월에 출시돼 70% 이상의 시장점유율을 기록하며 30년 가까이 참치 캔 시장을 석권하고 있는 파워 브랜드이다. 그 성공의 이면에는 미지의 시장을 연 김재철 동원그룹 회장의 혜안이 있었다. 김 회장은 참치 캔이 1인당 국민소득 2,000달러가 넘는 국가에서 주로 팔린다는 것을 파악해서 한국인의 1인당 소득이 1,800달러 대였던 당시 제품 출시를 결정했다. 통조림 하면 기껏해야 꽁치통조림만 알던 당시에 참치 캔은 새로운 고급식품으로 급부상했다. 동원참치는 시장을 선구적으로 개척한 덕에 연간 2억 개 이상 팔리는 빅히트 상품이 됐다. 섬유유연제의 대표 브랜드 "피죤"도 시장 개척의 공로자이다. 이윤재 ㈜피죤 회장의 주도로 제품이 탄생한 해가 1978년인데 이때 대부분의 소비자들은 섬유유연제와 샴푸를 혼동해 피죤을 머리 감는 데 쓰는 것으로 알 정도였다. 소비자들에게 제품 기능을 인식시키는 데는 7년간 1t 트럭 1,200대 분의 샘플들을 배포한 노력이 숨어 있다.

둘째, 장수 브랜드들은 품질이라는 제품의 핵심에 가장 충실한 상품들이다. 오리온 초코파이가 국민 간식으로 자리 잡을 수 있었던 데는 맛을 향한 남다른 집념이 있었기에 가능했다. 오리온 기술팀은 맛을 잘 식별하기 위해 담배를 끊고 일부러 아침도 굶고 출근했다. 또 지방산을 없애고 콜라겐을 첨가하는 등 소비자의 입맛 변화에 맞춘 부단한 품질 개선작업이 뒷받침된 것이다.

연간 5,000억 원 이상을 판매하는 메가 브랜드인 아모레퍼시픽 설화수의 성공 스토리를 얘기할 때도 품질력을 빼놓을 수 없다. 인삼으로 유명한 개성 출신의 창업자 고 서성환 회장이 1960년대에 가장 한국적인 제품으로 세계시장을 공략하겠다는 취지에서 개발에 나선 것이 제품 탄생 모티브이다. 설화수는 2만 가지 한방성분 중 30가지를 엄선한 100% 고급 국내산만 사용한다. 지금까지 단 한 번의 TV 광고 없이 브랜드 파워를 쌓을 수 있었던 원동력도 품질력에 기인한다.

셋째, 장수 브랜드들은 그저 오랜 시간이 흘렀다고 해서 '장수'라는 수식어가 붙은 것은 아니다. 지속적인 혁신 과정을 통해 소비자들에게 늘 신선한 매력을 준 것이 브랜드의 생명력을 유지해준 비결이다. 2009년 72돌을 맞은 서울우유가 걸어온 과정은 업계 발전을 선도하는 혁신의 역사이다. 유업계 최초로 유통 전 과정에 냉장설비를 이용한 '콜드체인 시스템'을 도입한 것을 비롯해 위해요소 중점관리기준(HACCP) 인증, '1급A 우유' 출시, 유통기한과 함께 제조일자 표시 등은 모두 서울우유가 업계 최초로 시행한 것이다. 이 같은 지속적인 변화 노력에 힘입어 서울우유는 국내 우유시장의 44%를 점유하고 있다.

세계에서 폴로를 제친 유일한 토종 브랜드라는 찬사를 얻고 있는 제일모직 빈폴도 지난 20년간 혁신에 혁신을 거듭했다. 콧대 높은 글로벌 브랜드들에 맞서기 위해 노세일 정책과 함께 철저한 애프터서비스를 통해 국내에서 본격적으로 브랜드 경영시대를 열었다는 평가이다. 2000년대 들어서는 한층 두터운 고객층 확보를 위해 총 6개의 서브 브랜드를 갖춘 패밀리 브랜드로 성장하면서 론칭 첫해 6억 원이었던 매출이 4,000억 원대로 급성장했다.

자료원: 한국경제, 2009년 10월 27일

2) 고객기반의 브랜드자산 피라미드

Keller(2008)는 <그림 3-2>와 같이 고객기반의 브랜드자산(Customer-Based Brand Equity; CBBE) 피라미드 관리 모델을 제시했다. 이 피라미드에서 왼쪽은 이성적 경로를 나타내고 오른쪽은 감성적 경로를 나타낸다. 이 모델은 하위 단계가 충족되어야 다음의 상위 단계로 진행될 수 있다고 주장한다. 이 모델은 다음과 같은 4가지 단계들을 통해 고객을 사로잡는 강한 브랜드를 만들어가는 과정을 제시한다.

① 단계 1-브랜드 정체성 확립: 고객에게 브랜드의 정체성과 상세한 제품군과 고객의 필요와 관련된 브랜드의 연상을 확립

② 단계 2-브랜드 의미 확립: 한 무리의 유형적·무형적 브랜드 관련 연상들을 전략적으로 어떤 특성들과 연결함을 통해 고객의 마음속에 통합적인 브랜드 의미를 굳건히 확립

③ 단계 3-브랜드에 대한 고객반응 야기: 브랜드 정체성과 의미에 대한 적절한 고객반응들을 일으킴

④ 단계 4-고객과 브랜드 사이의 관계를 생성: 브랜드 반응을 전환해서 강렬하고 능동적인, 고객과 브랜드 간의 애호도 관계를 생성함

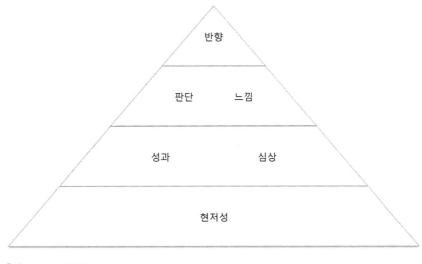

〈그림 3-2〉 고객기반의 브랜드자산 피라미드

첫 번째 단계인 올바른 브랜드 정체성을 성취하는 것은 고객들에게 브랜드 현저성을 창조하는 것을 의미한다. 브랜드 현저성(salience)은 다양한 상황들이나 환경들에서 얼마나 자주 그리고 얼마나 쉽게 해당 브랜드가 상기되는가와 같은 브랜드의 인지도를 측정한다. 두 번째 단계는 브랜드 의미를 생성하고 확립하는 것이다. 브랜드 의미는 브랜드 성과(performance)와 브랜드 심상(imagery)과 각각 관련된 두 가지 유형의 브랜드 연상들로 구성된다. 브랜드 성과는 제품이나 서비스가 얼마나 잘 고객의 기능적 필요들을 충족하는가를 의미한다. 브랜드 심상은 고객의 심리적 및 사회적 필요들의 충족과 관련된 브랜드의 외재적이고 무형적인 특징들로 형성된 이미지를 의미한다.

강하고 호의적이고 독특한 브랜드 연상들에 의해 형성된 브랜드 의미는 세 번째 단계인 브랜드 반응을 생성하는 데 도움을 준다. 브랜드에 대한 고객반응은 브랜드에 대한 판단(judgments)과 브랜드에 대한 느낌(feelings)의 2가지 유형들로 구성된다. 브랜드에 대한 판단은 브랜드에 대한 고객의 개인적 의견과 평가를 의미하고, 이는 브랜드에 대한 모든 성과 및 심상과 관련된 연상들이 결합되어서 형성된다. 특히 중요한 브랜드 판단은 품질, 신뢰성, 구매고려 가능성, 상대적 우수성이다. 한편 브랜드에 대한 느낌은 브랜드에 대한 고객의 정서적 반응이다. 브랜드 구축에서 특히 중요한 6가지 느낌들은 따뜻함, 즐거움, 흥분, 안정, 사회적 승인, 자아존중인 것으로 나타났다.

고객기반의 브랜드자산 구축의 마지막인 네 번째 단계는 고객과 브랜드 간의 최종적인 관계 및 일체성 단계에 집중한다. 이 단계에서 브랜드 반향(resonance)이 나타난다. 브랜드 반향은 고객이 브랜드와 관련한 다양한 활동들에 적극적인 참여와 해당 브랜드와의 강한 심리적 유대 관계의 특징으로 나타나고 고객이 브랜드와 자신이 완전히 일치해 있다고 느끼는 것을 의미한다. 할리 데이비슨, 애플, 이베이(eBay)는 높은 브랜드 반향을 가진 브랜드들이다. 브랜드 반향은 브랜드 애호도보다 더 강한 형태이다. 브랜드 반향은 애호도가 포함하는 반복 구매와 정서적 애착에 공동체 의식과 능동적 참여가 추가된 것이고 브랜드 자산 구축의 최후의 목표가 된다(Keller, 2008). 1장에서 설명한 Kotler(2010)의 영혼마케팅에서 추구하는 것도 애호도를 넘어서서 브랜드 반향을 달성하는 것이라고 볼 수 있다.

PART 2

브랜드 관리

Chapter 4

브랜드개념 관리와 최신 전략들

〈도입사례: 스타벅스(Starbucks)〉

스타벅스의 본사는 시애틀에 있으며, 미국은 물론 유럽과 아시아 등 40여 개국에 총 9,000여 개의 매장을 가지고 있다. 빈스톡(Bean Stock)으로 대표되는 사원복지가 유명하며, 2005년 『포춘』지에 의해 세계 100대 최고 직장의 하나로 꼽히기도 하였다. 2010년 발표된 인터브랜드와 비즈니스위크의 100대 글로벌 브랜드 순위에서 스타벅스는 전년 대비 2% 상승한 브랜드자산 가치 약 33억 달러로 97등을 기록했다.

스타벅스의 역사

1971년 제럴드 볼드윈(Gerald Baldwin)과 고든 보커(Gordon Bowker), 지브 시글(Zev Siegl)이 각각 1만 달러씩을 투자하여 미국 시애틀에 커피 판매점 스타벅스를 설립했다. 이 당시에는 커피숍이 아닌 커피 원재료를 판매하는 곳이었다. 1982년에 하워드 슐츠(Howard Schultz)를 영입해 마케팅을 맡겼다. 1983년에는 피츠(Peets)를 인수하였다. 제럴드 볼드윈은 스타벅스를 떠나 피츠를 경영하였다.

슐츠는 이탈리아 여행 중 밀라노 에스프레소 바에서 영감을 얻고 미국에도 이러한 커피 문화를 도입하고자 결심한다. 슐츠는 "일지오날레"라는 커피 회사를 설립하고 스타벅스로부터 원두를 제공받아 커피를 판매하였다. 1987년에 슐츠가 스타벅스를 인수해 스타벅스를 설립한 후 세계적인 기업으로 성장하였다. 1992년에 기업을 공개하여 나스닥에 상장되었다.

한국에는 1997년에 스타벅스커피 인터내셔날과 (주)신세계가 라이선스를 체결하여 에스코 코리아(주)로 진출하였다. 에스코코리아(주)는 2000년에 사명을 (주)스타벅스 코리아로 변경하였다. 현재는 세계 도처에 1만 3,500개가 넘는 점포들을 운영하고 있는 기업이다. 한때는 전 세계에서 4만 개의 점포까지 확장하려는 야심찬 계획을 가지고 있었으나 최근에는 다소 고전하고 있고 수익을 위해서 작동라인을 간소화하는 등의 비용절감 자구책도 취하고 있다.

브랜드 아이덴티티와 자산

스타벅스의 브랜드 아이덴티티에서는 로고가 두드러진다. 스타벅스의 로고는 감각적이고 신비함을 가지고 있어서 고객의 시선을 끈다. 로고 한가운데에는 긴 머리의 여자가 있고, 이 여자의 양쪽으로 인어 꼬리 모양이 있다. 많은 해석이 있는데 가장 흔한 해석은 이 로고가 그리스 신화에 나타난 꼬리가 두 개 달린 인어 '사이렌'을 표현했다는 설이다.

스타벅스는 커피 전문점 브랜드들 중에서 상당히 잘 알려져 있고 스타벅스는 대표적으로 고품질의 제품과 서비스를 제공하고 있고 고객의 지각도 이를 반영한다. 주요 연상들은 미국, 시애틀, 이국적인, 고급 커피, 감미로운 음악, 체험마케팅, 감성, 영화 속의 스타벅스 PPL 등이다. 브랜드 이미지는 고급의, 낭만적인, 이국적인(한국에서는) 등이다. 스타벅스의 고객들에는 애호가 높은 고객들이 많다. 많은 고객들은 스타벅스의 커피 제품과 서비스를 즐기는 데 그치지 않고 스타벅스의 문화에 빠지고 싶어 한다. 일부 고객들은 브랜드 커뮤니티에 참여하기도 한다.

브랜드와 마케팅 전략

스타벅스의 성공의 요인들에는 서비스와 제품의 일관성, 고객들과 서비스에 몰입하는 점원들, 독특한 스타벅스 문화의 창조, 고객과 연결, 특이한 촉진 전략, 사회공헌사업을 들 수 있다. 스타벅스는 초창기부터 점포의 확대를 신중하게 진행하였다. 스타벅스의 모든 점포들은 원칙적으로 모 회사에 의해서 소유되고 운영된다. 품질에 대한 전대미문의 이미지를 조성하기 위해서는 완벽한 중앙 통제가 필요했기 때문이다. 최고급 아라비카산 원두를 구입하기 위해 노력하고 개봉한 원두는 7일 이내에 사용하는 등 최상의 제품을 유지하기 위해 노력하고 있다. 다양한 제품들을 제공하여 고객들이 선택하도록 한 것도 두드러진다.

스타벅스는 조직체−종업원−고객의 서비스 삼위일체를 잘 실천하는 기업이다. 이는 슐츠가 경험한 어린 시절의 가족사에서 비롯된다. 슐츠의 아버지는 비숙련공으로 직장에서 큰 부상을 당하고 후에 실직되고 폐인이 된다. 슐츠는 어린 시절의 기억을 바탕으로 직원 복지와 긍정적인 노사관계를 경영의 핵심들 중의 하나로 삼았다. 스타벅스는 파트타임 직원들까지 배려했고 월급, 의료보험, 스톡옵션 등으로 직원들을 잘 대우해주는 모범적인 기업이었다. 스타벅스의 스톡옵션 제도는 'Bean Stock'이라고 불리며 구성원들은 이를 통해 자사의 재무적 성과에 참여할 수 있었다. 미국 명문 예일대 출신으로 63세에 직장을 잃고 이혼, 뇌암 판정까지 받은 마이클 길은 스타벅스에 취업해서 경험한 감동적인 이야기를 책으로 출판했고 이것은 후에 영화로도 만들어졌다. 스타벅스에서 잘 대우받는 직원들은 열정적으로 기업과 고객들을 위해 일하고 이것은 기업에 큰 매출과 수익을 가져다주었다.

Park 등(1986)은 브랜드개념 관리를 제시했는데 스타벅스는 경험적 브랜드개념을 명확하게 선택해서 교과서적으로 잘 브랜드를 관리해서 성공한 예이다. 스타벅스는 맛있고 다양한 종류의 원두커피, 매장의 이국적이고 낭만적인 분위기, 점원들의 친절한 서비스와 커피에 대한 풍부한 지식, 매장의 은은한 커피 향, 낭만적인 음악 등을 통해 새로운 커피 문화를 창조하려 했다. 스타벅스에서 일하는 사람은 자부심을 주도록 바리스타라고 불린다. 스타벅스는 즐겁고 인상적인 체험을 고객들에게 제공하여 원두커피와 커피 매장에서 탁월한 경험적 브랜드가 될 수 있었다.

경험적 브랜드들에서는 탁월한 서비스와 사람에 집중하고 소비자와 브랜드와의 상호작용을 강화하는 전략이 효과적이다. 하워드 슐츠가 구상한 것과 같이 스타벅스는 단순한 커피 전문점이 아닌, 집이나 직장에 대한 관심을 잊고 쉬면서 이야기할 수 있는 편안한 '제3의 장소'를 제공한다는 신념으로 커피문화를 만드는 데 목표를 두어 왔다.

스타벅스의 차별화된 브랜드 커뮤니케이션도 두드러진다. 스타벅스는 광고를 거의 하지 않고 PR과 구전마케팅을 주로 한다. 광고보다는 제품 자체, 매장, 이벤트와 행사, 타 브랜드와의 제휴 등을 통해 스타벅스를 알린다. 제품삽입 광고(PPL)도 특히 잘 활용하는 기업이다. 스타벅스가 실행한 성공적인 PPL의 예들에는 '시애틀의 잠 못 이루는 밤', 'I am Sam'이란 영화들에 등장한 PPL이 있다.

스타벅스는 슐츠의 책 판매로 획득한 수익을 기초로 1997년 설립된 스타벅스 기금을 통해 자선활동에 수백만 달러를 기부하고 있다. 이 기금의 사명은 스타벅스의 동반자인 구성원들이 살고 일하는 공동체에서 희망, 발견, 기회를 창조하는 것이고 어린이들과 가족을 위한 교양 프로그램들을 지원하는 데 중점을 두었다. 이 기금을 통해 미국과 캐나다의 700개의 청년 조직체들에 1,200만 달러 이상을 제공했다. 자사의 Ethos 생수 한 병당 판매액 중 5센트를 가난한 국가의 수질 향상에 기부하고 있고 제3세계의 원두 생산자들에 대해서 공정무역 수준의 고가격(약 23%의 고가격)을 지불하고 재활용 청량음료용 컵 개발에 10년 이상을 투자하는 등 자원보존을 위해 노력한다.

체험마케팅

스타벅스의 체험은 감각과 감성을 바탕으로 진행된다. 스타벅스 커피 체인은 고객들에게 즐거운 추억을 만들어주기 위해서 제품, 조명, 의자, 바닥, 음악, 직원의 행동 등에 신경을 쓴다. 구체적으로 예를 든다면, 주요 상품인 커피는 충분히 볶은 원두커피 맛을 느끼게 하고 매혹적인 향도 제공한다.

조명은 아늑한 분위기를 유지하기 위해 차분하게 했고 의자와 바닥은 약간 낡은 상태를 유지해 안락하고 집과 같은 분위기를 주고 직원들의 행동은 눈에 띄게 시각적인 즐거움을 주고 세련된 고급스러운 분위기에 맞는 음악을 틀어 준다.

스타벅스의 현황

2006년 스타벅스는 총 1만 2,440개의 점포들을 가지고 총 매출 78억 달러, 순이익 약 6억 달러를 기록했다. 2006년 한 해만 2,000개가 넘는 점포들을 새로 열었다. 스타벅스의 점포들은 85%가 본사 직영점이다. 하지만 2007년 금융위기 이후에 경제 불황과 전 세계 소비자들의 소비 급감에 고급커피와 체험을 제공하는 스타벅스는 큰 타격을 받았다. 2008년에는 스타벅스의 주가가 반 토막까지 떨어지기도 했다. 고급커피시장에서 전통적인 경쟁 브랜드들과의 경쟁은 계속되고 스타벅스 등 고급 원두커피의 거의 반값에 해당하는 저가 원두커피 제품인 맥카페를 내세운 맥도날드, 던킨도너츠 등의 저가 원두커피들의 도전도 상당하다. 한국의 고급 커피매장 순위에서도 최근에는 한국의 후발 토종 브랜드인 카페베네에 시장점유율 1위의 자리를 내주었다.

자료원: 안광호·한상만·전성률, 2008; 하틀리와 장대련, 2011; Kotler and Keller, 2009; Lindstrom, 2006; www.encyber.com; Zeithaml et al., 2009

1. 브랜드개념 관리

1) 기능적, 상징적, 경험적 브랜드 이미지

Park, Jaworski, MacInnis(1986)는 3가지 종류의 브랜드 이미지[기능적(functional), 상징적(symbolic), 경험적(experiential)]를 제시했다. 기능적 브랜드는 "외부적으로 생성된 필요들을 해결하도록 디자인된 브랜드"로서 주로 성과에 관련된다. 상징적 브랜드는 "개인을 바람직한 집단, 역할, 자아이미지와 연관시키도록 디자인된 브랜드"이다. 경험적 브랜드는 "내부적으로 생성된 자극과 다양성을 위한 필요들을 충족시키도록 디자인된 브랜드"이다(Park et al., 1986).

많은 연구자들은 소비자행동의 '이성적인(인지적인)' 측면과 '정서적인(감성적인)' 측면 사이를 구분하는 개념들을 개발했고 브랜드, 제품, 광고 등에 응용했다(Claeys et al., 1995). 이러한 인지적인 측면과 감성적인 측면을 대조시키는 대표적인 개념들과 대표적인 연구자들은 다음과 같다.

① 기능적(functional) 대 상징적(symbolic) (Park et al., 1986)

② 전통적(traditional) 대 쾌락적(hedonic) (Hirschman and Holbrook, 1982)

③ 실용적인(utilitarian) 대 쾌락적(hedonic) (Holbrook and Hirschman, 1982)

④ 사고(think) 대 느낌(feel) (Claeys et al., 1995; Ratchford, 1987; Vaughn, 1980)

⑤ 기능적(functional) 대 사회적(social) (Roth, 1995)

⑥ 정보적(informational) 대 변환적(transformational) (Puto and Wells, 1984; Rossiter et al., 1991)

기능적인 브랜드는 브랜드개념의 이분법에서 이성적인 쪽에 속하는 반면에 상징적인 브랜드는 브랜드개념의 이분법에서 정서적인 쪽에 속한다. 기능적인 브랜드 이미지와 상징적인 브랜드 이미지는 여러 가지 측면들에서 차이를 보이고 실제 마케팅, 광고, 디자인 등 활용에서도 다른 전략적 제시를 준다. 상징적 브랜드와 기능적 브랜드는 일반화 수준, 이미지의 구성요소, 속성들, 혜택들, 처리방식, 품질의 기초, 주요 동기 면에서 명확한 차이를 보인다(Kim, 2007). <표 4-1>은 상징적 브랜드와 기능적 브랜드 간의 주요 차이점들을 대조시킨다.

〈표 4-1〉 상징적 대 기능적 브랜드 이미지

비교 요소	상징적	기능적
일반화 수준	더 일반적 수준에 연관됨	더 구체적 수준에 연관됨
브랜드 이미지의 구성요소	사용자 이미지와 제품 이미지	주로 제품 이미지
속성들(단서들)	외적 속성들에 연관됨	내적 속성들에 연관됨
혜택들	사회/심리적 혜택들과 연관	기능적 혜택들과 연관
처리방식	총체적	연속적, 분석적
품질의 기초	우월, 위신	결함 없음, 높은 성과
주요 동기	감성적인 동기	인지적인 동기

출처: Kim, 2007

첫째, 상징적인 브랜드와 기능적인 브랜드는 사람의 마음속에서 일반성의 다른 수준들에서 표현된다. 상징적인 브랜드 이미지는 상대적으로 높은 일반성 수준에 더 연관되어지는 반면에 기능적인 브랜드 이미지는 상대적으로 낮은 일반성 수준에 더 연관되어진다. 비상징적인(기능적이고 사용에 바탕을 둔) 브랜드 이름 개념들은 제품의 특성들이나 사용 상황들에 따라서 조직되었고 상징적인 브랜드 이름 개념들은 상위의 개념들과 직접적인 연결 면에서 조직되었다(Park et al., 1989). 과일의 연한 덩어리를 가지는 것이 과일주스의 유형에 따라서 대부분 소비자들에게 좋게도 지각될 수 있고 정반대로 나쁘게 지각될 수 있는 것같이, 기능적인 브랜드들이 대부분 의존하는 수단-목적 연쇄 모델에서의 낮은 수준(예: 구체적인 속성)은 제품 유형이나 범주에 따라서 소비자들의 평가가 변할 수 있다(Zeithaml, 1988). 하지만 성실한 것은 보통 좋게 평가되는 것과 같이 높은 수준의 일반성(예: 도구적 가치)은 보통 소비자들의 평가에서 안정적이고 지속적이다. Lawson과 Balakrishnan(1998)은 필요에 기초한 추상적인 브랜드개념들을 브랜드 이미지에 연관시켰다. 그들의 연구에 따르면 기능적인 이미지는 교육, 환경적 인지, 권력, 안전에 관련되었고 상징적인 이미지는 성취, 관계, 자아향상, 권력에 관련되었다.

둘째, 상징적인 브랜드는 제품 이미지뿐만 아니라 사용자 이미지로부터 형성될 수 있는 반면에 기능적인 브랜드는 주로 제품 이미지로부터 형성된다. 셋째, 상징적인 브랜드는 외부적 속성들에 더 연관되고 기능적인 브랜드는 내부적 속성들에 더 연관된다. 내부적 속성들(단서들)은 색깔, 맛, 특별한 원료, 갤런당 마일과 같이 제품과 관련된 속성들이고 제품 자체의 본질을 변경하는 것 없이는 변경할 수 없다. 외부적인 속성들(단서들)도 제품과 관련은 되지만 이 속성들이 물리적인 제품에 속하는 일부분은 아니다. 외부적인 속성들의 예들에는 브랜드이름, 가격, 점포 이미지, 광고 수준, 보장, 생산자의 명성 등이 있다(Olson and Jacoby, 1972; Szybillo and Jacoby, 1974; Zeithaml, 1988). 광고에서 응용 면에서 기능적인 브랜드에 대한 광고는 성과나 기능에 관한 내재적인 속성들을 묘사하는 데 집중해야 하지만, 상징적인 브랜드에 대한 광고는 한 외재적인 단서들을 사용해 이미지를 전달하는 데 집중해야 한다(Kirmani & Zeithaml, 1993).

넷째, 상징적인 이미지는 주로 사회, 심리적 혜택들에 연관되고 기능적인 이미지는 주로 기능적 혜택들과 연관된다. Claeys 등(1995)은 느낌이 강한(상징적인) 제품들에서는 사회, 심리적 혜택들과 개인적 가치가 더 활성화된 것을 발견했다. 국민들의 개인주의 특성이 강한 국가들에서는 일반적으로 브랜드의 기능적인 이미지를 강조하는 전략들이 브랜드의 사회적인 이미지를 강조하는 전략보다 더 효과적이고, 집단주의 특성이 강한 국가들에서는 정반대로 일반적으로 브랜드의 사회적인 이미지를 강조하는 전략들이 브랜드의 기능적인 이미지를 강조하는 전략들보다 더 효과적이다(Roth, 1995). 다섯째, 처리방식 면에서 상징적인 브랜드는 총체적이고 통합적인 방식으로 처리되는 반면에 기능적인 브랜드는 분석적이고 연속적인 방식으로 처리된다(Claeys et al., 1995).

여섯째, 상징적인 제품이나 브랜드와 기능적인 제품이나 브랜드에서 품질 평가는 다를 수 있다. 상징적인 브랜드에서 높은 품질은 우월성이나 위신을 흔히 의미하지만 기능적인 브랜드에서는 품질은 결함이 없음이나 높은 성과를 흔히 의미한다. 중간수준보다 약간 낮은 품질과 가격을 가진 기능적 브랜드는 여전히 낮은 가격을 강조해서 소비자들의 일부를 끌어들일 수 있지만, 중간보다 낮은 품질은 상징적 브랜드의 가치를 심각하게 손상할 위험이 있기에 이런 품질과 가격을 가진 상징적 브랜드는 시장에서 살아남기 힘들 것이다.

일곱째, 상징적인 이미지는 주로 감성적인 동기에 바탕을 두는 반면에 기능적인 이미지는 주로 이성적 동기에 바탕을 둔다. 느낌에 바탕을 둔 제품들의 주된 동기들은 감각적 충족, 지적 자극, 사회적 승인이었고 사고에 바탕을 둔 제품들의 주된 동기들은 문제 제거, 문제 회피, 정상적인 결핍, 접근과 회피의 혼합, 불완전한 만족이었다(Ratchford, 1987).

2) 브랜드개념 경영

Park 등(1986)은 브랜드개념 경영(BCM: Brand Concept Management)의 틀에서 제품/서비스를 장기적이고 동태적으로 관리하는 장기 제품유지모델을 제시했다. 이 모델은 부분적으로 제품수명주기 모델을 보완하고 대체한다. 이 모델에 따르면 브랜드 관리자는 내부 환경, 과업 환경, 거시환경을 고려해 브랜드 개념들 중 가장 적합한 하나를 명확히 선택한 뒤에 다음과 같은 3단계를 거쳐서 브랜드관리를 한다.
① 도입: 시장진입 시기에 기능적, 상징적, 경험적 이미지 중 하나를 선택하여 이미지와 위상 확립
② 정교화: 지각된 제품의 가치를 증진시켜서 제품개념을 더욱 차별화시킴
③ 강화: 라인확장, 브랜드확장 등을 통해서 해당제품의 개념과 유사한 다른 제품군과 연결시킴

경험적 브랜드개념을 선택한 바비(Barbie) 인형의 사례를 들면 다음과 같다.
① 도입: 1959년 바비 인형을 시장에 소개
② 정교화: 브랜드 액세서리 전략[바비와 켄(남자친구)을 위한 의복, 가구, 자동차 등]
③ 강화: 바비 잡지, 바비 게임, 바비 부티크 등으로 브랜드확장

<표 4-2>는 Park 등(1986)의 브랜드개념별 차별적 관리를 정리한 안광호·한상만·전성률(2008)의 브랜드개념별 이미지 관리를 보여 준다.

<표 4-2> 브랜드개념별 이미지관리

단계	기능적 브랜드개념	상징적 브랜드개념	경험적 브랜드개념
도입기	소비자의 기능적 문제에 대한 해결을 강조	자아이미지 강화, 실현을 위해 제품/서비스에 대한 접근을 제한함	감각적, 인지적 자극을 통한 소비경험의 만족을 자극
정교화기	특정 문제의 해결이나 여러 문제들의 일반화된 해결을 제시	접근의 제한성을 계속 유지해 표적고객을 보호함	사용 만족감의 지속적 유지를 위해 종속 또는 연결 제품을 개발
강화기	성능에서 관련된 제품으로 확대를 통해 전반적인 이미지 강화	표적고객의 라이프스타일과 관련된 관련 제품의 개발을 통해 이미지 강화	경험과 관련된 다른 제품들의 개발을 통해 전반적 이미지의 강화

출처: 안광호・한상만・전성률, 2008.

    Tybout과 Carpenter(2001)는 3가지 브랜드 유형들{기능적 브랜드, 이미지 브랜드[image brand, Park 등(1986)의 상징적 브랜드와 동일한 개념으로 사용됨], 경험적 브랜드}을 차별화의 기준, 강조되는 마케팅믹스, 소비자 필요/욕구/관여도에 기반을 두고 비교하고 대조시켰다. 3가지 브랜드 유형들은 제품 초점 대 고객 초점의 연속선상에 있다. 제품 초점의 한 끝에는 기능적 브랜드들이 자리를 잡고 있고 고객 초점의 다른 끝에는 경험적 브랜드들이 위치한다. 이미지 브랜드들은 다른 두 브랜드들 사이에 대략 중간에 존재한다. Tybout과 Carpenter(2001)에 따르면, 기능적 브랜드들은 공장에서 만들어지고 고객들이 원할 때는 언제나 제공될 수 있다. 경험적 브랜드들은 소비할 때 고객들의 능동적인 참여에 의해서 만들어진다. 이미지 브랜드는 기능적 브랜드들과 같이 공장에서 만들어지지만 이미지 브랜드들의 가치는 소비자들이 다른 사람들에게 보여 주는 것에 의해서 생성된다. 기능적 브랜드들(예: 타이드, 맥도날드, 델)은 성과 또는 가격을 기반으로 해서 차별화되고 주로 생리적 필요나 안전 욕구와 관련된다. 이미지 브랜드들(예: 코카콜라, 펩시)은 바람직한 이미지를 기반으로 해서 차별화되고 주로 사회적 욕구나 자아존중 욕구와 관련된다. 경험적 브랜드들(예: 디즈니, 새턴, 버진)은 독특하고 인상적인 경험들을 기반으로 해서 차별화되고 주로 자아실현 욕구와 관련된다.

3) 브랜드개념을 활용한 전략

(1) 기능적 브랜드의 전략
    기능적 브랜드들은 소비자들의 외부적 문제를 해결하는 것과 관련되기에 제품의 성과나

가격 면을 파고드는 것이 효과적이다. 기능적 브랜드들은 마케팅믹스 면에서 제품, 가격, 유통에 특히 집중하고 탁월한 성과나 경쟁적인 가격에 기반을 둔 차별화 전략들을 추구하는 것이 효과적이다(Tybout and Carpenter, 2001).

볼보는 안전성이라는 소비자가 자동차에서 중요시하는 가치를 중점으로 사고 예방장치, 사고 시 자동차 차체의 상대적 튼튼함, 나쁜 날씨 상황에 대한 대처장치 등을 광고에 내세워 뛰어난 기능적 브랜드로서 자리를 잡았다. 이마트 유통업자 브랜드인 자연주의는 친환경적 재질, 무난한 디자인, 좋은 감촉 등의 의류를 비슷한 품질의 의류들보다 훨씬 싼 가격에 제공해서 소비자들에게 좋은 반응을 얻어 왔다.

(2) 상징적 브랜드의 전략

상징적 브랜드들은 소비자들이 해당 브랜드들을 사용, 경험함으로써 자아이미지를 나타내거나 집단의 소속감이나 역할을 표현하게 해 준다. 상징적 브랜드들은 4P 중에서 촉진을 강조하고, 브랜드 전통과 소비자의 욕구들 간에 균형을 유지하는 것이 중요하고 주된 상징적 브랜드 이미지를 반영하고 소비자들과의 정서적 유대를 형성하는 전략이 효과적이다(Tybout and Carpenter, 2001).

라네즈는 "Everyday New Face"라는 광고 캠페인으로 멋과 아름다움을 추구하는 감각 있고 세련된 여성이 찾는 브랜드로서 라네즈를 부각시켜서 10대 후반에서 20대의 표적 여성들을 성공적으로 공략했다(안광호·한상만·전성률, 2008). 벤츠((Benz)는 성공한 사람들이 타는 전통이 있고 품질이 좋은 차라는 개념을 꾸준히 부각시켜 대표적인 상징적 브랜드의 차의 지위를 유지했다.

(3) 경험적 브랜드의 전략

경험적 브랜드들은 감각적 즐거움, 다양성과 변화의 추구, 인지적 자극을 추구하는 소비자들의 욕구와 관련된다. 경험적 브랜드들은 탁월한 서비스, 유통, 사람에 집중하고, 소비자와 브랜드와의 상호작용을 강화하는 전략이 효과적이다(Tybout and Carpenter, 2001).

디즈니는 디즈니 회사에서 일하는 것에 만족하고 행복을 느끼는 종업원들을 통해 고객과의 접점관리를 철저히 하고 고객들에게 최상의 서비스를 제공하는 전략을 통해 놀이공원, 영화, 비디오 등에서 탁월한 브랜드로서 인정을 받고 있다. 스타벅스는 단순히 맛있는 커피를 판매한다는 사업 방식을 벗어나 맛있고 다양한 종류의 원두커피, 매장의 이국적이고 낭만적인 분위기, 점원들의 친절한 서비스와 커피에 대한 풍부한 지식, 매장에 스며들어 있는 은은한 커피 향과 조화되는 음악 등의 감각을 통한 마케팅 등을 통해 커피 문화와 즐겁고 인상적인 체험을 고객들에게 제공하여 원두커피와 커피 매장에서 탁월한 브랜드가 될 수 있었다(안광호·한상만·전성률, 2008).

경험적 브랜드의 경우 브랜드 커뮤니티를 활용하는 것도 좋은 방법이다. 미국 GM은 소비자들이 가지는 미국 소형차 브랜드들에 대한 부정적인 지각을 극복하기 위해서 새턴 자동차를 모 기업인 GM과 분리해서 독자적으로 브랜드를 관리했다. 품질, 가격, 고객만족에서 시장의 선도자가 되도록 고안했고 경험적 브랜드로서 관리했다. 브랜드와 소비자의 관계를 중시했고 즐거운 구매 분위기를 창조하려 했고 사려 깊고, 친근하고, 수수한 브랜드 개성을 강조했다.

(4) 브랜드 이미지의 변화를 추구하는 전략

Park 등(1986)이 제시한 대로 브랜드 이미지에 바탕을 둔 전략의 기본은 선택 시기에 해당 브랜드에 가장 적합한 브랜드 이미지를 선정하여 지속적으로 일관성 있게 그 브랜드 이미지를 유지해 나가는 전략이 필요하다. 하지만 환경 변화, 소비자 변화, 브랜드의 품질, 성능, 디자인, 핵심 속성들의 변화에 따라서 브랜드 이미지를 변화시키는 전략이 필요한 경우가 있다.

현대자동차의 "쏘나타"는 기능적 브랜드를 오랜 시간에 걸쳐서 상징적 이미지가 더 강한 브랜드로 변신한 데 성공한 예이다. 현대자동차 쏘나타는 중형자동차의 장수 브랜드로서 국내최다판매 1위의 자리를 오랫동안 차지하였다. 꾸준한 품질관리를 통해 해외에서도 2004년 JD 파워 조사에서 중형차부문 1위를 한 것과 같이 품질을 인정받았다. 쏘나타는 성장하면서 여유 있는 라이프스타일을 추구하는 중산층에 맞추어 넉넉한 실내 공간, 품질, 디자인 등에 중점을 두었다. 브랜드 리뉴얼 전략으로 이미지 고착화 방지와 환경변화에 적응하기 위해 쏘나타 2, 쏘나타 3, EF 쏘나타, 뉴EF 쏘나타 등으로 계속 업그레이드해왔다. 2007년 캠페인에서는 핵심타깃인 30대의 사랑, 열정, 삶의 여유와 자부심을 부각시켰고 '명차의 감동'이란 광고 슬로건을 사용하여 고급스럽고 세련된 상징적인 이미지 부각에 중점을 두었다. 가격과 우수한 기술력을 바탕으로 한 기능적 이미지에서 상징적 이미지가 더 강한 브랜드로 점진적으로 바꾸는 데 성공하였다(안광호 등, 2010). 나이키와 애플도 과거에는 상징적 브랜드로 주로 분류되었는데 광고, 소비자와의 관계, 제품 자체의 주요 속성의 변화 등을 통해 경험적 브랜드로 성공적으로 변화해서 지금은 주로 경험적 브랜드로 인식되고 있다.

2. 고객과 브랜드 관계에 기반을 둔 전략

마케팅에서 관계는 이전에도 중요하게 취급되었지만 기업들이 브랜드와 소비자 중심의 경영을 해 나가면서 브랜드와 고객 간의 좋고 깊은 관계를 유지하는 것이 더욱 중요하게 여겨져 왔다. 기업들이 장기적이고 깊은 관계를 구축하기 위해서는 다음의 4가지 전제조건들을 충족시키는 것이 필요하다(Robinette et al., 2003).
① 소비자와 기업의 상호 이익
② 장기적 관계 발전에 대한 헌신
③ 신뢰성, 솔직함, 배려의 진실된 표현
④ 커뮤니케이션을 통한 상호 이익, 헌신, 진실의 3가지 요소들의 전달

현대 경영에서 중요시하는 고객관계관리(CRM: Customer Relation Management)에서는 현존하는 고객과의 관계를 유지, 제고하는 데 중점을 둔다. 소비자들이 관계를 중시하는 것은 최근 유행하는 사회적 네트워크 서비스(SNS: Social Network Service)에서도 두드러진다. <브랜딩사례 4-1>은 세계 최대의 사용자들을 가진 페이스북(Facebook)을 다룬다.

〈브랜딩사례 4-1: 사용자 5억 명을 돌파한 페이스북〉

세계 최대 소셜 네트워크 서비스(SNS)인 페이스북(facebook)이 6년 만에 사용자 5억 명을 돌파했다. 지구촌 14명 중 한 명이 페이스북 사용자인 셈이다. 한편 한국의 페이스북 사용자도 2010년 7월 현재 110만 명을 넘어선 것으로 알려졌다.

페이스북은 트위터와 함께 대표적인 SNS사이트다. 인터넷에서 다양한 사람들과 소식과 사진 등을 주고받으며 교류할 수 있는 서비스로 2004년 하버드 대학교 재학생이었던 마크 저커버그(Zuckerberg)가 교내 학생들을 연결해주는 사이트를 만든 것이 시초였다. 최근 페이스북의 질주는 무서울 정도의 속도인데 지난 6개월 사이에 1억 명이 가입했다. 하루 사용자 2억 명, 올 1분기 광고가 1,760억 건 게재되면서 '페이스북 경제 생태계'란 말도 등장했다.

페이스북의 특성은 개방성이다. 사회적 계급과 국경을 무의미하게 만들어 누구나 온라인 상에서 친구가 될 수 있다. 전문가들도 페이스북의 성공과 인기 비결을 누구나 원하는 상대를 마음대로 선택할 수 있다는 것에서 찾는다. 페이스북 창설자 저커버그는 재산이 40억 달러(약 4조 8,000억 원)인 2010년 기준 26세의 세계 최연소 억만장자로서 사립 명문 필립스 아카데미(엑시터)와 하버드를 다닌 수재이다. 페이스북은 원래 저커버그가 다녔던 필립스아카데미에서 발간하는 재학생 사진첩의 이름이었다. 페이스북은 하버드에서 큰 인기를 끈 뒤 다른 대학들로 순식간에 퍼졌다. 몇 개월 뒤에 그는 실리콘밸리의 벤처 사업가가 되었다.

2010년 3월 첫째 주 미국 인터넷 이용자 분석 결과 페이스북이 구글을 제치고 1위로 올라선 것으로 나타났다. 세계 최대 검색엔진 구글이 1위를 빼앗긴 것은 2000년대 중반 이후 처음이었다. 페이스북이 구글을 제친 것은 페이스북이 단순한 SNS 이상이 됐다는 것을 의미한다. 페이스북은 친구 관리 외에도 게임, 기사 공유, 동영상 게재 등 다양한 기능을 갖고 있다. 앱 설치로 자유롭게 기능을 추가할 수 있어 사용자에 따라 쓰임새를 바꿀 수도 있다.

자료원: 조선일보, 2010년 7월 23일

1) 고객관계의 발전

조직체와 고객들 간의 관계는 시간이 지나면서 진화하는 경향이 있다. 조직체와 고객들 간의 마케팅 교환 관계는 일반적으로 이방인, 아는 사람, 친구, 파트너로 진화한다(Johnson and Seines, 2004). <표 4-3>은 이러한 4가지 고객 유형들과 각 고객유형의 원천 및 목표를 보여 준다.

〈표 4-3〉 교환 관계의 유형

고객 유형	이방인 (Strangers)	아는 사람 (Acquaintances)	친구 (Friends)	파트너 (Partners)
경쟁적 장점의 원천	매력	만족	만족+신뢰	만족+신뢰+몰입
관계마케팅의 근본적인 목표	고객과의 사업을 획득함	고객의 필요와 욕구를 충족	고객과의 사업을 유지	고객과의 관계를 향상

출처: Johnson and Seines, 2004에서 일부만 제시.

이방인들은 해당 기업과 어떠한 거래(상호작용)도 아직 하지 못하였고 심지어 해당 기업을 모르는 고객들이다. 이 단계에서 기업의 잠재고객들에 대한 원천적인 목표는 이방인들을 끌어들이고 그들과의 사업을 획득하기 위해 그들과 커뮤니케이션을 시작하는 것이다. 일단 고객이 기업의 제공물을 알고 시용하면 고객은 기업과 친근해져서 고객과 기업은 아는 사이가 된다. 아는 사람으로서의 관계 단계에서 기업의 원천적인 목표는 고객을 만족시키는 것이다. 고객이 같은 기업으로부터 반복구매를 하게 되면 해당 기업은 이 고객에 대한 필요와 욕구를 구체적으로 알게 되어 고객의 상황에 직접적으로 맞는 제공물을 창조할 수 있게 된다. 독특한 제공물과 이를 통한 차별화된 가치의 제공은 단순한 아는 사이의 관계에서 친구 관계로 변화시킨다. 이 전환에는, 특히 서비스 교환 관계에서는 신뢰의 개발이 필요하다. 친구 단계에서 기업의 원천적인 목표는 고객유지이다. 고객이 기업과 계속적으로 상호작용을 계속하면서 신뢰의 수준은 더 깊어지고 해당 고객은 고객화된 제공물과 상호작용 서비스를 받게 된다. 고객의 해당 기업에 대한 신뢰와 몰입이 형성되면 고객은 해당기업과 파트너가 된다. 이 파트너십 단계에서 기업은 해당 고객과의 관계를 향상시키는 데 중점을 둔다.

Griffin(1995)은 고객관계의 단계들을 보다 상세히 구분해 설명한다. <그림 4-1>은 잠재고객부터 동반자까지 고객을 유치, 유지하고 관계를 향상시키는 단계들을 보여 준다. 고객관계의 단계에서 출발점은 제품이나 서비스를 구매할 가능성이 있는 모든 사람들로서 이들이 잠재고객들(potentials)이다. 예상고객들(prospects)은 구매하려는 동기, 능력 및 기회가 있는 사람들이다. 마케팅 노력은 예상고객들을 처음 해당 제품이나 서비스를 사용하는 고객들인 처음 고객들로 끌어들이는 데에 집중하며, 그 후 처음고객들을 반복고객들(repeat customers)을 거쳐 단골고객들(clients)로 전환하는 데 집중한다. 다음의 도전적 문제는 단골고객들을 회원들(members)로 변환하는 것이다. 이것은 회원으로 가입한 고객들에게 고객들이 원하는 혜택을 제공하는 회원 프로그램을 활용함으로써 이루어진다. 회원고객들 다음 단계는 다른 고객들에게 해당 기업, 그 기업의 제품과 서비스를 열정적으로 추천하는 고객들인 옹호자들(advocates)이다. 고객관계의 단계에서 최종 단계는 기업과 고객들이 서로 상생하고 깊은 관계를 맺는 동반자들(partners)이다.

출처: Griffin, 1995에서 수정

〈그림 4-1〉 고객 개발과정

2) Fournier의 고객관계 모델

우리가 매일의 일상에서 다른 사람들과의 관계를 형성하는 것처럼 우리는 우리가 구매하고 사용하고 체험하는 브랜드와도 관계를 맺고 있다. Fournier(1998)는 브랜드를 소비자와 능동적인 관계를 맺는 파트너로 고려하고 브랜드와 고객 사이의 관계의 유형들을 기술하고 더 잘 이해하도록 하는 프레임워크를 제공했다. 그녀에 따르면 소비자와 브랜드의 관계는 기본적으로 소비자와 브랜드가 동등한 당사자로서 서로에게 파트너의 역할을 하면서 오랫동안 상호작용한 결과로 생성되는 다양한 연대이다. 그녀의 연구는 브랜드 개성, 브랜드자산, 브랜드 애호도 연구 등에 개념과 척도 면에서 큰 영향을 제시한다.

(1) 소비자와 브랜드 관계의 유형

Fournier의 연구는 연구 당시에 각각 59세, 39세, 23세인 Jean, Karen, Vicki라는 3명의 여성들을 대상으로 3개월 동안 각각 총 12~15시간 동안, 4~5번에 걸쳐서 피면접자의 집에서 행해진 심층면접을 바탕으로 한 수정된 생애역사 사례 연구들이었다. 자료의 분석은 개별 기술적인 분석(idiographic analysis)과 개인 간 교차분석(across-person analysis)의 2가지 방법에 의해서 진행되었고, 브랜드 수준에서 형성된 소비자와 브랜드 간의 관계에 연구의 초점을 두었다. 이러한 분석은 <표 4-4>와 같이 15개의 의미 있는 소비자와 브랜드 관계 유형을 산출했다.

<표 4-4> 소비자-브랜드 관계 유형의 분류

그룹	유형	정의
결혼	몰입된 파트너십 (committed partnerships)	장기적, 자발적, 사회적으로 지지된 결합과 몰입 관계
	중매결혼(arranged marriages)	장기적이지만 낮은 애착의, 제3자의 선호에 의해 부과된 비자발적인 결합
	편의적 결혼 (marriages of convenience)	환경적 영향에 의해서 재촉된 장기적으로 몰입한 관계
우정	최고의 우정(Best friendships)	상호적 원칙과 참을성에 기초한 자발적인 결합
	어릴 적부터의 우정 (childhood friendships)	가끔 교류하고 정서가 실린, 어린 시절을 연상하는 관계
	단편화된 우정 (compartmentalized friendships)	낮은 친밀성에도 상호의존과 보상이 있는, 매우 특별한, 상황에 한정된, 지속적인 우정
	일상적인 우정(casual friendships)	감성과 친밀감, 상호교류가 낮은 우정, 상호이익이나 보상도 낮음

	친척 관계(kinships)	혈족관계로 맺어진 비자발적인 결합
기타	구애 관계(courtships)	몰입하는 파트너 계약에 앞서는 임시 관계
	반발/기피 관계 (rebounds/avoidance relationships)	이전이나 이용 가능한 파트너로부터 벗어나려고 하는 욕망에 의해 촉진된 결합
	기분내기 관계(flings)	몰입과 상호 요구가 없는, 단기적이고 시간적 한계를 가진 높은 정서적 보상의 약속
어두운 관계	은밀한 교제(secret affairs)	타인에게 노출 시 위험한, 매우 정서적이고 사족으로 유지된 관계
	의존 관계(dependencies)	상대방이 대체 불가능하다고 느껴서 강박적이고 매우 정서적이고 이기적인 끌림
	노예 관계(enslavements)	어쩔 수 없이 관계 파트너의 욕망에 의해 전적으로 지배되는 비자발적인 결합
	증오 관계(enmities)	부정적인 감성과 고통을 피하거나 주려는 욕망의 특성을 가진 강렬한 관계

출처: Fournier, 1998

(2) 소비자와 브랜드 관계의 질

Fournier(1998)는 소비자와 브랜드 간의 지속적이고 안정적인 관계를 가능하게 하는 6가지의 차원들로 구성된 브랜드 관계의 품질 차원(BRQ: Brand Relationship Quality)을 도출하였다. <그림 4-2>는 브랜드와 소비자 관계 품질과 효과를 나타내는 모델을 보여 주는데 간략하게 하기 위해서 6가지 품질 차원들과 관계 안정성/내구성 사이에서 일어나는 다양한 과정들은 여기에서 생략했다.

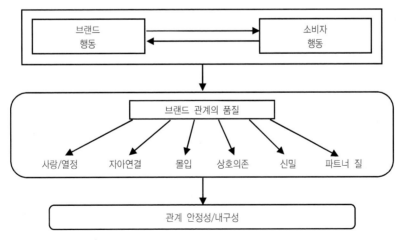

출처: Fournier, 1998을 축소해 제시

〈그림 4-2〉 브랜드와 소비자 관계 품질과 효과 모델

그녀는 브랜드 관계의 품질 차원은 사랑/열정, 자아연결, 몰입, 상호의존, 친밀, 브랜드 파트너의 품질의 6가지 주요 차원들로 구성되어 있다고 제시했다. 각 차원의 정의는 다음과 같다(Fournier, 1998; Keller, 2008)

① 사랑/열정: 다른 이용 가능한 대안들과 대비해서 해당 브랜드에 대한 호감과 동경. 해당 브랜드가 대체할 수 없고 관계 파트너로 독특한 자격이 있음을 의미함.

② 자아 연결: 브랜드가 정체성에 대한 관심, 과업, 주제를 전달함에 의해서 과거와 현재에 다 걸치는 자아개념의 의미심장한 부분을 표현하는 정도

③ 몰입: 계속되는 브랜드 관련과 관계의 개선에 대한 헌신으로서 공적으로 드러난 서로에 대해 고백한 충실함과 애호도를 가짐.

④ 상호의존: 브랜드가 소비자의 매일의 삶의 과정에 행동적인 면과 인지적인 면에 둘 다 스며들어 있는 정도. 상호의존은 종종 브랜드 구매와 사용을 감싸는 정례화한 행동적 의식들과 해당 제품의 결핍 기간 동안 경험하는 걱정으로 드러남.

⑤ 친밀: 관계에서 파트너로서의 브랜드의 진수와 소비자와 브랜드 관계 자체에 대한 깊은 친숙감과 이해감

⑥ 브랜드 파트너의 품질: 파트너십의 역할에서 브랜드에 의해서 수행되는 역할의 집행에 대한 요약적인 판단

Fournier(1998)에 따르면 브랜드개성은 파트너십의 능력 내에서 브랜드에 의해 집행되는 관계 역할로부터 생겨나고 브랜드개성에 대한 자신의 관점이 특성(trait)에 바탕을 둔 브랜드개성보다 실제 마케팅 행동을 위해 브랜드개성을 활용하고자 하는 경영자들에게 더 유용하다고 주장했다. 그녀의 연구는 브랜드의 강도를 그녀가 개발한 브랜드 관계 품질(BRQ)을 사용하는 고객과 브랜드 간의 관계적인 유대의 강도, 깊이 그리고 내구성 면에서 정의를 내린다(Keller, 2008)

3. 스토리텔링 마케팅과 활용전략[*1]

1) 스토리텔링 마케팅의 역사와 의미

최근 몇 년간 교육, 정치, 부동산산업, 오락 및 연예산업, 광고, 브랜드마케팅 등에서 스토리텔링(storytelling)이 인기를 끌고 있다. 소비시장에서 글로벌 브랜드들의 경쟁은 더 치열해지고 브랜드들의 기능적 속성과 혜택의 차이는 작아지고 고객들은 과거에 비해 더 많은 정보를 가지고 까다롭게 선택을 하는 시대에 기업들은 고객만족이나 고객감동을 통해 애호도를 가진 고객들을 확보하려고 많은 노력과 자원을 투자하고 있다. 이제 상당수의 기업들은 브랜드를 차별화하고 고객의 관심을 끌고 고객의 감성을 통해 마음을 잡는 수단으로 스토리텔링에 관심을 가지고 일부 기업들은 구체적으로 소비시장에서 성공적으로 활용하고 있다.

최근 한국야쿠르트의 "꼬꼬면"이 소비자들에게 큰 인기를 끌고 있는 것은 단순히 '담백하고 칼칼한' 제품의 맛과 전통적인 광고 및 판촉의 탓만은 아닌 것 같다. 꼬꼬면은 "남자의 자격"이란 리얼리티 프로그램에서 인기를 꾸준히 누리고 있는 이경규가 이 프로그램의 요리경연대회를 위해서 개발한 라면으로서 신비주의 마케팅과 제품개발 스토리의 구전이 이 신상품이 라면업계에서 돌풍을 일으키는 데 상당한 역할을 했다고 할 수 있다.

〈그림 4-3〉 이경규와 꼬꼬면

스토리텔링은 "교훈, 복잡한 생각, 개념, 인과관계적인 연결을 의사소통하기 위해서 이야기나 일화를 통해 지식과 경험을 공유하는 것"으로 정의된다(Sole and Gray-Wilson, 1999). 스토리텔링은 인류가 언어를 개발하고 문화를 형성하면서 자연스럽게 생겨난 것이라고 할 수 있다. 우리나라에는 단군신화, 콩쥐와 팥쥐 이야기 등이 있고 외국에는 그리스로마신화, 알라딘과 요술램프 이야기 등이 있다. 인간들이 삶을 살아가면서 영웅들, 호걸들, 스포츠 스타들, 연예스타들, 탁월한 정치인들의 이야기들도 전기, 구전 설화 등의 형태로 동 시대 및 후속 시대 사람들에게 교훈과 감동을 주고 있다. 각종 명절들, 기념일들도 사회구성원들 또는 해당하는 개인들에게 종종 스토리의 형태로 기억되어 왔다.

Tulving(1985)은 인간이 장기기억에 저장하고 필요 시 끄집어내어 사용하는 지식의 형태를 서술적 지식(declarative knowledge)과 과정 지식(procedural knowledge)으로 분류하고 서술적 지식을 다시 의미적 지식(semantic knowledge)과 사건적 지식(episodic knowledge)으로 분류했다. 서술적 지식은 절차, 사용방법이 아닌, 인간이 장기기억 속에 가지고 있는 전반적인 지식인 반면에, 과정 지식은 수행 순서, 사용방법, 활용 순서 등과 같은 지식이다. 의미적 지식은 우리가 경험하는 어떤 대상이 지니는 의미에 대한 지식이고, 사건적 지식은 일상생활에서 경험하는 구체적인 사건에 대한 카메라의 스냅 샷 같은 지식이다. 스토리는 사건적 지식의 대표적인 형태로서 우리가 사회생활을 해나가고 환경에서 복잡한 현상이나 일을 알기 쉽게 이해, 기억하거나 다른 사람들에게 흥미 있게 설명하는 데 도움을 준다.

스토리텔링 마케팅은 자연스럽게 생성된 또는 잘 만들어진 스토리를 통해 조직체나 브랜드의 지각된 가치를 증진시키는 마케팅이라 할 수 있다. 아이보리 비누 스토리, 썬키스트 오렌지 스토리, 고디바 초콜릿과 레이디 고디바, 코카콜라와 빨간 산타 이야기, 에이비스(Avis) 렌터카 등의 브랜드명, 브랜드 상징물, 광고 슬로건 등과 관련된 흥미 있는 스토리들은 길게는 1세기가 넘는 시간까지 가는 긴 역사를 가졌지만, 브랜드와 관련한 스토리텔링 마케팅을 상당수의 기업들이 본격적으로 실행한 것은 감성마케팅, 체험마케팅의 붐을 탄 최근 10여 년 정도라 할 수 있다.

2) 스토리텔링 마케팅의 효과

소비자들은 제품이나 서비스를 종종 스토리와 관련시킨다. 스토리나 스토리텔링은 소비자 심리를 깊이 이해하는 데 핵심이 된다. 스토리는 다음과 같이 크게 5가지 면들에서 소비자 심리를 이해하는 데 중요하다(Woodside et al., 2008).

① 사람들은 논쟁적으로 또는 이론적 틀에 따라 생각하기보다는 이야기형태로 자연스럽게 생각하는 경향이 있다.

② 기억에 저장되어 있고 인출되어지는 정보의 상당한 양은 스토리와 관련된 사건적인 형태를 가지고 있다.

③ 스토리를 인출, 재현, 반복 시청하는 것은 사람들을 적절한 즐거움에 도달하게 한다.

④ 일부 브랜드들이나 제품들은 이야기를 통해 소비자가 많은 사람들이 공유하는 원형의 역할을 정신적이나 육체적으로 연기하고 관련된 경험을 재현하도록 해주는 적절한 즐거움을 성취하도록 하는 것을 가능하게 하는 데 핵심적인 역할을 종종 수행한다.

⑤ 사람들은 과거의 대화, 사건들, 결과들을 이해하기 위해서, 이야기를 말하는 것을 통해 다른 사람들이나 자기 자신으로부터 의미를 명확하게 찾을 수 있다.

3) 스토리텔링 마케팅의 활용방안

스토리텔링의 활용은 (1) 브랜드명과 라벨 스토리, (2) 패키지 스토리, (3) 광고 스토리, (4) 브랜드 출시 스토리나 기업이 만든 가상 사용자 스토리, (5) 실제 고객의 스토리 영역에서 두드러질 수 있다(김우성, 2011b).

(1) 브랜드명과 라벨 스토리

어떤 브랜드들은 브랜드명을 통해 브랜드의 주요 특성이나 사용법을 소비자들에게 알려준다. 유한킴벌리의 "빨아 쓰는 키친타월"은 브랜드명으로부터 제품 사용법을 쉽게 알 수 있도록 해준다. 행주는 위생상 여러 번 소독해서 써야 하는 번거로움이 있고, 종이타월은 물기에 약한 단점을 보완해 개발된 제품이라는 메시지를 브랜드 이름에서 직접 전달한다. 매일유업의 "상하 짜먹는 까망베르 치즈"는 간편하게 짜먹도록 만든 튜브형 치즈로서 브랜드 이름에서 제품의 중요한 기능적 특징을 알 수 있다.

때로는 기존의 브랜드명과 관련한 스토리를 나중에 만들어 소비자들의 흥미를 끌기도 한다. 카우보이를 통한 거친 이미지가 강한 말보로(Marlboro) 담배 브랜드가 좋은 예이다. 원래 말보로라는 브랜드명은 필립모리스사가 영국 런던의 작은 가게에서 담배를 팔며 장사를 하던 거리 이름인 말보로(Marlborough)에서 따온 것이라 한다. 말보로는 후에 남녀 간의 비극적인 사랑의 스토리를 활용한 스토리텔링으로 소비자들의 관심과 감성을 불러일으켰다. 이 스토리 내용 중에 남자 주인공이 여자 주인공과 이루어지지 못한 비극적인 사랑 때문에 결국은 죽음을 택할 때 유언으로 남기는 메모에 쓰인 간단한 문구인 "Man Always Remember Love Because of Romance Over"의 첫 글자들을 따서 만든 단어(acronym)로서 말보로라는 브랜드명이 만들어졌다는 내용이 포함되어 있다.

제품 패키지의 라벨을 통해 브랜드의 특성을 알려 주기도 한다. 코카콜라가 최근 내놓은 '글라소비타민워터'의 제품 라벨은 6가지 다른 맛으로 국내에 판매되는 각 제품의 특성을 담은 이야기를 포함한다. 비타민C와 칼슘이 든 오렌지 맛은 '아침밥 챙겨 먹고 여유롭게 집 나서는 건 일일연속극에나 나올 법한 일 아닐까요?'라며 아침에 마실 것을 권하고, '어제도 달리셨어요?'라며 비타민B와 칼슘이 든 과일펀치 맛을 권하는 식이다.

미국의 여성 의류브랜드 "앤스로폴로지"는 의상마다 디자인의 특징을 감성적인 문구로 표현한 라벨을 붙이는 것으로 유명하다. 겨울 스웨터에는 'Lying on the snow(눈밭에 누워)', 화사한 색상의 꽃무늬가 수놓인 카디건에는 'spring medley(봄의 메들리)'를, 과감한 블랙 드레스에는 'Longest night(긴긴 밤)' 등과 같이 시에서 따온 것과 같은 아름다운 문구로 라벨 이름을 단다. 라벨 이름뿐만 아니라 라벨의 디자인도 독특한데, 예를 들면 'Little birdie(작은 새)'라는 스웨터 라벨에는 귀여운 새가 줄 위에 앉아 있는 모습을 담아 감성에 호소한다(동아일보, 2009b).

(2) 패키지 스토리

최근에는 빵, 과자, 음료 등의 제품 포장에 해당 제품의 특성을 설명하는 그림, 사진, 긴 이야기를 새겨 넣는 패키지 스토리텔링 마케팅도 진행된다. 매일유업의 "앱솔루트 더블유 베이비 우유"는 우유팩에 목장 그림이 그려져 있고 패키지 한 면에는 어떤 과정을 거쳐 우유가 만들어지는지 그림과 함께 설명이 되어 있다. 매일유업은 독특한 디자인의 제품 포장으로 대형마트에 진열된 수많은 우유 가운데 소비자의 눈길을 사로잡을 수 있을 것으로 기대하고 있다.

패키지 스토리텔링을 통해 소비자들과 문화를 통해 소통하려고 시도하는 기업들도 있다. 롯데칠성음료의 '2% 부족할 때'는 제품 병 겉면에 3가지 에피소드를 담았다. "너의 사랑은 몇% 부족하니?"라는 질문에 대한 응답 형식이다. "20%, 너는 내가 쉽니?", "72%, 해 보면 알아요", "98%, 니가 지금 땡겨"를 담은 직설적인 에피소드를 통해 젊은이들의 감성을 건드리고 있다(국민일보, 2010).

(3) 광고 스토리

롯데칠성음료 "2% 부족할 때"는 2000년대 초 이래로 우리나라 광고계에서 스토리텔링을 사용한 여러 편의 광고들을 도입해 소비자들의 호기심과 폭발적인 관심을 이끌어냈다. 정우성과 장쯔이, 전지현과 조인성 등을 광고모델들로 같이 등장시키고 각 광고에서 가난한 사랑과 안정된 현실 중에서 선택 등의 흥미 있는 주제, 배경 음악, 미완성의 스토리를 TV에서 던지고 인터넷에서 완결하기, 스토리 관련 각종 이벤트 등 참신한 기법들을 총동원해 과즙 음료의 대표적인 브랜드로서 계속 사랑을 받아 오고 있다.

아파트 광고에서도 과거의 톱스타 위주의 광고에서 벗어나 일상에서 흔히 만날 수 있는 일반인이나 애니메이션 캐릭터를 스토리텔링 마케팅에 활용하는 기업들도 등장하고 있다. 대림산업의 아파트 브랜드 "e편한세상"의 극장 광고는 주인공인 펭귄이 남극에서 출발해 수많은 장애물을 넘었음에도 더운 곳으로 가면서 죽게 된다는 스토리를 담고 있다. '남극 탐험' 게임을 배경으로 제작해서 수요자들의 향수를 자극함은 물론, 환경을 생각하는 브랜드 컨셉트를 간접적으로 표현해 감동을 사고 있다. 대우건설은 최근 자사 아파트 브랜드 "푸르지오" 새 광고에서는 배우 김태희 대신에 자사 직원을 바탕으로 자체적으로 개발한 애니메이션 캐릭터 '정대우'를 내세웠다. 정대우 캐릭터를 통한 스토리텔링 전략을 통해 소비자들에게 보다 감성적으로 접근하고 친화성을 높이겠다는 전략이다(경제투데이, 2011).

(4) 브랜드 출시 스토리나 기업이 만든 가상 사용자 스토리

벨기에의 고급 초콜릿인 고디바(Godiva)의 포장 상자에는 말을 타고 있는 벌거벗은 여인인 Lady Godiva가 그려져 있는데 이 여인과 관련한 유명한 진설이 있다. 전쟁과 폭정으로 신음하던 11세기 중엽에 영국의 코번트리에서는 영주 레오프릭의 가혹한 세금으로 농민들이 몰락해가는 것을 안타깝게 여긴, 영주의 두 번째 부인인 17세의 고디바는 농민을 위해 세금을 경감해 달라고 남편에게 간청했으나 영주는 부인의 간청을 철없는 동정이라고 비웃었다.

〈그림 4-4〉 고디바 초콜릿 패키지   〈그림 4-5〉 레이디 고디바

하지만 고디바의 애원이 계속되자 영주는 장난삼아서 실오라기 하나 걸치지 않은 채 말을 타고 마을을 한 바퀴 돈다면 고려해보겠다는 난처한 조건을 걸었다. 고디바는 고민 끝에 실행에 나섰고 주민들은 자신들을 위해 수치를 마다 않는 영주 부인에게 존경심을 보낸다는 뜻에서 모든 집들의 창문을 커튼이나 나무로 가렸다. 결국 고디바의 나체 시위로 농민들은 세금을 경감받았다. 벨기에의 초콜릿업자들은 1926년부터 고디바 초콜릿을 출시하였는데 특이한 브랜드명과 레이디 고디바의 스토리가 성공에 기여하였다.

관광 및 외식업계 등의 기업들은 상품 자체에 스토리를 만들어 고객의 흥미를 끌고 상품의 가치를 높이기 위해 스토리텔링을 활용하기도 한다. 하나투어는 이야기가 있는 여행상품 소개를 통해 큰 효과를 보았다. 하나투어는 온천 및 워터파크 입장권 상품 소개 페이지에 "최 과장과 김 대리의 좌충우돌! 웅진플레이도시 즐기기!" 1탄을 선보였다. 기존의 여행상품 소개는 단순히 여행지 이미지와 특전, 혜택 그리고 가격 소개가 전부였지만 고객에 좀 더 쉽고 재미있게 어필하고자 우리 시대 평범한 직장인 최 과장과 김 대리를 등장시켜 도심 속의 짜릿한 일상 탈출이라는 재미있는 이야기로 풀어내며 상품소개를 한 것이다. 사랑하는 연인의 이별 통보로 하루하루 눈물로 지새고 있는 김 대리의 실연의 아픔을 달래주기 위해 최 과장이 김 대리와 함께 근무시간 중에 몰래 탈출을 감행해 워터파크에서 즐거운 시간을 보낸다는 스토리인데 내용 중에는 해당 워터파크 시설이 자연스럽게 소개되고 찾아가는 방법 및 이용방법 등의 다양한 알짜 정보가 직장인의 에피소드와 절묘하게 조화되어 더욱 친근하고 쉽게 와 닿는다는 호평을 받고 있다. 하나투어 관계자에 따르면 해당 스토리텔링 형식의 일정표 노출 후 해당 상품의 주중 및 주말 매출이 3배 이상 신장되었으며 타 업체들에서도 스토리텔링을 통한 시설 홍보 요청이 있을 정도라고 전했다(한경닷컴, 2011).

(5) 실제 고객의 스토리

기업 위주의 스토리텔링에서 벗어나 고객들의 실제 스토리를 마케팅에 활용하기도 한다. GS샵은 매주 금요일 밤 10시 50분부터 2시간 동안 방송하는 프로그램 '쇼앤쇼'에서 쇼핑 호스트들이 일방적으로 상품에 대한 정보를 고객들에게 주입하는 보통의 홈쇼핑 방송과 달리 쇼핑호스트와 고객이 휴대전화 문자로 대화하는 형식으로 프로그램을 진행한다. 소비자들의 사연을 이끌어내면서 브랜드나 상품에 대한 관심을 환기하기 위해서이다(매일경제, 2011).

4) 스토리텔링 마케팅과 브랜드관리

브랜드는 한 브랜드와 관련된 다양한 연상들이 연결된 네트워크로서 생각될 수 있다. 브랜드 관련 핵심 스토리는 이러한 연상 중의 하나로서 자연스럽게 지각되고 고객의 장기기억에 저장되고 브랜드의 전체적인 심상인 이미지 형성에도 기여한다. 이러한 브랜드 스토리의 상세 내용은 시간이 지나면 많은 부분들이 사라지겠지만 그 핵심은 오랫동안 남아 있어서 고객이 브랜드명을 기억할 수 있는 단서로 사용될 수 있고 브랜드의 이미지를 독특하고 강하고 지속적으로 유지하는 데 효력을 발휘할 수 있다. 잘 만들어진 브랜드 스토리는 고객들과 브랜드를 경영하는 기업의 내부종업원들에게 흥미를 주고, 자부심을 가지고 자랑할 수 있는 수단이 되고, 브랜드와 고객 간의 장기적인 관계 형성 및 관계 제고에 긍정적으로 작용할 것이다.

스토리텔링 마케팅은 고객들의 감성을 통해 고객들의 마음을 잡는 중요한 수단으로 앞으로 더 많은 조직체들이 그 가치를 인정하고 사용할 것이다. 코틀러(2010)는『마켓 3.0』에서 이성과 감성을 넘어서는 영혼마케팅을 제창했는데 잘 수행된 스토리텔링 마케팅은 고객의 가슴을 넘어서 영혼을 사로잡는 마케팅이 될 수 있다.

4. 애호도 제고프로그램과 활용전략[*2]

1) 애호도 제고프로그램의 필요성

기업들은 고객들을 끌어들이고 유지하기 위해 다양한 촉진 활동을 한다. 대부분의 판매

촉진(판촉) 수단들은 단기적인 효과를 노리지만 판촉의 한 수단으로서 최근 주목을 받는 애호도 제고프로그램(loyalty program)은 기업 및 고객 모두에게 중, 장기적으로 상호 도움이 되는 윈윈(win-win) 전략이다. 현대마케팅은 거래마케팅보다 관계마케팅을 중요시하고, 대량마케팅보다는 표적시장 마케팅이나 개인마케팅을 더 중요시하고, 제품중심보다는 고객중심적인 접근을 취한다. 애호도 제고프로그램은 이러한 현대마케팅의 추세에 적합한 프로그램으로서 기업 또는 브랜드와 고객 간의 긍정적이고 깊은 관계를 형성하는 데 효과적이다. 애호도 제고프로그램은 표적시장을 대상으로 집행하거나 개인별 맞춤화를 통하여 일반적으로 더 좋은 효과를 나타낸다.

SK의 OK Cashbag 서비스는 가장 잘 알려지고 성공적인 애호도 제고프로그램들의 한 예이다. 고객들은 적립된 포인트를 후에 사용하거나 현금으로 돌려받을 수 있다. SK는 다양한 이벤트들을 활용하고 TGIF, KFC, 크라운제과, 이마트, 신세계백화점, 교보자동차보험 등과 제휴하여 포인트 적립이나 사용을 확대했다. SK 마케팅앤컴퍼니는 마케팅조사 결과 고객들의 쿠폰 사용률이 1% 미만인 것을 발견하자 고객들의 OK 캐쉬백 사용내역을 분석해서 고객들을 11개 소비생활군으로 나누어 각 집단에 적절한 쿠폰을 지급하는 고객맞춤형 쿠폰을 개발하여 집행한 결과 쿠폰 사용률이 최고 12%까지 올랐다.

관계마케팅이 현대마케팅의 핵심들 중의 하나로 자리 잡으면서 애호도 제고프로그램은 일반적으로 단기적인 효과는 가져오지만 브랜드관리에 부정적으로 작용할 수 있는 판촉의 수단들 중에서 드물게 중, 장기적인 긍정적 효과를 주고 브랜드자산을 강화하는 수단으로서 인정받고 있다. 애호도 제고프로그램을 통한 고객과의 장기적 관계 형성은 브랜드자산의 주요 요소들 중의 하나인 애호도에 직접적으로 영향을 미치고 인지도, 연상, 지각된 품질에도 간접적으로 영향을 미친다. 애호도 제고프로그램은 브랜드의 핵심을 파고드는 프로그램으로서 브랜드 관리 및 고객관리에서 아주 중요하다.

2) 애호도 제고프로그램의 종류

애호도 제고프로그램들은 프로그램의 특성에 따라 다음의 4가지 프로그램들로 분류될 수 있다(김우성, 2010b).

(1) 부가서비스 프로그램

부가서비스 프로그램에 가입은 흔히 멤버십 등록 및 멤버십 카드 발급 및 사용을 통해 이루어지지만 이 프로그램 가입은 무료이고 부가서비스 프로그램에 가입하지 않아도 제품이나 기본 서비스는 제공받는다. 부가서비스 프로그램의 예들은 다음과 같다.

① 적립된 포인트를 후에 사용을 통한 할인받기(예: 이동전화 멤버십카드, 백화점이나 할인점 멤버십카드, SK OK캐쉬백)

② 특정 서비스를 계속된 구매 후 일정 횟수마다 무료로 핵심서비스를 제공받기(예: 같은 미용실이나 헤어숍에서 11번째마다 헤어컷 서비스를 무료로 제공받음)

③ 특정 포인트 이상 누적된 점수에 대해 포인트를 차감하고 공짜로 제품이나 핵심 서비스를 받기(예: 항공사 마일리지)

④ 일정 매수의 쿠폰들의 수집을 통한 공짜서비스(예: 피자 쿠폰, 치킨 쿠폰)

(2) 회원제 멤버십 프로그램

회원제 멤버십 프로그램은 처음부터 회비를 낸 고객들에게만 핵심 및 부가 제품/서비스를 제공한다. 신용카드 회사들의 포인트 리워드 프로그램(예: 씨티 리워드카드, KB카드 포인트리), 회원제 클럽 프로그램(예: 코스트코 멤버십, 자연드림 i-Coop 생협 멤버십 프로그램) 등이 있다. 우수고객들에게는 플러스 프로그램(예: 씨티 프라이오러티 카드)의 형태로 회비를 일반적으로 비싸게 부가하는 대신에 일반 프로그램보다 더 좋은 혜택들을 제공하기도 한다.

(3) 제휴서비스 프로그램

부가서비스 프로그램이나 회원제 멤버십 프로그램은 다른 기업들과 제휴해 고객들에게 추가적인 혜택을 주기도 한다. 이 프로그램은 계열사들 간의 제휴 서비스(예: KB그룹통합 로열티제도, 삼성카드의 신세계, 이마트, 스타벅스 등에서 사용 시 할인 및 추가적인 포인트 적립)와 일반적인 제휴파트너십에 의한 제휴 서비스(예: 교보자동차보험과 SK OK캐쉬백과의 제휴, 삼성 빅앤빅카드와 아메리컨 익스프레스카드와의 제휴, 이동전화 멤버십카드와 일부 극장들, 제과점들, 패밀리레스토랑들과의 제휴)의 형태를 가진다.

(4) 총체적 서비스 프로그램

관계마케팅이 진화하면서 애호도 제고프로그램을 업그레이드해서 우수고객들에게 제품/서비스의 가격 할인, 무료 서비스나 제품 증정 등 애호도 프로그램의 흔한 혜택들 외에 인턴십 체험단 기회 제공, 여행 제공, 관련 산업 분야의 잡지 무료 제공, 온라인 특별 서비스 제공, 공항 VIP라운지 제공 등의 다양하고 특별한 서비스를 제공하는 총체적 서비스 프로그램을 제공하는 애호도 제고프로그램들도 있다. 부츠(Boots)의 어드밴티지(Advantage) 카드, 메르세데스-벤츠코리아의 로열티 프로그램 등이 여기에 속한다.

3) 애호도 제고프로그램의 효과

애호도 제고프로그램은 기업과 고객들에게 다양한 혜택을 주는 효과적인 촉진 프로그램으로서 다음과 같은 다양한 혜택들을 기업과 고객들에게 준다(김우성, 2010b).

(1) 애호도 제고프로그램이 기업에 주는 혜택
① 고객을 중, 장기적으로 유지하는 데 도움을 준다.
② 고객과 긍정적이고 깊은 관계 형성에 도움을 준다.
③ 애호도 제고프로그램은 브랜드관리에 도움을 준다.
④ 고객의 동의하에 고객에 관해 수집된 정보는 고객의 필요와 욕구를 이해하고 예상, 창조하는 데 도움을 준다.

(2) 애호도 제고프로그램이 고객에 주는 혜택
① 고객에게 할인, 사은품 증정 등 직접적인 혜택을 준다.
② 브랜드, 기업, 점포 등 애호도 제고프로그램의 대상과 긍정적이고 깊은 유대 관계를 형성할 수 있다.
③ 같은 브랜드, 기업, 점포와 계속 거래를 지속함을 통해 잘 모르는 브랜드, 기업, 점포와 새로 거래를 시작할 때 발생할 수 있는 위험을 제거할 수 있다.
④ 같은 브랜드, 기업, 점포와 계속 거래를 지속함을 통해 시간, 노력, 금전적 비용을 절약할 수 있다.

⑤ 해당 제품/서비스와 관련된 유용한 정보를 얻을 수 있다(관련 잡지, 온라인 정보 등).

4) 애호도 제고프로그램의 활용전략

애호도 제고프로그램을 효율적이고 효과적으로 운영하기 위한 6가지 활용전략들은 다음
과 같다(김우성, 2010b).
  (1) 표적시장별 차별화전략
  (2) 개별고객별 맞춤화전략
  (3) 고객등급별 차별화전략
  (4) 다양한 제휴서비스를 애호도 제고프로그램에 확대
  (5) 우수고객 가족들을 대상으로 한 체험프로그램을 활용
  (6) 우수고객들을 위한 총체적 애호도 제고프로그램

(1) 표적시장별 차별화전략
전체 고객들을 대상으로 비슷한 애호도 제고프로그램을 운영하는 것보다 표적시장별 차
별화된 애호도 제고프로그램을 운영하는 것이 효과적일 수 있다. 매일유업은 분유제품의
경우 제품의 특성상 잠재고객인 임신부, 대상 고객인 산모를 대상으로 표적시장 마케팅을
통한 애호도 프로그램을 운영해왔다. 2007년 설립한 CR실의 데이터베이스마케팅을 바탕
으로 고객대상 마케팅 프로그램들을 하나로 모아서 운영하고 고객의 라이프사이클에 맞추
어 선도보험사, 교육업체, 리조트 업체 등과 전략적 제휴를 통해 적절한 시기에 필요한 정
보를 제공하고 서비스를 제공한다. 예를 들면, 출산 후 부모들에게 교육콘텐츠를 소개하고
평균적으로 2~5세의 아동들을 둔 부모들이 가족 리조트 서비스를 자주 이용한다는 데에
착안해 그 시점에 맞추어 제휴 서비스를 제공한다(전자신문, 2010).
  BMW코리아는 주요 타깃 고객들을 대상으로 프리미엄 로열티프로그램을 진행한다. 특
정 고객들만이 참여하는 출시 전 '클로즈드 룸 이벤트'와 400여 명의 고객들만을 초청한
고품격 출시 행사, "뉴7" 시리즈 구매 고객들을 대상으로 한 BMW 에어포트 발레파킹 서
비스 등이 그 예들이다(아시아투데이, 2009a).

(2) 개별고객별 맞춤화전략

고객들은 다른 필요들과 욕구들을 가지고 있기에 데이터베이스마케팅을 바탕으로 개별고객에 맞는 애호도 제고 프로그램을 제공하면 고객만족이 지속되고 고객과의 관계는 향상될 것이다. SK에너지는 2009년 4월 고객에 맞춤화된 엔크린 쿠폰서비스를 시작했다. 엔크린 쿠폰 서비스는 SK주유소를 이용하는 주유 고객들의 OK캐쉬백 주요 가맹점들의 이용실적을 분석해 CGV, 이마트, 크라운베이커리 등 자주 이용하는 가맹점들의 할인 쿠폰을 제공하는 고객 맞춤형 쿠폰 서비스이다. SK에너지는 온라인 엔크린 쿠폰서비스도 2009년 9월 시행했으며 SK 주유 고객들은 SK에너지 엔크린닷컴을 방문해 크라운베이커리, 스피드메이트, 서울랜드 등 다양한 가맹점 쿠폰들을 직접 선택해 발급받아 사용할 수 있다(서울경제, 2010b).

르노삼성은 특히 상세하고 고객 중심적인 로열티 프로그램을 자랑한다. 차량을 구매한 고객들에게 구매한 순간부터 출고 후 7년까지 로열티 프로그램을 통해 유용하고 꼭 필요한 차량 관리정보 및 다양한 정보를 제공한다. 고객은 나만의 멤버십 관리에서 보유차량정보, 온라인 정비 예약까지 한눈에 홈페이지에서 직접 확인할 수 있다. 구매 고객들에게는 구매 후 각 시기에 필요한 무상 소모품 교환 서비스와 할인 서비스가 제공된다. 르노삼성은 체계적인 고객맞춤화 로열티 프로그램의 일환으로 차량 출고 후 2주째에 고객맞춤 정보안내 책자와 멤버십카드, 차량 관리요령, 축하음악 CD 등을 해당 고객들에게 발송하고 두 달 반이 지난 시점에는 프리미엄 서비스 안내, 6개월 시점에 자동차 생활 안내, 1년째 되는 날에는 1주년 감사편지와 기념 축하음악 CD를 발송하고 있다. 르노삼성이 자랑하는 로열티 프로그램들 중 하나는 "SM7" 고객들을 대상으로 한 '퍼펙트 케어 서비스'이다. 이는 기존 르노삼성 전 차종들을 대상으로 실시하던 '프리미엄 서비스'를 대폭 강화한 프로그램으로 신차 출고 후 일정기간 안에 주요 소모품들을 무상으로 교환, A/S를 컨설팅, 주요 소모품 교체 주기를 알려 주는 서비스, 차량 상태를 주기적으로 관리해주는 서비스 등을 제공한다(서울경제, 2010a).

(3) 고객등급별 차별화전략

기업에 대한 공헌 및 관계 단계에서 고객들은 차이가 있기 때문에 인적자원, 자금 등 한정된 자원을 차별적으로 투자해 우수고객들에게 더 많은 혜택을 주는 것이 애호도 제고프로그램에서 효과적일 것이다. 기업들은 겉으로 들어난 고객들의 사용 금액에 따라 고객등급별 차별화 전략을 일반적으로 적용하는데 멤버십 기간, 관계의 질 등도 고려해서 고객관계의 단계에 따라 옹호자들, 파트너들에게 더 좋은 혜택들이 돌아가도록 배려할 필요가 있다.

씨티은행은 사용금액의 최대 20%까지 적립해주는 '씨티 리워드카드'로 큰 효과를 보아 왔다. 이 카드의 가장 큰 특징은 기본 적립에 대해 월별 포인트 적립 제한 없이 사용금액에 따라 무제한으로 사용실적에 따라 0.50%에서 1.50%까지 적립해주고 특별적립은 교통·주유, 쇼핑, 교육, 종합병원의 경우 5%를 적립해주고 엔터테인먼트의 경우 20%까지 적립해 준다. 포인트 사용 유효기간도 없어 소멸될 걱정 없이 언제든지 원할 때 상품권 교환, 결제대금 차감, 항공마일리지 전환, 씨티포인트몰 등에 포인트를 사용할 수 있다.

삼성카드의 빅앤빅카드는 포인트 서비스에 관심이 높은 우량고객들을 타깃으로 2006년 업계 최초로 도입한 슬라이딩 포인트제도를 발전시킨 상품으로서 사용 금액과 사용처에 따라 최저 0.5%에서 최고 5%를 포인트로 적립해 준다. 이 카드는 엄격한 회원 심사기준에도 불구하고 출시 10개월 만에 70만매를 발급해 삼성카드의 히트상품으로 자리 잡았다(이데일리, 2008).

(4) 다양한 제휴서비스를 애호도 제고프로그램에 확대

애호도 제고프로그램은 자사의 서비스에 국한하지 말고 고객들이 관심이 있고 혜택을 받을 수 있게 신중하게 선정된 제휴 회사들을 통한 서비스를 통해 더욱 효력을 발휘한다. SK에너지는 2000년 5월 엔크린 포인트서비스를 국내최대 통합 마일리지 서비스인 OK캐쉬백 포인트와 통합해 주유 시 적립되는 포인트를 전국 4만여 가맹점들에서 쓸 수 있도록 해서 일찍 포인트마케팅을 통한 애호도 프로그램을 성공적으로 운영했다(서울경제, 2010b).

KB지주는 계열사들의 고객 실적합산 시스템인 그룹통합 로열티제도를 최근 마무리 지었다. 이 제도는 KB지주의 계열사들 중 한 군데 혹은 여러 곳들과 거래하는 고객의 가치를 산정, 합산해 그 평점에 따라 등급을 부여하는 것으로, 고객의 KB지주 계열사 전체의 거래실적을 바탕으로 한 가치를 인정받을 수 있게 했다. 이 같은 그룹통합 로열티제도는 고객의 KB지주 전 계열사에 대한 애호도를 높일 수 있는 동시에 자산 포트폴리오 및 투자관리 등을 종합적으로 할 수 있는 장점이 있다(헤럴드경제, 2010).

(5) 우수고객 가족들을 대상으로 한 체험프로그램을 활용

우수고객들과 그들의 가족을 대상으로 한 체험프로그램을 제공하는 것은 고객만족과 감동을 이끌어 낼 수 있고, 장래의 고객들과 미리 좋은 상호작용을 하는 의미가 있다. 외환은행은 2010년 여름방학을 맞이해 외환은행에 부모들과 함께 세대로 등록돼 있는 고등학생 자녀들을 대상으로 인턴십 체험단을 모집했다. 2009년 8월 1~2기 인턴십 체험단 행사를 시작으로 금년에 제 8~13기 인턴십 체험단을 모집하며 KEB 알기, 금융시장에서 은행의 역할, 통장 및 체크카드 만들기, '외국 화폐에는 이런 비밀이 있어요', 딜링룸 및 화폐전시관 견학, 업무센터 견학 등의 다양한 경제프로그램들 및 체험 행사들을 진행한다(한국금융신문, 2010).

메르세데스-벤츠 코리아는 메르세데스카드 고객과 고객 자녀들을 대상으로 골프 프로그램을 지속적으로 개최함으로써 스포츠를 통해 메르세데스-벤츠 브랜드를 경험할 수 있는 다양한 기회를 제공하고 있다. 메르세데스-벤츠의 대표적인 골프 행사로 올해로 13회를 맞이한 '메르세데스 트로피 골프대회'는 전 세계 메르세데스-벤츠 고객들을 위해 매년 개최하는 아마추어 골프 대회로서 전 세계 고객들이 교류할 수 있는 국제적인 규모의 축제이다. 메르세데스카드 고객 자녀들을 대상으로 하는 '키즈 골프 아카데미'도 제공하는데 메르세데스-벤츠 키즈 골프 아카데미는 안전 및 골프에 대한 기본 지식을 지도하는 이론교육과 풀 스윙 및 어프로치, 쇼트게임, 퍼팅 등 실제 체험을 통해 골프 감각을 습득할 수 있는 실기교육으로 구성되어 있다(서울경제, 2010c).

(6) 우수고객들을 위한 총체적 애호도 제고프로그램

총체적 애호도 제고프로그램은 다양하고 특별한 서비스를 통해 우수고객들의 마음을 깊이 파고들 수 있는 서비스이다. 지금은 일부 기업들만 제공하지만 앞으로 더 많은 기업들이 이러한 프로그램을 개발, 사용할 것으로 보인다.

메르세데스-벤츠의 차량을 구입하면 일단 '당신은 벤츠의 가족입니다'라는 패밀리카드가 발급된다. 이 카드만 있으면 메르세데스-벤츠가 주최하는 각종 고객행사에 참가할 수 있으며 벤츠 커뮤니티에도 가입할 수 있다. 카드를 가진 고객들은 벤츠코리아가 매년 개최하는 클래식 음악회와 뮤지컬, 재즈공연, 벤츠 패밀리만의 골프대회인 메르세데스트로피, 키즈 골프 아카데미, 메르세데스카드 레이디스데이, 패션쇼, 메이크업 클래스 등 다양한 라이프스타일 이벤트들에 참가할 수 있다. 메르세데스-벤츠 코리아는 2006년 5월 국내 최초로 AS 통합 서비스 패키지(ISP)도 도입했다(서울경제, 2010c).

영국에서 가장 잘 알려졌고 신뢰받는 건강/미용 선도 소매업체인 부츠(Boots)는 어드밴티지카드(Advantage Card)를 통해 고객 애호도 프로그램을 성공적으로 운영하고 있다. 1997년 시작한 어드밴티지 카드는 1,500만 명 이상의 회원들을 가진 세계에서 가장 큰 스마트카드 로열티 프로그램들을 운영한다. 포인트 적립 및 사용은 기본이고, 포인트를 고객이 필요한 자신만을 위한 제품 및 서비스(예: 고급 스파 종일 사용권)에 사용할 수 있는 것이 독특하다. 사용량이 많은 우수고객들에게는 1급 건강/미용 잡지를 무료로 보내주고, 모든 카드 소지 고객들에게 온라인 및 500여 개의 간이매점들(kiosk)에서 할인 및 추가 혜택 제공 등의 서비스를 제공한다(Zeithaml et al., 2009).

5. 브랜드커뮤니티와 활용 전략

1) 브랜드 커뮤니티 개념

일반적 커뮤니티에 대한 연구는 주로 철학과 사회학에서 진행되어 왔다. 사회학에서 다룬 전통적 커뮤니티의 개념은 공통의 목표, 공유된 역사와 의식을 바탕으로 구성원들 간의 동질감을 바탕으로 결속을 추구한다. 이러한 커뮤니티 개념은 마케팅 분야에 응용되어서 브랜드에 대한 제품에 대한 공통된 관심이나 소비 경험을 기반으로 한, 비슷한 관심을 보이고 비슷한 소비행동을 하는 소비자들의 소비 커뮤니티가 등장하게 되었다(강명수 등, 2005). 브랜드 커뮤니티는 소비 커뮤니티의 한 형태로서 브랜드가 제공하는 고객과의 깊은 관계 형성 및 유지의 기능과 관련하여 2000년대에 주목을 받기 시작했다.

Muniz와 O'Guinn(2001)은 브랜드 커뮤니티개념을 제시했다. 브랜드 커뮤니티는 브랜드의 애호자들 사이에서 발생하는 구조화된 사회적 관계들에 바탕을 둔, 특수하고 지리적으로 한정되지 않은 공동체이다. 이들은 소비 커뮤니티의 구체적인 형태로서 브랜드 커뮤니티라는 개념을 제시했고 정의 내렸다. 이들은 브랜드 커뮤니티의 다음과 같은 4가지 핵심 특성들을 찾아냈다.

① 브랜드 커뮤니티의 구성원들 간에 동질의 의식이 있다.

② 구성원들은 도덕적 책임을 느낀다.

③ 구성원들은 의식들, 상징물들, 전통들을 공유한다.

④ 구성원들은 해당 브랜드에 대한 개인적 경험들을 계속해서 공유한다.

이들은 민족학적 자료와 컴퓨터를 통한 자료를 바탕으로 포드 브론코(Ford Bronco), 매킨토시(Macintosh), 사브(Saab)의 브랜드 커뮤니티들을 조사한 결과 커뮤니티로서의 일반적인 특성들을 나타내는 증거를 발견했다. McAlexander, Schouten, Koenig (2002)는 Muniz와 O'Guinn (2001)의 브랜드 커뮤니티 개념을 더 확대하였다. 이들은 고객과 4가지 유형의 실체들[브랜드, 제품, 다른 고객, 기업(마케터)]과의 다양한 관계들을 살펴보았고 이를 기반으로 해서 더 동적인 브랜드 커뮤니티 개념을 제시했다. 이들은 이러한 4가지 실체들과의 관계들을 통합하는 총체적인 개념으로 브랜드 커뮤니티에서의 통합(IBC: Integration in a Brand Community)을 제시하였다. 이들의 브랜드 커뮤니티 개념에서는 브랜드 애호도가 중요하고 마케터들은 고객들의 공통된 고객 체험들을 촉진함을 통해 브랜드커뮤니티를 강화시킬 수 있다.

2) 브랜드 커뮤니티에 대한 주요 연구

브랜드 커뮤니티에 대한 연구들은 2000년대에 들어서 나타나기 시작했다. 이러한 연구들은 연구대상 면에서 오프라인 커뮤니티와 온라인 커뮤니티, 오프/온라인 커뮤니티로, 커뮤니티 관리의 주체 면에서 기업 중심 커뮤니티와 소비자 중심 커뮤니티, 연구 및 분석방법 면에서 정성적 연구와 정량적 연구를 포함한다(강명수 등, 2005). <표 4-5>는 브랜드 커뮤니티에 대한 주요 연구들을 요약한다.

〈표 4-5〉 브랜드 커뮤니티 관련 주요 연구들

연구자	연구의 주요 내용	대상, 관리주체, 분석방법
McWilliam(2000)	브랜드를 활성화하는 방법으로 온라인 커뮤니티 제시	온라인
Muniz & O'Guinn (2001)	브랜드 커뮤니티의 명확한 개념, 구성 요소들, 특성들을 제시, 실증적 예들로 설명	온/오프라인, 기업 중심, 정성적 연구
성영신, 임성호(2002)	· 브랜드 커뮤니티의 구성원들이 커뮤니티 내에서의 활동, 심리적 동기, 체험을 분석 · 소비자-브랜드, 소비자-구성원, 소비자-기업, 소비자-사회로 활동 대상을 구분	온라인, 소비자 중심, 정성적 연구

McAlexander et al. (2002)	고객과 4가지 유형의 실체들(브랜드, 제품, 다른 고객, 기업)과의 다양한 관계들을 보았고 총체적이고 더 동적인 브랜드 커뮤니티 개념(IBC)을 제시	오프라인, 기업 중심, 정성적/정량적 연구
McAlexander et al. (2003)	고객애호도의 주요 동인으로서 브랜드 커뮤니티의 중요성을 언급	오프라인, 기업 중심, 정성적/정량적 연구
이두희 등(2004)	온라인 브랜드 커뮤니티와 관련해서 초기 신뢰 및 선행요소들의 영향을 실험으로 분석	온라인, 소비자 중심, 정량적 연구
이문규 등(2004)	・소비자구축 커뮤니티와 기업구축 커뮤니티로 구분 ・브랜드 커뮤니티 유대관계 전략은 커뮤니티 의식과 애호도에 대해서는 높은 설명력을 가지나 브랜드 태도에 대해서는 낮은 설명력을 가짐	온라인, 기업/소비자 중심, 정량적 연구
유창조, 정혜은(2004)	브랜드 커뮤니티 형성과정에 따른 커뮤니티 특징, 구성원 형태, 참여경험, 관계의 질을 분석하고 관리 방향을 도출	오프라인, 소비자 중심, 정성적 연구
성영신 등(2004)	브랜드 커뮤니티 구성원과 비구성원 간 커뮤니티 몰입도에 따라서 브랜드 성격의 지각과 브랜드 애착 형성 정도에 차이가 있음을 실증	온라인, 소비자 중심, 정량적 연구
Andersen(2005)	기업 대 기업의 시장에서 온라인 브랜드 커뮤니티는 관계구축을 통한 시장성과 증대에 매우 효과적임을 제시	온라인, 기업 중심, 정성적 연구
강명수 등(2005)	브랜드 커뮤니티 집단과 일반 소비자 집단을 비교하여 브랜드 커뮤니티가 다양한 관계 성과와 브랜드 자산에 긍정적 효과가 있음을 증명	온/오프라인, 기업중심, 정량적 연구

출처: 강명수 등, 2005를 바탕으로 본 저서의 저자가 첨가, 삭제, 수정함.

3) 브랜드 커뮤니티의 유형

(1) 오프라인(전통적) 브랜드 커뮤니티와 온라인 브랜드 커뮤니티

전통적인 브랜드 커뮤니티는 오프라인으로 해당 브랜드에 대한 공통의 관심과 목표를 가진 소비자들의 모임으로 일반적으로 지리적 한계를 가진다. 컴퓨터와 인터넷의 보급 및 발달은 공통의 목표와 정체를 가진 소비자들이 가상공간에서 커뮤니티를 형성하고 활동하는 것을 가능하게 했다. 최근 인터넷을 통한 실속형 브랜드 마케팅으로 '네이버 블로그', '다음 카페' 등을 활용하여 기업들의 온라인을 이용한 브랜드 커뮤니티 운영이 속속 증가하고 있다. 온라인 브랜드 커뮤니티의 장점은 상대적으로 적은 비용으로 고객과 직접 커뮤니케이션을 할 수 있다는 점이다. 기업의 입장에서는 고객의 소리를 직접 들을 수 있으며, 고객의 입장에서는 커뮤니티 참여를 통한 혜택을 받을 수 있어서 기업과 고객 모두에게 호응을 얻고 있다.

(2) 기업 중심 브랜드 커뮤니티와 소비자 중심 브랜드 커뮤니티

기업 중심 커뮤니티는 기업이 브랜드 사용자들과의 관계를 형성하기 위하여 의도적으로 형성한 커뮤니티이다. 이러한 형태의 커뮤니티에서는 주로 기업이 브랜드 제품의 사용 방법이나 업그레이드 정보를 제공하고 브랜드와 관련된 역사와 전통에 대한 이야기를 제공하고 다양한 고객참여를 유도하는 이벤트를 열기도 한다. 기업 중심 브랜드 커뮤니티는 소비자 중심 브랜드 커뮤니티보다 일반적으로 특정 브랜드 커뮤니티와 관련된 의례와 전통을 쉽게 구성원들에게 이식할 수 있지만 구성원들 간의 공유의식과 커뮤니티에 대한 도덕적 책임감이 부족할 수 있다.

소비자 중심 브랜드 커뮤니티는 특정 브랜드에 관심을 가진 소비자들이 자발적으로 형성한 브랜드 커뮤니티이다. 구성원들은 자발적으로 유용한 정보나 경험도 교환하고 때로는 제품을 교환하거나 공동구매를 하기도 한다. 소비자 중심 브랜드 커뮤니티는 기업 중심 브랜드 커뮤니티보다 일반적으로 구성원들 간의 공유의식과 커뮤니티에 대한 도덕적 책임감을 발견할 수 있지만 커뮤니티와 관련된 의례와 전통은 쉽게 찾기 어렵다(강명수, 2004).

4) 브랜드 커뮤니티의 혜택과 피해

브랜드 커뮤니티가 주는 혜택은 혜택의 대상자 면에서 브랜드 커뮤니티 구성원들에게 주는 혜택, 관련된 기업에 주는 혜택, 사회에 주는 혜택으로 나누어진다.

(1) 브랜드 커뮤니티 구성원들에게 주는 혜택

① 브랜드 커뮤니티는 구성원들에게 브랜드와 관련된 유용한 정보를 제공해주고 구성원들 간에 브랜드 관련 정보나 실제 체험을 교환하는 장소로 사용된다.

② 브랜드 커뮤니티는 구성원들을 대변하는 집단의 역할을 하고 구성원들에게 새로운 제품 개발에 참여, 기업과 브랜드에 대해서 핵심 소비자들로서 의견 제시, 기업과 브랜드에 대한 감시 등 구성원들에게 해당 브랜드와 기업에 대한 권한을 제공한다.

③ 기업이 브랜드 커뮤니티 구성원들에게 특별히 제공하는 특별 혜택, 커뮤니티 이벤트에 참여 등을 통해 실질적인 혜택을 제공받는다.

④ 브랜드 커뮤니티를 통해 브랜드 사용 체험 수기 올리기, 다른 사람들의 글에 대한 댓글 달기 등을 통해 브랜드와 관련해 자아를 표현할 기회를 제공받고, 브랜드를 중심

으로 공통의 관심을 가진 구성원들 간의 교류를 통해 구성원들 간의 유대 관계를 형성하고 사회적 활동을 할 수 있다.

⑤ 브랜드 커뮤니티는 구성원들과 브랜드 관계, 구성원들과 기업 관계를 통해 브랜드 자산에 긍정적 영향을 주고 브랜드와 구성원들 간의 깊은 관계 형성에 도움을 준다.

(2) 기업에 주는 혜택

① 브랜드 커뮤니티에 참여하는 고객들은 주로 핵심 고객들로서 고객정보를 파악하는 원천이 되고 브랜드에 대한 좋은 제언들을 해주고 신제품이 나왔을 때 고객체험단으로 참여 등 적극적으로 브랜드에 도움을 준다.

② 브랜드 커뮤니티에 참여하는 고객들을 잘 관리함으로써 애호도가 있는 고객들을 확보할 수 있다.

(3) 사회에 주는 혜택

브랜드 커뮤니티는 고객들과 공중관계를 개선해서 브랜드와 기업 이미지 개선 등 사회적 책임 기능을 수행하는 데 도움을 준다. 예를 들면, 커뮤니티 구성원들은 수재민 돕기 등 다른 사람들을 위한 봉사활동을 브랜드 커뮤니티를 통해 함으로써 자신들이 가입한 커뮤니티를 홍보할 수 있고 해당 커뮤니티에 대한 자부심을 가질 수 있다(강명수, 2004).

한편 브랜드 커뮤니티는 해당 브랜드, 기업, 구성원들, 외부 사람들에게 피해를 줄 수도 있다(Schmitt, 1999). 브랜드 커뮤니티는 브랜드를 잘못 왜곡할 수 있고, 일부 열성 회원들은 부정적인 영향자들이 될 수 있고 커뮤니티 내의 구성원들끼리 지나치게 당파적으로 되어 외부 사람들을 배타적, 적대적으로 대할 수 있다.

5) 브랜드 커뮤니티를 활용한 전략

(1) 브랜드 커뮤니티를 통해 고객에게 충분하고 유익한 정보를 제공

기업은 실속 있는 정보와 콘텐츠를 고객들에게 제공해서 자연스럽게 브랜드에 대한 호감도와 이미지를 향상시킬 수 있고 다수의 고객들과 활발한 커뮤니케이션을 통해 다양한 의견을 제품 개발에 반영시킬 수도 있다.

대상 청정원은 2011년 순창고추장 브랜드 커뮤니티 사이트 '레드스토리'를 새롭게 오픈했다. 레드스토리는 순창고추장만의 특별한 브랜드 이야기를 담은 '레드스토리'와 국내 최초로 매운 음식 맛집을 소개한 '레드맛지도', 식감을 자극하는 '도전! 레드쉐프', 멤버십 서비스 '레드클럽' 등으로 구성되어 고객에게 유익하고 심화된 정보를 제공했다. 청정원은 레드스토리 론칭을 기념해 순창고추장만의 발효숙성 공법을 서바이벌 퀴즈쇼 형태로 풀어낸 '나는 고추장이다'도 진행했다(프라임경제, 2011).

(2) 브랜드 커뮤니티를 신상품 홍보로 적극 활용

신제품 출시 시 브랜드 커뮤니티를 통해 신규 출시된 브랜드를 알리는 것은 비용이 상대적으로 적게 들고 소비자들의 관심과 참여를 이끌 수 있다. 소비자들이 자발적으로 참여하는 제품 후기는 새로 출시된 제품을 자연스럽게 홍보하는 데 도움이 된다. 빙그레는 2005년 "발아현미우유"를 출시하면서 온라인 커뮤니티에 제품을 알리고 이벤트를 진행하면서 큰 효과를 얻었다. 해태음료의 "썬키스트 레몬에이드"는 2005년 제품 출시와 동시에 상큼하고 깔끔한 이미지의 모델로 썬키스트 레몬에이드에 얽힌 생활 속 해프닝을 담은 엄마 편과 남자친구 편 등 두 편의 광고를 방영하고 온라인 커뮤니티에서의 이벤트를 진행해서 여자들의 여름 음료로 브랜드를 성공적으로 알렸다(오수연, 2006).

(3) 주요 소비자 집단별로 몇 개의 독립된 브랜드 커뮤니티들을 개설, 운영

때로는 해당 브랜드를 사용하는 주 고객들의 시장세분화 전략을 브랜드 커뮤니티에 적용할 수 있다. 예를 들면 성별, 연령집단별, 사회적 역할별로 다른 커뮤니티를 운영할 수 있다. 소비자의 성별, 연령, 사회적 역할 등에 따라 관심과 가치가 다를 수 있고 구매 제품에서 차이를 보이기 때문이다.

미용 제품부터 유아용 수유 용품까지 다양한 제품군의 생활용품을 취급하는 필립스는 하나의 온라인 커뮤니티에 모든 정보와 소비자를 집결시키기엔 무리가 있다고 판단, 커뮤니티를 '필립스 맘'과 '필립스 영'으로 분리하여 오픈했다. 필립스 맘의 경우, 주방가전 이용방법과 요리법, 주방 가전 체험단 모집 공고 등의 정보가 꾸준히 업데이트되어 주부들의 이목을 끌고 있는 반면 필립스 영에선 주로 젊은 세대가 주요 구매층인 음향기기와 헤어

스타일링 기기 등 미용기기 관련 정보와 신제품 체험단 모집이 이루어진다. 이러한 분리형 커뮤니티는 소비자는 원하는 제품군에 따라 선택적으로 방문할 수 있고 브랜드 관리자는 주요 타깃에 따라 각각의 채널을 분리하여 이벤트나 프로모션을 효과적으로 진행할 수 있다는 이점이 있다(아주경제, 2011)

(4) 고객참여 이벤트를 적극 활용

이벤트는 고객의 흥미와 참여를 이끌어 내는 판촉 수단으로 브랜드 커뮤니티에서 유용하게 활용될 수 있다. 유니레버의 도브 헤어는 2010년 손상 모발 전문 브랜드로 리뉴얼을 단행하면서 소비자와 좀 더 직접적인 커뮤니케이션을 진행하고자 네이버 공식 카페를 개설했다. 현재까지 활발하게 운영 중인 도브 헤어의 카페는 손상 모발 전문 브랜드라는 명성에 맞게 손상 모발 관리법뿐만 아니라 헤어스타일 트렌드, 스타일링 비법 등 헤어와 관련된 유용한 정보가 꾸준히 업데이트되어 헤어 전문가다운 역할을 수행하고 있다. 도브 헤어는 브랜드 모델 이민정과 함께 하는 각종 이벤트도 고객들이 카페를 통해서 참여할 수 있게 했으며 회원들에게만 주어지는 다양한 이벤트를 진행했다. 도브 제품의 체험 기회는 물론 W호텔 스파 이용권, 영화 관람권 등 다양한 선물로 카페 회원의 적극적인 활동을 유도하고 있다(아주경제, 2011). 패스트푸드 업체인 KFC는 10~20대를 겨냥해서 온라인 커뮤니티에서 제품 그리기, 사진 올리기 등 다양한 고객참여 이벤트를 통해 애호도 및 인지도 제고에 좋은 효과를 보았다(오수연, 2006).

(5) 경험적 브랜드 관리를 위해 브랜드 커뮤니티를 적극 활용

브랜드 커뮤니티를 통해 브랜드와의 깊은 관계를 통한 브랜드 관리는 특히 경험적 브랜드에서 중요하다. 경험적 브랜드의 대표적 예들 중 하나에 새턴(Saturn)이 있다. 새턴은 자동차 구매 시의 소비자들의 좋은 소비경험과 브랜드 커뮤니티 모임을 통해 고객들과 브랜드, 같은 브랜드를 소유한 다른 고객들 및 기업 사이의 친밀한 관계를 형성하는 데에 주력함으로써 미국산 소형 자동차들에 대한 소비자들의 불만족과 불신을 어느 정도 극복할 수 있었다. <브랜딩사례 4-2>는 오토바이로 유명한 또 다른 경험적 브랜드인 "할리 데이비슨"의 브랜드 커뮤니티 전략을 간략히 설명한다.

세계적으로 유명한 오토바이(motorcycle)를 만드는 기업인 "할리 데이비슨(Harley- Davidson)"은 Harley Owners Group(HOG)을 후원하고 있는데 이 브랜드 커뮤니티는 "할리를 타고 즐거움을 가지자"는 매우 단순한 미션을 공유하는 전 세계에 있는 90만 명의 회원들을 2005년까지 확보하고 있었다. 할리 데이비슨 오토바이의 최초 구매자는 1년간 무료 회원권을 받는다. HOG가 제고하는 혜택들은 HOG Tales라고 불리는 잡지, 여행 안내책자, 비상시의 도로 서비스, 특별히 설계된 보험 프로그램, 도난보상 서비스, 호텔 할인, 휴가 중 회원들이 할리 오토바이를 빌리는 것을 가능하게 하는 'Fly & Ride' 프로그램 등의 다양한 서비스들을 포함한다. 할리 기업은 또한 HOG 전용의 포괄적인 웹사이트 프로그램을 운영하고 있는데, 이 웹사이트는 지역 HOG 커뮤니티들과 이벤트들에 대한 정보를 포함하고 있고 특별 회원들만 가능한 섹션도 크게 다루고 있다.

자료원: Keller, 2008.

Chapter 5

브랜드 커뮤니케이션

〈도입사례: 삼성전자〉

2011년 인터브랜드−비즈니스위크가 내놓은 글로벌 기업 브랜드 순위에서 삼성전자는 약 234억 달러(약 28조 원)의 브랜드 가치로 17위를 기록했다. 이는 전년 대비 브랜드자산 가치가 약 20%가 증가한 것이고 등수에서는 2계단 상승한 것이다. 삼성전자는 1969년 직원 36명으로 출발해서 현재 임직원 16만 명이 넘는 기업으로, 2010년 기준으로 12개의 시장점유율 1위의 제품들을 가지고 있다. 주요 사업에는 완제품 부문에서 디지털TV, 모니터, 프린터, 에어컨, 냉장고 등을 생산 판매하는 디지털 미디어 사업, 3G폰, 스마트폰 등 휴대전화와 통신시스템을 생산 판매하는 정보통신 사업이 있고 부품 부문에서 메모리반도체, 시스템LSI, 스토리지 등의 제품을 생산 판매하는 반도체 사업, TV, 모니터, 노트북 PC용 LCD 디스플레이 패널을 생산 판매하는 LCD사업으로 구성된다. 삼성의 도약은 최근 경쟁업체들인 소니, 파나소닉, 노키아, 엘피다 등이 고전하고 있는 것과는 확연히 대조된다.

삼성전자의 역사

1969년 1월 13일 삼성전자공업(주)으로 설립한 뒤 1975년 6월 증권거래소에 주식을 상장하였다. 1977년 삼성산요전기(주)를 흡수 합병하였고, 1981년 흑백TV 1,000만 대 생산을 돌파하고 흑백TV 수출실적 세계 1위를 차지하였고 1984년 2월 지금의 상호로 변경하였다. 1985년 생산기술연구소를 준공하였고, 1988년 삼성반도체통신(주)을 흡수 합병하였으며, 1989년 6월 컴퓨터 사업부문을 별도부문으로 독립시켰다. 2002년에는 세계 IT 100대 기업의 1위에 선정되었고, 2005년 순이익 100억 달러 클럽에 가입하였다.

브랜드자산

삼성전자는 기업명을 바탕으로 한 기업브랜드이고 하우젠, 지펠, 센스, 애니콜, 갤럭시, 파브 등 많은 공동브랜드명, 개별브랜드명을 가지고 있고 대부분의 경우에 기업브랜드명과 공동브랜드명 또는 하위 브랜드명을 같이 사용한다. 삼성전자의 로고는 푸른색 바탕에 하얀색 영어철자로 Samsung이 쓰여 있다. 삼성전자의 인지도는 아주 높고 이제는 브랜드자산 세계 20위안에 매년 들어가는 글로벌 브랜드로 자리 잡았다. 삼성전자와 관련된 연상은 높은 품질, 1등, 뛰어난 애프터서비스, 전자제품, 반도체, 푸른색, 대한민국, "또 하나의 가족" 광고슬로건, 이건희 회장, 광고모델 최진실, 이효리, 김연아 등이다. 국내외에서 애호도가 높은 고객들을 상당히 보유하고 있지만 애플의 애호도 있는 고객들과 비교할 때는 상당히 뒤진다.

지각된 품질은 세계 시장에서 최상위로 인정을 받고 있다. 삼성전자는 많은 특허를 통해 독점적 자산을 가지고 있고 창의적인 디자인 특허에도 노력한다. 최근에 애플과 사활을 건 특허 분쟁을 하는 것이 두드러진다.

1993년 이건희 회장의 등장으로 삼성은 공격적인 브랜딩과 촉진 전략을 통해 브랜드자산 가치를 올리는 데 집중해 왔다. 삼성의 브랜드 철학은 혁신, 최첨단 기술, 세계적 수준의 디자인, 세계 최고 인재의 모집, 내부 브랜딩의 5가지로 요약될 수 있다(Roll, 2006). 세계시장에서 삼성은 강하고 독특한 브랜드개성을 창조하는 데는 아직 성공적이지 못한 것 같다. 이것이 애호도와 함께 삼성전자의 브랜드관리에서 앞으로의 주요 과제로 남는다.

커뮤니케이션 전략

삼성전자의 브랜드 커뮤니케이션은 크게 2가지 주요 목적을 가지고 있다. 첫째로 삼성을 세계적 수준의 제품품질, 신뢰성, 디자인으로 재포지셔닝하는 것이고 둘째는 세계에서 최고의 전자브랜드로 소비자들에게 인식되는 것이다.

삼성전자는 국내 기업들 중에서 광고에 가장 많은 돈을 쓰는 기업이다. 국내에서 삼성전자의 커뮤니케이션 전략에서 PR에 속하는 "또 하나의 가족" 기업광고를 빼놓을 수 없다. 이 캠페인은 품질과 혁신을 중시하는 딱딱한 이미지의 삼성전자가 생활의 조연으로 소비자들에게 다가가고 삼성전자의 부드러운 새로운 이미지를 심는 데 큰 공헌했다. 인지도 제고, 긍정적 태도 형성에도 성공한 기업광고 캠페인으로서 지금도 계속되고 있다. 국외에서는 "Challenge the Limits", "Imagine" 등의 슬로건으로 광고 캠페인을 해왔고 Times Square에 대형 비디오 스크린을 세우기도 했다.

세계 3대 스포츠인 올림픽, 축구, 육상 분야를 주축으로 실시하는 스포츠 마케팅도 삼성의 주된 커뮤니케이션 전략이다. 지난 1998년 나가노 올림픽에서 올림픽 무선분야 공식후원사로 나선 이후 2010 밴쿠버 동계올림픽까지 총 7회에 걸쳐 올림픽을 후원하고 있고 개최가 확정된 차기 올림픽들에도 이미 스폰서 계약을 했다. 삼성전자는 10년이 넘는 올림픽 공식 후원활동을 통해 브랜드 가치가 5배 이상 성장한 것으로 평가하고 있다. 삼성전자는 또 지난 2005년부터 영국 프리미어 리그의 인기 축구 구단인 첼시를 후원함으로써 축구에 대한 팬들의 열정을 삼성 브랜드로 옮기도록 노력하고 있다.

삼성전자는 통합적 커뮤니케이션을 잘 구사하는 기업으로도 알려져 있다. 매스미디어 광고,

PR, 스폰서십, 스포츠 이벤트, 제품 진열, 삼성체험관 등을 통해 브랜드 포지셔닝을 해왔고 삼성의 인지도와 이미지 관리를 해왔다.

어렵고 소외된 글로벌 이웃들에게 사랑을 나눠주는 해외 사회공헌 활동도 글로벌 기업으로서의 삼성전자에 대한 이미지 제고에 한몫하고 있다. 삼성전자는 미국, 중국, 유럽 등 9개 지역별로 사회공헌을 진행 중이다. 국내에서도 임직원들이 매월 급여의 일부를 기부해 장애 가정 대학생들에게 장학금을 지원하며, 저소득층 자녀들에게 교육 봉사도 하고 있다.

마케팅 전략

삼성의 마케팅 전략 및 경영전략의 핵심 중의 하나는 품질 중시이다. 삼성은 설립 초기부터 최고를 지향하는 기업이었지만 국내 산업의 수준이 떨어져서 1980년대 말까지는 세계 시장에서 제대로 인지도도 없었고 그저 가격이 싼 적당한 제품으로 인식되었다. 1988년 서울 올림픽을 통해 대한미국의 대표 기업으로 인지도 향상에 큰 덕을 보았다. 1990년대 초 이건희 회장이 미국 방문에서 삼성전자 제품의 미국시장의 낮은 위상에 충격을 받은 것에서 비롯된 삼성의 '신경영'을 통해 삼성전자는 품질 향상과 연구 투자에 전력을 다했고 2000년 초부터는 반도체, TV, 휴대전화, 스마트폰, 모니터 등에서 세계의 정상급의 품질을 가진 많은 제품들을 생산했고 삼성에 대한 브랜드 인지도와 브랜드 이미지도 급상승했다. 제조유연성을 강조하는 전략을 사용한 결과 삼성의 대부분의 소비자용 전자제품들은 6개월 내에 프로젝트 단계에서 점포 선반에 오를 수 있게 되었다.

삼성전자는 뛰어난 전반적 고객 서비스와 애프터서비스를 통해 고객들로부터 좋은 평가를 받고 있다. 많은 인원의, 잘 훈련된 서비스 직원들을 보유한 고객서비스센터를 운영하고 있고 수선을 위한 방문서비스의 경우 수선접수 당일 또는 다음날 서비스가 가능하고 수선서비스 직원들은 지식, 기술, 예의와 열정을 대부분 지니고 있다. 서비스직원들의 평가는 서비스 전화, 평가카드 등을 통해 즉시 철저히 행해지고 직원들의 인사고과에 크게 반영이 된다.

국내에서 삼성전자는 2008년 말 서초사옥 안에 마련한 홍보관인 '삼성 딜라이트'를 체험마케팅 수단으로 활용되고 있다. 삼성은 딜라이트를 디지털 체험학습 공간으로 정의했고 국내는 물론 해외에서도 찾는 사람들이 더욱 늘고 있다. 중요한 시장인 미국에서는 뉴욕 시에 삼성체험의 장을 만들었다. 2003년 맨해튼의 타임워너센터에 1만 평방피트의 갤러리를 오픈하여 최근 기술을 전시하였고 이후에는 이 갤러리를 순수 갤러리로 전환해서 PR로 활용한다.

제품을 생산할 때 소비자들의 의견을 적극 반영하는 '프로슈머 활동' 역시 고객의 충성도를 높이기 위한 방법으로 이용되고 있다. 삼성전자는 지난 2006년부터 프로슈머 프로그램 '애니콜 드리머즈'를 진행하면서 이들을 통해 휴대전화에 대한 시장 조사와 신제품 평가, 휴대전화 상품 기획, 제품 디자인, 온·오프라인 프로모션 등에 도움을 받고 있다.

스마트폰 경쟁에서 본 삼성전자 브랜드성공을 위한 핵심요인

최근 몇 년간 글로벌 시장에서의 세계적인 IT기업들의 경쟁은 혁신, 스마트화 능력, 고객

체험 반영의 중요성을 보여 준다. 이러한 경쟁의 양상을 보여 주는 좋은 예는 스마트폰 시장이다. 스마트폰 시장에서 다른 세계적 기업들과 비교해서 삼성의 경우 대부분의 부품들을 삼성계열 기업들로부터 조달, 하드웨어의 기술력, 빠르고 뛰어난 애프터서비스 등에서 강점을 보이는 반면에 콘텐츠 등 소프트웨어 기술력과 경험 부족, 애플과 비교할 때 강력한 브랜드 애호도를 가진 소비자들의 수에서 열세 등에서 상대적인 약점을 가지고 있다.

다음의 4가지가 스마트폰 시장에서의 성공적인 브랜드가 되기 위한 핵심요인들로 제시되었다(김우성, 2010c).

① 고객의 삶을 파고 들어가기
② 제품 품질과 디자인
③ 협력과 융합
④ 체험마케팅과 촉진

스마트폰은 소비자들이 생활 속에서 사용하는 대표적인 제품이기에 고객의 삶에 직접 파고들어가서 가치, 라이프스타일 등을 파악해야 할 것이다. 제품의 우수한 품질과 혁신성 및 가볍고 아름답고 세련된 디자인과 사용자 친화적인 기능들의 배치는 다른 핵심 요인이다.

스마트폰은 다양한 부품들을 조립해 만들고 작동시스템(예: 구글의 안드로이드)이 필요하고 콘텐츠(예: 애플의 앱스토어) 등 내용물이 중요하기에 관련업체들과의 유기적인 협력, 제휴가 중요하고 스마트TV 등 미디어, 컴퓨터 등과의 연결, 다양한 제품들을 융합한 새로운 제품의 개발 등에서 융합능력이 필요하다. 삼성 딜라이트 등 체험관을 통한 체험마케팅으로 고객에게 생생한 구매 전 체험을 제공하고 고객감동을 제공하는 것과 광고, PR, 인터넷 촉진 등을 통합한 적절한 통합적 커뮤니케이션을 구사하는 것도 중요하다.

스마트폰 시장은 고객의 이성, 감성에서 더 나아가 영혼을 누가 사로잡는가에 따라 성공하는 브랜드들이 결정될 가능성이 있다. 애플의 아이폰이 현재 삼성을 앞선 이유가 여기에 있지 않을까? 2009년 삼성전자는 매출액 1,171억 달러로 세계 IT 기업들 중 당당히 1위를 했지만, 인터브랜드 브랜드 가치 평가에서는 19위에 그쳤다. 삼성전자가 세계 10대 브랜드에 들기 위해서는 고객의 삶에 더 뛰어들어가고 고객의 영혼을 잡아 애플과 같은 영혼브랜드를 만들 필요가 있다.

장래 비전

삼성전자는 2009년 10월 30일에 창립 40주년을 맞아 '비전 2020'을 제시했다. 삼성전자는 이 비전에서 2020년까지 연간 매출 478조 원을 달성하는 글로벌 10대 기업 안에 드는 것을 목표로 제시했다. 브랜드가치 글로벌 탑5 진입, 존경받는 기업 탑10 진입 등의 목표도 함께 제시했다. 이는 매출 100조 원을 40년 만에 초과달성하였고 2011년 브랜드자산 가치에서 세계 17위인 삼성전자가 현재에 만족하지 않고 더 위대한 뉴 삼성으로 재도약을 선언한 것이다.

삼성전자는 '비전 2020'을 달성하기 위해 다음의 6가지의 세부 실천 전략들을 제시했다.
① 6대 사업(메모리반도체, LCD, TV, 생활가전, 컴퓨터, 프린터) 중점 육성
② 새로운 유망사업들(바이오칩, 의료기기, 헬스케어, 태양전지 등)과의 융합
③ 시장별 차별화와 전사적 마케팅을 바탕으로 한 시장선도형 마케팅 체제 강화
④ 외부의 역량과 자원을 적극 활용하는 개방형 혁신체제 정착
⑤ 사회공헌활동, 친환경 경영, 관련 당사자들과의 상생을 통한 21세기 상생협력 주도
⑥ 글로벌 인력과 여성인력 비중확대 등을 핵심으로 한 선진 인사문화 정착

자료원: 김우성, 2010c; 매일경제, 2010년 7월 1일; 서울경제, 2010년 6월 27일; 파이낸셜
     뉴스, 2009년 10월 31일; Kotler and Keller, 2009; Roll, 2006; www.encyber.com

1. 촉진믹스와 효과

1) 촉진의 정의와 효과

촉진과 마케팅 커뮤니케이션은 일반적으로는 상호 교환적으로 사용된다. 촉진 또는 마케팅 커뮤니케이션은 조직체가 판매하는 제품과 브랜드에 대해서 직접 또는 간접적으로 소비자들에게 정보를 제공하고 설득하고 해당 브랜드를 생각하도록 시도하는 수단들이다 (Kotler & Keller, 2009). 마케팅에서 촉진은 브랜드의 목소리를 대표하고 브랜드가 소비자들과의 대화를 확립하고 관계를 구축할 수 있는 수단이다(Keller, 2008). 최근 들어 많은 마케팅 실무자들과 연구자들이 촉진보다 마케팅 커뮤니케이션이란 용어를 광의의 의미로 해석해서 선호한다. 광의의 의미에서 마케팅 커뮤니케이션은 기업과 고객(또는 개인과 개인) 간에 자신이 전달하고 싶은 의미를 공유하는 과정을 말한다. 이런 정의를 채택할 때 마케팅 커뮤니케이션에는 전통적인 촉진믹스 외에 브랜드명, 로고, 패키지, 가격 등 브랜드 관련 요소들이나 다른 마케팅믹스 요소들도 포함될 수도 있다(안광호 · 김동훈 · 유창조, 2008).

조직체는 다양한 촉진믹스를 사용하여 고객들의 관심을 끌고. 매출 및 수익을 증진시키고 애호도가 있는 고객들을 유치, 유지하려고 한다. 조직체는 촉진을 통해 상징물, 로고, 광고모델, 장소 ,행사 등을 브랜드나 해당 조직체와 연결시키고 주주의 가치에 영향을 준다. 촉진은 브랜드의 인지도, 연상, 이미지 등을 통해 브랜드 자산에도 큰 영향을 준다. 고

객기반 브랜드자산 모델(Keller, 2008)에 따르면, 마케팅 커뮤니케이션은 브랜드의 인지도를 생성하고, 브랜드에 대한 주요 연상을 고객의 장기 기억에 있는 해당 브랜드와 연결시키고, 긍정적인 브랜드 판단이나 감정을 상기시키고, 더 강한 소비자−브랜드 연결과 브랜드 반향(resonance)을 용이하게 함으로써 브랜드자산에 공헌할 수 있다. 촉진믹스는 기업의 총체적 마케팅 커뮤니케이션 프로그램으로 기업이 마케팅 목표 달성을 위해 사용하는 광고, 인적 판매, 판매촉진, PR 등과 같은 활동의 조합으로 구성된다. 공식적인 5대 촉진믹스는 광고, 판촉, PR, 인적판매, 인터넷 촉진을 흔히 포함하고 비공식적인 촉진믹스의 대표적인 예에는 구전마케팅이 있다.

2) 광고의 정의와 효과

광고는 특정 광고주가 자신의 아이디어, 재화, 서비스에 대해 대가를 지불하면서 비인적 매체를 통해서 전달하고 촉진하는 과정이다. 광고는 다양한 기간에 걸쳐서 효과가 있고 인지, 감성, 행동 면에서 비교적 고른 효과를 가져온다. 광고는 다양한 사람들에게 동시에 전달될 수 있고 동일한 메시지를 반복할 수 있어서 침투성이 뛰어나고, 시각적 요소, 소리, 색상 등을 통해 제품, 모델 등을 예술적으로 다양하게 표현할 수 있다(Kotler & Keller, 2009).

광고에서 등장하는 모델은 해당 조직체 또는 브랜드를 상징하고, 광고에서 주장하는 핵심 속성들 또는 혜택들을 설명하고, 브랜드 자산을 제고하는 등 다양한 역할을 한다. 많은 기업들은 광고에서 스타 모델을 등장시켜서 자사 브랜드와 관련한 인지도, 호감, 연상, 구매의도 등에서 긍정적인 효과를 얻으려 한다. 스타를 광고모델로 등장시킨 광고가 인기를 끄는 것은 스타가 브랜드자산, 매출, 수익 등에서 일반적으로 긍정적인 효과를 끌어내기 때문이다. 예를 들어, 2001년 대히트한 "엽기적인 그녀"란 영화의 후광을 업고 전지현이 아시아 여러 국가들의 소비자들을 대상으로 하는 잡지 및 텔레비전 광고에 출연했는데, 엘지애드(LG AD)에 의하면 그녀가 모델로 나온 '올림푸스 디지털카메라'는 15% 정도 브랜드 재인이 높아졌다. 2004년 P&G가 심혜진에서 장진영으로 SK−Ⅱ 브랜드의 광고모델을 변경한 후 매출이 무려 50%나 증가했다(Roll, 2006).

1999년 삼성전자 마이젯 프린터 광고로 광고계에 혜성과 같이 등장한 전지현은 '더페이스샵', 17차 광고 등을 통해 10년 넘게 광고계에서 특급 모델로 활약을 해왔다. <브랜딩사

례 5-1>은 전지현의 대표적 광고 출연 브랜드들과 해당 브랜드에 미친 효과를 다룬다. 최근에는 피겨스케이팅 선수인 김연아가 스포츠에서의 업적과 국민적 인기도를 바탕으로 광고 CF퀸으로 등극했다. 그녀는 삼성전자 하우젠, 삼성애니콜 햅틱, 매일유업, 현대자동차, LG생활건강 라끄베르 등 15건이 넘는 광고에 출연했고 출연한 광고 외에 출연제의가 들어온 광고는 200개가 넘었다고 한다. 김연아의 2009년 총수입은 광고, 스폰서십, 대회 상금 등을 합쳐 120억 원에 달할 것으로 예상되었고 대회참가비, 훈련비 등을 제하고도 100억 원이 넘는 순수익이 예상되었다(이종호 등, 2009).

〈브랜딩사례 5-1: 전지현과 광고 효과〉

1999년 삼성전자의 잉크젯프린터 "마이젯" 광고는 우리나라 전역에 센세이션을 일으켰다. 현란하고 섹시한 테크노댄스를 추는 전지현을 화면 가득 잡아낸 광고는 일대 파란을 일으키며 "당시 PC방의 모든 컴퓨터 배경에는 마이젯 동영상이 깔렸다"라는 말까지 나올 정도가 되었다. 이 CF 한 편으로 그녀는 삼성 프린터를 업계 1위로 올려놓으며 일약 광고계의 최고 스타로 발돋움했다. 마이젯은 그해 연간 잉크젯 프린터 시장점유율 39.3%를 달성하였고 이듬해 1/4분기에는 44%로 삼성 프린터를 부동의 1위로 올려놓는 기염을 토했다.

각 편마다 이어지는 뮤직비디오와 같은 음료 "2% 부족할 때"의 광고는 "가! 가란 말이야!"라는 국민 유행어를 만들기도 했고 브랜드를 소비자들에게 정확히 인지시켰다. 라네즈에서는 귀여운 뱅헤어를 하고 올챙이 송을 부르며 율동을 하기도 했고 입고 있던 옷을 찢어버리며 '섹시한 전지현'을 어필하기도 했다. 삼성전자의 애니콜 또한 미니스커트, 슬림앤제이 등 여러 기종에 걸쳐 전지현을 기용하여 그 파워를 입증하였다. 의류 브랜드 "지오다노"는 전지현과 정우성을 통해 중저가 브랜드 이미지를 고급화하는 데 성공을 거두기도 했다.

"엘라스틴 했어요"는 이제 전지현 아닌 다른 이를 상상조차 할 수 없게 되어 버린 경우이다. 선배 CF퀸인 이영애와 함께 시작한 엘라스틴 광고는 전지현만이 남아서 이미 9년째 모델자리를 지키고 있어 그녀의 트레이드마크인 긴 생머리를 뒤로 넘기는 모습과 함께 장수브랜드로 자리매김하고 있다. "몸이 가벼워지는 시간, 17차"도 전지현과 동일시된 브랜드들 중 하나이다. 섹시한 모습부터 시작하여 백만 불짜리 몸매의 소유자인 자기도 열심히 관리한다는 자연스럽고 솔직한 모습까지 그녀의 다양한 색깔을 보여 주며 승승장구하고 있다.

드라마 "해피투게더"에서 신인에 가까웠던 전지현은 "배스킨라빈스 31"의 아르바이트생으로 나왔다. 그녀를 짝사랑하는 차태현이 항상 아이스크림 가게에 등장하기도 했다. 방영 당시 배스킨라빈스 31은 한 달 만에 200% 이상의 매출 신장을 기록하며 '전지현이 광고하면 무조건 뜬다'는 '전지현 효과'의 시작을 알렸다.

그녀가 장난스러운 표정으로 여행 가방을 들고 "있을 때 잘하지 그랬어 안녕"이라며 귀엽게

앙탈을 부리던 '네이버 카페'는 전지현을 내세워 재미를 톡톡히 본 케이스이다. 광고 방영 당시 웹사이트 분석업체 랭키닷컴의 분석에 따르면 전지현 광고가 나가면서 일평균 방문자 수가 한 달 만에 3배로 급증하여 기존 1위를 고수하던 다음을 제치고 인지도와 점유율 면에서 처음 1위로 등극하기도 하였다. 이 결과는 경쟁사였던 다음이 10여 명의 톱스타들을 한꺼번에 출연시키는 맞대응 광고를 내보내는 가운데 나타난 것이어서 더욱 주목을 받았다.

2001년엔 LG생활건강의 "엘라스틴"이 전지현 효과를 누렸다. 전지현 광고 후 시장점유율 15.8%를 기록하며 업계 브랜드 1위를 차지한 것이다. 엘라스틴은 그 이후로 2009년까지 전지현을 9년째 모델로 기용하며 '엘라스틴=전지현'이라는 등식을 성립시키고 있다. 화장품 브랜드 "라네즈"의 '백만 불짜리 몸매 만들기 동영상'은 주요 포털 사이트 및 모바일에 공개된 후 동영상 트래픽, 링크 접속 등 거의 모든 동영상 관련 데이터의 신기록을 달성했을 정도이다. 동영상에 대한 관심은 곧바로 오프라인에서 판매 실적으로 연결되었는데 실제로 해당 상품은 광고 이후 출시 20일 만에 11만 개 이상의 매출효과를 누렸다.

올림푸스 카메라는 전지현을 앞세워 디지털카메라 시장을 공략하며 2004년 말까지 국내 디지털카메라 시장 1위를 고수했다. 그녀를 모델로 기용한 기간 동안 일본 우익교과서와 관련한 반일감정 때문에 잠시 매출이 주춤한 적도 있었지만 전지현 효과는 충분히 증명되었다. 남양유업의 "몸이 가벼워지는 시간, 17차"는 전지현을 모델로 기용하기 전 해는 상반기 20억 원의 매출을 기록한 평범한 브랜드였다. 하지만 전지현을 광고 모델로 기용한 직후 상반기 400억 원이 넘는 매출을 기록해 동 기간과 비교해 20배에 달하는 매출 상승으로 함박웃음을 지었다는 후문이다. 17차 또한 이후 전지현을 장수모델로 계속 내세우고 있다.

전지현은 자신의 청순하거나 섹시한 이미지를 적절할 때 효과적으로 드러내는 한편 신비주의 마케팅 전략을 일관되게 밀어붙임으로써 스타로서의 입지를 굳히는 데 성공했다. 싸이더스HQ의 정훈탁 대표는 "프린터 광고로 스타로 떠올랐을 때도 배우로서의 카리스마를 살리기 위해 쇼 프로그램에 출연시키지 않았고, 결과적으로 그것은 잘한 일이었다"며 전지현 마케팅을 성공적으로 평가하기도 했다.

17차 광고

네이버 광고

자료원: 한경닷컴, 2009년 6월 19일.

광고는 시대의 트렌드를 민감하게 반영하는 경향이 있다. 2000년대 우리나라 광고들에서는 다음과 같은 특징들이 관찰된다.

① 감성적 광고의 비중이 증가(예: 전지현의 올림푸스, 삼성생명의 박상원이 나오는 아버지와 아들의 목욕탕 편, 이효리와 권상우의 트라이)

② 개별 제품에 대한 광고가 아니고 기업의 좋은 연상과 전반적인 이미지에 중점을 두는 기업광고의 증가(예: 삼성전자의 '또 하나의 가족' 시리즈, LG 기업광고, 포스코 기업광고, 대학교 광고들)

③ 일반인들을 모델로 사용하는 광고가 증가(예: 도브, 아반테)

④ 세부 표적 그룹을 선정한 후 표적 그룹에 맞춘 광고가 증가하고 둘 이상의 표적그룹들에 각각 맞추어서 하는 멀티광고(예: SM3의 남, 여 각각 1, 2편, "떠나라" 현대카드 남자, 여자, 동시 편)가 인기를 누림

⑤ 개인적 가치를 강조하는 광고가 증가(예: 나이키, 아디다스, 벤츠, 볼보)

3) 판촉의 정의, 종류, 효과, 장단점

판촉(판매촉진)은 제품 또는 서비스의 시용이나 구매를 촉진시키기 위한 단기적이고 다양한 자극책으로서의 수단이다. 판촉은 소비자와의 커뮤니케이션(주의 끎, 정보 제공), 즉각적인 유인책, 권유와 유인의 3가지 두드러진 장점들을 가진다(Kotler & Keller, 2009). 광고는 일반적으로 소비자들에게 사야 만 할 이유를 제고하지만 판촉은 소비자들에게 살 유인책을 제공한다. 경쟁브랜드들 간의 경쟁의 심화, 많은 기업들에서 단기적인 분기별 성과 평가의 빈번한 실행과 업적 반영, 혼란스러운 미디어 환경과 단편적인 청중들로 인해 광고 효과의 감소, 점포에서의 구매의사결정의 증가, 소비자들의 브랜드 애호도의 전반적 감소, 유통업체들의 힘의 증가 등이 1980년대와 1990년대에 판촉의 급격한 증가를 가져왔다(Keller, 2008).

판촉에는 판촉의 대상에 따라 소비자 판촉, 중간상 판촉, 판매원 판촉이 있다. 가장 중요한 소비자 판촉의 수단들에는 가격적 판촉인 가격할인, 쿠폰 제공, 리펀드/리베이트 등이 있고 비가격적 판촉인 무료 샘플 제공, 사은품 증정, 프리미엄 제공, 판촉성 이벤트, 콘테스트, 애호도 제고프로그램, 구매시점 진열 등이 있다. 판촉의 주요 장단점은 다음과 같다.

(1) 장점

① 소비자들의 즉각 구매 유도

② 조직체와 소비자들 간의 좋은 관계 형성

③ 소비자들에게 흥미와 구경거리를 제공

④ 소비자들의 시용을 유도

⑤ 현존하는 고객들의 반복구매를 자극하고 구매 빈도를 증가

(2) 단점

① 빈번한 판촉은 소비자들이 사용하는 준거가격을 변화시킬 가능성을 높임

② 소비자가 판촉을 자주하는 브랜드에 대해서는 구매하지 않고 판촉까지 기다림

③ 소비자들과 유통업자들에게 산만성이 증가

④ 지각된 품질과 연상에 부정적 영향을 주어서 브랜드 이미지를 손상할 수 있음

⑤ 다른 경쟁업체들의 비슷한 판촉으로 대응과 해당업체의 재대응을 통한 무모한 판촉은 경쟁을 유발

4) PR의 정의, 효과, 도구

PR(Public Relations: 공중관계)은 기업이 자사의 이미지를 제고하거나 호의적인 평판을 얻거나 비호의적인 평판을 제거 내지 완화하기 위해서 커뮤니케이션 활동을 함으로써 기업과 직간접적으로 관련이 있는 여러 유형의 집단들과 좋은 관계를 유지하는 것이다(안광호 등, 2010). PR은 높은 신뢰성으로 많은 예상 잠재 고객들에게 접근이 가능하고, 소비자들의 경계심을 배제하는 데 도움을 주고 기업과 제품을 극대화시킬 수 있는 장점들이 있다(Kotler & Keller, 2009). PR에는 다양한 도구들이 있는데 대표적 도구들은 다음과 같다.

① 홍보(publicity): 비용을 들이지 않고 매체의 기사나 뉴스에 기업이나 제품을 소비자에게 알리는 것

② 사회봉사활동

③ 최고경영자의 연설, 간담회, 기자회견

④ PR성 이벤트: 공중관계 개선을 위해 기업이 특정 기간, 특정 장소에서 특정 집단을

대상으로 메시지를 직접 전달하기 위한 행사

　예: 카페베네의 '청년봉사단 4기 모집' 이벤트, 고양 오리온스 프로농구팀의 '활력 충
　　전 에너지바 데이' 이벤트, 르노삼성의 뉴 SM7 출시 기념 'Love For You Festival'
　　이벤트

⑤ 기업광고: 기업에 대한 호의적 이미지 형성을 위하거나 비전, 철학을 전달하기 위한 광고

　예: 삼성전자의 '또 하나의 가족' 캠페인, KTF의 'KTF적인 생각' 기업광고에서 넥타
　　이와 청바지 편과 육사 졸업식 편 등

⑥ 스포츠마케팅(스포츠를 통한 마케팅): 스포츠를 이용하여 조직체나 브랜드의 인지도
　를 향상. 이미지를 제고, 고객들과 긍정적인 관계를 형성하고 유지하는 등의 목적을
　가지고 수행하는 마케팅

　예: 삼성의 올림픽을 이용한 스포츠마케팅, 현대자동차의 월드컵 축구를 이용한 마케
　　팅, 삼성의 영국 프로축구 팀 첼시를 활용한 스포츠마케팅(후원의 예도 됨), LG전
　　자의 미국대학스포츠협회(NCAA)를 통한 스포츠 마케팅(후원의 예이기도 함)

⑦ 후원(협찬, 스폰서십): 특정 사람, 단체, 팀, 드라마, 영화, 프로그램 등을 지원하거나
　물품이나 서비스를 제공하는 활동

　예: 카페베네의 "하이킥 3-짧은 다리의 역습" 드라마 후원, SK텔레콤의 박태환 후원

⑧ 제품삽입(PPL): 영화나 드라마 등에 제품을 자연스럽게 등장시켜서 커뮤니케이션 효
　과를 얻음

　예: "007영화"에서 코카콜라, 벤츠 등 새 자동차 모델의 제품삽입, 스타벅스의 "I am
　　Sam" 영화를 통한 PPL, 페덱스의 "Cast Away" 영화를 통한 PPL

<브랜딩사례 5-2>는 현대자동차의 김연아 후원마케팅을 다루고, <브랜딩사례 5-3>
은 서울시의 미국에서 방영되는 한국 스포츠선수들의 다큐멘터리 후원마케팅을 다룬다.

〈브랜딩사례 5-2: 신형 아반떼 1호차 주인공은 역시 김연아〉

피겨여왕 김연아가 신형 아반떼 1호차의 주인공이 됐다. 현대차는 신형 아반떼 1호 시승자로 김연아 선수를 선정했다고 2010년 7월 21일 밝혔다. 현대차에 따르면 이날 김 선수는 일산 킨텍스에서 시승식을 가졌다. 약 20여 분간 진행된 시승식은 김 선수가 아직 운전면허증이 없는 점을 감안해 현대차 관계자가 운전하고 김 선수는 옆 좌석에 동승하는 방식으로 진행됐다.

자료원: 한국경제, 2010년 7월 21일.

〈브랜딩사례 5-3: 서울시 스포츠스타 다큐 제작 지원을 통해 PR〉

한국 스포츠와 선수들의 우수성에 초점을 맞춘 1시간짜리 다큐멘터리 프로그램 "한국 스포츠의 탁월함(South Korea: Focused on Excellence)"이 미국 전역의 공중파를 통해 방영된다. 서울시가 제작비 및 촬영을 지원했다. 1936년 베를린 올림픽에서 금메달을 따고도 가슴의 일장기 때문에 시상식에서 끝내 얼굴을 들지 않았던 마라토너 손기정부터 시작해 2010년 밴쿠버 동계올림픽의 피겨 여왕 김연아로 마무리되는 스토리이다. 월드 축구스타 박지성과 이청용, 골프의 박세리, 양용은, 신지애, 빙상의 이승훈, 야구의 박찬호, 추신수, 김현수 등 10여 명의 정상급 선수들이 등장한다.

제작사인 JPI는 이 다큐 제작을 위해 지난 5월부터 두 달가량 한국·미국·캐나다 등을 방문해 선수들과 만나 과거의 어려움과 미래의 꿈에 대해 인터뷰했다. 또 한국의 쇼트트랙 경기장, 잠실야구장, 심지어 인도어 골프연습장 등을 돌며 꿈나무들도 취재했다. 한국인의 끝없는 열정과 성취를 위한 노력이 10년, 20년 후엔 수십 명의 김연아, 박지성, 박세리를 만들어 낼 것이라는 얘기다. 하이라이트는 역시 김연아이다. 제작팀은 김 선수 및 오서 코치 등과의 인터뷰를 통해 그녀가 숱한 역경을 딛고 정상에 선 과정을 전하면서 "체육인 김연아는 한국에서 가장 인기 있는 여성"이라고 소개했다. 잘버트 감독은 "김연아와의 인터뷰는 오바마 대통령보다도 어려웠지만 그녀는 매우 우아하고 즐거워했다. 정말 특별한 사람"이라고 평했다.

이 다큐의 기획부터 제작까지 대부분 과정에 기여한 실질적 주역은 뉴욕에서 스포츠마케팅사인 ISEA를 운영하는 교포 앤드루 조(한국명 조현준) 씨이다. 그는 "열악한 환경에서 세계가 놀랄 정도의 성과를 거둔 선수들에게 고마움과 함께 미안한 마음이 컸다"면서 "선수들이 이렇게 발판을 마련했는데, 이것을 한국의 홍보와 위상 제고에 활용하지 않는다면 한국으로선 너무 손해라고 생각했다"고 말했다. 이 프로그램은 8~9월 뉴욕과 LA 등 미 전역 120개 이상 도시에서 ABC, CBS, NBC, Fox 등 지상파를 통해 방영된다. 한인 밀집지인 LA에서는 8월 15일 오후 12시 30분(현지시각) ABC방송을 통해, 샌프란시스코는 같은 날 3시 NBC 방송을 통해, 뉴욕은 8월 중순쯤 방송될 예정이다.

지난 4월 제작사와 후원계약을 맺은 서울시는 제작비뿐 아니라, 제작팀이 서울에 와서 스타들의 훈련을 촬영한 지난 5월에 열흘간 현지 안내를 하는 등 적극 지원했다. 서울시는 다큐멘터리 방영 직전과 중간에 서울시 광고를 내기로 했으며, 한 번 방영에 150만 달러의 홍보 효과가 있을 것으로 보고 있다.

자료원: 조선일보, 2010년 8월 4일

5) 인적판매, 인터넷 촉진, 구전마케팅

인적판매는 한 사람 또는 그 이상의 잠재구매자와 직접 대면하면서 상호작용을 통해 판매 제시를 하며 질문에 응답하고 주문을 획득하는 방법이다. 인적판매는 인적 대면으로 유대관계를 형성하고 높은 반응성을 보이며 대상자의 주의를 끌 수 있는 장점들이 있다 (Kotler & Keller, 2009).

인터넷 촉진(상호작용적 마케팅)은 고객 또는 예상고객들을 몰입시키고 인식을 고취하고 이미지를 개선하거나 제품과 서비스의 판매를 유도하기 위해 설계된 온라인 활동과 프로그램이다. 인터넷 촉진은 고객 개별화, 최신 내용 업데이트의 용이, 상호작용, 다양한 멀티미디어 활용의 장점들이 있다(Kotler & Keller, 2009).

구전마케팅은 제품이나 서비스의 구매나 사용에 대한 장점이나 경험과 관련되는, 사람대 사람의 구두적 또는 전자적 커뮤니케이션이다(Kotler & Keller, 2009). 구전마케팅은 진실성, 시용효과(전달자에 따라 생동감 있는 대리경험도 가능), 쌍방향 개인적 커뮤니케이션의 장점들이 있다.

2. 스타마케팅[*3]

1) 스타마케팅의 배경과 정의

스타마케팅은 대중에게 잘 알려진 스타를 조직체와 관련된 좋은 연상 형성, 브랜드 이미지 확립, 브랜드 인지도 향상 등 조직체나 브랜드의 목표 달성에 이용하는 마케팅이다. 스타마케팅에 등장하는 스타에는 연예인, 운동선수, 유명 정치인, 유명 문화인사 등이 있다. 스타마케팅에 등장하는 스타의 가치는 스타의 현재 업적, 대중적 인기도, 평판, 연상, 이미지 등을 기반으로 형성된다(김우성, 2010a · 2011a).

광고, 마케팅에 사용되는 모델의 유형들은 다양하다. 사람이 모델로 나오는 광고의 경우에는 최고경영자 모델, 해당 제품관련 전문가 모델, 일반인 모델, 유명인(스타) 모델 등이 있다. Freiden(1984)은 광고에서 유명인, 최고경영자, 전문가, 일반소비자의 4가지 유형들과 성(gender)이 소비자 반응에 주는 효과를 조사하였고, 이전의 연구들처럼 광고모델의 유형들은 소비자들의 반응에 다른 효과를 주는 것을 발견하였다. 유명인(celebrity)이나 스타(star)가 광고모델로 널리 상용되는 것은 유명인이 광고에 대해서 관심을 끌고 주의를 집중하게 하는 데 효과적이기 때문이다(이호배 · 정이규, 1997).

2000년대 들어서 스타마케팅으로 큰 효과를 가져온 우리나라 스타들에는 개인 연예인으로 전지현, 이영애, 김남주, 이효리, 이나영, 비, 김태희, 신민아, 보아, 장동건, 이승기, 강호동, 유명 그룹으로 핑클, 원더걸스, 소녀시대, 신화, GOD, 빅뱅, 스포츠 스타로 박지성, 박세리, 박주영, 이승엽, 김연아, 박태환 등이 있다. 스타를 이용한 대박을 기대하며 많은 기업들이 상품가치가 있는 '빅모델'을 찾다보니 전지현, 이영애, 김태희, 김연아 등은 한창 잘나갈 때 각각 출연하는 광고들로만 그녀의 하루시리즈가 만들어질 정도로 많은 광고들에 겹치기 출연을 했다. 때로는 한 브랜드가 두 명의 스타들을 동시에 스타마케팅으로 이용하기도 한다. 이전에 삼성애니콜은 이효리, 전지현의 쌍두마차를 동시에 등장시키기도 했고, 라네즈도 전지현과 이나영의 두 스타들을 동시에 스타마케팅에 이용했다.

2) 스타의 정의, 의의, 특성

마케팅이나 광고에서는 잘 알려진 사람이란 뜻으로 유명인(celebrity)이란 용어를 많이 사용한다. 유명인이 어떤 브랜드 광고에 등장해서 해당 브랜드와 연관되고 소비자들의 해당 브랜드 태도와 구매의도에 영향을 미칠 때 유명인 광고 보증자(celebrity endorser)가 된다. 유명인 광고 보증자는 "공적인 인지를 즐기고 광고에서 소비자 제품과 같이 나와서 해당 제품 편에서 이러한 인지를 이용하는 개인"으로 정의 내려진다(McCracken, 1989). 순수하게 업적 면에서 스타나 슈퍼스타를 정의내리면 스타란 어떤 분야에서 상당한 업적을 성취한 개인으로 생각할 수 있다. 슈퍼스타란 어떤 분야에서 탁월한 업적을 성취한 사람으로 볼 수 있다. 순수한 업적 면에서의 스타에는 대중적인 명성이 포함되지 않기에 유명인보다 포괄적인 개념으로 이해할 수 있다(박종원·현호섭, 2005). 하지만 광고, 마케팅, 스포츠에서 스타는 업적과 함께 소비자들에게 알려진 정도를 포함한다. 따라서 스타마케팅에서의 스타는 어떤 분야에서 상당한 업적을 성취하였고 소비자들에게 널리 알려진 개인이라고 정의 내려진다.

김재범(2005)은 문화산업 면에서 스타의 의의를 수요자와 생산자 면에서 살펴보았다. 수요자의 입장에서 문화상품은 경험재의 특성을 가지기 때문에 구매와 소비 전에 품질의 단서를 찾는데 스타는 외부적 단서로서 작용한다. 둘째, 스타파워가 상품의 차별성을 가져온다. 생산자 면에서는 문화산업의 고수익, 고위험의 특성은 불확실성을 극복하기 위해 스타를 활용하게 된다.

김재범(2005)은 문화상품에서의 스타라는 상품의 속성을 흥행성, 희소성, 가변성, 인위성의 4가지로 설명한다. 흥행성은 양방향을 가지는데 상품의 흥행성에 의해서 스타가 탄생되지만 스타에 의해 상품은 흥행성을 가진다. 희소성은 스타의 수가 수요에 비해서 현저하게 적다는 것을 말한다. 가변성과 관련해서 스타라는 상품은 제품수명주기를 정확히 알 수 없으며 스타의 인기와 흥행여부는 수시로 변화하여 예측하기가 힘들다. 과거에는 실력이 탁월한 스타가 약간의 운을 업고 스스로 스타가 된 예들이 상당히 있으나 지금은 기획사의 치밀한 계획, 전략 수립과 집행, 스타 훈련, 기회 포착을 통해 시장에 나가 스타가 탄생하는 경우가 대부분이라고 한다.

이러한 인위성에 기반한 스타나 스타 그룹들에는 조성모, 보아, 원더걸즈, 소녀시대, 핑클, 동방신기 등이 있다. 예를 들어, 보아는 SM 엔터테인먼트회사가 세계 음반시장을 목표로 선발하였고 치밀한 계획을 통해 훈련을 거친 뒤 무대에 데뷔하였다. SM은 10살부터 보아에게 세계에서 유명한 아티스트들로부터 춤과 노래를 배우도록 했고 세계시장 진입을 위해 영어와 일본어를 가르쳤으며 이미지, 인터뷰, 포즈 등도 훈련을 시켰고 치밀한 언론 플레이를 통해 등장과 동시에 언론의 조명을 받았다고 한다(김재범, 2005). 문화산업에서의 특성들은 스포츠산업에서의 특성들과 상당히 유사하기에 위에서 설명한 스타의 의의와 속성도 비슷하다. 스타의 대표적 예들이 연예인과 스포츠 스타이기에 이러한 특성들은 스타를 활용한 마케팅에서도 큰 의의를 가진다.

3) 스타 모델의 효과와 차원들

스타마케팅은 스타모델의 효과에 크게 의존하는데 모델의 효과가 나타나는 중요한 차원들은 원천의 신뢰성(source credibility)과 원천의 매력성(source attractiveness)의 두 가지 범주로 나누어질 수 있다. 모델의 신뢰성은 전문성(expertise)과 진실성(trustworthiness)의 차원들을 일반적으로 포함한다(이호배·정이규, 1997; Hovland et al., 1953; McCracken, 1989). 모델의 매력성(넓은 의미의)은 호감성(likability), 친밀성(familiarity), 유사성(similarity)의 차원들을 일반적으로 포함한다(이호배·정이규, 1997; Kahle and Homer, 1985; McCracken, 1989).

연구자들에 따라서 유사성 대신에 적합성(예: 이종호 등, 2009)이나 관련성(예: 박종원·현호섭, 2005)을 사용하기도 한다. 적합성은 모델과 표적청중 간의 적합성(주로 연령대, 성별, 가치관 등에서 유사성)과 모델과 브랜드 간의 적합성(예: 모델과 브랜드의 이미지, 모델의 활동 분야와 브랜드 간의 연관)을 포함한다(이종호 등, 2009). 관련성은 스타 모델의 성취 내용과 관련한 것으로 스타 모델이 성취한 업적이 광고 수용자에게 얼마나 관련성이 높은 분야의 것인지를 나타낸다(박종원·현호섭, 2005). 학계에서 일부 연구자들이나 실제 업계에서는 매력성을 좁혀서 용모, 육체 등 신체적 외모의 아름다움(예: Kahle and Homer, 1985; Ohanian, 1990)이나 심리적인 매력성이나 이를 바탕으로 한 호감을 의미하는 것으로 사용하기도 하여서 혼동을 일으킨다. Ohanian(1990)은 유명인 광고보증자의 주요 차원들을 전문성, 신뢰성, 매력성으로 보고 이들의 척도를 개발했는데 이것은 이후의 연구자들에게 의해서 많이 사용되고 있다.

McCracken(1989)에 따르면, 전문성은 모델이 타당하고 의미 있는 주장을 할 만한 지식과 능력을 가지고 있는 것을 의미한다. 일반적으로 제품의 가격이 높을 때, 지각된 위험이 클 때, 고도의 기술이 필요할 때 전문성은 크게 작용한다. 진실성은 모델이 부정확한 정보를 전달하지 않고 과장된 주장을 하지 않는 것을 의미한다. 광고에 선별적으로 출연하고 일반적인 평판이 좋고 같은 광고에 장기적으로 출연하는 모델(예: CJ 다시다의 과거 장수 모델이었던 김혜자)이 스타들 중에서는 진실성이 높게 평가되고 호감이 가는 일반인을 모델로 사용하는 경우 진실성이 일반적으로 올라가는 경향이 있다. 신뢰성이 있는 모델은 반대 주장을 억제할 수 있기 때문에 해당 제품, 서비스 또는 기업에 대해서 부정적인 입장을 가지고 있는 소비자들에게 특히 중요할 수 있다(이호배·정이규, 1997).

두 번째 범주인 원천의 매력성은 소비자들이 광고모델에 대해서 얼마나 좋아하고 빈번한 접촉을 통해서 친근하게 느끼며 자신들과 얼마나 비슷하게 지각하는가에 의해 결정된다. McCracken(1989)에 따르면, 호감성은 "원천(광고모델)의 신체적 외모와 행동의 결과로서 생기는 모델에 대한 애정"이고 친밀성은 "노출을 통해 광고모델에 대해 아는 정도"이고 유사성은 "광고모델과 메시지의 수용자 사이의 닮은 정도"이다.

4) 스타마케팅의 작동원리

스타마케팅이 작동하는 원리는 정교화가능성모델, 고전적 조건화, 감성적 반응을 통한 광고태도 형성, 심리적 균형이론, 자아이미지 이론과 광고모델-제품 일치모델, 보증효과, 전이효과의 7가지 원리로 설명되어질 수 있다(김우성, 2011a). <표 5-1>은 스타마케팅의 7가지 작동원리들, 핵심 설명, 주요 연구들을 제시한다.

〈표 5-1〉 스타마케팅의 7가지 작동원리들, 핵심, 주요 연구들

작동원리	핵심 설명	주요 연구
정교화가능성 모델	관여도가 낮을 때 주변경로인 광고모델에 집중	Petty et al., 1983
고전적 조건화	무조건 자극인 모델에 조건자극인 브랜드를 조건화 시켜서 브랜드에 대한 자연스러운 반응을 일으킴	Tom et al., 1992 Till et al., 2008

감성적 반응을 통한 광고태도 형성	스타모델은 광고태도의 구성요소이고 광고태도는 브랜드태도에 영향을 줌	박종원과 현호섭, 2005 Mackenzie et al., 1986
심리적 균형이론	소비자, 브랜드, 브랜드 모델 사이의 불균형을 회복하여 균형을 찾음	Eagly & Chaiken, 1993
자아이미지 이론과 광고모델-제품 일치이론	스타를 통해 현실적·이상적 자아이미지를 성취, 스타의 이미지가 제품의 이미지와 일치할 때 스타효과가 발생	Kahle & Homer, 1985 Kamins, 1990
보증효과	신뢰나 호감은 고객만족으로 이어지고 보증효과가 발생	박문기와 브랜드38연구소, 2006
전이효과	스타모델은 문화를 흡수하고 모델의 문화는 브랜드에 전이되고 브랜드의 문화는 소비자에 전이됨	McCracken, 1989 Batra & Homer, 2004

출처: 김우성, 2011a.

(1) 정교화가능성 모델(ELM)

정교화가능성 모델(ELM: Elaboration Likelihood Model)은 광고 및 마케팅에서 널리 알려진 모델이다. Petty 등(1983)에 따르면, 광고 등에서 정보를 처리할 때 소비자들은 개인적 관련성이나 중요성을 의미하는 관여도에 따라서 다른 경로를 통해 정보를 처리한다. 즉, 관여도가 높을 때(정보처리 동기와 능력이 높을 때)에는 소비자들은 중심경로(central route, 예: 브랜드와 관련한 속성 및 혜택)를 주로 이용하고 관여도가 낮을 때에는 주변경로(peripheral route, 예: 음악, 광고모델, 배경, 주장의 단순한 수)를 주로 이용한다. 따라서 정교화가능성 모델의 원칙을 따르면 일반적으로 관여도가 낮을 때 스타마케팅의 효과는 나타난다.

(2) 고전적 조건화

고전적 조건화에서는 무조건자극과 중립자극을 시간적으로 연속해서 연관시켜서 대상에게 제시한 뒤 무조건자극 없이 조건자극만 제시해도 무조건반응과 비슷한 반응이 일어난다. Till 등(2008)은 유명인들이 연상학습에서 조건화된 자극을 이끌어내는 자극으로 사용되는 것을 증명하기 위해 3개의 실험들을 하였다. 그들은 유명인들을 사용한 조건화에서 직접적인 감성 전이 효과, 유명인과 보증된 제품 사이에 적절한 적합성의 효과(일치 가설), 소멸에 저항하는 강하고 지속적인 고전적 조건화의 효과를 발견했다.

한편 유명인들의 효과는 무조건자극의 강도에 의해서 강한 스타 효과를 일으킬 수 있지만, 브랜드 대변인으로 잘 활용된 일반인들(예: 이화여자대학교의 PR광고에 나온 졸업생이자 전 CNN 앵커이었던 손지애, 대우 푸르지오 광고의 정 대리)이나 가상적으로 창조된 인물들(예: General Mills의 Betty Crocker, 맥도날드의 광대, 필즈베리의 도우보이)이 무조건적 자극과 조건자극의 연결고리를 강화시켜서 특정 브랜드에 주는 효과에서는 오히려 유명인들을 능가한다는 연구도 있었다. Tom 등(1992)은 100명의 서베이 참가자들을 대상으로 당시 사용되고 있었던 창조된 대변인 모델들(일반인 모델들)과 매직 존슨, 제이 레노 등 당시의 유명인 남녀 대변인 모델들의 사용이 브랜드와 해당 대변인 모델을 정확히 연결하는 데 주는 효과를 조사했다. 이들의 연구는 창조된 일반인 모델들이 유명인 모델들보다 소비자들이 브랜드와 브랜드의 모델 간을 정확히 연결하는 데 효과적이라는 것을 증명했고, 고전적 조건화의 패러다임으로 결과를 설명했다. 즉, 창조된 일반인 모델들의 경우에는 무조건적 자극이 다른 조건 자극들이 아니라 해당 조건자극에만 독특하게 밀접히 연결되어 있기 때문에 무조건적자극과 조건자극의 연결의 강도를 강하게 해서 반응의 전이를 강하고 자연스럽게 할 수 있다고 해석했다.

스타마케팅을 활용한 스타의 효과는 고전적 조건화로 설명될 수 있다. 예를 들면, 이전에 삼성 슬림애니콜은 이효리를 스타 광고모델로서 사용했는데(전지현과 함께 듀얼 스타 모델로서 동시에 사용함), 이효리는 고전적 조건화의 과정에서 무조건자극으로 그녀를 아는 우리나라 대부분의 소비자들에게 자연스럽게 섹시한, 매력적인, 열정적인, 날씬한 연상 및 이미지(무조건적 반응)를 불러일으켰다. 이효리가 삼성 슬림애니콜(조건자극)에 계속적으로 나오면서 삼성 슬림애니콜은 섹시하고, 멋진, 열정적인, 날씬한(얇은 두께의) 반응(조건반응)을 자연스럽게 일으켰다.

(3) 감성적 반응을 통한 광고태도 형성

소비자들은 자극에 노출이 되었을 때 주로 인지적으로 반응할 수도 있고 감성적으로 반응이 일어나기도 한다. 광고와 관련해서 브랜드태도는 브랜드 자체에 대해 소비자가 가지는 태도이고 광고태도는 광고에 대해 소비자가 가지는 태도이다. 광고태도는 광고주에 대한 태고, 광고의 구성, 광고에 등장하는 주요 모델, 음악 등이 합쳐져서 형성된다. 따라서 스타 모델은 좋은 광고태도 형성에 기여하는 주요 요소들 중의 하나로서 작용하고 특히 저관여이고 감성적 반응이 주가 될 때 효과적인 것으로 나타난다. 감성적 반응을 통한 광고태도가 형성될 경우 인지적 반응인 경우보다 광고태도는 브랜드태도와 높은 상관관계를 가지고, 광고태도는 브랜드태도를 선행하는 것으로 알려져 있다(예: Mackenzie et al., 1986).

박종원과 현호섭(2005)은 광고모델의 긍정적 기분효과를 통한 광고태도가 브랜드태도에 영향을 줄 수 있다고 간접영향을 주장한다. 그들에 따르면 배경음악이나 그림 등 광고 디자인과 관련된 요소들은 소비자들에게 긍정적 또는 부정적 기분(mood)을 일으킬 수 있고 이 기분은 광고태도를 거쳐서 브랜드태도에 영향을 준다. 따라서 스타 광고모델에 노출된 소비자는 강한 감성적 반응에 따른 기분을 경험하기가 쉽다(박종원·현호섭, 2005; Kahle & Homer, 1985).

(4) 심리적 균형이론

소비자들은 대상들 간의 균형을 원하고 균형이 깨어지면 심리적으로 불안정, 불편함을 경험하게 되어 가능하면 균형을 회복하려 한다. 이러한 현상을 바탕으로 심리적 균형이론을 스타마케팅에 적용시킬 수 있다. 균형이론은 태도변화의 구조를 설명한다. 대표적인 균형이론인 Heider의 균형이론(balance theory)에서 3가지의 주체들[지각자 또는 준거인(P로 표시), 대상(O로 표시), 관련 대상(X로 표시)]이 존재한다(Eagly & Chaiken, 1993). 여기에서 지각자는 개인 소비자(예: 나)이고 대상은 브랜드이고 관련 대상은 그 브랜드에 나오는 주요 모델이 전형적인 예가 될 수 있다.

이것을 스타 모델 김연아와 그녀가 광고모델로 오랫동안 나온 삼성 하우젠에서 설명하면 세 대상들 간에 삼각형이 형성될 수 있다. 두 주체들 사이의 관계는 3가지이고(나와 삼성 하우젠, 나와 김연아, 김연아와 삼성 하우젠) 부정적 관계의 수가 짝수이면 균형의 상태이고 홀수이면 불균형의 상태이다. 예를 들어 모든 관계들이 모두 긍정적이면(부정적 관계는 0임) 자연스럽게 균형 상태이다. 만약 두 관계들만 부정적이면 짝수이기에 역시 균형 상태이지만 어느 한 관계 또는 세 관계들 모두 부정적인 경우 심리적으로 불균형 상태가 된다(논리적으로 따져보면 자연스럽게 나옴).

전형적인 불균형인 예들 중의 하나는 어떤 소비자가 삼성 하우젠에 대해서 브랜드 태도가 긍정적이지 못하고(- 관계) 이 소비자가 김연아의 열정적인 팬인(+관계) 경우이다. 김연아는 삼성 하우젠에 주요 광고모델로 계속적으로 나오기 때문에 둘의 관계는 당연히 긍정적이다(+관계). 이런 경우 심리적 불균형을 해소하기 위해 그 소비자는 김연아에 대한 태도를 부정적으로 바꾸든지 삼성 하우젠에 대한 태도를 긍정적으로 바꿀 것이다. 여기에서 김연아의 스타파워가 있다면 많은 소비자들은 후자를 쉽게 택할 것이다. 한편 다른 심리적 균형이론인 일치성이론은 긍정, 부정의 강도를 고려해 변경되어지는 관계를 자동적으로 예측한다.

(5) 자아이미지 이론과 광고모델-제품 일치 모델

자아이미지 이론에 따르면 사람은 여러 가지 종류의 자아이미지들을 가지고 있다. 사람은 현실/이상 차원 면에서 현재의 자기 이미지인 현실적 자아와 자신이 바라는 이상적인 자아와 관련된 이미지인 이상적 자아가 있다. 많은 사람들은 스타마케팅에 등장하는 스타들 중 자신이 좋아하는 스타가 등장하거나 소유하는 브랜드를 구매·사용함으로써 자신이 동경하는 스타와 동일시하려는 욕구를 가지고 있고 이를 통해 일시적이지만 이상적 자아에 도달했다는 만족감을 가진다.

광고모델의 이미지와 제품의 이미지의 일치성도 중요하다. Kahle와 Homer(1985)의 연구에서 유명인의 신체적 매력성(physical attractiveness)이 광고되는 제품의 특성과 일치하는 경우에는 광고에 대한 태도에 긍정적 영향을 주었지만 일치하지 않는 경우에는 평가에 영향을 주지 못했다. 이들의 발견은 사회적응이론(Social Adaptation Theory) 및 유명인 선택의 일치가설(matchup hypothesis of celebrity selection)에 바탕을 둔 것이고 연구에서 발견한 것은 이것을 증명했다. Kamins(1990)도 일치 가설을 지지하는 결과를 얻었다. 즉 광고모델의 특성이나 이미지가 광고되는 제품의 특성이나 이미지에 부합하는 경우에만 제품평가나 광고평가에서 긍정적 효과가 나타났다.

(6) 보증효과

브랜드 관리자는 스타의 보증효과를 활용하여 효과적인 커뮤니케이션을 할 수 있다(박문기와 브랜드38연구소, 2006). 이 보증효과로 인한 스타마케팅의 효과에 대한 설명에 의하면 소비자들이 스타라는 자극을 만나 간단히 인지하면 신뢰나 호감이 기본적으로 형성된다. 이 스타가 대상인 소비자들에게 이전부터 이상형으로 자리 잡고 있으면 신뢰나 호감은 곧바로 만족으로 이어지고 이것은 스타의 보증효과로 이어지고 이것은 다시 구매 효과로 전달된다고 설명한다.

(7) 전이효과

McCracken(1989)은 모델의 신뢰성과 매력성의 모델에 대한 비판을 하면서 이에 대한 대체 모델로서 의미전이 모델(meaning transfer model)을 제안했다. McCracken(1989)에 따르면, 유명인의 광고보증인으로서의 효과는 광고모델이 부여받는 문화적 의미로부터 비롯된다. 유명인 보증은 의미 전이의 일반적 과정의 특별한 경우에 불과하다. 그에 따르면 의미전이는 다음의 3단계들을 거친다. 1단계에서는 역할, 대상 지각 등을 통해 문화가 유명인에게 의미를 가지고 스며든다. 2단계에서는 유명인이 광고에 제품과 같이 등장할 때 이 의미는 제품에 전이된다. 3단계에서는 문화적 의미가 제품에서 소비자에게 이동한다.

Batra와 Homer(2004)는 즐거움과 세련됨에 관련한 소비자들의 신념들을 사용해 McCracken의 의미전이 모델 메커니즘을 테스트하고, 유명인 광고보증자의 비언어적인 개성 관련 연상이 즐거움과 세련됨의 혜택에 관련한 소비자의 신념을 강화한다고 주장한다. 이러한 현상은 사회적 소비 상황이 상기되고 브랜드 이미지 신념이 제품영역에 대한 소비자의 스키마에 적절할 때만 일어난다.

5) 스타마케팅의 6가지 유형

스타마케팅은 스타를 활용한 광고, 스타를 활용한 이벤트, 스타 후원, 스타를 활용한 네이밍 마케팅, 스타를 활용한 디자인 마케팅, 스타의 기업 활동에 직접참여를 통한 마케팅의 6가지 유형들을 포함한다(김우성, 2011a).

(1) 스타를 활용한 광고

스타를 활용한 광고는 스타마케팅에서 가장 흔한 유형이다. 스타를 활용한 광고는 스타를 활용하지 않은 경우보다 일반적으로 성과를 가져온 것으로 나타났다. 이효리는 갓 태어난 망고음료 시장을 단숨에 거대한 시장으로 끌어올렸고 김태희는 후발브랜드인 LG생활건강의 "오휘"를 주요 브랜드로 성장시켰다(박문기와 브랜드38연구소, 2006). 하지만 광고모델은 브랜드에 악영향을 미칠 수도 있다. 황수정이 마약스캔들로 도중에 하차했을 때 "참이슬" 등 그녀가 광고에 등장한 브랜드들은 큰 타격을 받았고 타이거 우즈의 불륜스캔들이 터졌을 때는 상당수의 스폰서들과 광고주들은 악영향을 우려해 계약을 취소했다.

(2) 스타를 활용한 이벤트

이벤트(event)는 특정기간 동안 특정 장소에서 매출을 올리거나 공중관계를 개선하기 위해서 행하는 기업의 스포츠, 문화, 예술, 오락 등의 활동이다. 이벤트는 소비자들의 관심을 끌고 좋은 관계를 형성하고 기업의 제품을 간접적으로 자연스럽게 판매하는 암묵적인 효과가 있다(Kotler & Keller, 2009). 미국 대학 농구팀의 시즌 첫 공개연습을 제도화시킨 대학 농구 프로그램들의 '미드나이트 매드니스'는 자신의 대학 팀의 스타들에 관심이 있는 팬들을 참여시키는 성공적인 이벤트 전략이었다. 미국의 케이블 스포츠채널인 ESPN은 미식축구리그인 NFL의 비시즌 동안 팬들의 관심을 끌기 위해서 신인선수 선발드래프트 자체를 17시간 동안 생중계하면서 드래프트 대상 스타들을 중심으로 한 TV이벤트로 재구성해 큰 성공을 거두었다(Rein et al., 2009).

삼성전자는 태블릿 PC "갤럭시 탭" 출시에 맞추어 슈퍼스타 K2 최후의 4인에 뽑혔던 허각, 존박, 강승윤, 장재인을 홍보대사로 위촉하고 '탭 택시'로서 K7 3대와 K5 2대를 활용해 다양한 이벤트를 벌이고 체험존 행사도 진행했다. 여자 축구선수 지소연 등도 탭 택시 손님으로 가담했고 일반인들도 추첨을 통해 당첨되면 탭 택시를 무료로 이용하는 기회와 갤럭시 탭을 제공받는 기회를 주었다(뉴데일리, 2010). 부산의 롯데호텔은 부산 출신의 추신수에 이대호 등 롯데의 주전선수 4명을 합쳐서 인기 야구선수 5명을 홍보대사들로 위촉하였고 이들은 1년간 조리사, 도어맨, 지배인 등의 다채로운 역할들을 통해 일일 홍보이벤트에 참여하고 홍보모델, 자신의 이름을 딴 스타룸 제작 참여 등 다양한 공동마케팅을 추진할 계획을 세웠다(뉴시스, 2010).

(3) 스타 후원

후원(sponsorship)은 특정 개인, 팀, 경기, 문화행사, 드라마나 영화, 대의활동에 재정적·물리적·심리적 도움을 줌으로써 자사의 기업브랜드와 제품브랜드에 효과를 주는 활동을 의미한다. 기업은 스타를 후원함으로써 눈에 띄는 효과를 생성할 수 있다. 삼성은 1990년대 말 떠오르는 여자골프 스타인 박세리에 대한 후원을 시작하였는데 그녀가 골프선수로 성장하면서 미국 LPGA의 많은 대회들에서 우승하면서 후원의 효과는 투자한 비용을 엄청나게 초과하는 '박세리 효과'를 누렸다.

SK텔레콤 스포츠단은 박태환을 후원해 왔는데 2009년 여름 로마 세계선수권대회에서 출전한 전 종목 결선 탈락이라는 부진한 성적을 거두자 대한수영연맹과 함께 특별강화위원회를 꾸렸다. SK텔레콤 스포츠단은 훈련 지원을 위해 볼 코치를 영입했고 코치비, 지원팀 비용, 전지훈련비 등으로 연간 15억 원 정도를 지출했다(스포츠한국, 2010). 이러한 후원을 통한 투자와 노력은 박태환이 2010년 광저우 아시안게임에서 3개의 금메달을 포함해 출전한 7개 모든 종목에서 메달을 차지한 좋은 결과로 나타났고 SK텔레콤은 브랜드자산에 긍정적 효과를 얻었다.

(4) 스타를 활용한 네이밍 마케팅

스타 네이밍(naming) 마케팅은 스타 이름을 제품에 붙여 인지도를 높이거나 좋은 연상, 이미지를 형성하는 마케팅이다. 우리나라에서 네이밍 마케팅은 박찬호가 명성을 날릴 때의 롯데삼강의 '찬호박' 아이스크림, 개그맨 김국진을 활용한 삼립식품의 '국진이빵' 등에서 나타났다. 하지만 체계적인 브랜드 및 마케팅 전략을 바탕으로 한 본격적인 네이밍 마케팅은 삼성전자가 2005년 애니콜 슬림슬라이드폰 모델로 가수 이효리를 기용하고 '효리폰(애니콜 SCH-V840)'이란 이름을 붙이면서 시작된 것으로 업계에서 보고 있다. 이후 삼성전자의 '쥬얼리폰(애니콜 SCH-W330)'도 나왔다.

제일모직은 2009년 가수 손담비를 '빈폴 액세서리' 전속 모델로 기용한 뒤에 손담비 이름을 딴 '담비백'(영문은 'DamB Bag')을 출시했다. 인기를 끌자 아이보리, 파랑, 노랑 담비백 등 다양한 색상의 담비백이 나왔다. 화장품 브랜드 "엔프리니"도 '담비 팩트'(파우더)를 출시한 뒤 서울 강남역 등 인파가 몰리는 거리에 실물 크기의 손담비 사진을 눈에 띄게 배치하였고 '담비 팩트'란 브랜드명을 강조했다(국민일보, 2009a).

(5) 스타를 활용한 디자인마케팅

스타 디자인마케팅은 스타가 디자인한 사은품 등을 주면서 고객들을 끌어들이는 마케팅이다. 대량 판매하지 않고 사은품이나 한정 선물용으로 희소성을 살리는 게 특징이다. 현대차는 "투싼 ix" 출시 기념으로 탤런트 한채영이 직접 디자인한 '투싼 ix 티셔츠'를 선보였다. 현대차는 한정 제작한 한채영 티셔츠 6,000장을 홈페이지와 매장 경품행사 등으로 투싼 ix 고객들에게 무료 배포했다.

신세계백화점은 2009년 봄에 2차례에 걸쳐서 '이보영백' 3만 8,000여 개를 일정금액 이상 구매자들에게 나누어 주었다. 탤런트 이보영이 디자인하고 이보영 사인이 들어 있는 장바구니이다. 롯데마트도 가수 이효리가 디자인한 '이효리백' 3만 5,000여 개를 2차례 경품 행사 사은품으로 주었다. 이를 통해 스타 디자인 제품을 활용해 쇼핑백 대신 장바구니를 갖고 다니자는 취지의 친환경 컨셉트도 살리고, 고객을 매장으로 끌어들이는 효과도 얻었다(국민일보, 2009a).

(6) 스타의 기업 활동에 직접참여를 통한 마케팅

스타가 기업 활동에 직접 참여하는 것은 그 자체가 마케팅 효과를 가져올 수 있다. 마이클 조던은 운동선수 시절에 자신의 이름을 딴 나이키 에어조던 농구화의 디자인 등에 관여하였고 은퇴 후에는 이 브랜드라인을 직접 운영하였다. 직접 경영에 스타를 참가시키지는 않지만 사외이사나 홍보이사로 위촉해서 스타를 활용하는 방법도 있다. 교촌치킨은 개그맨 박명수를 홍보이사로 위촉하고 점포 등을 지원해서 상당한 효과를 보았다고 한다.

스타를 기업에 투자하거나 스톡옵션 등으로 스타를 주주로 만드는 방법도 사용된다. 강호동은 자신의 이름을 딴 "강호동육칠팔" 고기 프랜차이즈 레스토랑에 대주주로 참여하였다. '강호동육칠팔'은 한우 및 제주 돈육을 전문으로 하는 한식 레스토랑으로 국내 및 외국에 지점을 확대하고 있다고 한다. 스타가 대주주나 주요 주주로 참여하는 경우 해당 기업은 스타의 보증효과를 이용해 소비자들의 신뢰와 호감을 얻을 수 있지만 간혹 주가조작의 방법으로 악용되기도 한다(박문기와 브랜드38연구소, 2006).

6) 스타마케팅의 효과와 문제점

스타마케팅은 다음과 같은 효과를 가진다(김우성, 2007). 첫째, 스타마케팅은 인지도가 높고 일반적으로 좋은 연상을 지닌 모델을 등장시켜서 소비자들의 홍미를 끌고 주의를 집중시킨다. 이러한 홍미와 주의는 상품과 브랜드에 대한 문제인식을 일으킬 수 있다. 둘째, 경쟁이 치열하고 성숙한 시장에서 두드러진 스타를 이용해 브랜드 이미지의 차별화를 달성할 수 있다. 셋째, 모델로서 등장하는 스타는 쉽게 기억에 저장되고 지속되어서 후에 브랜드를 기억할 수 있는 단서로서 사용될 수 있다. 넷째, 스타마케팅은 소비자의 스타를 향한 모방심리를 자극시키고, 소비자에게 자신이 좋아하는 스타와 동일한 브랜드 상품을 소유하고 사용함을 통해 자신의 이상적 자아에 도달한 느낌을 줄 수 있다.

스타마케팅의 성공을 판단하는 데에는 스타모델에게 들어가는 막대한 직접, 간접비용을 감안해야 한다. 스타 모델의 광고 효과는 무형적인 서비스의 광고, 경쟁 브랜드들의 가격과 제품 속성이 비슷한 업종에서의 광고, 시리즈 광고, 자기과시 상품 광고 등에서 두드러진다(임종원 등, 2006). 또한 여성소비자들, 저학력 소비자들, 저연령 소비자들에서 스타모델의 효과가 더 나타날 수 있다.

반면에 스타마케팅에는 문제점들도 상당히 있다(김우성, 2007). 첫째, 유명 모델의 비싼 비용은 기업에 비용을 증가시키고 이것은 해당 브랜드의 높은 가격으로 흔히 이어져서 소비자들에게 부담을 준다. 둘째, 스타마케팅에 등장하는 스타의 인기가 떨어지거나 스캔들이 발생하면 해당 브랜드나 조직체는 큰 타격을 받는다. 셋째, 스타마케팅에 이용되는 스타에게 지나친 광고 촬영, 방송 인터뷰 등은 본업인 연기, 노래, 운동 등에 지장을 줄 수 있다. 넷째, 지나치게 스타마케팅에 의존하게 되면 기업은 브랜드의 본질적인 속성이나 혜택의 향상을 등한시하고 부수적인 스타의 명성과 연상에 의존할 위험을 지닌다. 다섯째, 잘못된 스타마케팅은 소비자들의 스타와 동일시를 통해 허영과 과소비를 부추길 수 있다.

7) 스타마케팅과 브랜드 관리

전지현, 이영애, 김태희, 김연아 등 특급 모델들의 효과는 분명히 있지만 한 스타가 같은 시점에 지나치게 많은 광고들에 겹쳐서 출연하면 스타마케팅의 효과는 일반적으로 떨어지기 마련이다. 하지만 삼성전자의 최진실, 푸르지오의 김남주 등은 브랜드의 핵심 속성과 모델의 연상 및 이미지가 잘 맞았기 때문에 같은 기간 많은 광고들에 겹치기 출연에도 불구하고 해당 브랜드 모델로서 장수했고 스타마케팅의 강한 효과가 있었다. 비슷한 이유로 이영애가 나오는 GS 자이, 장동건의 포스코 더샵, 이효리의 삼성 애니콜, 전지현의 엘라스틴 및 17차 등도 겹치기 광고 출연에도 불구하고 꾸준히 좋은 효과를 냈다. 일부 업계에서의 스타마케팅은 지나치게 과열되기도 한다. 예를 들면, 이전에 볼보와 폭스바겐은 이영표 선수에게 거의 동시에 스타마케팅을 위해 의전차량을 제공했는데 이영표가 어떤 차를 타는가에 따라 희비가 엇갈렸다고 한다.

스타마케팅은 총체적 브랜드관리에 기반을 두고 계획, 실행, 평가되어야 한다. 스타마케팅은 브랜드의 이미지 형성 및 강화, 브랜드 인지도 향상, 고객과의 관계 제고, 브랜드 차별화 등에 큰 도움을 주는 마케팅 활동이지만, 지나치게 스타에만 의존하고 품질개발, 핵심 속성과 혜택 제공, 소비자들과의 관계 유지 및 제고에 소홀하게 되면 브랜드에 도움이 안 되고 경우에 따라서는 스타를 활용해 가격 올림 등을 통해 고객을 착취하는 것으로 인식되어 오히려 브랜드에 부정적으로 작용할 수 있다. 따라서 브랜드의 본질적인 속성들과 혜택들을 향상시켜서 소비자들에게 높은 가치를 전달하는 것이 브랜드 관리의 핵심이고 스타모델은 브랜드 연상과 이미지를 강화하는 보조의 역할을 한다는 것을 명심해야 한다.

3. 통합적 마케팅커뮤니케이션

1) 통합적 마케팅커뮤니케이션의 필요성

1990년대 이후에 마케팅에서 통합적 마케팅커뮤니케이션(IMC: Integrated Marketing Communication)에 대한 관심이 고조, 확산되었다. 이러한 통합적 마케팅커뮤니케이션에 대한 관심은 약 4가지 요인들에서 비롯되었다고 할 수 있다. 첫째. 과거의 광고, 판촉, 홍보, 구매시점 진열 등의 커뮤니케이션 수단들이 제각기 별개의 활동으로 진행되어 일관성이 부족하여 개별적인 수단들을 조정, 통제해야 할 필요성이 대두했다. 특히 기업들 간에 경쟁이 더욱 치열해지고 소비자들은 가치에 더 민감해지면서 이 필요성은 더 부각되었다. 각마케팅 도구들에 대한 조정, 통합의 실패는 마케팅 비용의 불필요한 중복 지출과 소비자들에게 서로 다른 메시지의 전달로 인한 브랜드파워의 약화를 가져올 수 있기 때문이다(안광호·김동훈·유창조, 2008). 둘째, 각각의 커뮤니케이션 수단들은 주요 목적들, 장점들, 단점들에서 차이가 있어서 어떤 브랜드 또는 기업에 대한 커뮤니케이션에서 최상의 도구들의 집합을 구성할 필요성이 있었다. 예를 들면 전통적인 4대 촉진믹스들의 촉진도구들의 주요 목적들을 비교하면 다음과 같다.

① 광고: 이미지, 선호도, 태도 개선, 포지셔닝, 조직체나 브랜드에 대한 정보 전달 등 다양한 목적을 가짐
② 판촉: 단기 매출을 증대
③ PR: 고객들의 신뢰를 형성

④ 인적판매: 판매 증진에 좋고, 피드백이 가능하고, 판매원과 고객 간에 장기적인 관계를 형성하는 데 유리

셋째, 1990년대부터 브랜드자산 개념 등 브랜드의 중요성이 크게 부각되면서 브랜드가 IMC 도구들의 통합의 구심점이자 최종목표로 사용되었다. IMC의 통합은 일반적으로 브랜드를 중심으로 이루어지고, 궁극적인 목표는 브랜드 인지도 향상, 좋은 브랜드 연상 형성을 통해 명확한 이미지를 가진 강력한 브랜드를 구축하는 것이다.

넷째, 다양한 새로운 커뮤니케이션 도구들이 나타났고 커뮤니케이션 도구들 내의 비중이 달라졌다. 인터넷 커뮤니케이션, 스마트폰 커뮤니케이션, SNS를 통한 커뮤니케이션 등이 새로운 도구들로 등장했다. PR의 비중이 증가하는 추세이고 광고와 판촉이 전체 커뮤니케이션 도구들에서 차지하는 비중이 축소되었다. 광고 내에서도 케이블 TV광고 등의 비중이 늘어난 반면에 전통적인 공중파 TV, 라디오광고, 신문광고, 잡지광고는 대체적으로 축소되었다. 따라서 더 많은 공식적 커뮤니케이션 도구들과 중요성과 비중이 늘어나는 구전 등의 비공식적 커뮤니케이션 도구들의 적절하고 통합적인 관리가 더 필요하게 되었다.

2) 통합적 마케팅커뮤니케이션의 정의와 특징

통합적 마케팅커뮤니케이션은 4가지 촉진믹스 등 다양한 커뮤니케이션 도구들을 이용하여 고객 및 잠재고객의 행동에 영향을 미칠 수 있는 통합적 커뮤니케이션 프로그램을 개발, 실행하는 과정이다. 통합적 마케팅커뮤니케이션은 다음과 같은 특징들을 가진다. 이 5가지 특징들 중에서 처음 3개는 고객과 관련(각각 출발점, 과정, 종착점)되고 이후의 2개는 개별 도구들의 선택과 통합에 관련된다.

(1) 목표는 고객의 행동에 영향을 주는 것이다.
(2) 고객 또는 유망고객으로부터 출발한다.
(3) 기존고객 유지를 중시하고 고객과 좋은 관계를 형성, 유지, 제고에 주력한다.
(4) 모든 형태의 유용한 도구들을 사용한다.
(5) 일관된 브랜드나 조직체 이미지를 중심으로 시너지 효과를 달성한다.

첫 번째, IMC의 목표는 고객의 행동에 영향을 미치는 것이다. 이전의 커뮤니케이션(특히, 광고나 PR)에서는 인지와 감성(주로 태도)에 영향은 주었지만 막상 고객들이 실제 구매하는 데까지 이르지 않은 경우가 많았다. IMC는 인지, 감성을 넘어서 구매, 사용과 같은 행동적 반응을 이끌어 내는데 중점을 둔다. 두 번째 IMC의 특징은 고객 또는 유망고객으로부터 출발하는 것이다. IMC는 커뮤니케이션 도구의 결정에 있어서 기업의 내부에서 출발하는 내부지향적 접근법이 아니라 고객에게서 출발하는 외부 지향적 접근법을 택한다. 세번째 IMC의 특징은 고객관계 관리를 통해 고객과의 장기적인 관계를 구축하는 것이다. 성공적 마케팅 커뮤니케이션을 위해서는 소비자들과 지속적인 좋은 관계 형성 및 제고를 통해 노력하고 궁극적으로는 애호도 있는 고객들을 확보하는데 커뮤니케이션의 중점을 둔다.

네 번째 IMC의 특징은 모든 형태의 유용한 마케팅커뮤니케이션 도구들, 즉 고객접촉수단들을 사용하는 것이다. 이것은 마케팅 커뮤니케이션 관리자가 광고뿐만 아니라 다양한 촉진믹스들을 사용하고 다양한 전달매체들을 적극적으로 사용하는 것을 의미한다. 다섯 번째 IMC의 특징은 선택한 마케팅커뮤니케이션 도구들의 시너지 효과를 달성하는 것이다. 모든 선택한 커뮤니케이션 도구들과 매체들은 일체가 되어서 하나의 목소리를 내어야 하고 각 커뮤니케이션의 효과적인 조정과 통제가 필요하다. 이러한 시너지의 목표는 강하고 긍정적이고 독특한 브랜드 이미지를 일관성 있게 유지하는 것이다(안광호·김동훈·유창조, 2008).

통합적 마케팅커뮤니케이션의 성공한 예들에는 미국의 유유 콧수염 공익캠페인, 말보로, 바디샵(Body Shop), SMH의 스와치(Swatch), 휴렛 팩커드(Hewlett Packard), 하겐다즈(Haagen Dazs), 앱솔루트 보드카, 삼성 애니콜, 2% 부족할 때 음료가 있다.

이 중에서 앱솔루트 보드카의 예(김재영, 2007)를 여기에 소개한다. 앱솔루트 보드카의 IMC 목표는 브랜드 인지도 제고와 패션감 있고 세련되고 지적인 이미지를 확립하는 것이었다. 앱솔루트 보드카는 광고, PR, 판촉, 인터넷 촉진, 술병 패키지 디자인, 구전 마케팅 등을 통해 성공적인 IMC 캠페인을 전개할 수 있었다. 광고에서는 보드카 병 모양의 비주얼과 두 단어로 구성된 앱솔루트+_____의 헤드라인(예: Absolute Style)을 사용해 관심을 끌고 적절한 변화와 일관성을 유지했다. 제품과 패키지 중심 광고, 항상 다음 편을 기대하는 광고, 일관성을 유지하면서도 변하는 광고, 잡지 위주의 광고 캠페인을 전개했다. 광고는 구전마케팅을 통해 소비자들의 배가된 관심을 불러일으켜서 광고가 나온 잡지 수집 열풍도 벌어지고 잡지사에서는 광고를 실으려고 먼저 앱솔루트를 교섭하기도 하고 미술관에 일부 광고는 전시되기도 했다. PR은 패션쇼, 전시회 등을 이용해 이벤트를 통해 주로 진행되었고 예술가 후원 등도 병행하였다. 판촉은 소매상 판촉을 중심으로 하였고 홈페이지, 인터넷 광고 등도 활용하였다. 앱솔루트 보드카의 IMC에서 패키지인 병의 역할도 컸다. 앱솔루트 보드카는 미학적이고 독특한 병들을 디자인해 광고에 보여 주면서 예술을 마케팅에 활용하였고 Y2K 술병, 크리스마스 술병 들 특별한 행사와 관련하여 술병을 디자인하기도 했다. 결론적으로, 앱솔루트 보드카는 IMC의 성공으로 고급스럽고 패션감각이 뛰어나고 차별화된 보드카 브랜드를 창조, 유지할 수 있었다.

Chapter 6

브랜드확장

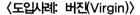

〈도입사례: 버진(Virgin)〉

1970년에 리처드 브랜슨(Richard Branson)과 몇몇 친구들은 작은 우편주문회사인 버진 음반회사(Virgin Records)를 영국 런던에서 설립하였고 이것이 버진(Virgin) 기업의 시초가 되었다. 버진은 브랜슨이라는 최고경영자의 개성과 같이 도전, 반항, 즐거움의 독특한 개성을 가진 기업이다. 버진의 홈페이지에 따르면 버진은 차이를 만드는 것을 신봉한다고 되어 있다. 버진은 가격 대비 가치, 품질, 혁신, 즐거움, 경쟁적 도전감을 상징한다.

브랜드 아이덴티티, 자산, 확장
버진은 우상파괴의 브랜드 진수를 바탕으로 독특한 브랜드 아이덴티티를 가진 것으로 잘 알려져 있다. 버진의 브랜드 아이덴티티의 주된 구성요소들은 다음과 같다.
① 제품으로서의 브랜드: 서비스 품질에 집중, 혁신적인 제품들, 좋은 가치와 적당한 가격
② 조직체로서의 브랜드: 즐거움과 오락을 주는 기업, 가치지향적인 기업, 영국 기업
③ 사람으로서의 브랜드: 기존 규칙들을 깔보는, 때때로 뻔뻔스럽고 유머감 있는, 언더독 기질의, 능력 있고 높은 표준을 가짐
④ 상징물로서의 브랜드: 브랜슨과 라이프스타일, 날려 쓴 버진 필기체 활자로고

버진의 기업명 및 브랜드명은 여자 동료들 중 한 명이 회의에서 젊음을 의미하고 동시에 사업에 자신들이 처음 들어가는 것을 의미하는 숫처녀라는 'Virgin'을 제안해서 채택되었다. 로고는 화장실을 잠깐 가던 리처드 브랜슨이 브랜드 디자이너가 로고 그림을 낙서해 놓은 것을 우연히 보고 마음에 들어 채택한 것이라고 한다.
버진의 브랜드 아이덴티티와 이미지는 리처드 브랜슨 창업자 겸 최고경영자와 강한 연관이 있다. 리처드 브랜슨은 선천성 난독증으로 고교를 중퇴한 사람으로 모험심이 강하고 자유

분방하고 창의적이다. 그의 독특한 개성의 상당 부분이 기업브랜드 버진에 스며들어서 브랜드개성과 즐거움을 주는, 도전적인, 좋은 가치라는 브랜드 이미지를 형성했다. 영국의 타임지는 브랜슨을 이미지의 마법사로, 버진을 롤스로이스 이래 영국 최고 브랜드로 평가하기도 했다. 광범위 브랜드로서 개별 제품들에서 다소 차이가 있지만 지각된 품질 면에서 대체로 버진 브랜드는 가격대비 뛰어난 품질의 제품들로 인식이 된다.

버진은 세계 30개 국가들에서 300개 이상의 브랜드화된 기업들을 창조함으로써 브랜드확장을 해왔고 대략 5만 명의 사람들을 고용하고 있다. 2008년에 버진의 전 세계 버진 브랜드를 통한 전체 수입은 110억 파운드(미국달러로 환산해서 약 170억 달러)를 초과했다. 버진은 레코드 사업부터 시작해서 콜라, 결혼 예복, 화장품, 철도여행, 금융서비스, 이동통신, 인터넷 서비스, 와인, 항공여행 등 다양한 기업들 및 제품군들로 확장되었다.

버진이 붙여진 기업들과 제품들은 매우 넓은 범위에도 불구하고 하나의 범주로서 즐거움과 가치로 대변되는 범주 일치성이 있다. 이것은 버진의 경영진이 수익성만 보지 않고 명확한 브랜드 가치 기준을 정해놓고 사업승인을 하는 것에 상당히 기인한다. 버진은 ① 최고의 품질, ② 혁신성, ③ 가격 대비 높은 가치, ④ 기존의 것에 대한 도전, ⑤ 즐거움과 당돌함의 5가지 브랜드 기준들에서 4개 이상 충족되어야만 사업을 받아들인다고 한다. 버진의 브랜드확장을 통한 사업방식은 특이하다. 각 분야의 전문적인 제휴파트너가 제품과 자본을 대고 버진은 브랜드를 제공하고 대가로 50% 이상의 지분을 확보한다. 모든 사업이 성공한 것은 아니고 콜라, 화장품, 보드카 등은 결국 시장에서 사라졌다.

버진 애틀랜틱 항공사(Virgin Atlantic Airway)의 경우에 1984년에 설립되었는데 유럽에서 취항하는 항공사들 중 3번째로 높은 시장 점유율을 가진다. 상대적으로 낮은 가격에도 뛰어난 고객서비스를 제공해 고객가치를 극대화하려 하고 있다. 예를 들면 고객에 대한 서비스를 위해서 매 고객 좌석마다 작은 TV스크린을 설치한 최초의 항공사이다. 1등석에서는 네일 케어와 마사지 등 미용서비스를 제공하고 기내에는 도박 카지노와 스탠드바를 설치하여 '즐거움', '혁신적인'의 버진 기업의 가치에 부합하는 서비스들을 시행하였다.

브랜드 이미지는 배려함, 정직, 가치, 즐거움, 혁신과 관련되고 이는 대체로 버진의 기업브랜드의 이미지에 항공사의 특성상 신뢰성과 공감성이 첨가된 것이라 할 수 있다. 캐릭터는 'Flying Lady'란 가상 캐릭터를 사용하고 있다. 글로벌 브랜드 이미지를 지니면서 문화적으로 상세할 정도로 취항 지역들에 맞추어 고객에게 서비스를 제공하는 전략을 채택하고 있다.

커뮤니케이션 전략

버진은 즐거움과 당돌함의 브랜드 가치를 커뮤니케이션을 통해서 명확히 실현시킨다. 공중에 뜨는 열기구를 타고 세계 일주를 하는 것, 걸프전 대 바그다드로 인질 구조 비행을 한 것 등은 언론의 주목을 받아 흥미 있는 홍보사건으로 다루어져 브랜슨과 버진을 크게 알렸다.

창의적이고 즐거움을 주는 이벤트들도 가끔 벌인다. 버진콜라를 출시할 때는 미국의 상징인 코카콜라를 제압하겠다며 뉴욕 5번가에서 탱크를 타고 코카콜라 간판에 총을 쏘는 이벤트를 벌였는데 관심을 끌어서 다음 날 아침 TV쇼에 인터뷰가 나갔다. 싱가포르 텔레콤과 합작으로 버진 모바일 출시 때는 직접 사자탈을 쓰고 사자춤을 추었다. 버진항공사의 웹사이트를 클릭하면 버진 컬러의 비행기가 화면을 가로질러 날아가고 밖에는 손을 흔드는 사람도 등장한다. '사이버첩보센터'도 있는데 방문자들이 자신의 즐거운 소재를 이 사이트에 보고하도록 되어서 참여와 흥미를 끌어낸다. 버진의 마케팅 캠페인에는 일반 광고, 직접 우편, 판매시점 진열 등도 이용된다.

마케팅 전략

버진은 사람 중심 경영을 한다. 브랜슨은 돈보다 직원과 고객의 행복, 도전에 더 큰 의의를 둔다고 한다. 브랜슨은 주말에는 전 직원들과 함께 호텔에서 야영을 하면서 즐기기도 한다. 버진에서는 직원들에 대한 대우가 좋고 회사의 구조가 계층적이 아니라 가족과 같이 유연하게 연결되어 있다. 브랜슨은 자신에게는 직원이 최우선이고 고객이 두 번째이고 세 번째가 주주라고 공언한다. 버진에서는 권한이양이 잘 되어 있다. 고객들의 피드백을 받고 반영을 시키는 데도 열심이다.

버진은 펀(fun) 경영이라는 즐거움의 경영을 한다. 브랜슨의 인생 및 버진의 경영철학의 큰 핵심도 즐거움이다 브랜슨에 따르면 버진은 즐거움을 파는 기업이고 브랜드 벤처캐피털 기업이다. 버진의 직원들과 제휴 기업 직원들은 일상적인 아이러니와 유머감각 그리고 솔직한 커뮤니케이션으로 고객들을 이끌고 있다. 버진항공은 "자부심은 크게 갖더라도 가방만큼은 7Kg 한도를 지켜주세요"라는 문구로 기내 반입 화물크기 문제로 인한 고객과의 실랑이를 최소화할 수 있었다. 1996년에 출시된 버진콜라는 독특한 곡선의 콜라병으로 고객들에게 재미를 제공하였다.

높은 품질과 혁신을 바탕으로 한 상품 전략을 사용한다. 예를 들면 버진항공사는 항공사 최초로 개인 마사지, 라이브 록밴드, 카지노 등을 제공하면서 상품 혁신을 주도했다. 일등석을 없애고 상위클래스를 신설했는데 중간요금대로 일등석 요금 수준의 서비스를 제공했다.

자료원: 안광호 등, 2010; 이유재, 2009; Aaker and Joachimsthaler, 2000; Kotler and Keller, 2009; Temporal, 2006; www.virgin.com; Zeithaml et al., 2009

1. 브랜드확장의 의미[*4]

1) 브랜드확장의 정의와 중요성

브랜드는 기업이 가지고 있는 가장 강력한 자산들 중의 하나이다(Aaker, 1996; Keller and Aaker, 1992). 브랜드는 기업의 지속적 경쟁적 우위(SCA: Sustainable Competitive Advantage)를 성취하고 유지하는 데 활용될 수 있다. 뛰어난 브랜드는 소비자의 마음속에 자리 잡은 뛰어난 연상과 이미지를 바탕으로 현재의 제품군뿐만 아니라 새로운 관련 제품군들에도 들어가 추가적인 매출과 수익을 거둘 수 있다. Kochan(1997)은 강력한 브랜드의 힘을 다음과 같이 표현한다.

> "강력한 브랜드는 많은 세대들에 걸쳐서 기업의 부의 원천을 빈번히 제공한다. 최고의 브랜드들은 일반 대중들의 애정과 애호도뿐만 아니라 명확하게 정의 내려진 브랜드 개성을 개발하면서 나이가 들면서 가치가 증진한다. 최고의 브랜드들은 하위 브랜드들과 확장 제품들의 모 브랜드들이 되고 이것들은 브랜드의 소유자에게 그들의 가치와 이름을 새로운 제품 영역들에서 활용할 기회를 준다."

브랜드확장의 인기는 다음과 같은 소비시장에서의 다양한 현상들에 기인한다(김재영, 2007).
① 시장에서의 경쟁의 가속화
② 신제품을 시장에 진입시키는 것과 관련된 마케팅 비용들의 증가
③ 경쟁 브랜드들 간에 기술과 제품 속성들 또는 혜택들의 차이의 감소
④ 신제품들을 채택하는 것과 관련된 소비자들의 증가된 두려움
⑤ 신제품들의 낮은 성공 확률들

과거 30년간 브랜드확장은 비용 대비 효율적인 방식으로 성장을 도모하는 방식(Tauber, 1988), 브랜드 자산을 활용하는 방식(Blackett, 1991), 기업의 사업하는 본질과 방향을 재정립하는 방식(Tauber, 1981) 등으로 꾸준한 인기를 유지해 왔다. 1980년대 이전에도 브랜드확장은 사용되었지만, 1980년대 이후에 본격적으로 사용되어졌고 특히 1990년대 이후부터 지금까지 폭발적인 인기를 누려 왔다. 학계의 연구자들도 다양한 자료들을 통해 브랜드확장의 인기를 증명했다. 예를 들어, Loken과 Roedder John(1993)에 따르면 1980년대에 소개

된 신제품들 중의 50%가 넘는 제품들이 브랜드확장이나 라인확장과 관련된 제품들이었다. <브랜딩사례 6-1>은 2000년대 우리나라 식품업계의 라인확장의 예들을 다룬다.

〈브랜딩사례 6-1: 식품업계 브랜드확장으로 불황대응〉

식품업계가 불황을 넘기 위해 최근 브랜드 확장을 시도하고 있다. 업계에 따르면 식품, 제과분야에 인지도가 높은 주력 브랜드를 활용한 신제품이 잇따라 출시되고 있다. 주력 브랜드를 활용해 신제품을 출시함으로써 광고 등의 마케팅 비용을 최소화하고, 신제품 출시에 따른 위험을 최소화하기 위해서다.

농심은 최근 기존 "쫄병스낵"(매콤한 맛, 자장 맛)에 이어 "꿀쫄병"을, "짜파게티"에 이어 "사천요리 짜파게티" 등 브랜드 확장 제품을 선보였다. '꿀쫄병'은 쌀과 벌꿀이 함유된 달콤한 맛으로 선택의 폭을 넓혔다. '사천요리 짜파게티'는 고추 추출유와 고춧가루를 유성스프 및 과립스프에 각각 첨가해 매운맛을 살렸다. 농심은 특히 장수 브랜드인 '짜파게티'의 확장 제품인 '사천요리 짜파게티'의 출시를 통해 지속적 판매 확대와 브랜드력 제고에 주력할 계획이다.

한국야쿠르트는 "라면보이"에 이어 '라면보이스낵 매콤한 맛'을, 용기면 "왕뚜껑"의 용량을 대폭 줄여 간편하게 즐길 수 있는 '왕뚜껑 컵면'을 최근 개발, 판매하고 있다. 기존 '왕뚜껑'의 절반 크기인 '왕뚜껑 컵면'은 야외 나들이나 산행 시 인기가 있고 수험생과 여성들의 간식으로도 애용되고 있다. 롯데제과는 이달부터 "팅클 메론 맛"을 판매하고 있다. 기존의 "팅클", "팅클 브레드" 등과 함께 소비자들의 다양한 입맛을 사로잡을 계획이다. 오리온은 기존 히트 브랜드인 "오징어땅콩"에 매콤한 맛을 가미한 신제품 "오징어땅콩 매콤한 맛"을 판매하고 있다. 해태제과는 담백한 완두콩 맛에 샐러드 맛을 가미한 스낵 "사야엔도 셀러드 맛"을 선보였다.

한편 농심 관계자는 "호황기에는 새로운 제품이 나오면 소비자들이 호기심 때문에 제품을 구매하기도 하지만, 지갑이 얇아지는 불황기일수록 소비자들의 소비 형태는 소극적으로 바뀌어 새로운 것을 찾지 않고 기존에 익숙해 있던 제품을 구매한다"고 말했다.

자료원: 내일신문, 2004년 10월 1일.

브랜드확장은 다른 제품군이나 계층에 들어가기 위해서 현존하는 브랜드 이름을 그대로 새로운 확장제품에 사용하는 것이다(Aaker and Keller, 1990; Reddy et al., 1994; Tauber, 1988). 따라서 브랜드확장은 기업이 가진 가장 실질적이고 시장에 활용할 수 있는 자산인

브랜드 이름을 활용함으로써 성장을 추구하는 자연스러운 전략이다(Aaker, 1991).

Braig와 Tybout(2005)는 아이보리(Ivory) 비누 브랜드의 브랜드확장 및 라인확장 이야기를 소개한다. 아이보리 비누 브랜드는 1879년에 프록터앤드갬블 기업에 의해서 시장에 소개되었다. 아이보리 브랜드는 오랫동안 순수함, 순함, 상냥함과 연관되어 왔다. 같은 제품군에서 현존하는 제품의 속성들 중의 일부만 바꾸어서 현존하는 브랜드명을 그대로 사용하는 것은 라인확장이라고 불린다. 아이보리 비누 브랜드의 라인확장 제품들에는 아이보리 액체 손 씻을 때 사용하는 비누, 아이보리 알로에 덩어리 비누 등이 있다. 아이보리 비누는 다른 세제 제품군들에 확장되었는데, 아이보리의 브랜드 확장 제품들에는 아이보리 액체 식기세제, 아이보리 세탁기용 세제, 아이보리 샴푸 등이 있다. 아이보리 브랜드를 잘 관리하고 브랜드확장 및 라인확장으로 강화함으로써 아이보리 브랜드는 130년 이상 아이보리의 독특하고 지속적인 브랜드 이미지를 성공적으로 유지해왔다.

2) 브랜드확장의 분류

브랜드확장은 다양한 방식들로 분류되어질 수 있다. 여기서는 5가지 기본적인 브랜드확장의 분류방식들이 소개되고 설명될 것이다. 첫째, 브랜드확장은 모 브랜드 제품들과 관련해서 확장제품이 속한 제품군 면에서 분류되어질 수 있다(즉, 다른 제품군으로 확장인가? 같은 제품군 내에서 확장인가?). 둘째, 브랜드확장은 모 브랜드 제품과 확장제품 간의 적합성(fit) 면에서 분류되어질 수 있다(즉, 높은 적합성을 가진 확장인가? 낮은 적합성을 가진 확장인가?). 셋째, 브랜드확장은 모 브랜드의 이미지 면에서 분류되어질 수 있다(즉, 기능적 확장인가? 상징적 확장인가?). 넷째, 브랜드확장은 모 브랜드 제품과 비교해서 확장제품의 품질 수준 및 품질에 대응하는 가격 수준에 따라서 분류되어질 수 있다(즉, 비슷한 품질 수준의 확장제품을 겨냥하는 수평적 확장인가? 또는 두드러지게 더 높은 품질의 확장제품 또는 더 낮은 제품 품질의 확장제품으로 확대하는 수직적 확장인가?) 다섯째, 브랜드확장은 확장제품군들의 다양성 면에서 분류되어질 수 있다(즉, 하나 혹은 몇 개의 제품군으로 확장하는가? 다양한 제품군들로 확장하는가?).

(1) 제품범주 확장과 라인 확장

필자를 포함한 많은 연구자들(예: Aaker and Keller, 1990; Reddy et al., 1994)은 브랜드확장(brand extension)과 라인확장(line extension)을 구분한다. 이렇게 브랜드확장이 표준적으로 사용될 때 브랜드확장은 아이보리 샴푸, 리복 손목시계 등과 같이 현존하는 브랜드명을 새로운 제품군이나 영역에서 사용하는 것을 의미하고 반면에 라인확장은 단순히 생산라인의 일부 변화로 기존의 제품의 맛, 크기, 구성물 등을 변화시켜서 새로운 제품을 출시하는 것이다. 즉, 다이어트 콜라, 밀러 라이트 맥주, 해태의 노란 콜라 등의 예들과 같이 같은 제품군이나 영역 내에서 새로운 제품을 소비자들에게 출시하는 것이다.

다른 연구자들(예: Braig and Tybout, 2005; Farquhar, 1989; Keller, 2008)은 브랜드확장을 제품범주 확장(category extension)과 라인확장(line extension)을 포함하는, 보다 포괄적인 용어로 사용한다. 이렇게 사용될 때의 제품범주 확장은 표준적으로 사용될 때의 브랜드확장과 동일하다. 브랜드확장에서 모 브랜드는 확장 제품의 원천이 되는 현존하는 브랜드를 의미하고 확장제품은 브랜드확장 시에 모 브랜드와 같은 이름을 가진 새로운 제품군에서의 새로운 제품을 의미한다.

라인확장은 3가지 목적을 달성할 수 있다(김재영, 2007). 첫째, 라인확장은 현존하는 고객들의 자사 브랜드의 사용량을 증가시킬 수 있는 능동적이고 공격적인 전략으로 사용될 수 있다. 둘째, 라인확장은 주된 현재의 고객들을 유지하고 경쟁자들의 공격적인 전략들을 방어할 수 있는 수비적인 전략으로 사용될 수 있다. 셋째, 라인확장은 브랜드를 재화성화하고 새로운 고객들을 끌어들이는 데 사용될 수 있다.

Tauber(1988)는 176개의 브랜드확장(넓은 의미에서)을 연구해서 브랜드확장을 다음과 같은 7가지 주된 범주들로 분류했다.

① 같은 제품이지만 다르게 제공되는 형태: 예들에는 크랜베리 주스 칵테일, 돌(Dole) 냉동 과일바가 있다.

② 차별화된 맛/성분/구성요소: 예들에는 체리코크, 다이어트 코크가 있다.

③ 동반 제품: 예들에는 콜게이트 칫솔, 콜먼 캠핑용 텐트가 있다.

④ 같은 고객들에 기반한 프랜차이즈: 예들에는 비자 여행자수표 및 KB 신용카드가 있다.

⑤ 전문적인 기술: 예들에는 혼다 잔디 깎는 차(혼다의 기술력 있는 작은 엔진들을 바탕으로 확장), 비크(Bic) 면도기(비크의 저렴한 일회용 플라스틱 용품들에서의 뛰어난

기술력을 바탕으로)가 있다.

⑥ 혜택/속성/특성: 예들에는 아이보리 샴푸(순한 속성을 바탕으로), 썬키스트 비타민 C 정제(오렌지 속성을 바탕으로)가 있다.

⑦ 디자이너 이미지/신분: 예들에는 피에르 가르뎅 지갑, 포르쉐 선글라스가 있다.

(2) 근접확장과 원격확장

근접확장(close extension)과 원격확장(far extension)은 적합성의 차원에서 대조된다. 적합성(fit)은 모 브랜드 제품(들)과 확장제품이 얼마나 관련되는가(예: 물리적 유사성, 사용, 브랜드 이미지의 일치성)를 측정하는 것이다. 근접확장은 모 브랜드의 이름을 모 브랜드 제품과 매우 비슷한 제품에 확장하는 것으로 정의되고, 원격확장은 모 브랜드의 이름을 모 브랜드 제품과 관련은 되지만 관련성이 상대적으로 먼 제품에 확장하는 것으로 정의된다. 브랜드 확장에서 적합성에 관해서는 본 장의 5절에서 자세히 다룰 것이다.

(3) 상징적 확장과 기능적 확장

상징적 확장(symbolic extension)과 기능적 확장(functional extension)은 모 브랜드 이미지 면에서 분류된다. 상징적 확장은 롤렉스시계, 폴로셔츠, 벤츠 자동차와 같이 두드러진 상징적인 브랜드 이미지를 가진 모 브랜드 제품을 확장제품으로 확장하는 것을 의미한다. 반면에 기능적 확장은 타이맥스 시계, 델 컴퓨터, 지오다노 셔츠와 같이 두드러진 기능적인 브랜드 이미지를 가진 모 브랜드 제품을 확장제품으로 확장하는 것을 의미한다. 모 브랜드의 이미지가 확장제품에 주는 효과에 대해서는 본 장의 4절에서 추가로 설명할 것이다. Park 등(1991)의 연구에서 나타난 것과 같이 모 브랜드와 확장제품 간의 브랜드 개념의 일치가 중요하다. 즉, 상징적 브랜드는 상징적인 이미지가 강한 제품에 확장될 때 효과가 크게 나타나고 반대로 기능적 브랜드는 기능적인 이미지가 강한 제품에 확장될 때 효과가 크게 나타난다.

(4) 수평적 브랜드확장과 수직적 브랜드확장

수평적 브랜드확장은 모 브랜드 제품의 품질 수준의 전이를 바탕으로 비슷한 품질 수준의 새로운 확장제품을 목표로 하고 새로운 제품에 들어가는 브랜드확장이다. 하지만 기업은 저가 시장에서 추가적인 매출을 올리기 위해서 모 브랜드보다 더 낮은 제품 품질의 확장제품으로 확대하는 하향적 브랜드확장을 할 수도 있고 브랜드에 대한 이미지를 고급화하고 추가적인 수익을 얻는 등의 목적을 가지고 두드러지게 더 높은 품질의 확장제품으로 확대하는 상향적 브랜드확장을 할 수도 있다. 수직적 확장은 하향적 브랜드확장 또는 상향적 브랜드확장을 말한다.

전략 면에서 하향적 브랜드확장은 모 브랜드의 품질이미지를 낮출 수 있기 때문에 질렛이 Good News라는 새로운 개별 브랜드로 일회용 면도기에 들어간 것이나 고품질과 뛰어난 서비스로 알려진 메리어트 호텔이 중간 수준의 숙박시설에 들어가면서 Courtyard Inn by Marriott의 복합 하위브랜드 전략을 사용한 것같이 하위브랜드 전략을 보통 사용한다. 한편 상향적 브랜드확장은 더 신중하게 해야 한다. 미국의 Gallo 포도주 회사는 값비싼 포도주를 출시하면서 기존의 브랜드를 그대로 사용해서 새 제품의 뛰어난 품질을 강조하는 광고 캠페인을 대대적으로 했음에도 불구하고 소비자들의 반응은 부정적이었다(안광호·한상만·전성률, 2008). 상향적 브랜드확장에서 대체적으로 유용한 전략은 일본의 도요타(Toyota)의 렉서스(Lexus) 브랜드처럼 새로운 브랜드명을 중심으로 새로운 브랜드 전략을 구사하는 것이다. 도요타는 벤츠, BMW 등이 포진한 고급 자동차 시장에서 확실한 성공을 위해 렉서스에 자신의 기업 브랜드명인 도요타를 전혀 연관시키지 않고 완전히 독자적인 브랜드 전략을 구사했다. 만약 약간의 품질, 성분, 강도 등의 상향만 있다면 타이레놀의 Extra Strength Tylenol이나 르노삼성자동차의 New SM3처럼 기존의 브랜드명을 그대로 두고 브랜드 수식어을 더해서 사용할 수 있다.

(5) 일반적 브랜드확장과 광범위 브랜드확장

일반적 브랜드확장(general brand extension)은 모 브랜드를 같은 제품군 내에서 다른 제품들이나 하나 또는 몇 개의 관계되는 다른 제품군의 제품으로 확장한 것이다. 대부분의 조직체들은 신중하게 한정된 확장 제품들을 선택하기에 선택된 확장제품들은 모 브랜드와 적합성(예: 물리적 유사성, 혜택, 사용상황) 면에서 상당히 관련된다. 따라서 대부분의 브랜드확장들은 여기에 속한다. 예를 들어 구찌(Gucci)는 다양한 의류 제품 내에서 확장을 했고 액세서리 제품군에 들어가서 핸드백으로 확장을 했고 시계 제품군에도 들어가 손목시계에도 성공적으로 확장을 했다. 하지만 브랜드를 최대한 활용하고 싶을 때에 간혹 위험이 따

르지만 적합성이 떨어지는 확장제품들도 포함하는 매우 다양한 제품군으로 확장하기도 한
다. 광범위 브랜드확장(range brand extension)은 모 브랜드를 관련성이 떨어지는 확장제품
들을 포함해서 다양한 제품군들의 제품들로 확장하는 것이다.

버진(Virgin), 캐터필러(Caterpillar), 혼다(Honda), 디즈니(Disney), 소니(Sony), GE, 아메리
칸 익스프레스(American Express), 삼성은 광범위 브랜드확장의 좋은 예들이다. 광범위 브랜
드확장의 대표적인 예에는 영국의 버진 브랜드가 있다. 버진 브랜드는 정말 다양한 제품들
로 브랜드확장을 했다. 본 장의 도입사례에서 다루어진 버진은 음반 서비스로 시작해서 확
장제품들에는 저가 항공사(Virgin Express), 재무 서비스(Virgin Direct), 화장품 소매점포들
(Virgin Vie), 미디어 회사들(Virgin Radio, Virgin TV), 철도 서비스(Virgin Rail), 소프트 음료들
과 다른 음료들(Virgin cola, Virgin Vodka), 일상 의류(Virgin Jeans), 레코드 라벨(V2 Records),
결혼할 신부 관련 서비스(Virgin Bride) 등이 있다(Aaker and Joachimsthaler, 2000). 캐터필러
의 경우에는 브랜드 이름을 건설 장비들로부터 의류, 안경류, 신발, 보석, 시계들 등에 성
공적으로 확장해 왔다.

광범위 브랜드(range brand)는 Aaker(1996)에 의해 사용되었다. 그에 따르면, 광범위 브랜
드는 다양한 제품계층들에서 골고루 적용될 수 있는 브랜드 아이덴티티를 가지거나 각각
의 제품군마다 다른 하위 브랜드 아이덴티티를 가지고 전략적인 장기적인 초점을 지닌 브
랜드이다. 본 저서의 광범위 브랜드확장은 광범위 브랜드의 브랜드확장을 의미한다.

일반적 브랜드확장과 광범위 브랜드확장은 의사결정 초점, 제품 범위, 시간적 프레임의
3가지 주요 기준들에서 차이가 난다(Aaker, 1996).

① 의사결정 초점: 일반적 브랜드확장은 점진적 확장에 중점을 두는 반면에 광범위 브랜
   드확장은 총체적이고 전략적 확장에 중점을 둔다.

② 제품 범위: 일반적 브랜드확장에서는 하나의 정체성이 모든 확장제품들을 포괄하는
   반면에 광범위 브랜드확장에서는 하나의 신중하게 선택되고 전략적으로 관리된 정체
   성이 많은 확장제품들을 포괄하거나 대개는 핵심 정체성에 덧붙여서 개별적인 하위
   정체성이 각 차별화된 제품 계층 그룹별로 존재한다.

③ 시간 프레임: 일반적 브랜드확장은 단기 지향적인 반면에 광범위 브랜드확장은 장기
   지향적이고 동적인 비전을 가진다.

광범위 브랜드확장은 3가지 주요 혜택들을 준다. 첫째, 광범위 브랜드확장은 조직체에게 전략적 응집과 구조를 준다. 둘째, 광범위 브랜드확장은 비용과 노력 대비 효율적이다. 셋째, 다양한 제품 계층들과 연관되는 것은 광범위 브랜드확장을 하는 브랜드를 소비자들에게 눈에 띄게 하는 데 도움을 주고 해당 조직체가 다양한 사업들에서 성공을 할 능력이 있다는 것을 소비자들에게 확신시킬 수 있다.

2. 브랜드확장의 장점과 단점

1) 브랜드확장의 장점

브랜드확장에는 많은 장점들이 있는데 이러한 브랜드확장의 장점들은 넓게 ① 새로운 확장제품들에 대한 승인을 촉진시키는 것들과 ② 모 브랜드 또는 기업에 혜택을 제공하는 것들로 분류될 수 있다(Keller, 2008). <표 6-1>은 브랜드확장이 확장제품들에게 주는 주요 장점들과 모 브랜드 또는 기업에 주는 주요 장점들을 열거한다.

<표 6-1> 브랜드확장의 장점

확장제품들에 주는 장점
1. 확장제품들의 브랜드 이미지를 향상시킴
2. 고객들에 의해 지각되는 위험을 감소시킴
3. 확장제품의 유통과 시용의 확률을 증가시킴
4. 촉진 비용들의 효율성을 증가시킴
5. 마케팅 프로그램들의 비용을 감소시킴
6. 새 브랜드를 개발하는 비용을 감소시킴
7. 패키지 및 라벨의 효율성을 염두에 둠
8. 소비자의 다양성추구를 허용함
모 브랜드나 기업에 주는 장점
1. 모 브랜드의 브랜드 의미를 명확히 함
2. 모 브랜드 이미지를 향상시킴
3. 새 고객들을 브랜드 프랜차이즈로 끌어들이고 시장 장악을 증가시킴
4. 브랜드를 재활성화시킴
5. 추가적인 브랜드확장들을 허용함

출처: Keller, 2008.

(1) 확장제품에게 주는 장점

Keller(2008)는 브랜드확장이 확장 제품들에게 주는 장점들을 <표 6-1>과 같이 8가지로 제시한다. 브랜드확장의 첫 번째 장점은 확장제품들의 브랜드 이미지를 예측하고 증진하는 것이다. 브랜드확장에서 소비자들은 모 브랜드에 대해서 이미 알고 있는 것과 이러한 지식이 새로운 확장제품에 관련되거나 적절한 정도를 바탕으로 추론을 하거나 기대를 형성한다. 소비자들의 추론은 흔히 확장제품의 브랜드 연상의 강도, 호감성, 독특성을 증진시킨다.

두 번째 장점은 잘 알려지지 않은 새로운 제품을 시용하고 사용하는 것과 관련된 위험을 감소시키는 것이다. 브랜드확장은 모 브랜드의 좋은 특성들과 인지도를 이용하기 때문에 소비자들은 해당 확장제품의 구매와 사용에 대해 편안함을 느낀다. 셋째, 좋은 브랜드확장은 안정적인 고객의 수요를 생성할 수 있기 때문에 해당 브랜드의 기업은 소매상들이 확장제품들을 쌓아놓고 팔도록 확신시킬 수 있다.

네 번째 장점은 촉진 비용들과 관련된다. 도입 및 후속 마케팅 촉진은 브랜드 자체가 아니라 확장제품의 인지도를 생성하고 모 브랜드와 확장제품 간의 연결고리를 확립하는 데 주로 집중할 수 있기에 브랜드확장을 위한 촉진의 효율성은 새로운 브랜드에 대한 효율성에 비해 상당히 증가될 수 있다. 모 브랜드와 확장제품 간의 적합성이 증가할수록, 경쟁제품들과 비교해 새로운 제품의 상대적인 가격이 증가할수록, 보다 광범위한 유통전략을 실행할수록, 새 브랜드와 브랜드확장 간의 광고의 효율성의 차이는 일반적으로 커진다.

다섯째, 잘 확립된 브랜드 인지, 연상, 품질 지각을 활용함으로써 브랜드확장은 확장제품들과 관련된 전반적인 마케팅 프로그램의 초기 및 후속 비용들을 경감시킬 수 있다. 여섯 번째 장점은 새로운 브랜드를 개발하는 막대한 비용을 피하는 것이다. 새로운 브랜드를 개발하고 시장에 소개하는 것은 소비자 연구, 시장조사들, 브랜드명, 로고, 상징물, 패키지, 슬로건 등을 디자인하는 데 드는 비용 면에서 매우 비싸지만 여전히 새로운 제품이 시장에서 성공한다는 보장이 없다. 브랜드확장은 기업이 이러한 문제를 피하도록 해 준다. 일곱째, 브랜드확장은 패키지와 라벨 관리에서 효율성을 준다. 모 브랜드 제품과 비슷하거나 거의 동일한 확장제품의 패키지와 라벨은 기업에게 낮은 디자인 및 생산 비용들의 장점을 제공하고 소비자들에게 퍼져 있는 유명세를 통해 확장제품을 소매 점포들에서 더 눈에 띄게 해 준다. 브랜드확장의 여덟 번째 장점은 소비자들의 다양성 추구와 관련된다. 한 제품군 내에서 같은 브랜드의 다양한 제품들의 포트폴리오를 소비자들에게 제공하는 것은 변화를 갈망하는 소비자들에게 동일한 브랜드 무리를 떠나는 것 없이 다른 제품으로 전환할 기회를 준다.

(2) 모 브랜드 또는 기업에 주는 장점

Keller(2008)는 브랜드확장이 모 브랜드 또는 기업에게 주는 장점들을 <표 6-1>과 같이 5가지로 제시한다. 첫째, 브랜드확장은 소비자들에게 브랜드의 의미를 명확하게 하고 브랜드의 제품들이 속하는 제품 범주를 정의 내리는 데 도움을 줄 수 있다. 다른 관련된 제품들로 확장함으로써 클레롤(Clairol)은 머리 염색의 브랜드로서, 거버(Gerber)는 유아용 음식의 브랜드로서 확고히 소비자들의 마음에 자리 잡았다. 둘째, 성공적인 브랜드확장은 현존하는 브랜드 연상을 강화하고 , 현존하는 브랜드 연상의 호의성을 증진하고 새로운 브랜드 연상을 더함으로써 모 브랜드의 이미지를 향상시킬 수 있다. 나이키가 러닝화로부터 테니스화, 농구화 등 다른 운동화들, 운동복들, 운동 장비들로 브랜드를 확장한 것은 최고의 운동 성과와 전반적인 스포츠 브랜드와 관련된 브랜드 연상을 성공적으로 강화하는 데 매우 도움이 되었다.

셋째, 브랜드확장은(라인확장에게도 해당됨) 다양한 관련 제품들을 제공함으로써 새 고객들을 끌어들이고 포함하는 시장을 확장할 수 있다. 브랜드확장의 넷째 장점은 브랜드를 활성화에 있다. 브랜드확장은 해당 브랜드에 대한 소비자들의 관심과 호감을 갱신하는 수단이 될 수 있다.

다섯째, 브랜드확장은 후속적인 연속적인 확장들의 기반으로서의 역할을 할 수 있다. 연속적인 브랜드확장은 모 브랜드가 관련성은 있지만 유사성 면에서 거리가 있는 확장제품으로 뻗어나갈 때, 모 브랜드 제품과 최종 확장제품 사이의 중간 단계에 유사성 면에서 중간인 확장제품들을 배치하는 전략을 사용하는 브랜드확장이다. 예를 들면 핵심 모 브랜드 제품인 덩어리 비누에서 립스틱으로 직접 확장하기는 어려워 보이지만, 중간에 들어가는 연속적인 확장 제품들인 액체 비누, 샴푸, 보디로션, 얼굴 파운데이션 화장품을 앞서서 차례로 시장에 내놓은 후에는 소비자들의 더 가까워진 유사성 지각으로 인해 성공적인 브랜드확장이 가능하다. Keller와 Aaker(1992)는 높은 품질을 가진 모 브랜드들과 평균 품질을 가진 모 브랜드들의 연속적 브랜드확장이 확장제품들과 모 브랜드들에게 주는 효과를 비교하였다. 중간에 삽입되는 성공적인 브랜드확장은 단지 평균 품질의 핵심 브랜드들에서

만 제안된 확장제품에 대한 소비자들의 평가 점수를 증가시켰고 중간에 삽입되는 성공적이지 못한 브랜드확장은 단지 높은 품질의 핵심 브랜드들에서만 제안된 확장제품에 대한 소비자들의 평가 점수를 감소시켰다. 중간에 삽입되는 성공적인 브랜드확장은 평균 품질의 핵심 모 브랜드들에 대한 소비자들의 평가 점수를 증가시켰지만, 중간에 삽입되는 성공적이지 못한 브랜드확장은 핵심 모 브랜드들의 품질과 상관없이 모 브랜드들에 대한 소비자들의 평가 점수를 감소시키지 않았다. 따라서 연속적인 브랜드확장은 특별히 평균 품질의 핵심 브랜드들에서만 제안된 확장제품에 대한 소비자들의 평가 및 모 브랜드에 대한 평가 둘 다에서 혜택이 될 수 있다.

2) 브랜드확장의 단점

앞에서 설명한 많은 장점들에도 불구하고 브랜드확장은 또한 <표 6-2>에서 열거한 것과 같이 많은 단점들을 가질 수 있다. 첫째, 너무 많은 확장제품들을 시장에 내놓는 것은 브랜드를 통한 소비자들의 착취라고 생각되어서 소비자들을 혼란시키거나 심지어 좌절시킬 수 있다. 소비자들은 해당 브랜드의 품격과 능력을 의문시할 가능성이 있고, 소매상들이 추가적인 확장제품들을 쌓고 진열하려 하지 않는 것은 해당 제품들을 기꺼이 사려고 하는 소비자들을 실망시키고 좌절시킬 가능성이 있다. 둘째, 소매상들은 제품을 쌓고 진열할 한정된 공간들을 가지기 때문에 많은 비슷한 확장제품들, 특히 그저 그런 비슷한 제품들을 받아들이기를 때때로 원하지 않는다.

〈표 6-2〉 브랜드확장의 단점

1. 소비자들을 혼란시키거나 좌절시킬 수 있다
2. 소매상들의 저항에 직면할 수 있다.
3. 잘못되면 모 브랜드의 브랜드 이미지까지 손상시킬 수 있다.
4. 모 브랜드 제품의 판매를 잠식할 수 있다.
5. 특정 제품군에서의 대표성을 감소시킬 수 있다.
6. 확장제품에서 성공함에도 불구하고 모 브랜드의 이미지를 손상시킬 수 있다.
7. 원래 모 브랜드 의미를 희석시킬 수 있다.
8. 해당 기업이 새로운 브랜드를 개발할 기회를 없애도록 만들 수 있다.

출처: Keller, 2008

셋째, 성공적이지 못한 브랜드확장은 모 브랜드와 관련된 긍정적인 연상 및 긍정적인 태도를 약하게 만들어서, 확장제품의 실패에서 끝나는 것이 아니라 모 브랜드 이미지도 손상시킬 수 있다. 브랜드확장의 넷째 단점은 기존에 자리 잡고 있는 모 브랜드의 제품들에 대한 잠식에 있다. 확장제품의 판매가 높고 판매 목표를 도달한다고 할지라도 수입의 많은 부분들은 소비자들이 모 브랜드의 기존의 제공물들로부터 새 확장제품으로 전환한 것이 원인이 될 수 있다. 다섯째, 브랜드확장은 원래 제품군에서의 특정 브랜드의 잘 확립된 대표성을 흐리게 할 수 있다.

여섯째, 브랜드확장의 성공에도 불구하고 브랜드확장은 모 브랜드의 이미지를 손상시키거나 애매모호하게 할 수 있다. 만약 확장제품이 모 브랜드의 대응하는 연상들과 일치하지 않거나 심지어 충돌하는 속성이나 혜택의 연상을 가진다면 소비자들은 모 브랜드에 대한 지각을 바꿀 수 있다. 일곱째, 브랜드확장은 모 브랜드의 이미지를 손상시키는 않더라고 약하게 희석시킬 수 있다. 브랜드 희석(brand dilution)은 성공적이지 못한 브랜드확장 탓에 모 브랜드에 연관된 좋은 연상들이 약해지는 것을 의미한다.

여덟째, 새 제품을 브랜드확장을 통해 시장에 소개함으로써 기업은 자체의 독특한 연상들과 이미지를 가진 새로운 브랜드를 창조하고 시장에 내놓을 기회를 잃어버릴 수 있다. D. Aaker(1990; 1991; 1996)는 이것을 '더 매우 나쁜' 경우(뒤의 <그림 6-1> 참고)로 불렀는데 이것은 브랜드확장의 가장 큰 단점일 수 있다.

3. 브랜드확장에 대한 소비자 평가

1) 브랜드확장의 작동원리

(1) 범주적 처리 대 단편적 처리

브랜드확장은 어떻게 작동하는가? 새로운 확장제품이 소비자들에게 소개될 때, 소비자들은 모 브랜드의 주요 특성들(예: 품질, 속성들, 혜택들), 모 브랜드 제품과 확장제품 간의 적합성, 확장제품과 관련된 현저한 속성들을 바탕으로 확장제품을 평가한다. 브랜드확장을 연구한 학계의 많은 연구자들은 사회과학의 사람/사물 지각에 관한 이론들과 모델들을 채택해왔다. 소비자들의 브랜드확장에 대한 평가에 관한 작동원리는 2개의 대조되는 접근방법들로 분류될 수 있다. 한 접근방법은 범주적 처리(categorical processing)이고 다른 접근방법은 단편적 처리(piecemeal processing)이다. Keller(2008)는 브랜드확장의 작동원리를 일반적인 면에서 설명하고, Boush와 Loken(1991)은 이 2가지 접근방법들과 관련된 많은 모델들과 접근방법들을 인용, 설명하면서 상세히 설명한다.

범주적 처리는 우리들의 매일의 삶에서 흔히 사용되고 사람 또는 사물의 지각에서 일반적으로 첫 번째로 채택되는 방법이다. 소비자들은 마케팅 자극과 주변의 환경들을 단순화하고 조직화하고 해석하기 위해서 범주화 방법을 사용한다. 범주화를 지지하는 연구자들은 사람들이 신중히, 그리고 개별적으로 구성요소를 따져서 각각의 새로운 자극을 평가하지는 않고 반대로 어떤 자극이 알려진 범주의 일원으로 분류될 수 있는지 아닌지 면에서 자극을 자주 평가한다고 주장해 왔다(Keller, 2008). Fiske(1982)에 따르면, 어떤 대상은 그 대상이 해당 범주에 적합하다고 지각되는 정도에 따라서 범주나 스키마와 연관된 태도를 부여받는다. Srull과 Wyer(1989)에 따르면, 사람들은 다른 사람들의 일반적 인상을 형성하기를 시도하고 새로운 정보를 평가하고 후속 판단을 하기 위해서 이 인상을 사용한다.

태도가 새로운 대상의 상세한 속성들부터 계산될 때에는, 단편적 처리가 범주적 처리의 대안이 되는 방법으로서 사용될 수 있다. 그런 태도형성 과정을 묘사하기 위해서 Cohen(1982)은 분석적(analytical)이란 용어를 사용했고 Fiske(1982)는 단편적 (piecemeal)이란 용어를 사용했다.

범주적 처리와 단편적 처리의 2가지 접근방법들을 예시하기 위해서 다음의 파티 시나리오가 사용되었다(Keller, 2008). 당신이 파티에 갔는데 파티에서 생전 처음 만난 어떤 사람이 특정한 범주에 사람들이 입는 전형적인 옷을 입고 있고, 반쯤 취한 상태이고, 이전의 파티 경험들 및 관련된 일에 대해서 항상 말하고, 지속적으로 파티광과 같이 행동한다면, 당신은 재빨리 그리고 손쉽게 그 사람을 파티광으로 범주화시키고 당신이 가지고 있는 파티광이란 범주에 관한 이전 지식에 바탕을 두고 그 사람을 평가할 것이다. 이것이 전형적인 범주적 처리의 예이다. 하지만 같은 파티에서 만나는 또 다른 사람의 경우에는 당신은 그나 그녀를 그 사람의 옷들, 말, 행동 등으로부터 특정한 범주에 속하는 것으로 판단할 수 없다면 당신은 그 사람의 현저한 특성들 대다수를 기초로 해서 더욱 상세한 방식으로 그 사람을 평가할 것이다. 이것이 단편적 평가의 예이다.

Fiske와 Pavelchak(1986)에 제시한 모델과 Smith, Shoben, Rips(1974)의 모델 둘 다 어떤 대상에 대한 범주적 평가를 2단계로 구성된 모델로서 설명했다. Boush와 Loken(1991)은 이 2가지

모델들을 브랜드확장의 상황에서 간략하게 요약, 비교, 설명하였다. Fiske와 Pavelchak(1986)의 2단계 모델에서 첫 번째 단계는 새로운 대상이 잘 알려진 범주와 일치하는지 판단하는 시도를 포함한다. 만약 일치가 있다면, 범주와 연상되어진 감성이 새로운 대상에 적용되고 평가 과정은 여기서 완성된다. 그러나 만약 대상과 범주 지식 사이에 빈약한 일치가 발생하면, 단편적 처리가 상기되고 감성은 속성들의 가중치가 부여된 합산을 통해 계산될 것이다. Smith 등(1974)에 제시한 2단계 모델에서는 첫 번째 단계에서 사람은 새로운 대상의 특징들을 범주의 특징들과 일치한지 비교해본다. 만약에 분명한 일치 또는 분명한 불일치가 있을 때는 그 과정은 완성된다. 하지만 일부 특성들은 비교하는 범주의 특성들과 일치하고 일부 특성들은 불일치한다면 두 번째인 더 느린 단계가 사용될 것이다. 이 두 번째 단계 동안에는 새로운 대상의 특징들과 범주의 특징들 사이에서 더 신중하고 심사숙고하는 비교가 발생한다.

제시된 2가지 종류의 2단계 모델들에서 첫 번째 단계는 빠르고 보편적이지만 두 번째 단계는 더 느리고 더 신중하다. 그러나 범주와 대상 간에 불일치의 경우에 단편적 처리가 적용될 때 두 모델들은 다르게 예측한다. Fiske와 Pavelchak(1986)의 모델에서는 명백하거나 모호하든지 간에 모든 비일치들은 더 느린 단편적 과정들을 일으킨다. 대조적으로 Smith 등(1974)의 모델에서는 확장제품이 명확한 비일치일 때는 빠른 평가(범주적 평가)가 일어나고 확장제품이 모호한 비일치인 경우에만 단편적 과정이 적용된다. Boush와 Loken(1991)은 Smith 등(1974)의 모델의 예측을 택한다.

브랜드도 모든 구성원 제품들에 관련된 핵심 연상들을 가진 브랜드 범주로서 생각되어질 수 있다. 브랜드 확장제품에 대한 소비자들의 평가들에서 상황에 따라서 범주적 처리 또는 단편적 처리가 사용될 수 있다. 만약 브랜드가 모 브랜드 제품범주에 가깝게 연관되거나 유사한 것으로 보이는 확장제품을 소개하면 소비자들은 보통은 범주적 처리를 채택할 것이고 모 브랜드에 대한 현존하는 태도를 확장제품으로 쉽게 전이할 것이다. 반면에 확장제품이 모 브랜드의 제품범주에 거리가 있게 유사한 것으로 보이거나 소비자들이 유사성에 대해 잘 모른다면 소비자들은 더 상세한, 단편적 양식으로 확장제품을 평가하는 경향이 있다. 소비자들이 단편적 처리를 사용할 때는 확장제품에 대해 추론되어지는 상세한 연상들의 호의성이 확장제품에 대한 평가의 주요 결정요소가 될 수 있다(Boush and Loken, 1991; Keller, 2008).

(2) 포지셔닝 프레임의 관점

Braig와 Tybout(2005)는 브랜드확장에 대한 소비자들의 평가에 대한 작동원리를 모 브랜드의 포지셔닝과 소비자들의 적합성 지각으로 설명한다. 그들의 포지셔닝 작동원리(positioning framework)는 다음의 4가지 요소들로 구성된다(Braig and Tybout, 2005; Tybout and Sternthal, 2005).

① 표적(목표된 소비자)

② 준거의 틀(frame of reference)

③ 차이점

④ 주장된 차이점을 믿는 이유들

표적은 모 브랜드와 브랜드 확장제품들이 목표로 삼는 브랜드의 주된 사용자(들)이다. 표적의 특성들은 범주와 브랜드 사용에 기반해서 전형적으로 선택된다. 준거의 틀은 해당 브랜드를 소비함으로써 충족되어질 표적의 목표이다. 준거의 틀은 표적의 선택을 안내하고 브랜드 사용 상황들을 밝히고 적절한 경쟁 브랜드들을 정의한다. 차이점은 왜 특별한 브랜드가 준거의 틀 면에서 다른 대안 브랜드들에 비해서 우수한지에 대한 단언을 의미한다. 주장된 차이점을 믿는 이유들은 준거의 틀과 차이점과 관련된 주장들을 위해 지지하는 증거들이다(Tybout and Sternthal, 2005). 예를 들면, 블랙앤데커(Black & Decker)사의 디월트(DeWalt) 파워 기구들은 매우 전문적인 숙련공들을 표적으로서 가진다. 준거의 틀은 직업적인 파워도구들일 수 있다. 디월트 파워도구들은 다른 파워도구 브랜드들보다 더 신뢰성이 있고(차이점), 블랙앤데커 기업의 포괄적인 서비스와 탁월한 수선 및 대체 보증에 의해 후원된다(믿는 이유들).

2) 브랜드확장에서 고려해야 할 사항

Aaker(1990; 1991; 1996)는 브랜드확장들의 혜택과 피해가 되는 효과들을 우리들의 일상 언어들인 'good', 'bad', 'ugly'를 사용하는 5가지의 범주들로서 조직화했다 <그림 6-1>은 브랜드확장 결정을 내리는 데 포함되는 좋은, 나쁜, 매우 나쁜 범주들을 보여 준다.

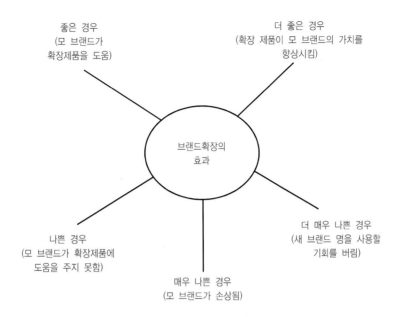

출처: D. Aaker, 1991

〈그림 6-1〉 브랜드확장의 좋은, 나쁜, 매우 나쁜 경우

브랜드확장의 효과에 대한 설명은 다음과 같다.

① 좋은(The Good): 브랜드의 연상들, 지각된 품질, 인지도가 확장제품을 도움

② 더 좋은(More Good): 확장제품이 해당 모 브랜드의 연상들과 인지도를 강화함

③ 나쁜(The Bad): 모 브랜드 이름이 확장제품에 가치를 더하지 않고 심지어 부정적인 연상들을 가짐

④ 매우 나쁜(The Ugly): 핵심 브랜드 이름이 확장제품에 의해서 손상되거나 희석되거나 브랜드 프랜차이즈가 잠식당함

⑤ 더 매우 나쁜(More Ugly): 최악의 효과, 새로운 브랜드 이름을 개발할 기회를 버림

브랜드확장은 신중하게 계획되고 잘 집행되어야 한다. Braig와 Tybout(2005)는 브랜드확장에서 천천히 진행하는 것(핵심 제품범주로부터 단계적으로 진행하는 것)의 중요성을 강조한다. 브랜드확장 결정은 브랜드 확장이 확장제품들과 모 브랜드에 주는 영향들에 덧붙여서 해당 기업의 현존하는 확장제품들과 경쟁 브랜드들에게 주는 영향들을 고려해야 한다. Braig와 Tybout(2005)는 브랜드확장을 포함하는 결정에서 고려해야 할 7가지 핵심적인

질문들을 제시했다. 이 7가지 질문들은 다음과 같다.

① 모 브랜드가 현재 어떻게 포지셔닝되고 있는가?

② 나는 나의 포지셔닝의 어떤 요소들을 확장하기를 원하는가?

③ 소비자들은 확장의 논리를 자동적으로 이해하는가? 그렇지 않다면 마케팅 계획들이 어떻게 그들이 이해하도록 도울 것인가?

④ 모 브랜드의 연상이 새로운 확장제품 범주에서 소비자들에게 가치 있게 여겨지는가?

⑤ 확장제품이 모 브랜드에게 주는 영향은 무엇인가?

⑥ 확장제품이 다른 현존하는 확장제품들에게 주는 영향은 무엇인가?

⑦ 재포지셔닝 또는 경쟁하는 브랜드들의 연상을 변경하는 면에서 확장제품의 개시가 소비자들의 경쟁하는 브랜드들의 평가에 주는 영향은 무엇인가?

4. 브랜드 확장에서의 주요 요소들: 제품 품질, 브랜드 이미지 및 브랜드 관련 연상

1) 제품품질의 효과

브랜드확장에서 모 브랜드의 제품품질의 효과들은 다음의 3가지 효과들로 요약될 수 있다.

① 일반적으로 모 브랜드의 제품품질과 확장제품들에 대한 평가 간에는 긍정적인 관계가 있다(예, Sunde and Brodie, 1993).

② 높은 품질의 브랜드들은 더 먼 확장제품들에게까지 더 멀리 확장되어질 수 있다(예: Keller and Aaker, 1992).

③ 제품 품질과 다른 요소(예: 적합성) 간에 상호작용이 있다. 예를 들면 연구자들(예: Aaker and Keller, 1990; Bottomley and Doyle, 1996)은 단지 모 브랜드와 확장제품들 사이에 적합성의 기반이 있었을 때만 모 브랜드의 제품품질과 확장제품들에 대한 평가 간의 긍정적 관계를 발견했다. Aaker와 Keller(1993)에 따르면, 핵심 브랜드의 지각된 품질과 확장제품의 적합성의 상호작용은 확장에 포함된 늘임(stretch)의 정도에 의존했다.

<브랜딩사례 6-2>는 높은 품질과 상징적 브랜드 이미지를 바탕으로 관련된 제품군들에 성공적으로 확장을 해온 빈폴의 브랜드 확장전략들을 설명한다.

〈브랜딩사례 6-2: 빈폴의 브랜드확장〉

'대한민국 패션의 자존심', 제일모직의 캐주얼 브랜드 "빈폴"의 또 다른 이름이다. 남성복으로 유명했던 제일모직이 캐주얼 브랜드 빈폴을 론칭한 것은 지난 1989년으로 "한국인의 체형에 가장 잘 맞는 옷은 우리 스스로가 잘 알고 있다"는 신념으로 당시 고급 캐주얼 시장을 장악했던 경쟁 브랜드를 겨냥했다. 브랜드를 론칭한 지 16년 만인 2005년 빈폴은 "국내에 적수가 없다"던 경쟁 브랜드보다 매출이 앞서 나가기 시작했다. 론칭 후 96년까지 평균 30% 이상의 매출 신장을 보이며 초고속 성장을 거듭했고 2002년에는 단일 브랜드로는 전무후무한 2,000억 원대를 돌파했다.

빈폴의 성공 요인에는 우선 품질중심 전략을 들 수 있다. 90년대 들어 캐주얼에 대한 수요가 늘어나면서 무수한 경쟁 브랜드들이 탄생해 시장에 가세했다. 빈폴은 이러한 상황에서도 '고품질'과 '차별화된 디자인'이라는 질 중심의 전략으로 묵묵히 대처해 나갔다. 질이 떨어지고 고유한 디자인을 갖지 못한 캐주얼 브랜드들이 명멸하는 가운데 빈폴은 꾸준히 시장을 확대했다.

빈폴은 여세를 몰아 2001년부터 브랜드 확장 전략을 구사했다. 2001년 봄에 빈폴에서 빈폴 레이디스를 독립시켜 론칭한 이후 빈폴골프, 빈폴진, 빈폴키즈를 잇따라 론칭하면서 종합 가족 브랜드로 발돋움했다. 이로써 빈폴은 빈폴맨즈, 빈폴레이디스, 빈폴골프, 빈폴진, 빈폴키즈, 빈폴액세서리까지 총 6개의 서브브랜드들을 가지게 됐다.

빈폴의 브랜드 확장 전략의 끝은 액세서리가 장식했다. 가방과 지갑을 주요 아이템으로 하고 있는 빈폴 액세서리는 2004년 560억 원의 매출을 올렸으며 2005년에는 600억 원 이상을 예상하고 있다. 특히 2004년부터 연속해서 대규모 유통망을 오픈하면서 브랜드 파워를 인정받고 있다. 2004년 5월 서울 삼성동 코엑스몰에 50평 규모 전용 매장을 오픈한 것을 시작으로 삼성플라자에 액세서리 단독 매장을 열었다. 특히 2004년 10월 롯데백화점 본점 지하 1층에 문을 연 30평 규모의 대형 빈폴 액세서리 매장은 해외 유명 명품 매장 못지않은 매장 구성으로 화제를 모았다. 제일모직 브랜드 중 유일하게 빈폴은 개별 캠퍼니 개념으로 운영되고 있다. 빈폴은 글로벌브랜드로서 중국 진출을 추진하는 등 세계에 내놓아도 손색이 없는 명품 브랜드로 성장하기 위한 노력을 하고 있다.

자료원: 파이낸셜뉴스, 2005년 9월 26일.

2) 브랜드 이미지의 효과

브랜드확장에서 브랜드 이미지에 관한 연구들은 매우 한정되었다. Batra 등(1993)은 브랜드 이미지나 브랜드개성의 효과를 다루었다. 그들은 브랜드 평판의 전이성은 모 브랜드 제품과 확장제품의 제품 영역들의 브랜드개성의 유사성에 의해 영향을 받는다는 것을 발견했다. Bhat와 Reddy(1997)는 모 브랜드와 확장제품들 간의 적합성의 차원들을 연구했고 연구의 결과는 적합성은 2가지 차원들인 제품 영역 적합성과 브랜드 이미지 적합성으로 구성된 것을 보여 줬다.

2개의 실증적 연구들(Park et al., 1991; Reddy et al., 1994)이 브랜드확장에서 모 브랜드의 브랜드 이미지가 브랜드확장 또는 라인확장된 제품들에 대한 소비자 평가에 미치는 영향을 다루었다. Park 등(1991)은 위신적인 브랜드(롤렉스시계)와 기능적 브랜드(타이맥스 시계), 두 브랜드들 모두에서 높은 브랜드개념 일치 및 높은 제품 속성 유사성의 둘 다를 가진 확장제품에 적용되었을 때 가장 긍정적인 반응이 일어난 것을 발견했다. 롤렉스와 타이맥스 둘 다에서 브랜드개념의 일치가 존재했을 때, 물리적 유사성이 낮은 확장제품(원격 확장)에서 롤렉스가 타이맥스보다는 더 높은 점수를 받은 것도 그들은 추가적인 발견으로서 제시했다.

Reddy 등(1994)은 2차 자료들을 사용해서 1950년에서 1984년 동안에 담배산업에서 34개의 정규 필터 담배 브랜드들의 라인확장 성공의 결정요소들을 연구했다. 그들은 모 브랜드, 확장제품, 기업의 특성들이 라인확장의 점진적 시장점유율에 주는 상대적인 영향력에 초점을 맞추었다. 결과가 제시한 것에 의하면 모 브랜드의 강도와 상징적인 가치, 초기 진입 시간, 기업의 크기, 차별적인 마케팅 능력들· 광고 지원이 라인확장의 성공에 긍정적으로 작용했다. 브랜드 이미지와 관련해서는 상징적인 브랜드들의 라인확장이 덜 상징적인 브랜드들의 확장보다 시장에서의 더 큰 성공을 누린 것으로 발견되었다.

3) 브랜드 관련 연상의 효과

수단-목적 연쇄모델(means-end chain model)은 브랜드의 속성들을 중간 단계인 혜택들을 통해 최종 단계인 소비자가 추구하는 가치들로 차례로 연결하는 모델이다. 6단계의 수단-목적 연쇄모델은 구체적 속성 → 추상적 속성 → 기능적 혜택 → 사회/심리적 혜택 → 도구적 가치 → 최종적 가치를 차례로 연결한다(Olson and Reynolds, 1983). 브랜드확장에서 수단-목적 연쇄모델의 낮은 수준에 있는 현존하는 관계된 연상의 강도는 브랜드의 확장성을 제한할 수 있다. 예를 들면 구체적인 속성인 베이킹소다는 Arm & Hammer 브랜드의 핵심적인 성분이기에 이 브랜드는 이 브랜드의 브랜드확장은 베이킹소다 성분과 관련 있는 확장에만 국한될 것이다(Farquhar and Herr, 1993).

Aaker와 Keller(1990)는 추상적 속성은 구체적인 속성보다 더 넓은 제품 영역들로 이전될 수 있다고 제시했다. Rangaswamy 등(1993)에 따르면, 현존하는 브랜드의 확장성을 최대화하기 위해서는 마케팅 노력은 브랜드의 더 일반적인 특성들(예: 품질, 내구성, 성과, 신뢰성, 위신, 스타일)을 향상시키는 데 집중해야 한다. Loken과 Roedder John(1993)은 순함과 품질이 모 브랜드 희석에 주는 영향을 비교했다. 그들은 브랜드 희석은 혜택에 속하는 품질보다는 수단-목적 연쇄모델에서 더 아래 수준에 있는 추상적인 속성인 순함(gentleness)에서 더욱 분명하게 나타났다는 것을 발견했다

2개의 실증적 연구들(Nakamoto et al., 1993; Rangaswamy et al., 1993)이 브랜드확장에서 브랜드 연상들의 일반성 수준의 효과를 테스트했다. Nakamoto 등(1993)은 속성에 바탕을 둔 브랜드자산과 품질에 바탕을 둔 브랜드자산이 광고와 브랜드 증거를 통해서 적절한 확장제품들과 적절하지 않은 확장제품들에 주는 효과를 조사했다. 스테레오 시스템과 요거트의 2가지 핵심제품들이 사용되었다 그들의 3가지 가설들은 상세한 속성에 기반을 둔 브랜드자산의 적절한 확장제품들로의 확장에서의 우위성과 품질에 기반을 둔 브랜드자산의 적절하지 못한(적합성이 낮은) 확장제품들로의 확장에서의 우위성을 다루었다. 결과는 스테레오 시스템과 요거트에서 비슷하게 나타났다. 연구 결과는 가설 1(특별한 속성 주장에 바탕을 둔 제품들에서의 브랜드 확장은 단지 그 속성이 확장제품에서 적절했을 때문에만 혜택을 준다)을 지지했다. 그러나 상세한 속성에 기반을 둔 브랜드자산의 적절한 확장제품들로의 확장에서의 우위성(가설 3)에 대해서는 연구의 결과들은 단지 혼합된 결과(일부는 가설의 지지가 나타나고 일부는 가설의 기각이 나타남)만을 주었다. 품질에 기반을 둔 브랜드자산의 적절하지 못한 확장제품들로의 확장에서의 우위성(가설 2)에 대해서도 실험 결과는 통계적으로 유의하지 못했고 단지 실험 결과의 방향에서의 지지를 주었다.

Rangaswamy 등(1993)은 브랜드에 대한 소비자 효용성은 모 브랜드의 물리적 속성들을

위한 효용성, 브랜드명을 위한 효용성, 그리고 모 브랜드의 물리적 속성들과 브랜드명의 상호작용으로 인한 효용성의 3가지 요소들로 구성되어다고 가설을 설정했다. 주 연구는 컨조인트(conjoint) 과업과 브랜드 확장제품에 대해 평가하는 과업으로 구성되었다. 4개의 제품군들(요거트, 구강세제, 샴푸, 아침용 시리얼)에서 실제 브랜드명들이 가상적인 확장제품들을 위해 사용되었다. 확장제품들은 범주 내에서의(라인확장인) 확장, 관계된 확장, 거리가 먼 확장의 3가지 유형들을 포함했다. 연구의 결과들은 가설을 지지하는 결과와 기각하는 결과가 혼합되어 있었으나 연구결과들은 그들이 제시한 모델을 대체적으로는 지지했다. 그들은 자신들의 연구결과를 바탕으로 장래의 브랜드 확장성을 최대화하기 위해서는 해당 브랜드는 브랜드명과 품질, 스타일, 내구성과 같은 일반적 특성들을 연관시켜야 한다고 제시했다.

제한된 실증적 연구들(예: Boush, 1993a; Bridges et al., 2000; Broniarczyk and Alba, 1994)이 현저한 브랜드 속성이 확장제품들에 대한 소비자 평가에 미치는 영향을 다루었다. Boush(1993a)는 현저성(salience) 조작이 확장제품들에 주는 효과를 조사했다. 모 브랜드의 핵심제품은 수프였고 6가지의 확장제품들(스테이크용 소스, 피클들, 고기가 든 소스가 들어간 스파게티, 아침용 시리얼, 냉동 야채, 아기용 음식)은 모두 수프에 중간 정도로 물리적으로 유사한 것으로 사전 테스트에 나타났기 때문에 본 테스트에 포함되었다. 프라이밍(priming)은 피실험자가 반응하는 것에 바로 앞서서 특정 자극을 제시하는 것으로 프라이밍된 자극은 현저성을 가지기 때문에 피실험자는 반응 시 프라이밍한 자극에 보통 민감하게 반응한다. 심리학, 광고, 마케팅 등에서 광고 슬로건이 흔히 프라이밍으로 사용된다. 그의 연구에서는 3가지 유형들의 광고 슬로건들(영양을 프라이밍하는 슬로건, 양념이 들어감을 프라이밍하는 슬로건, 높은 품질을 프라이밍하는 슬로건) 모두가 피실험자들의 유사성 지각과 장래의 브랜드 확장제품들에 대한 피실험자들의 평가라는 2가지 종속변수들에 대한 효과가 있었다.

Broniarczyk과 Alba(1994)는 브랜드 관련 상세한 연상들의 상대적 중요성을 탐색하기 위하여 3가지 실험들을 행하였다. 그들은 브랜드 관련 상세한 연상을 해당 브랜드를 경쟁 브랜드들로부터 차별화하는 속성 또는 혜택이라고 정의를 내렸다. 실험 1은 브랜드 관련 상세한 연상들과 브랜드 감성의 상대적 영향력을 검사했다. 그들의 예측과 일치하게, 피실험자들은 모 브랜드에서의 상세한 연상이 확장제품에서 적절한지를 중요하게 생각해서 확장제품에 대한 평가에 영향을 미쳤다. 더 나아가 소비자들이 브랜드 연상이 확장제품들에서 혜택이 된다고 판단했을 때는 브랜드 관련 상세 연상들은 브랜드 태도를 압도했다.

실험 2에서는 그들은 브랜드 관련 상세한 연상과 제품군 유사성의 상대적인 영향력을 비교했다. 연구결과들은 브랜드 관련 상세한 연상과 제품군 유사성 사이의 상호작용 효과를 보여 주었다. 덧붙여서 브랜드 관련 상세한 연상은 제품군 유사성보다 확장제품들에 대한 소비자 평가에 주는 효과가 더 컸다.

실험 3은 브랜드 지식의 조절효과를 다루었고, 실험결과들은 브랜드 지식의 조절효과를 명확히 보여 주었다. 상세하게 말해서, 브랜드 지식이 높은 소비자들은 압도적으로 브랜드 관련 상세한 연상이 확장제품군에서 적절한지에 기반을 두고 확장제품들을 평가했다. 그러나 브랜드 지식이 낮은 소비자들은 주로 브랜드 감성 또는 브랜드 인지도에 의해서 확장제품들을 평가했다. 이전의 연구들은 모 브랜드 품질, 모 브랜드에 대한 소비자의 태도나 감성, 모 브랜드 제품과 확장제품 사이의 적합성이 브랜드확장에서 중요하다는 것을 발견했다. 반면에 Broniarczyk과 Alba(1994)의 연구는 브랜드 확장에서 브랜드 관련 상세한 연상이 매우 중요하다는 굳건한 증거를 제시했다.

모 브랜드 관련 연상이 긍정적이고 강하다고 해서 마냥 안심할 수는 없다. 브랜드확장에서 추론된 모 브랜드의 긍정적인 연상을 바탕으로 해서 소비자들은 오히려 확장제품에 대한 부정적인 연상을 추론할 수 있다(Keller, 2008). 예를 들어, Bridges 등(2000)의 연구에서는 대부분의 소비자들이 긍정적인 속성인 내구적인(durable) 손목시계의 가상적인 제조업자로부터 확장제품으로 제안된 핸드백이 내구적일 것이라고 생각했지만 많은 소비자들이 이 제조업자가 확장한 시계는 최신유행의(fashionable) 시계는 아닐 것이라고 생각해서 브랜드확장에 대해서 오히려 대체로 낮은 점수들을 부여했다. 즉, 모 브랜드의 내구성의 속성 연상이 최신유행성에 부정적으로 작용한 것이고 소비자들은 최신유행성을 핸드백의 확장 평가에서 매우 중요시했다.

소비자들은 또한 원래 제품 영역에서는 긍정적이지만 확장제품 맥락에서는 부정적인 연상을 확장제품에 전이할 수도 있다. 예를 들면 "캠벨(Campbell) 수프"는 캠벨의 이름을 가진 토마토소스를 시장에 출시하기 전에 시장테스트를 했는데 완전히 실패했다. 주된 이유는 캠벨 브랜드의 수프 제품군에서의 강한 연상들이 새 확장제품의 속성이 물같이 싱거울 (watery) 것이라는 것을 소비자들에게 암시했고 이런 속성은 질퍽질퍽해야 하는 토마토소스에서는 치명적으로 나쁜 속성이기 때문이다. 새로운 제품인 토마토소스에서 고객들에게 신뢰성을 주기 위해서, 캠벨은 잘 알려진 캠벨 브랜드명을 사용하지 않고 "프레고(Prego)"라는 스파게티와 관련 소스가 유명한 이태리식의 새로운 이름을 사용했고 토마토소스는 시장에서 성공하였다(Keller, 2008).

5. 모 브랜드와 확장제품 간의 적합성

1) 적합성과 브랜드확장에 주는 효과

많은 브랜드 연구자들은 적합성(fit)을 브랜드확장에서 중요한 요소로서 고려했다(예: Aaker and Keller, 1990; Bhat and Reddy, 1997; Boush and Loken, 1991; Boush et al., 1987; Chakravarti et al., 1990; Park et al., 1991; Rangaswamy et al., 1993; Sheinin and Schmitt, 1994; Smith and Park, 1992). 브랜드확장 초기연구의 대부분의 연구자들은 모 브랜드 또는 핵심 브랜드와 확장제품 간의 적합성을 물리적 유사성 면에서 고려했다(예: Aaker and Keller, 1990; Bhat and Reddy, 1997; Park et al., 1991; Romeo, 1991). 이들 연구자들에게 지각된 적합성은 확장제품이 모 브랜드 제품과 비슷하다고 믿는 정도이다.

Aaker와 Keller(1990)는 모 브랜드와 확장제품 간의 적합성의 3가지 차원들을 ① 보완, ② 대체, ③ 기술전이성으로 제시했다. Park 등(1991)은 제품수준 특성 유사성과 브랜드개념 일치성을 브랜드 확장제품에 대한 지각된 적합성의 2가지 기반들로서 사용했다. 그들은 실험설문지를 통한 연구에서 브랜드명의 유형들과 상관없이 가장 긍정적인 반응들은 브랜드확장이 높은 브랜드개념 일치성과 높은 제품수준 특성 유사성을 가진 확장제품에 적용되었을 때 일어난다는 것을 발견했다. 비슷하게 Bhat와 Reddy(1997)도 브랜드확장에서 적합성은 제품영역 적합성과 이미지 적합성의 2가지로 구성되었다는 것을 발견했다. 종합하면, 브랜드확장에서 적합성은 주 효과, 조절 효과(상호작용 효과), 매개 효과의 3가지 효과들로 요약된다.

이후에 일부 연구자들은 이전에는 브랜드확장에서 적합성을 너무 엄격하게 적용해왔다고 주장하게 되었다(예: Bridges et al., 2000; Dacin and Smith, 1994; DelVecchio and Smith, 1997; Herr et al., 1996; Klink and Smith, 1997; Smith and Andrews, 1995; Tauber, 1993).

이 부류의 연구자들은 확장성을 엄격하게 적용한 연구자들에 비해서, 뛰어난 모 브랜드는 더 많은 제품 영역들로 확장될 수 있고 적합성의 효과가 이전에 생각한 것같이 강력하게 존재하지 않는다는 것을 주장했다.

Tauber(1993)는 개념을 넓힌 레버리지(확장제품이 브랜드확장에서 모 브랜드의 혜택을 받는 것)가 좁게 한정된 확장성보다 실제 확장에서 더 중요하다고 주장했다. Herr, Farquhar, Fazio(1996)는 보다 확장된 개념적인 연관성(conceptual relatedness)을 적합성의 기초로 제시했다. Bridges 등(2000)은 적합성과 관련해서 범주 일관성(category coherence)을 중요시한다. 일관적 범주란 카테고리의(category) 소속 구성물들이 같이 밀착하고 상식적으로 맞는 범주이다. 소비자들은 확장된 제품들과 원래 있던 제품들을 묶고 그것들과의 관계를 요약하는 그럴듯한 설명적인 연결(explanatory links)을 찾는다.

일부 연구자들은 새로운 요소들을 첨가했을 때는 적합성의 효과가 존재하지 않는다는 것을 보여 주었다. Klink와 Smith(1997)의 연구에서는 확장제품의 속성에 대한 정보가 증가함에 따라 지각된 적합성이 확장제품에 주는 효과가 사라졌다. Smith와 Andrews(1995)의 연구에서는 고객 확신성이 고려되었을 때에는 적합성의 직접적인 효과가 사라졌다. DelVecchio와 Smith(1997)의 연구에서는 적합성은 통계적 유의성 면에서 가격프리미엄의 결정요소가 아니었다.

2) 적합성의 분류

적합성은 객관적인 적합성과 주관적인 적합성의 2가지로 분류될 수 있다(Kim, 2007). 객관적인 적합성은 맥락에 상관없고, 모 브랜드와 확장제품 간의 물리적 유사성, 용도 유사성, 브랜드개념 일치성, 또는 가치 일치성에 기반을 가질 수 있다. 반면에 주관적인 적합성은 맥락효과에 의존하기 때문에 고정적이지 않고 상황적 요소들(예: 소비자의 기분), 자극적 요소들(예: 현저한 광고 슬로건), 맥락적 요소(예: 경쟁 브랜드의 브랜드확장, 단계적 확장에서 중간 단계의 확장제품들을 등장시킴)에 의해서 변화될 수 있다. 주관적인 적합성은 유연성을 가진다. Wanke 등(1998)은 맥락효과를 가져오는 피상적 변수들 중의 하나인 브랜드명의 효과를 입증했고, 제품진열, 커뮤니케이션 전략들, 패키징을 또 다른 가능한 변수들로 제시했다.0

브랜드확장에서 적합성에 관한 문헌연구와 수단－목적 연쇄 모델을 바탕으로 해서 적합성의 유형과 이에 대응하는 수단－목적 연쇄 모델의 수준은 <그림 6-2>와 같이 제시될 수 있다.

적합성의 수준	특성 유사성 → 용도 유사성 또는 브랜드개념 일치→ 브랜드개성 일치 → 가치 일치
수단－목적 연쇄모델의 수준	구체적 속성 → 혜택 → 도구적 가치(이미지) → 최종적 가치

출처: Kim, 2007을 수정.

〈그림 6-2〉 적합성의 수준과 수단-목적 연쇄모델의 수준

특성 유사성에 기반을 둔 적합성은 수단－목적 연쇄 모델의 가장 낮은 수준인 구체적 속성을 바탕으로 확장을 하는 것이다. 용도 유사성에 기반을 둔 적합성은 해당 브랜드 제품이 주는 기능적 혜택이나 사회/심리적 혜택과 밀접한 관련을 가지는 용도 면에서 활용해서 브랜드 확장을 하는 것이다. Aaker와 Keller(1990)가 제시한 보완성이나 대체성이 여기에 해당하는 예들이 될 수 있는데 그들이 제시한 세 번째 예인 기술전이성은 기업의 능력이지 브랜드와 연관된 특성이 아니기에 여기에서 제외했다. 브랜드개념 일치(예: 상징적 일치나 기능적 일치)에 기반을 둔 적합성도 브랜드 혜택(기능적 혜택 또는 사회/심리적 혜택)에 연결된다. 브랜드 개성의 일치 면에서 적합성을 다룰 수 있는데, 브랜드 개성은 브랜드 이미지를 형성하는 주요 요소이고 브랜드 개성의 빅파이브(Big Five)에서 최종적 가치에 속하는 활기참(excitement)을 제외한 4가지 차원들과 대부분의 하위차원들은 도구적 가치에 해당한다. 마지막으로 제시된 가치에 기반을 둔 확장은 이전 연구자들이 다루어 오지 않았다. 행복, 자아실현, 자유 등과 같은 최종적 가치와 모 브랜드가 강하게 연상되면 모 브랜드와 확장제품 간의 동일 가치 일치에 기반을 둔 적합성을 사용해 브랜드 확장을 하는 것이 가능할 것이다. 앞의 브랜드확장의 분류에서 설명한 광범위 확장의 경우에는 구체적 속성이나 용도로 확장하기는 한계가 있기에 어렵고 성실함이나 유능함과 같은 브랜드개성을 부각시키거나 자아실현, 행복과 같은 최종적 가치를 부각시켜 브랜드확장을 하는 것이 현명한 전략으로 보인다.

Chapter 7
서비스브랜드 관리

사우스웨스트항공은 1971년 소자본을 가지고 3대의 항공기로 텍사스에서 항공 사업에 뛰어들었다. 미국 텍사스(Texas) 주 댈러스(Dallas)에 근거를 두고 있는 사우스웨스트항공은 저렴한 가격과 믿을 만한 서비스가 특색이다. 열정을 가지고 있고 건전한 유머감각을 구사하는 경영자들과 종업원들을 통해 미국 단거리/중거리 비행시장에서 두각을 나타내고 있다. 2011년 5월에는 에어트랜과 합병했다. 사우스웨스트항공은 정확성, 안전성, 신뢰성을 바탕으로 고객만족과 가격대비 가치를 제공하는 기업이다.

브랜드 전략
love의 속어인 LUV 항공사라고 자신을 마케팅하였고 첫 번째 로고로 밝은 붉은색 심장을 특성화했다. 1970년대 붉은 오렌지색 핫팬츠를 입은 승무원들은 땅콩(Love Bites)과 음료(Love Portion)를 고객들에게 제공했다. 초기에는 광고에 거의 돈을 쓰지 않았고 구전을 유발하기 위해 익살스러운 행동에 의존했다. 그 후의 광고는 저렴한 항공료, 빈번한 비행, 적시 출발 및 최고의 안전기록을 두드러지게 나타냈고 즐거운 감정을 광고에 나타내도록 노력했다. 사우스웨스트항공은 미국 소비자들의 마음속에 신뢰성 있고, 편리하고, 즐겁고, 낮은 가격의, 겉치레 없는 실용적인 항공사로 자리 잡고 있다.

서비스 경쟁전략
서비스 기업이 택할 수 있는 경쟁전략의 3가지 기본 유형들은 원가효율성 전략, 서비스 품질 전략, 개별화 전략이다. 사우스웨스트항공사는 원가효율성 전략을 선택하여 성공적으로 실행해 온 대표적 기업들 중 하나이다. 사우스웨스트항공은 여러 가지 면에서 운영을 대폭 간소화해서 고객들에게 낮은 요금을 제공해서 인기를 끌고 있다. 저가에 가치를 주는 기업으로 포지셔닝을 성공적으로 하고 있다.

사우스웨스트항공의 사명은 따뜻하고 친절한 서비스, 개인적 자부심과 기업정신에 녹아 있는 최고의 고객서비스를 제공하는 것이다. 평균 비행요금 105달러의 낮은 요금에도 불구하고 뛰어나고 정확한 서비스로 사우스웨스트항공은 고객의 마음을 사로잡아 왔다. 미국 언론에서 해마다 선정하는 '시간을 잘 지키는 항공사', '고객의 불만이 가장 적은 회사' 순위에서 보통 1, 2등을 차지하고 있다.

마케팅 전략

사우스웨스트항공의 서비스상품은 다양한 항공노선들과 무탑승권제도 등에서 나타난 것과 같이 편의성을 강조한다. 서비스가 제공받는 과정을 단순화해서 시간을 절약하고 낮은 가격에 합리적인 서비스를 제공해서 고객에게 높은 가치를 주는 항공사로 지각되고 있다. 10대 항공사들 중에서 가장 낮은 항공기의 기령(항공기의 연령) 수치를 가지고 있고 30년 동안 단 한 건의 사망 사고도 없는 안전운항 기록으로 고객들에게 안전한 항공사로 지각되고 있다. 가격 면에서 운영의 단순화를 통해 비용 절감을 하고 있고 필요 없는 서비스를 없애거나 줄여서 고객들에게 상대적으로 싼 항공요금을 통해 혜택을 주고 있다.

서비스마케팅은 7P로 표현되는 확장된 서비스마케팅믹스의 관리가 전략의 핵심인데 이 중 사람, 과정, 물리적 증거는 서비스의 독특한 특성들을 반영한 추가적 3P이다. 우선 사람은 종업원 관리와 고객관리로 나누어질 수 있다. 종업원 관리 면에서 사우스웨스트항공은 열정을 가지고 유머감각을 지닌 종업원들을 선발하는 것으로 유명하다. 또한 한번 신중하게 종업원을 선발하면 잘 교육시키고 될 수 있는 한 종업원을 해고하지 않고 권한위임이 잘 되어 있다. 켈러허 회장은 직원의 가족을 회사의 가족으로 생각하고 고객들보다도 직원들을 우선시하는 경영을 했는데 이것은 서비스 삼위일체를 실천하는 것으로 결국 고객서비스의 향상과 고객만족으로 이어진다.

고객을 즐겁게 해주는 펀(fun) 경영으로 유명하다. 예를 들면 기내 안전수칙을 랩송으로 대신하고 느닷없이 기내화장실에 최대로 몇 명이나 들어갈 수 있는가를 알아보는 콘테스트를 열기도 한다. 부활절에는 토끼 복장, 할로윈에는 펌킨 복장을 하는 등 특별한 날에는 승무원들이 그날에 어울리는 의상을 입기도 한다. 고객들은 승무원들 또는 다른 고객들과 농담도 하고 만족을 표시하는 편지를 회사에 보내는 등 많은 고객들은 즐거운 분위기를 즐기고 화답한다.

과정 면에서 사우스웨스트항공은 식사와 영화상영이 없는, 기본적인 기내서비스만 제공하고 자사비행기를 계속 운항하기 위해 신속하게 회항한다. 이것은 회사 초기부터 경영전략의 핵심으로 채택해 온 원가우위전략을 실행하기 위한 핵심 세부 전략들이다. 비행기는 Boeing 737 한 기종만 사용하여 승무원들의 훈련 시간과 비용을 절감한다. 전통적인 대도시 터미널 집중방식 시스템을 피하고 항공 이용료가 낮고 폭주하지 않는 소규모의 공항들을 이용하는 시스템을 채택해왔다.

사우스웨스트 항공은 다른 항공사들이 들어가지 않는 새로운 도시들에 들어감으로써 과감히 새

시장들을 개척해왔다. 항공권 예약 시 좌석을 미리 지정하지 않고 탑승할 때 먼저 오는 고객들 순서대로 탑승을 시키는데 카드번호가 1번부터 순서대로 적힌 플라스틱 카드를 주면 승객이 원하는 빈자리에 차례로 앉게 된다. 자동화된 발권시스템을 통해 경비를 절약하며 효율적인 서비스를 제공한다. 사우스웨스트항공사는 식사를 제공하지 않고 간단한 땅콩과 음료만 제공하여 경비를 절감하고 승무원들은 승객에 대한 다른 서비스들에 시간을 사용할 수 있다. 사우스웨스트항공에서 고객들은 서비스 과정의 일부분으로서 자신들의 역할을 기꺼이 수행한다.

물리적 증거 면에서 정장을 피하고 캐주얼을 착용하는 승무원 복장이 두드러진다. 표준화된 유니폼을 착용하는 다른 항공사들과 달리 승무원들은 화려하고 독특한 유니폼을 착용한다. 편안한 바지에 굽이 없는 운동화가 보통의 복장이고 여름에는 짧은 바지를 즐겨 착용한다. 이러한 승무원들의 유니폼은 즐거움을 강화하고 종업원의 편안함을 위해 회사가 몰입한다는 것을 강조한다. 사우스웨스트항공의 단순하고 쉽게 사용이 가능한 웹사이트도 물리적 증거의 좋은 예이다.

현황과 평가

『Fortune』에 따르면, 사우스웨스트항공은 1997년 이후 미국에서 가장 존경받는 항공사, 2007년 미국에서 다섯 번째로 존경받는 기업, 미국에서 일하기 좋은 5개 기업들 중의 하나이다. 재무성과 면에서도 34년 동안 연속해서 이익을 창출하고 있고 9·11 참사 이후 이 회사는 분기마다 이익을 창출하는 유일한 항공사였고 불경기와 테러 위협으로 여행객들이 줄어들었는데도 전혀 직원을 해고하지 않은 몇 안 되는 항공사들 중의 하나이었다. 합병 전에 미국 32개 주의 64개 공항을 취항했고 국내승객 운송 마일리지에서 4위, 승객 숫자에서는 3위를 차지하고 있었다. 2011년 5월 에어트랜과 합병을 마무리 후에는 미국의 100여 개 이상의 도시에 취항하는 초대형 저가항공사가 되었다.

자료원: 이유재, 2009; Kotler and Keller, 2009; Zeithaml et al., 2009.

1. 서비스 정의와 특징

1) 서비스의 정의

서비스란 무엇인가? 서비스는 다양하고 종종 매우 복잡한 활동들을 포함하기에 정의를 내리기가 어렵다. 서비스란 단어는 원래 노예가 주인에게 하는 일과 연관되었다(Lovelock and Wirtz, 2011). 마케팅적인 면에서 서비스에 대한 초기의 정의는 재화(goods)와 차별화되는 데에 중점을 두어서 서비스를 행위, 과정, 성과, 노력으로 보았다. 재화에서 소비자가 받는 혜택들은 물리적인 사물이나 도구의 소유로부터 발생하는 반면에 서비스에서 혜택들은 행동이나 성과를 통해 만들어진다(Berry, 1980).

Lovelock과 Wirtz(2004)는 다음과 같은 서비스에 관한 2가지의 정의들을 제시한다.

① 서비스는 한 당사자가 다른 당사자에게 제공하는 무형적인 행위 또는 성과이다.

② 서비스는 가치를 창조하고 특정한 시간과 장소에서 서비스의 대상인 고객들에게 혜택을 제공하는 경제적 활동이다.

2) 서비스의 특징

서비스마케팅에서 진행되어 온 연구에는 3가지 기본적인 가정들이 존재한다(Zeithaml et al., 1985). 첫째로 서비스와 관련된 많은 독특한 특징들이 서비스와 재화를 구별시킨다. 서비스의 4가지 두드러진 특징들은 무형성, 이질성, 생산과 소비의 비분리성(동시성), 소멸성이다. 둘째로, 이러한 서비스의 특징들은 서비스 마케터들에게 문제들을 제시한다. 셋째로, 서비스 마케팅의 문제들은 서비스 마케팅 특유의 해결책을 요구하기 때문에 재화를 다루는 마케팅의 경험에서 개발되어진 전략들은 서비스 마케팅에서는 종종 불충분하다.

서비스 연구자들은 재화와 서비스 간에 주요 차이점들이 존재하고 이러한 차이점들이 장점들 및 난제들을 서비스 경영자들에게 제공한다는 데에 일반적으로 동의한다(Zeithaml et al. 1985, 2009). 주의해야 할 것은 이러한 특징들은 흑백으로 확연히 구분되는 것이 아니라 연속선상에 정돈되어질 수 있다. 즉, 예를 들면 서비스는 재화보다 더 무형적이고 더 이질적이다. <표 7-1>은 재화와 대조된 서비스의 4가지 주요 특징들 및 연관된 마케팅 시사점들을 보여 준다.

〈표 7-1〉 서비스의 4가지 주요 특징들

재화	서비스	시사점
유형성	무형성	-서비스는 저장될 수 없다 -서비스는 특허를 낼 수 없다 -서비스는 쉽게 진열되어지거나 의사소통되어질 수 없다. -가격책정이 어렵다

동질성	이질성	−서비스 전달과 고객만족은 종업원 행동에 의존한다 −품질 통제를 성취하기 어렵다 −전달된 서비스는 계획되고 촉진되어진 서비스와 다를 수 있다
분리성(생산과 소비의 분리)	비분리성(동시적인 생산과 소비)	−고객들이 서비스 거래에 참여하거나 영향을 준다 −다른 고객들도 서비스 생산에 포함된다 −종업원들은 서비스결과에 영향을 미친다 −분산화가 필수적일 수 있다 −대량생산이 어렵다
저장성(비소멸성)	소멸성	−서비스에서 수요와 공급을 맞추기가 어렵다 −서비스는 반품되거나 재판매될 수 없다

출처: Zeithaml et al., 2009.

가장 기본적이고 일반적으로 보편적으로 언급되는 서비스의 특징이 무형성이다. 서비스는 대상보다 성과를 다루기 때문에 우리가 유형적인 제품을 감각하는 것과 같은 방식으로 보이거나 느껴지거나 맛보거나 만져질 수 없다. 서비스의 두 번째 주된 특징은 이질성이다. 서비스는 인간에 의해서 자주 생산되는 행동이나 성과이기에 어떤 2가지의 서비스도 정확히 같지는 않다. 이질성은 서비스 제공자들, 고객들 그리고 양측의 상호작용의 3가지 측면에서 설명될 수 있다. 같은 서비스 제공자라도 매일 또는 심지어 매시간별 서비스 성과에서 다를 수 있다. 같은 고객도 장소, 시간, 상황에 따라서 기분, 직원을 대하는 태도, 감각 민감성, 육체적·정신적·심리적 상태가 다르고 같은 서비스라도 종종 다른 방식으로 경험한다. 또한 이질성은 종업원들과 고객들 간의 상호작용의 결과로서 나타난다.

서비스의 세 번째 주된 특징은 비분리성, 즉 서비스 생산과 소비의 동시성이다. 대부분의 재화가 먼저 생산된 후에 팔리고 소비되는 반면에 대부분의 서비스는 먼저 팔린 후에 생산되는 동시에 소비된다. 이러한 비분리성은 많은 경우에 서비스가 제공되는 동안에 고객이 서비스 제공 현장에 존재하고 서비스 제공 과정에 심지어 참가해야 하는 것을 종종 의미한다. 이것은 또한 고객들이 서비스 제공 과정에서 다른 고객들과 자주 상호작용을 하고 고객들은 다른 고객들의 체험에 영향을 줄 수 있다는 것을 의미한다. 서비스 상품 면에서는 서비스 제공자들도 서비스상품 자체에 포함되어진다는 것도 의미한다.

서비스의 네 번째 주된 특징은 소멸성이다. 소멸성은 서비스가 저장, 보존, 재판매 또는 반환될 수 없다는 것을 의미한다. 재화의 한 예인 컴퓨터는 창고에 저장하고 후에 재판매하고 제품에 문제가 있어서 소비자가 반환이나 교환을 요청하면 이에 응할 수 있다. 하지만 고객에 의해 구매되었지만 특정 날, 특정 시간에 사용되지 않은 비행기 좌석, 호텔의

방, 전력은 훗날 사용되지 않은 해당 서비스에 대한 사용권을 주장하거나 재사용, 재판매되어질 수 없다. 사용하지 못한 서비스의 소멸성으로 인해서 서비스 기업들은 수요량에 맞추어 공급량을 제공하는 것을 중요시하지만 수요와 공급의 일치를 실제 실행하기는 어렵다.

서비스의 4가지 주요 특징들과 시사점들은 서비스에 맞춘 다음과 같은 독특한 대응 전략들을 요구한다(이유재, 2009; Zeithaml et al., 1985).

(1) 무형성과 관련된 대응 전략

① 유형적인 단서를 제공하라.

② 구전 활동을 적극 활용하라.

③ 기업 이미지를 세심히 관리하라.

④ 구매 후 커뮤니케이션을 강화하라.

⑤ 비개인적 원천보다 개인적 원천을 더 많이 사용하라.

(2) 이질성과 관련된 대응 전략

① 서비스의 표준화를 시행하라.

② 개별 고객에 맞춘 개별화를 시행하라.

(3) 비분리성과 관련된 대응 전략

① 고객접점 직원의 선발 및 훈련을 강조하라.

② 고객관리를 철저히 하라.

③ 여러 지역에 서비스망을 구축하라.

(4) 소멸성과 관련된 대응 전략

① 수요에 따라 생산계획을 변동시켜라.

② 수요와 공급을 가능한 맞추기 위해서 수요와 공급능력에서 동시적인 수정을 하라.

③ 임시 직원의 채용을 통해 유연성을 확보하라.

④ 유효 시설이나 장비의 새로운 용도를 개척하라.

⑤ 직원들에게 다양한 직무교육을 시켜 유사시를 위한 멀티플레이어로서 양성시켜라.

⑥ 수요를 분산시키기 위해 대기나 예약 제도를 적극 활용하라.

서비스의 4가지 주요 특징들에 덧붙여서 재화와 서비스를 차별화하는 서비스의 다른 부수적인 특징들도 제시되어 왔다(Lovelock and Wirtz, 2004).

- 고객들은 서비스의 소유권을 획득하지 못한다.
- 고객들이 서비스의 생산 과정에 포함되어질 수 있다.
- 다른 사람들은 제품의 일부분을 형성할 수 있다.
- 많은 서비스들은 고객이 평가하기가 어렵다.
- 시간적 요소가 크게 중요하다.
- 서비스의 유통경로들은 종종 짧고 다양한 형태들을 취한다.
- 서비스의 주된 가치는 서비스 제공자와 고객 간의 상호작용에 의해 만들어진다.
- 서비스는 사람들에게 많이 의존하고 서비스 품질은 사람들의 기술에 의해서 결정된다.
- 서비스의 수요와 공급의 균형을 위해서 시간적 및 공간적 규제가 중요하다.
- 서비스는 주로 고객에 의해서 주관적으로 평가된다.
- 서비스의 생산을 위한 계획은 불확실하다.
- 서비스 품질의 평가는 대개 서비스를 제공받은 바로 후에 행해진다.
- 서비스에서의 혁신은 정보와 커뮤니케이션에 민감하다.

2. 서비스브랜드 모델

1) 제품 브랜드와 서비스 브랜드 간의 차이

브랜드에 대해서는 앞의 1장, 2장, 3장에서 중요한 내용들을 다루었다. 브랜드에 관한 많은 연구들이 학자들과 실무자들에 의해서 진행되어 온 반면에 서비스 브랜딩을 다루는 연구들은 매우 제한되어 있다(Moorthi, 2002; O'Cass and Grace, 2004). 넓은 의미의 제품(product)은 유형적인, 좁은 의미의 제품(goods)과 서비스(services)를 포함한다.

강한 브랜드는 고객들의 해당 브랜드에 대한 신뢰를 증가시키고 고객들이 무형적인 서비스 상품을 더 잘 시각화하고 이해하도록 하는 데 도움을 주고 고객들이 해당 서비스를 구매하고 사용하는 데 수반된 지각된 위험을 줄여 주기 때문에, 브랜딩은 서비스 기업들에서 큰 역할을 수행한다(Berry, 2000). 서비스에서의 기본적인 차원들은 핵심 서비스, 브랜드와의 체험, 자아이미지 일치, 감정, 물리적 시설(servicescape)과 상호적 서비스, 홍보, 광고 그리고 가격과 브랜드인 것으로 발견되었다(O'Cass and Grace, 2004).

서비스브랜드들의 관리와 제품 브랜드들의 관리 간에는 3가지 중요한 차이점들이 있다. 첫째, 서비스 브랜드와 관련된 더 많은 전환 비용, 정보수집에서의 더 많은 비용, 기존 브랜드를 유지하는 것과 관련된 더 좋고 지속적인 서비스의 기회 때문에 고객들은 대개 제품 브랜드들보다 서비스 브랜드들에서 더 큰 브랜드 애호도를 가지고 있다. <브랜딩 사례 7-1>은 서비스브랜드인 맨체스터 유나이티드가 브랜드 애호도를 가진 많은 고객들을 확보하는 다양한 마케팅 전략들을 제시한다. 둘째, 많은 서비스 브랜드들은 기업명을 브랜드명으로 사용하는 기업브랜드들이다. 따라서 기업의 명성, 기업과 관련된 품질 지각 등이 종종 서비스 브랜드에서는 브랜드 자산의 일차적인 결정 요소이다.

〈브랜딩사례 7-1: 맨체스터 유나이티드의 고객의 마음을 잡는 마케팅〉

맨체스터 유나이티드(Manchester United)는 단순한 축구구단이 아니라 하나의 기업이다. 포브스가 산정한 맨유의 자산 가치는 무려 1조 8,000억 원이다. 이쯤 되면 기업들 중에서도 초우량 기업이다. 맨유의 CEO는 데이비드 길인데 세계 최대 컨설팅업체인 PWC 출신이다. 신뢰의 리더십을 중요시하는 맨유의 퍼거슨 감독은 지난 1986년 취임한 이래 현재까지 팀을 이끌고 있는 맨유의 산 증인이다.

맨체스터 유나이티드의 최대 강점은 세계에서 가장 많은 팬들을 보유한 최고의 인기구단이라는 인프라와 강력한 브랜드 파워에 기반을 둔 다양한 마케팅 전략들이다. 맨유는 '전 세계인을 올드 트래퍼드로'라는 목표로 다른 구단들과 차별화된 타깃 마케팅을 펼치고 있다. 세계 각국에 200여 개 이상의 서포터스 브랜치를 구성하여 지역적 한계를 극복하고 지구촌 7,500만 명의 팬들을 확보했으며, 스스로를 '꿈과 희망을 주는 구단, 지구촌 모두가 응원하고 싶은 구단'으로 포지셔닝하여 무한 가치를 창출하고 있다. 특히 팬들의 스포츠구단 이미지가 10세 이전에 형성된다는 사실에 주목하여 전통적인 캐릭터 '빨간 도깨비'를 버리고 코믹한 '파인드 더 레드'를 채택할 정도로 브랜드 이미지에 신경을 쓴다.

시스템 통한 인재경영과 영입

맨유는 핵심 인재들에 과감히 투자해 체계적으로 유소년 시스템을 통해서 육성도 하고 다른 팀들에서 데려오기도 한다. 자체 유소년 시스템을 통해 장래가 유망해 보이는 어린 선수들을 일찍부터 싼값에 영입해 맨유맨으로 키운다. 이전의 스타 데이비드 베컴이나 라이언 긱스, 폴 스콜스 등이 이 시스템을 통해 나온 선수들이다. 맨유 최고의 스트라이커로 떠오른 크리스티아누 호날두의 몸값은 8,000만 유로(약 1,000억 원)가 넘는다. 프리미어리그 2연패

위업을 달성한 후 몸값이 천정부지로 올랐다. 한국의 박지성과 같이 전 세계에 퍼진 스타들을 데려와서 키우는 것도 맨유 인재경영의 한 축이다.

고객의 마음을 잡는 마케팅전략

맨유의 수입 구조는 다양하다. 전체 수입에서 입장료 등 경기장에서 얻는 수익은 약 40%, TV중계료 등 미디어 수익이 약 30%를 차지한다. 여기에 스폰서십이나 캐릭터 등 상품 판매 수익이 약 30%에 달한다. 영국뿐만 아니라 전 세계에 흩어져 있는 7,500만 명에 달하는 해외 팬들도 맨유 수입에 1등 공신이다. 캐릭터 상품 판매의 절반 이상이 해외에서 이뤄진다.

맨유는 더 나아가 맨유 문화를 판다. 대표적인 것이 '올드 트래퍼드 투어'이다. 이 상품은 테마파크 형식으로 꾸며진, 맨유의 모든 것을 간략히 체험할 수 있는 독특한 상품이다. 투어 참가자들은 관중 7만 6,000명을 수용할 수 있는 영국 최대의 구장인 올드 트래퍼드 구석구석을 카메라에 담는 것에서 시작해 선수들이 경기 전후 옷을 갈아입고 대기하는 드레싱 룸을 둘러본다. 이어서 마치 경기에 나가는 선수들처럼 두 줄로 서서 믹스트존에서 그라운드로 이동한다. 말 그대로 '맨유의 선수'가 돼 보는 생생한 체험의 현장이다. 팬들을 위한 레드카페, 맨유 박물관, 맨유 최고의 쇼핑 명소인 메가스토어 투어도 빼놓지 않는다. 이곳에는 1,500여 품목의 맨유 관련 상품들이 있다. 이 투어 프로그램의 가격은 한화로 1인당 2만 원 선이고 연평균 관광객이 25만 명이니 수입만도 50억 원에 달한다.

맨유는 신용카드를 통해 금융업도 운영한다. 홈경기가 있는 날이면, 직원들이 경기장 주변에서 팬들에게 카드 판촉활동을 벌인다. 맨유카드에 가입하면, 로고가 새겨진 기념품을 준다. 또 예금이나 보험 등 다양한 금융상품도 판매하고 있다. 맨유의 금융업은 첼시나 레알 마드리드 등 다른 축구 구단이 아니라 은행이나 보험사들이 경쟁상대이다. 국내에서도 신한카드와 제휴해 2006년 2월 초 '신한 맨체스터유나이티드(MU) 카드'를 출시해서 2006년 최고의 히트상품들 중에 하나가 되었다.

맨유는 미국의 세계적 보험사인 AIG와 제휴해 1년간 선수들이 유니폼에 AIG 표지를 달고 뛰는 대가로 248억 원을 받았다. 이 스폰서계약은 현재 단일 상품으로는 맨유의 최대 수입원이 되고 있다. 지난 2002년에는 나이키와 13년간 총 3억 3,000만 파운드의 스폰서십 계약을 체결했다. 나이키는 맨유의 유니폼을 자사 제품으로 공급하고, 구단 상품의 독점 판매권을 취득했다.

자료원: 이코노믹리뷰, 2007년 4월 4일; 매일경제, 2008년 5월 16일.

셋째, 제품과 서비스 사이에는 품질평가에서의 차이가 존재한다. 일반적으로 서비스 품질은 제품 품질보다 소비자가 평가하기에 더 어렵고 서비스의 품질 평가는 서비스의 결과 및 과정에 대한 평가를 포함한다. 또한 서비스 품질에 대한 지각은 고객의 기대 수준과 실제 서비스 성과 간의 비교로부터 기인한다(Parasuraman et al., 1985). 넓은 의미의 제품(product)은 앞의 브랜드 품질에서 설명한 것같이 탐색재, 경험재, 신용재의 3가지 유형들로 분류되는데(Darby and Karni, 1973; Nelson, 1970), 일반적으로 제품(goods)은 탐색적인 특성들을 더 많이 가지고 있고 서비스는 경험적인 특성들이나 신용적인 특성들을 더 많이 가지고 있다(Zeithaml et al., 2009).

서비스브랜드 관리에서는 조직체, 일선 종업원들, 고객들의 유기적인, 협력된 노력이 특히 필요하다. <그림 7-1>의 서비스마케팅 삼각형은 서비스를 개발하고, 촉진하고, 전달하는 데 서로 협력해 일하는 3가지 상호 연관된 주체들을 보여 준다. 이 3가지 주체들은 서비스마케팅 삼각형의 세 점들에서 기업, 서비스 제공자들(종업원들), 고객들로 각각 명칭이 붙어 있다. 이 삼각형의 두 개의 점들 사이에는 성공적인 서비스를 위해서 반드시 잘 수행되어야 할 3가지 유형의 마케팅이 있다. 바로 외부마케팅, 내부마케팅, 상호작용 마케팅(실시간 마케팅)이다. 3가지 유형의 마케팅 활동들이 고객들과의 좋은 관계들을 구축하고 유지하는 데 필수적이다.

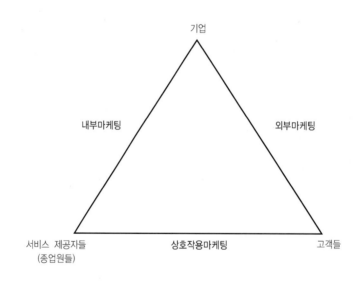

출처: Bitner, 1995; Zeithaml et al., 2009.

〈그림 7-1〉 서비스마케팅 삼각형

외부마케팅을 통해서 기업은 고객들에게 그들이 무엇을 기대할 수 있고 서비스가 어떻게 전달될 것에 대해 약속들을 한다. 내부마케팅은 서비스 약속들을 가능하게 하는 것을 통해 수행된다. 서비스 제공자들이 약속된 서비스를 전달하기 위해서는 서비스 제공자들은 기술들, 능력, 지식, 도구들, 전달하고자 하는 동기를 지녀야 하고 시스템들도 적절하게 설치되어야 한다. 상호작용 마케팅은 약속들을 지키기와 실제로 약속한 대로 서비스를 전달하기와 관련된다. 고객의 관점에서 보면 상호작용 마케팅이 가장 결정적인 것인지도 모른다. 고객들이 기업과 상호교류하고 서비스가 동시에 생산되고 소비될 때 발생하는 진실의 순간에 상호작용 마케팅이 일어난다.

<브랜딩 사례 7-2>는 글로벌 종합금융회사를 추구하는 KB금융지주회사의 마케팅 및 경영전략을 설명한다. KB금융지주회사는 대한민국의 별이라는 유형적인 상징물을 통해 대한민국의 1등 은행을 넘어서서 글로벌한 종합금융회사를 목표로 하는 그룹의 포부를 명확히 제시해왔고 구체적인 전략들은 서비스 마케팅 삼각형에서 제시된 3가지 주체들의 협력을 통해 추구하려 하고 있다.

〈브랜딩사례 7-2: 최고의 서비스로 고객을 사로잡는 KB〉

KB는 국민은행의 브랜드를 넘어 KB금융그룹을 아우르는 종합금융브랜드로 자리 잡았다. KB금융지주는 KB를 전면에 내걸고 아시아 금융을 선도하는 글로벌 금융그룹으로의 도약을 꿈꾸고 있다. KB금융그룹은 2009년 12월 말 현재 자산 316조 원과 국내 최대고객 기반 및 지점망을 갖춘 종합금융그룹이다. KB금융지주는 국내 리딩 뱅크인 KB국민은행, KB투자증권, KB생명, KB자산운용, KB부동산신탁, KB인베스트먼트, KB선물, KB신용정보, KB데이타시스템 등 9개 계열사를 거느리고 있다.

KB금융그룹 관계자는 "KB금융그룹의 성장목표는 그룹 인프라 구축을 기반으로 그룹성장 기반 공고화와 종합금융체제 역량강화, 미래성장 분야 전략적 육성 등의 전략으로 국내 금융산업 발전에 기여하는 것"이라고 밝혔다. 그룹 관계자는 "막강한 자본력과 대규모 영업점 네트워크, 탄탄한 영업력, 브랜드 파워, 오랜 경험으로 쌓인 노하우를 바탕으로 리스크 관리능력, 차별화된 온라인 채널, 고객만족 등을 통해 아시아금융을 선도하는 글로벌 금융그룹으로 성장할 것"이라고 강조했다.

KB금융그룹은 사회공헌 차원에서도 모범적인 기업을 추구한다. KB에 있어서 윤리경영문화는 고객으로부터 변함없는 신뢰를 받을 수 있는 핵심 영업 문화이며 선택이 아닌 생존의 문제이기 때문이다. 영업활동의 토대인 지역사회의 발전에 능동적으로 기여하여 고객을 포함한

다양한 이해관계자의 신뢰에 보답하고 기업시민으로서의 의무를 다할 것이다. 또 '미소금융재단'을 통해 어려운 환경에 있는 이웃들이 자립할 수 있는 기회를 제공하는 데 역점을 둘 생각이다. 아시아 지역에서 사랑의 손길을 나누는 대학생해외봉사단 '라온아띠', 어려운 청소년의 학습을 돕는 KB국민은행 영어캠프와 KB희망공부방, 결식아동을 위한 KB행복한 밥상, 한글의 우수성을 세계에 전파하는 KB한글사랑나누기 등도 지속적으로 추진할 예정이다.

환경 분야에서도 그룹 차원의 에너지절약 캠페인을 계속 실시하고 탄소시장과 관련한 사업기회를 발굴해 나갈 계획이다. 국민은행의 경우 대외기관 제휴를 통한 신사업 추진, KB탄소중립의 숲 조성사업 추진, 지속가능 경영보고서 발간, 이산화탄소 배출량 관리의 효율화를 추진할 예정이다.

자료원: 조선일보, 2010년 2월 18일.

2) 서비스 브랜딩 모델들

2장에서 설명한 것같이 브랜드 아이덴티티는 브랜드가 무엇인지 객관적으로 묘사하는 것이다. 일반적인 브랜드 아이덴티티 시스템의 4가지 구성요소들은 ① 제품으로서의 브랜드, ② 조직체로서의 브랜드, ③사람으로서의 브랜드, ④ 상징물로서의 브랜드이다(Aaker, 1996; Aaker and Joachimsthaler, 2000). Moorthi(2002)는 이를 바탕으로 서비스에 있어서 브랜드 아이덴티티 시스템의 구성요소들을 아래와 같이 5가지로 제시했다. Aaker의 모델에 비해서 서비스의 특성상 서비스의 전달 과정도 결과만큼 중요하기에 과정으로서의 브랜드가 들어갔고, 7P 중에서 사람들은 조직문화, 조직의 가치들 등과 함께 조직체로서의 브랜드에 포함되는 것에 주의해야 한다(Moorthi, 2002). 반면에 사람으로서의 브랜드는 Aaker의 모델에서와 같이 브랜드 같이 브랜드에 인구통계적, 심리적, 사회적 특성과 같은 인간적 특성을 부여하는 것이다.

① 제품으로서의 브랜드(7P의 제품, 가격, 촉진, 유통, 물리적 증거와 주로 관련)

② 과정으로서의 브랜드(7P의 과정과 주로 연관)

③ 조직체로서의 브랜드[7P의 사람들(people)과 주로 연관]

④ 사람으로서의 브랜드

⑤ 상징물로서의 브랜드

Moorthi(2002)는 Aaker(1996)의 모델을 서비스의 특성에 맞게 확장해서 주로 브랜드 정체성 면에서 서비스 브랜딩 모델을 제시했고 이것을 전략적 도구인 7P와 연결해서 탐색재, 경험재, 신용재의 제품의 3가지 유형들에서 설명한 반면에, Berry(2000)는 구체적인 전략적 방안들과 연결되는 실용적인 서비스 브랜딩 모델을 <그림 7-2>와 같이 제시했다. <그림 7-2>는 서비스 브랜드의 기업의 제시된 브랜드, 외부적 브랜드커뮤니케이션, 기업에 대한 고객체험, 브랜드 인지, 브랜드 의미, 브랜드자산의 6가지 주요 구성요소들 및 주요 요소들 사이의 관계들을 나타낸다. 원래 모델에서 1차적인 영향들과 2차적인 영향들이 실선과 점선으로 각각 구분해 표시되었는데 간략히 하기 위해서 여기에는 구분 없이 관계만 표시되었다.

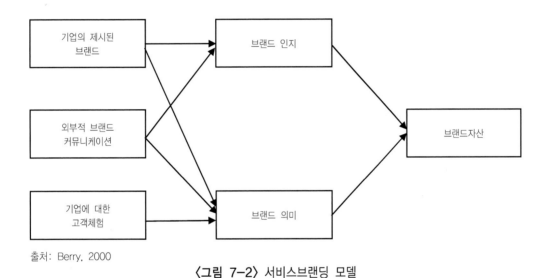

출처: Berry, 2000

〈그림 7-2〉 서비스브랜딩 모델

기업의 제시된 브랜드는 광고, 서비스 시설들, 서비스 제공자들의 외모를 통해 해당 기업의 정체와 목적에 대한, 기업이 진행하는 통제된 커뮤니케이션이다. 대조적으로 외부적 커뮤니케이션은 외부에서 소비자들이 해당 기업과 서비스에 대해서 받아들이는 정보로서 기업에 의해서 통제가 기본적으로 되지 않는 홍보, 구전 커뮤니케이션과 같은 커뮤니케이션이다. 기업에 대한 고객체험이란 요소는 고객의 해당 기업 및 서비스에 대한 직접적인 체험의 중요성을 나타낸다. 만약 이러한 체험이 있다면 이것은 기업의 제시된 브랜드나 외부적 커뮤니케이션 요소들보다 더 중요하게 직접적으로 브랜드 의미에 영향을 줄 것이다.

브랜드 인지는 단서가 제공되었을 때 브랜드를 재인하거나 회상하는 능력이고, 브랜드 의미는 고객이 해당 브랜드에 대해 가지는 두드러진 지각으로서 브랜드 이미지와 비슷하게 여기에서 사용되었다. 브랜드 인지와 브랜드 의미는 브랜드 자산에 기여한다.

3. 서비스브랜드 전략[*5]

1) 서비스 마케팅믹스

마케팅에서 가장 기본적인 개념들 중의 하나가 마케팅믹스(marketing mix)이다. 이것은 조직체가 통제할 수 있는 핵심 요소들로서 고객들을 만족시키거나 의사소통하는 데 사용될 수 있다(Zeithaml et al., 2009). 전통적인 마케팅믹스는 제품(product), 가격(price), 촉진(promotion), 유통(place)의 4P로 구성된다. 4P는 마케터가 주어진 환경에서 적절한 마케팅 의사결정을 할 때 다루어야 할 핵심 요소들로서 마케팅믹스에서는 이 요소들이 상호 연관되고 의존한다. 유형적이고 표준화된 특성들을 지닌 재화의 경우에는 4P의 효과적인 관리로서 상당한 부분이 해결되지만 무형성, 이질성 등을 가진 서비스의 경우에는 4P의 관리만 가지고 부족한 경우가 대부분이다. 서비스 연구자들은 추가적인 마케팅 요소들의 중요성을 파악하고 서비스에서 확장된 마케팅믹스(expanded marketing mix)라는 개념을 채택했다(Booms and Bitner, 1981). 서비스에서의 확장된 마케팅믹스는 서비스 마케팅믹스라고 불려지고, 전통적 마케팅믹스인 4P에 추가적인 마케팅믹스(3P)인 사람(people), 물리적 증거(physical evidence), 과정(process)을 더한 7P로 구성되어 있다. 추가적인 마케팅믹스인 사람, 물리적 증거, 과정의 정의는 다음과 같다.

① 사람: 서비스를 전달하는 데 참여하여 구매자의 지각에 영향을 미치는 모든 행위자들, 즉 서비스가 제공되는 환경에 존재하는 직원들, 고객들, 다른 고객들

② 물리적 증거: 서비스가 전달되어지고 기업과 고객들이 상호작용을 하는 환경과 서비스의 성과 및 소통을 용이하게 하는 모든 유형적인 요소들

③ 과정: 서비스가 전달되는 실행절차들, 메커니즘, 활동의 흐름, 즉 서비스 전달 및 운영 시스템

2) 서비스브랜딩의 원칙

성공적인 서비스브랜드 관리를 위해서 다음과 같은 7가지 원칙들이 제시된다.

① 당신의 서비스가 고객들에게 제공하는 것이 차별화되도록 주의하라.

② 서비스브랜딩에서는 기업 자체가 1차적인 브랜드라는 것을 기억하라.

③ 고객의 평가와 만족에서 전방 종업원들이 매우 중요하다는 것을 명심하라.

④ 내부마케팅을 강조하라.

⑤ 체험마케팅을 적용해서 즐거움과 기쁨을 고객들에게 제공하고 브랜드와 고객 간의 깊은 관계를 유지하라.

⑥ 고객들을 서비스 상품의 주요 부분으로서 포함하라.

⑦ 고객들과 정서적으로 연결하라.

첫 번째 원칙(당신의 서비스가 고객들에게 제공하는 것이 차별화되도록 주의하라)은 서비스 조직체의 차별화 전략들과 연결된다. 서비스의 무형성과 이질성 때문에 서비스의 차별화된 속성들과 혜택들이 제품의 속성들과 혜택들보다 더 중요하게 고객들에게 흔히 지각된다. 따라서 서비스 브랜딩의 한 핵심 목표는 명확히 차별화된 브랜드의 제시를 통해 차별화된 서비스 경험을 강화하는 것이다(Berry, 2000). 미국 오리건 대학교의 스포츠 팀들, 스타벅스(Starbucks), 타깃(Target), 미드웨스트항공사(Midwest Express Airlines), 엔터프라이즈(Enterprise Rent-A-Car), 모텔6(Motel 6) 같은 조직체들은 시설 디자인, 서비스제공자의 외모와 복장, 서비스 제공자의 훈련과정, 핵심 서비스 확장, 촉진 등을 통해 그들의 서비스를 경쟁자들과 구분되게 한다.

두 번째 원칙(서비스브랜딩에서는 기업 자체가 1차적인 브랜드라는 것을 기억하라)은 서비스 브랜드 관리에서 기업을 주된 브랜드로서 관리하는 것을 강조한다. 대부분의 재화에서는 제품이 1차적인 브랜드이지만, 대부분의 서비스에서는 기업이 1차적인 브랜드이다(Berry, 2000; Ostrom et al., 2005). 서비스의 브랜딩에서는 후원하는 이벤트들, 기업에 대한 PR, 기업과 해당 종업원들의 윤리적 행동과 같은, 고객의 브랜드에 대한 기대와 지각에 영향을 미칠 수 있는 기업의 행동에 민감하고 주의하는 것이 중요하다(Ostrom et al., 2005).

세 번째 원칙(고객의 평가와 만족에서 전방 종업원들이 매우 중요하다는 것을 명심하라)

은 고객만족에서 전방 서비스 제공자들인 종업원들의 중요한 역할들에 관련된다. 고객의 서비스 브랜드와의 개인적 체험은 기업이 고객에게 실행하는 커뮤니케이션(예: 광고)보다 종종 더 중요하다.

일선 종업원과 고객의 상호작용은 고객 접점에서 발생한다. 이 고객 접점은 스칸디나비아 항공사의 최고경영자이었던 얀 칼슨이 이름을 붙여서 유명해진 진실의 순간('moment of truth')이 된다. 진실의 순간은 고객이 기업의 종업원 또는 특정한 자원과 접촉하는 순간으로 서비스 품질 인식과 고객만족에 큰 영향을 미치는 순간이다. 얀 칼슨은 적자에 허덕이던 스칸디나비아 항공사의 새로운 최고경영자로 부임해서 경영 분석과 전략 수립을 통해 진실의 순간의 중요성을 인식했고 이 개념을 도입해서 1년 만에 스칸디나비아 항공사를 연 800만 달러의 적자 기업에서 연 7,100만 달러의 흑자 기업으로 획기적으로 전환시킨 놀라운 업적을 내었다. 서비스의 종류에 따라서 고객접점의 수는 차이가 나고 고객의 서비스에 대한 전체평가는 덧셈이 아니라 곱셈의 법칙이 작용된다. 접점 관리를 잘 하는 서비스기업으로 잘 알려진 디즈니의 경우에는 유희공원 방문 고객 각각이 평균적으로 74번의 고객접점을 경험하고 이 고객접점들 중 어느 한 접점에서의 부정적인 경험은 서비스에 대한 부정적인 전반적인 평가로 이어진다. 고객들의 그 순간들에서 경험이 전반적인 서비스에 대한 고객평가와 고객만족에서의 결정적인 결정요소들이 되기 때문에 전방 종업원들이 고객접점에서 고객들을 대하는 것은 특별히 중요하다.

서비스 직원들이 행복하지 않으면 고객에 대한 서비스의 수준이 떨어지고 그 결과 고객의 품질 평가 및 만족이 낮아진다는 것은 우리 주변에서도 흔히 관찰되는 현상이고 서비스 연구자들도 이에 대한 주장을 한다. 종업원 만족과 유지, 고객만족 및 애호도, 기업의 궁극적인 수익을 연결하는 논리는 <그림 7-3>에 제시된 서비스 수익 연쇄(service profit chain) 모델에 잘 나타나 있다. 이 모델에 따르면 종업원 만족은 서비스에 대한 가치평가의 선행요소이고 조직체에서 매출과 수익은 고객만족과 애호도가 있으면 자연스럽게 따라온다. 실제 이러한 서비스 수익 연쇄 모델의 논리를 잘 실천하는 기업에는 페덱스(Fedex: Federal Express)가 있다. 페덱스의 전형적인 종업원들에서는 페덱스를 상징하는 보라색 피가 흐른다는 농담이 있을 정도로 직장에 긍지를 가지고 직장을 위해서 열심히 일한다. 이러한 페덱스의 종업원들의 회사에 대한 헌신은 기업이 종업원들을 잘 대우해주면 종업원들은 고객들에 대한 좋은 서비스를 제공할 것이고 기업의 수익은 그 결과 자연스럽게 따라온다는 PSP(People-Service-Profit)의 경영 철학을 위에서부터 실천하는 페덱스 기업에게는 당연한 것일 수 있다.

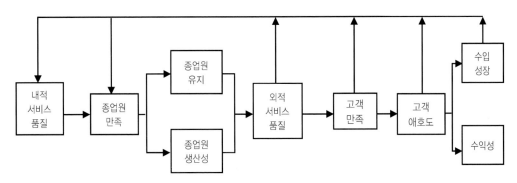

출처: Heskett et al., 1994

〈그림 7-3〉 서비스 수익 연쇄 모델

네 번째 원칙(내부마케팅을 강조하라)에서는 서비스 제공자들인 조직체의 구성원들의 현재의 고객 유지 및 새로운 고객 유치에서의 중요한 역할을 강조한다. 일을 잘하는 전방 종업원들을 유치, 교육, 보상, 유지하는 것은 성공적인 서비스 브랜딩에서 중요한 차원이다 (Ostrom et al., 2005). 내부마케팅의 중요한 다른 차원은 해당 브랜드의 개념을 명확하게 종업원들에게 의사소통하는 것이다. 이것은 내부브랜딩(internal branding) 또는 브랜드내재화(brand internalization)라고 불린다.

서비스가 고객들에게 무형적인 것과 같이 종업원들에게도 비슷하게 무형적이기 때문에 브랜딩은 해당 서비스의 정신적 그림과 고객들과 종업원들에 대한 해당 서비스 브랜드의 존재의 이유를 확립하는 기회이다(Berry, 2000). 내부 커뮤니케이션, 최고경영자로부터 하위 종업원들까지 스며든 고객지향적인 조직문화, 적절한 권한 이양이 내부마케팅을 실행하기 위해 중요한 정책들이다. 에버랜드, 신라호텔, 제인 사이클(Zane's Cycles), 엔터프라이즈(Enterprise) 렌터카, 미드웨스트항공사(Midwest Express Airlines)는 내부마케팅을 잘 구사해 탁월한 서비스를 고객들에게 제공하는 서비스 조직체들의 예들이다.

다섯 번째 원칙(체험마케팅을 적용해서 즐거움과 기쁨을 고객들에게 제공하고 브랜드와 고객 간의 깊은 관계를 유지하라)은 체험마케팅을 통한 서비스브랜딩을 주장한다. 체험마케팅은 고객에게 맞추어서 감각, 인지, 감성, 행동, 관계를 적절히 통합하는 마케팅이라고 할 수 있고 감동적이고 지속적인 기억을 고객에게 남길 수 있다. 체험마케팅은 고객만족과 고객감동을 통해 고객을 유지할 수 있게 해준다. 네이버, 버진(Virgin), 스타벅스(Starbucks), 싱가포르항공사 등은 체험마케팅을 통한 서비스브랜딩을 성공적으로 수행하는 브랜드들이다.

여섯 번째 원칙(고객들을 서비스 상품의 중요 부분으로서 포함하라)은 고객들이 서비스에 적극적인 참여하는 것과 서비스상품에서의 고객의 역할을 강조한다. 서비스는 서비스제공과 소비의 동시성으로 인해서 실제 서비스에서 고객이 흔히 참여한다. 이러한 고객 참여의 정도는 서비스의 종류, 고객의 특성들, 상황적인 요소들 등에 따라 다르게 나타난다.

낮은 수준의 고객참여의 예에는 패스트푸드 레스토랑, 항공서비스, 호텔서비스 등이 있다. 이 수준의 고객참여에서는 고객의 서비스시설에서의 존재와 고객의 최소한의 참여가 요구된다. 예를 들면, 롯데리아나 맥도날드에서 고객들은 주문한 햄버거를 먹기 위해서는 주문한 햄버거 및 음료 등을 기다려서 받기, 식사 후 햄버거 포장 종이, 플라스틱 컵, 남은 음식 등을 쓰레기통과 재활용 공간에 버리기 등 자신들을 위한 봉사를 최소한 수행해야 한다.

높은 수준의 고객참여에서는 고객들은 서비스를 서비스제공자들과 같이 공동으로 창조한다. 여기에서는 고객의 입력, 선택, 행동이 서비스의 결과에 큰 영향을 미친다. 이러한 예들에는 결혼 상담서비스, 열성적인 팬들의 스포츠 현장에서의 관람, 교육서비스, 신체단련프로그램, 테니스를 치는 것과 같은 참여스포츠가 포함된다. 이러한 경우에는 고객들의 적극적 참여, 관여, 성과가 서비스의 과정과 결과에 대한 평가를 좌우하는 주된 결정요소가 된다. 적절한 시간과 장소에 고객들을 서비스상품에 포함시키는 것은 전략적으로 3가지 면에서 서비스 기업에 혜택을 준다.

a) 고객들이 일반적으로 서비스와의 체험에서 더 많은 즐거움과 기쁨을 가진다.
b) 고객들의 참여 정도와 수준이 증가할 때 고객들은 서비스상품에 대한 자신들의 선택과 영향에 대해 대개 더 많은 책임을 진다.
c) 서비스상품의 품질이 일반적으로 향상되고 따라서 고객만족 수준이 증가된다.

일곱 번째 원칙(고객들과 정서적으로 연결하라)은 서비스 브랜드관리에서 감성의 역할을 강조한다. Berry(2000)에 따르면 강한 서비스 브랜드자산을 구축하는 것을 위한 4가지 접근방법들 중의 하나는 고객과 정서적 연결을 하는 것이다. 고객과 정서적 연결을 하는 것은 고객과 브랜드 사이의 깊은 관계를 형성하도록 해준다. 스타벅스 커피의 설립자인

Schultz(1977)는 다음과 같은 문장을 남겼다.

"가장 강력하고 지속적인 브랜드들은 고객의 마음으로부터 지어진다. 그런 브랜드들이야말로 진짜이
고 지속 가능하다. 그런 브랜드들은 광고 캠페인이 아니라 인간 정신의 강점을 통해 지어지기 때문
에 바탕이 더 강하다."

Keller(2008)는 정교한 수준의 서비스 브랜딩을 위해 다음의 5가지 전략들을 가이드라인
으로 제시한다.

① 소비자의 서비스에 대한 지각에 영향을 주는 무수한 서비스품질의 차원들을 인지함
을 통해 서비스품질을 최대화하라.

② 브랜드의 회상을 향상시키고 브랜드의 유형적인 측면들의 신호를 주기 위해서 완전
한 범위의 브랜드 요소들을 활용하라.

③ 조직체와 연관된 강한 연상들을 창조하고 촉진하라.

④ 고객들의 서비스 대면들과 체험들을 확대하는 기업 커뮤니케이션 프로그램들을 설계
하라.

⑤ 의미 있는 성분브랜드들뿐만 아니라 차별화된 공동브랜드들 또는 개별브랜드들을 창
조함으로써 브랜드의 체계를 확립하라.

3) 서비스 브랜드확장

재화와 관련해서 브랜드확장을 다루는 연구들은 많이 있지만 서비스 브랜드의 중요성에
도 불구하고 서비스 브랜드확장을 다루는 연구들은 극히 일부에 불구하다. 앞에서 언급한
서비스의 주요 특징들은 브랜드확장에도 영향을 미친다. 실제 소비 시장에서는 서비스 브
랜드확장은 많이 행해지고 있다. 예들로서 버진, 디즈니 기업은 그들의 기업브랜드를 다양
한 서비스 제품 영역들에 확장해 왔다.

앞에서 설명한 무형성, 이질성, 동시성, 소멸성의 서비스의 4가지 핵심적인 특징들은 서
비스 브랜드확장에서 큰 의미를 가진다. Rust 등(1996)은 SHIP이라는 첫 글자들을 딴 단어
로서 서비스의 특성들을 나타낸다. 여기에서 S, H, I, P는 각각 Simultaneous production and
consumption, Heterogeneity, Intangibility, Perishability를 의미한다. 서비스는 일반적으로 재

화보다 소비자가 평가하기 어렵고 일단 서비스에 대한 일반적 평가가 행해지면 소비자들은 그 평가를 유지하는 성향이 강하다. 소비자들은 재화 브랜드들보다 서비스브랜드들에 대해 더 높은 브랜드 애호도를 가지는 경향이 있다. 신뢰성, 확신성, 공감성과 같이 서비스에 대한 지각된 품질 차원들은 재화에 대한 품질 차원들보다 더 추상적이고 일반적인 차원들을 포함한다. 이러한 서비스의 특징들은 서비스 브랜드확장에서 다음과 같은 4가지 일반적 특성들로 제시된다(Kim, 2007).

① 재화 브랜드에서 보다 서비스 브랜드에서 모 브랜드에 대한 제품품질이 확장제품들에 주는 효과가 일반적으로 더 크다.

② 높은 품질의 재화 브랜드들보다 높은 품질의 서비스 브랜드들이 일반적으로 더 멀리 확장제품들에게 성공적으로 확장된다.

③ 서비스 브랜드확장에서의 적합성의 기반들은 재화 브랜드확장에서 적합성의 기반들보다 일반적으로 일반성 수준에서 더 높을 것이다.

④ 성공적인 광범위 브랜드확장(range brand extension)은 재화 브랜드들보다 서비스 브랜드들에서 더 많을 것이다.

PART 3

체험마케팅의
핵심과 활용

Chapter 8

체험에 관한 접근방법과 고객체험의 5가지 유형들

〈도입사례: 아모레퍼시픽〉

아모레퍼시픽은 창립 이후 초고속 성장을 거듭해왔다. 단순히 좋은 화장품만을 추구하는 것이 아니라 소비자에게 '미(美)'를 제공하는 것이 기업 철학이다. 아모레퍼시픽 전체그룹의 2011년 매출은 3조 585억 원으로 전년 대비 14% 늘었다. 영업이익은 6% 증가한 4천 347억 원을, 당기순이익은 3천 761억 원으로 14.3% 늘었다.

태평양/아모레퍼시픽그룹의 역사

아모레퍼시픽의 모기업은 원래 태평양이었는데 2011년 아모레퍼시픽그룹으로 이름을 변경하였다. 아모레퍼시픽그룹의 주요 제품영역들은 미용용품(럭셔리, 보통), 생활용품, 건강용품이다. 1945년 9월 태평양화학공업사로 창립하여 1959년 3월 태평양화학공업(주)으로 법인 전환한 뒤 1987년 태평양화학(주), 1993년 (주)태평양으로 상호를 변경하였다. 2006년 2월 프랜차이즈 사업에 진출하고 4월에 러시아 현지법인을 설립하였으며, 6월에 화장품·생활용품·식품 사업부문을 인적 분할하여 (주)아모레퍼시픽을 신설 법인으로 설립하였다. 2007년 1월 지주회사로 전환하였고, 4월에는 초자 사업부문과 녹차재배 사업부문을 분할하여 각각 (주)퍼시픽글라스와 (주)장원을 설립하였다. 2010년 1월 이니스프리 사업부를 분리하여 독립법인 (주)이니스프리를 설립하였으며, 2011년 3월 그룹사 간의 연관성을 강화하고 글로벌 기업 이미지를 구축하기 위하여 지금의 아모레퍼시픽그룹으로 변경하였다.

아모레퍼시픽그룹의 주요 사업은 타 회사의 지분 소유를 통해 그 회사의 사업내용을 지배하는 지주 사업이다. 계열회사로는 (주)아모레퍼시픽, (주)태평양제약, (주)에뛰드, (주)아모스프로페셔널, (주)퍼시픽글라스, (주)장원, (주)이니스프리, (주)퍼시픽패키지, (주)태신인팩 등이 있다.

브랜드 전략

아모레퍼시픽의 주요 브랜드들은 1991년 "마몽드", 1994년 "라네즈", 1995년 "헤라", 1996년 "아이오페", 1997년 "설화수", 2000년 "이니스프리"와 "미쟝센"의 순서로 시장에 출시되었다. 아모레퍼시픽은 10대 후반에서 20대의 라네즈, 30대의 마몽드, 30대와 40대의 아이오페, 40대와 50대 이후의 설화수 등과 같이 브랜드들을 각각 다른 여성 연령층에 맞추어 관리한다. 태평양은 각 브랜드에 따라 품질 및 제품 전략을 구사한다.

라네즈는 국내에서 화장품을 본격적으로 쓰는 20대에 부담 없이 접하는 브랜드로 확고하게 자리 잡고 있다. 라네즈의 브랜드 철학은 물을 바탕으로 한다. 물이 가지고 있는 순수함, 깨끗함 그리고 개성을 아름답고 촉촉한 피부로 표현하고 가꿔나가는 세련된 여성을 지향하는 것이 라네즈가 추구하는 브랜드 미션이다. 설화수는 대표적으로 고가, 고품질의 브랜드로 관리해 왔다. 설화수는 수많은 '세계 최초' 기술을 탄생시키며 국내 화장품 업계를 리드하고 있다. 현재 보유하고 있는 한방화장품 및 피부 관련 특허만 103건(이 중 국제특허 54건)과 90여 편의 논문(이 중 국제논문 59편)에 달한다. 아모레퍼시픽은 남성화장품인 라네즈 옴므(Homme), 마몽드 옴므, 헤라 옴므, 아이오페 포맨 등과 같이 대부분 여성용 브랜드명에 남성을 의미하는 단어를 붙인 복합 브랜드명의 남성 전용 브랜드들도 만들어 남성들도 겨냥하고 있다.

마케팅 전략

아모레퍼시픽은 다양한 제품들을 지니고 있는데 아이오페는 기능성 화장품으로 1997년 아이오페의 주름제거 제품 "레티놀 2500"은 그해 최고의 히트상품으로 선정되었다. 설화수와 헤라는 고가의 가격정책을 펼치며 라네즈, 마몽드의 경우에는 중간 가격정책을 사용하며 아이오페의 경우에는 중상의 가격정책을 채택한다. 이니스프리는 저가의 가격정책을 사용한다.

헤라와 설화수의 경우에는 고급스러운 잡지를 중심으로 광고를 하고 라네즈는 TV광고와 인터넷 광고를 많이 한다. 라네즈의 주요 모델들에는 전지현, 이나영 등이 거쳐 갔고 현재는 송혜교가 광고모델이다. 마몽드의 현재 모델은 한지민, 아이오페의 모델은 고소영, 헤라는 김태희, 한방화장품 '한율'의 모델은 각각 이미연이다. 설화수는 광고모델을 사용하지 않아 왔고 제품 자체의 이미지로 광고를 한다. 남성화장품 브랜드의 경우에는 라네즈 옴므는 현빈이 광고모델이고 헤라 옴므는 장동건이 광고모델이다.

아모레퍼시픽은 브랜드별로 유통망을 차별화했다. 아이오페, 헤라, 설화수는 주로 백화점이나 방문판매를 통해 판매를 하고 라네즈, 마몽드는 화장품전문점이나 방문 판매에 주력하였다. 최근에는 인터넷을 통한 판매도 많이 한다.

문화마케팅도 지속적으로 전개해 왔다. 예로 설화수는 2003년부터 본격적으로 40여 명의 문화예술인과 '설화클럽'을 창설해 문화예술을 후원했으며, 2006년부터 현재 '설화문화전'의 초시인 '설화문화의 밤' 행사를 시작해 수익금을 비영리 문화재단에 기부하고 있다.

브랜드 커뮤니티도 활용한다. 홈페이지의 브랜드 커뮤니티 외에도 라네즈는 소비자들과의 최적 접점인 온라인에서 그들만의 커뮤니티 활동이 가능하도록 네이버에 라네즈 카페를 운영하고 있다. 신제품 소개는 물론 브랜드에서 진행하는 모든 활동과 스토리를 가장 먼저 공개해 카페 내에서 자유롭게 소통할 수 있는 공간을 마련한다. 이러한 활동들은 오프라인에서도 연결시켜 직접 소비자의 요구와 성향을 수시로 파악해 모든 마케팅 활동에 접목시키고 있다.

아모레퍼시픽은 통합 포인트 제도인 '뷰티포인트'를 시행한다. 아모레퍼시픽은 2008년 10월부터 화장품 업계 최초로 통합 포인트제도 '아모레퍼시픽 멤버십'을 시행했다. 이에 따라 기존에 백화점, 브랜드숍, 마트 등 유통경로별로 각각 운영해왔던 마일리지 제도가 '뷰티포인트'로 통합됐다.

마케터가 고객을 직접 만나는 'DCC(Direct Consumer Contact)' 프로그램도 대표적이다. DCC는 마케터가 소비자의 숨은 요구를 찾아내 진정한 혁신상품을 만들기 위한 일련의 과정이다. 아모레퍼시픽은 DCC스쿨의 전사 확대, 신제품 컨셉트 개발과 연계된 현업 DCC활동, 숨은 수요 찾기를 위해 DCC 프로젝트를 중심으로 활동을 펼쳐 지난해에는 진생베리 보액 외 3건의 상품에 반영했다.

체험마케팅

아모레퍼시픽은 1990년대 말부터 체험마케팅의 대가인 Schmitt의 컨설팅을 받아서 다양한 체험마케팅을 적용해서 큰 성공을 거두어 왔다. 대표적인 체험마케팅에는 서울 명동의 '디아모레' 숍, 미쟝센의 체험버스, 설화수의 한방문화 체험, 클라란스 인스티튜트, 이니스프리의 허브 체험여행, on-line 부티포털사이트인 beautydream.com이 있다.

디아모레 숍은 아늑한 분위기 속에서 고객이 판촉, 터치스크린, 상담 등을 통해 최신 미용정보를 제공받고 다양한 종류의 화장품들을 무료로 사용해 볼 수 있도록 했고 다양한 이벤트에도 참여할 수 있는 기회를 제공한다. 미쟝센은 대형버스를 개조해서 내부를 헤어숍처럼 꾸미면서 주로 대학가 등에서 원하는 고객들의 머리털을 직접 염색해주고 모발 상태를 점검해주는 서비스를 통해 체험마케팅을 진행했다. 설화수는 독특한 고급 궁중 한방 브랜드로서 이미지를 강화하고자 전통적이고 고풍스러운 한방문화 체험을 할 수 있는 체험이벤트를 진행했다. 식물성 스킨케어 브랜드인 클라란스는 허브향이 나는 곳에서(후각) 음악을 들으며(청각) 마사지도 받고(촉각) 하늘을 보면서(시각) 차도 마시는(미각) 오감마케팅을 위한 장소인 클라란스 인스티튜트를 열었다.

이니스프리는 아모레퍼시픽 그룹 안에서 독자적인 기업으로서 운영되는데 고객들이 1년에 4번씩 직접 허브농장에 가서 자신의 허브를 키우고 차도 만드는 체험을 할 수 있는 허브 체험농장을 운영하고 인터넷에 허브사이트, 브랜드커뮤니티도 운영한다. 뷰티드림캄에서는 피부, 메이크업, 헤어, 보디케어 안내와 메이크업 시뮬레이션, 피부예보 등 다양한 정보와 서비스를 제공하고 간접체험과 쌍방향 커뮤니케이션을 제공한다.

글로벌마케팅과 아모레퍼시픽의 장래

아모레퍼시픽은 국내를 넘어 해외를 무대로 뻗어가고 있다. 브랜드에 따라 중국, 홍콩 등

아시아, 프랑스, 미국 등에 진출해 있는데, 특히 중국, 홍콩에서 라네즈, 설화수의 인기는 가히 폭발적이라 할 만하다. 라네즈는 2002년, 설화수는 2004년에 중국에 처음 진출했다. 중국의 경우 상해, 북경 백화점을 중심으로 주요 도시 210여 개 매장에 입점하였고, 홍콩에는 백화점 및 독립매장으로 20개 매장을 갖고 있다. 백화점 화장품 매장 매출 순위에서도 고가의 글로벌 브랜드들과 어깨를 나란히 하고 있다.

아모레퍼시픽은 2015년까지 국내 3조 8,000억 원 등 총 매출 5조 원을 달성해 '글로벌 톱 10 화장품 기업'을 목표로 하고 있다. 2015년까지 매출액 1,000억 원 이상의 메가브랜드 10개를 보유하고, 이 중 매출 5,000억 원 이상의 글로벌 슈퍼 메가브랜드도 육성한다는 계획이다. 이를 위해 성장 가능성과 문화적 거리 등을 고려해 현재 중점을 두고 있는 중국 및 아시아를 신성장 핵심지역으로 삼고 있다. 프랑스 시장에서는 현재 5대 향수 브랜드로 입지를 탄탄히 하고 있는 롤리타렘피카 향수 사업에 집중하고 있다.

자료원: 고경순, 2004; 서울경제, 2010년 6월 27일; 한경비즈니스, 2005년 9월 5일; www.amorepacific.com

1. 체험과 체험마케팅의 정의

1) 경험과 체험의 정의

사전에 의하면 경험은 ① 어떤 대상을 직접적, 개인적으로 관찰, 참여, 접촉하는 것, ② 이때 습득한 지식이나 기술, ③ 습득과정, ④ 관련되는 대상이나 사건, ⑤ 심리적인 상태이다(이진용, 2003a). 이와 같이 경험은 경험 자체, 경험 과정 및 경험 학습의 결과를 모두 포함하는 포괄적 개념이다(고경순, 2004). 체험도 경험과 비슷하게 일상생활에서 사용되어지고 때로는 경험과 서로 교환해서 사용되지만, 체험은 경험에 비해 대상과의 보다 직접적이고 전체적인 접촉을 의미한다(www.naver.com). <브랜딩사례 8-1>은 우리 생활 주변에서 경험할 수 있는 포도따기 체험열차에 대해 설명한다.

〈브랜딩사례 8-1: 와인트레인 포도따기 체험〉

코레일이 이색테마여행으로 각광받고 있는 '와인트레인(Wine Train)'을 활용해 '포도따기 체험열차'를 운영키로 했다. 포도따기 체험열차는 우리나라 최대 포도산지인 영동과 김천의 포도축제 기간인 8월 14일부터 9월 2일까지 서울~영동(김천) 간을 매주 화, 토요일 2회 운행한다.

와인트레인은 아늑하고 편안한 와인바로 리모델링된 와인객차 4량(188명)을 새마을열차에 연결하여 운행하는 상품으로, 서울역을 오전 9시 2분에 출발해 오전 11시 30분 영동역 도착 후 포도주 양조장 관광과 포도따기 체험 등을 마치고 서울역에는 오후 8시 17분에 돌아온다. 여행객들은 열차 안에서 국산 포도주 제조업체인 와인코리아(주)가 만든 '샤토마니(5종)' 무료 시음회, 와인 교실, 레크리에이션 등의 프로그램을 즐길 수 있다. 영동에 도착해서는 와인 제조과정 견학, 오크통 포도 밟기, 와인 저장 토굴 관광 등 다채로운 이벤트를 경험하게 된다. 관광요금은 드라이·화이트 객실 8만 원, 스위트·누보 객실 7만 원(왕복열차요금, 점심, 연계버스, 이벤트 비용 등 포함)이다.

자료원: 국민일보, 2007년 7월 31일.

Robinette, Brand, Lenz(2003)는 상호작용과 교환의 시각에서 체험의 정의를 내린다. 그들에 따르면, 체험은 조직체의 직원과 소비자가 감각적 자극, 정보, 감성을 교환하는 접점들의 집합이다. Schmitt(1999)는 체험(experience)을 어떤 자극에 대한 반응으로 일어나는 사적인 사건들로 정의하였다. 이런 관점에서 본다면 체험은 사적이기 때문에 개인에 따라 달리 지각, 해석되어질 수 있다. 마케터들의 입장에서는 고객들에게 기업이 바라고 각 고객에게 도움이 되는 고객경험이 일어나도록 적당한 환경과 장치를 제공할 필요가 있다(Schmitt, 1999).

2) 체험마케팅의 정의

안광호(2003)에 따르면, 경험마케팅은 소비자에게 통합된 총체적 경험을 제공하는 마케팅이다. Schmitt(1999)는 직접 체험마케팅을 정의 내리지 않지만, 그가 제시한 고객체험의 유형들과 체험의 정의를 바탕으로 체험마케팅의 정의를 구성하면 체험마케팅은 소비상황에서 고객에게 맞추어서 감각, 인지, 감성, 행동, 관계를 적절히 통합하는 마케팅이라고 할 수 있다. 김우성과 허은정(2007)에 따르면 체험마케팅은 고객의 행동을 중심으로 총체적 반응을 일으켜서 고객에게 강하고 감동적이고 지속적인 기억을 남기는 마케팅으로 정의된다.

2. 체험에 관한 접근방법[*6]

1) 체험적 접근방법의 역사

　마케팅에서 경험적(experiential)/쾌락적(hedonic) 접근방법은 이미 1980년대 초부터 제시되어 왔지만(예: Hirschman and Holbrook, 1982; Holbrook and Hirschman, 1982), 체험마케팅은 1990년대 말부터 본격적으로 이론적인 체계가 잡히기 시작했다고 할 수 있다. Pine과 Gilmore(1999)는 경제적 상품을 범용품, 제조품, 서비스, 체험으로 나누었고 연극의 비유를 통해 인상적이고 독특한 체험을 연출함의 중요성을 주장했다. O'Sullivan과 Spangler(1998)는 제품, 서비스, 체험상품의 연속성을 주장했고 전통적 마케팅과 체험마케팅의 많은 차이점들(예: 체험마케팅의 4P)을 새로운 시각에서 실용적으로 제시했다. Robinette, Brand, Lenz(2003)는 이성적 요소들과 감성적 요소들을 포함하는 가치의 별(Value Star)을 통해 감성마케팅을 강조했는데, 감성적 측면의 3가지 요소들 중의 하나로서 체험을 포함하였고 체험의 정의, 중요성, 다양한 종류의 체험들을 제시하였다. Schmitt(1999, 2003)는 체험마케팅과 전통적 마케팅과의 차이, 체험의 5가지 유형들, 체험 격자, 체험과 관련된 구조적·전략적·조직적 이슈들, 전략적 틀로서의 고객체험관리(CEM: Customer Experience Management) 등에 대해 통찰력 있고 창의적인 의견들과 제안들, 전략들을 주었다.

　국내에서는 이진용(2003a, 2003b)이 경험에 대한 정의, 접근방법들, 실용적 시사점들, 활용방안에 대한 비판 등을 다루었고, 김우성과 허은정(2007)은 체험에 대한 접근방법들과 체험마케팅의 정의, 체험마케팅 모델, 핵심이 되는 명제들, 기여를 다루었다. 고경순(2004)은 경험마케팅의 전략 모형, 경험마케팅의 마케팅믹스 전략들, 고객유지를 위한 경험마케팅, 가상 경험마케팅 등에서 경험마케팅의 다양한 연구들을 정리하여 저서를 발간했다.

2) 소비자 경험/체험의 다양한 접근방법들의 분류

　지금까지 학계나 실무에서 많은 연구자들이 다양한 접근방법들을 가지고 경험 또는 체험을 다루어 왔다. 이진용(2003b)은 이러한 접근방법들을 4가지 접근방법들로 분류하고 각각에 대해서 분류 기준들, 특징들, 시사점들을 준다. 그가 제시한 4가지 접근 방법들은 ①

정보탐색 관점에서의 경험, ② 브랜드 유형으로서 경험, ③ 즐거움의 경험, ④ 총체적 체험이다. 김우성과 허은정(2007)은 3가지 접근방법들(① 구매 전 검색 또는 시용으로 보는 접근방법, ② 소비자 문제 처리 형태로서 보는 접근방법, ③ 감성을 강조하는 행동으로 보는 접근방법)을 추가해서 7가지의 접근방법들에 대해 설명한다. 더 나아가, 이러한 7가지 접근방법들을 4가지 큰 관점들로 분류하고 설명한다. 여기에서는 김우성과 허은정(2007)의 분류를 바탕으로 하고 소비행위 유형 중 하나로 체험으로서의 소비를 제시한 Holt(1995)를 첨가해서 8가지의 접근방법들을 제시하고 설명한다. <표 8-1>은 체험에 관한 이러한 접근방법들의 분류를 제시한다.

〈표 8-1〉 체험에 관한 접근방법들의 분류

관점	접근방법	강조되는 유형*	대표적 관련 연구
브랜드개념의 한 유형이나 소비행위의 한 유형으로 다루는 관점	1) 브랜드 개념적 접근방법: 경험적 브랜드 2) 소비행위의 한 유형으로서의 체험으로서의 소비	감각, 행동	1) Park et al., 1986 Tybout & Carpenter, 2001 2) Holt, 1995

행동으로 보는 관점	1) 구매 전 검색, 시용으로 보는 접근방법
	2) 정보탐색적 접근방법: 직접 사용과 관련된 경험적 속성
	3) 소비자 문제 처리 형태로서 보는 접근방법: 행동을 체험으로 취급
		행동	1) Wright & Lynch, 1995
			   Singh et al., 2000
			2) Nelson, 1970
			   Darby & Karni, 1973
			   Zeithaml et al., 2009
			3) Keller, 2003

감성 중심적 행동으로 보는 관점	1) 감성을 강조하는 행동으로 보는 접근방법
	2) 즐거움, 감동, 쾌락으로서의 경험을 강조하는 접근방법
	a) 온라인에서의 빠짐으로서의 경험
	b) 경제 또는 상품 유형의 진화의 단계로서의 체험
	c) 즐거움, 쾌락, 환상으로서의 경험
		감성, 행동	1) Robinette et al., 2003
			   2a) Hoffman & Novak, 1996
			   2b) Pine & Gilmore, 1999
			O'Sullivan & Spangler,1998
			   2c) Holbrook & Hirschman,1982
			   Hirschman & Holbrook, 1982
			   Addis & Holbrook, 2001

총체적 체험으로 보는 관점	총체적 체험으로 보는 접근방법: 감각, 인지, 감성, 행동, 관계의 5가지 체험 유형들의 통합으로서의 체험	5가지 유형 전체	Schmitt, 1999

*Schmitt(1999)가 제시한 체험의 5가지 유형들인 감각, 인지, 감성, 행동, 관계.
출처: 김우성과 허은정, 2007을 약간 수정해 제시

(1) 브랜드개념의 한 유형이나 소비행위의 한 유형으로 다루는 관점

첫 번째 관점은 체험을 브랜드개념의 한 유형이나 소비행위의 한 유형으로 다루는 것이다. 이는 체험을 ① 경험적 브랜드 개념으로서 보는 접근방법과 ② 소비행위의 한 유형으로 보는 접근방법을 포함한다.

전자는 브랜드 이미지 유형 중의 하나로서의 경험을 다루는 것이다. 이러한 유형은 브랜드 관리, 광고, 판촉 등에서 체험마케팅을 적용하는 데 특히 유용하다. 이 접근방법은 고객과 브랜드와의 깊은 관계 형성을 설명해주고 브랜드를 개인적 최종가치와 연결해서 보는데에 도움을 준다.

Park 등(1986)은 기능적·상징적·경험적 브랜드 이미지를 정의 내렸고 브랜드 관리에서 해당 브랜드에 맞는 가장 적절한 하나의 이미지를 택해서 지속적으로 관리해 나가는 것이 효과적이라고 주장했다. Tybout와 Carpenter(2001)는 브랜드 유형을 Park 등(1986)과 비슷하게 3가지 유형들로 분류하는데, 상징적 브랜드 대신에 이미지 브랜드란 용어를 사용하여 기능적 브랜드, 이미지 브랜드, 경험적 브랜드의 3가지 브랜드 유형들을 구분한다.

소비행위의 한 유형으로 보는 접근방법은 Holt(1995)가 대표적이다. Holt(1995)는 소비행위를 상징적 상호작용주의(symbolic interactionism)에 기초해서, 행위 목적(자기 목적과 도구적 목적의 2가지 목적)과 행위 구조(대상과 대인 간의 2가지)의 두 요소들에 따라 다음과 같은 4가지의 소비행위의 유형들을 제시했다. Holt의 연구는 소비자와 브랜드의 다양한 상호작용 면에서 소비자와 브랜드의 관계를 형성하는 맥락을 정리하였고 이를 기반으로 기업이 고객들을 향한 브랜드 전략들을 계획하고 실행할 수 있게 해준다.

① 체험(experience)으로서의 소비: 자기 목적(autotelic) 행위와 대상(object) 행위의 특성을 가짐.

② 통합(integration)으로서의 소비: 도구적 목적(instrumental) 행위와 대상 행위의 특성을 가짐.

③ 유희(play)로서의 소비: 자기목적 행위와 대인간(interpersonal) 행위의 특성을 가짐.

④ 분류(classification)로서의 소비: 도구적 목적 행위와 대인 간 행위의 특성을 가짐.

(2) 행동으로 보는 관점

두 번째 관점은 경험/체험을 행동으로 보는 관점으로서, 이 관점은 경험/체험을 ① 구매 전 검색 또는 시용, ② 구매 또는 상품 사용 시 행동(정보탐색적 접근방법), ③ 보다 넓은, 일반적인 행동으로 보는 접근방법(소비자 문제 처리 형태로서 보는 접근방법)들을 포함한다. 이러한 접근방법들은 Schmitt(1999)가 제시한 체험의 5가지 유형인 감각, 인지, 감성, 행동, 관계 중에서 행동에 중점을 두는데, 통합적 마케팅커뮤니케이션 관리와 연관되고 매장관리, 고객관리 등에서 중요하다고 할 수 있다.

이 관점에 속하는 첫 번째 접근방법은 구매 전 검색 또는 시용이 직접적인가, 간접적인가에 따른 접근 방법으로 여기서 경험은 간접적 경험인 광고와 상대되는 것으로서 구매를 위한 평가를 위한 직접적인 구매 전 검색 또는 시용이란 의미로 사용된다. Wright와 Lynch(1995)는 속성 유형(탐색 속성 또는 경험 속성)과 매체 유형(광고 또는 직접적 경험)이 속성 중요성 변수들과 신념에 대한 확신성, 접근가능성 그리고 주장에 대한 재인 면에서 상호작용 효과(interaction effect)를 주는 것을 발견했다. 즉, 광고는 탐색적 속성들을 소비자들에게 전달하는 데 직접 경험보다 우수했고 직접 경험은 경험적 속성들을 전달하는 데 광고보다 더 뛰어났다. Singh 등(2000)은 3가지 형태의 의사소통 형태들[직접 경험, 일반광고, 정보형 광고(infomercial)]를 비교했는데 직접 경험과 정보형 광고 형태는 일반광고 형태보다 속성에 대한 회상, 태도, 구매 의도 변수들 각각에서 더 큰 효과들을 보여 주었고 직접 경험과 정보형 광고 형태 사이에는 의미 있는 통계적 차이들이 거의 나타나지 않았다.

두 번째 접근방법은 구매의사결정 과정의 어떤 시점에서 정보를 파악할 수 있는가에 따라 제품, 서비스와 관련된 주요 속성들을 분류하는 것과 관련된다. Nelson(1970)은 정보경제학의 입장에서 소비자들이 브랜드를 구매하기 전에 가격, 품질 등 브랜드의 속성을 평가하는 것을 탐색(search)이라 하였고 직접 구매해서 사용하면서 브랜드의 속성을 아는 것을 경험(experience)이라 칭했고, Darby와 Karni(1973)는 신용 품질(credence quality)을 제시했다. Zeithaml 등(2009)은 앞선 연구들을 바탕으로 제품과 서비스의 품질과 관련된 속성들을 탐색적 속성(search attribute), 경험적 속성(experience attribute), 신용적 속성(credence attribute)의 3가지 부류들로 구분한다. 이 중 경험적 속성은 구매 후나 소비 중에 식별되어질 수 있는 속성으로 음식의 맛, 편안함, 착용감 등이 대표적 예들이다. 여기에서 경험은 구매와 동시에 또는 구매 후의 직접적인 사용이나 소비를 의미한다.

세 번째 접근방법은 정보 또는 소비자 문제처리 형태 면에서 보는 관점이다. 즉, 인지적·감성적·행동적 처리 형태 중 행동을 경험 또는 체험으로 보는데 이것은 구매, 점포방문, 소비행동 등 다양한 행동을 포함하기 때문에 정보탐색적 접근방법에서 언급하는 경험에 비해 더 포괄적이다. 예를 들면, Keller(2003)는 브랜드 지식에 관한 차원을 넓혀 인지(awareness), 속성들(attributes), 혜택들(benefits), 이미지(images), 생각 (thoughts), 감정(feelings), 태도(attitudes), 경험(experiences)의 8차원들을 제시하는데 이 중 경험을 구매, 소비 행동들 및 그 밖의 브랜드 관련 사건들로 넓게 정의한다.

(3) 감성 중심적 행동으로 보는 관점

경험/체험을 감성 중심적 행동으로 보는 관점은 2가지 접근방법들(① 감성을 강조하는 행동으로 보는 접근방법과 ② 즐거움, 감동적인 기억, 쾌락으로서의 경험을 강조하는 접근방법)을 포함한다. 여기서는 감성과 행동이 강조되는데 특히 감성은 브랜드와의 깊은 관계 형성, 고객감동을 통한 고객 유지, 즐거움과 쾌락의 느낌과 관련된다.

감성을 강조하는 행동으로 보는 접근방법은 Robinette, Brand, Lenz(2003)의 접근방법이 대표적 예이다. 이들은 별 모양의 가치 모델(value star)을 제시하는데 가치 모델의 5가지 요소들 중 제품과 가격은 이성적 요소로 다루고 브랜드 자산(신뢰), 체험(관계) 및 에너지(편익)는 감성적 요소로 다룬다. 여기에서 체험은 고객접점에서 감성적 유대를 바탕으로 한 상호작용에서 발생하는 행동으로 제시되었다.

다른 접근방법은 경험을 즐거움, 감동적인 기억, 쾌락을 주는 것으로 본다. 여기에는 ① 온라인에서의 빠져듦으로서의 경험, ② 경제 또는 상품 유형의 진화의 단계로서의 체험, ③ 즐거움, 쾌락, 환상으로서의 경험을 다루는 관점이 포함되어 있다. 온라인에서 인간이 컴퓨터와 접하는 경험은 흔히 빠져듦(flow)으로서 표현된다. 이러한 체험은 소비자와 컴퓨터 사이의 자연스럽고, 경계 없는, 계속되는 반응으로서 자연스럽게 즐기면서 자아를 잊게 만드는 특성을 가진다(Hoffman & Novak, 1996).

경제의 진화 과정 중의 하나의 단계로서의 체험은 Pine과 Gilmore(1999)가 제시했는데, 경제는 진화하면서 범용품, 제품, 서비스, 체험의 단계로 간다. 범용품, 제품, 서비스, 체험의 예들에는 가공되지 않은 원두커피(범용품), 갈아지고 포장된 커피가루(제품), 일반 커피점에서 끓여 주는 커피(서비스), 특이하고 기억에 남을 만한 배경, 실내 장식, 커피를 제공하는 고급 레스토랑에서 마시는 커피(체험)가 있는데(Pine & Gilmore, 1999), 범용품에서 제품, 서비스, 체험으로 갈수록 커피 값은 기하급수적으로 비싸지고 고객의 경험도 보다 개인화되고 깊어진다. 상품 유형 또는 산업의 진화로서의 체험은 O'Sullivan과 Spangler(1998)에 의해 제시되었다. O'Sullivan과 Spangler(1998)는 과학과 기술의 진보, 인구동태적 변화, 경제상황, 라이프스타일 방식, 가치의 변화가 새로운 형태의 상품 유형인 체험을 21세기에 들어 부각시킨다고 주장한다. Pine과 Gilmore(1999)와 비슷하게 O'Sullivan과 Spangler(1998)는 제품, 서비스, 체험으로 상품 유형이 진화된다고 주장했다.

Holbrook과 Hirschman(1982)은 소비자행동에서 주류를 이루고 있는 정보처리 모델과 대조해서 소비의 상징적·쾌락적·미적 측면을 강조하는 경험적(experiential) 모델을 제시했고 이러한 모델은 과거의 정보처리적 접근방법이 잘 다루지 않아왔던 여가활동들, 소비자 미학, 상징적 의미, 다양성 추구, 쾌락적 반응, 몽상, 창의성, 정서, 예술활동 등을 설명하는 데 도움을 줄 것이라고 했다. Hirschman과 Holbrook(1982)은 비슷한 개념인 쾌락적 접근방법을 제시했는데 그들은 쾌락적 소비를 제품 사용 경험과 관련된 다양한 감각, 환상, 정서와 관련된 소비로 정의 내렸다. Addis와 Holbrook(2001)은 특히 관계마케팅과 대량적 개별화(mass customization) 측면에서 이러한 경험적 접근방법이 마케팅 매니저들에게 해가 거듭될수록 더욱 중요하게 여겨질 것이라고 주장했다. 즐거움, 쾌락, 환상으로서의 경험을 다루는 관점은 방법론적 다양성을 제공하고 마케팅의 영역을 넓히는 데 공헌을 하였다.

(4) 총체적 체험으로 보는 관점

경험/체험을 총체적 체험으로 보는 관점은 체험을 감각, 인지, 감성, 행동, 관계의 총체적 반응으로 본다. 이러한 접근방법은(예: Schmitt, 1999·2003) 정보처리와 이성적 접근방법을 중요시하는 기존의 마케팅의 주류적 접근방법과 감정, 즐거움, 환상 등을 중시하는 경험적 (experiential) 또는 쾌락적(hedonic) 접근방법(예: Hirschman & Holbrook, 1982; Holbrook & Hirschman, 1982)을 통합한 하나의 절충적 접근방법이라고 볼 수 있는데 이런 관점은 브랜드와 관련된 실용적인 면에서 많은 시사점들을 가진다. 이 관점은 브랜드에 대한 다양한 차원들을 반영한 통합적인 접근(holistic approach)을 제창한 Keller의 연구(2003)와도 관련된다.

Schmitt(1999)는 브랜드의 실제적 관리 측면에서 체험마케팅의 이론적 체계화에 큰 공헌을 했다. Schmitt(1999)는 체험마케팅의 5가지 유형들인 감각, 인지, 감성, 행동, 관계의 통합으로서의 체험을 강조한다. 감각은 시각, 청각, 후각, 미각, 촉각의 5감을 자극하여 고객들에게 감각적 체험을 창조하는 것이다. 인지는 고객들에게 창조적 인지력과 문제 해결적인 체험을 주기 위해 지성에 호소하는 것이다. 감성은 감성적 체험을 위해 소비자들의 느낌과 감정에 호소하는 것이다. 행동은 육체적인 체험, 라이프스타일, 상호작용을 통해 체험을 유도하는 것이다. 마지막으로, 관계는 이상적인 자아, 타인, 문화 등과 연결시켜서 고객의 자기 향상 욕구를 자극하는 것이다. <브랜딩사례 8-2>는 삼성전자 "갤럭시S"의 총체적 체험을 통한 체험마케팅을 다룬다.

〈브랜딩사례 8-2: 삼성전자 "갤럭시S" 체험마케팅〉

삼성전자가 스마트폰 교육과 "갤럭시S" 체험마케팅을 강화하며 스마트폰 시장 저변 확대에 나선다. 삼성전자는 2010년 7월 삼성전자 홍보관 '딜라이트'에서 소비자들이 갤럭시S를 직접 체험해 보고 세부적인 사용방법을 익힐 수 있는 '갤럭시 아카데미'를 개최했다. 스마트폰 전문강사들의 강연 형식으로 진행되는 '갤럭시 아카데미'는 딜라이트에서 8월 말까지 4~5차례 더 진행될 예정이다. 삼성전자는 또 SK텔레콤과 공동으로 서울·대전·대구·부산·광주의 SK텔레콤 대형대리점 등에서 'T스마트폰 스쿨과 함께 하는 갤럭시 아카데미'를 진행할 예정이다.

삼성전자의 스마트폰 전문강사들이 고객이 원하는 시간과 장소에 직접 찾아가 강의하는 서비스도 시작된다. 갤럭시S에 관심이 있는 고객들은 www.samsungmobile.com을 통해 누구나 참여할 수 있다. 이 밖에 3일부터 서울 코엑스몰에서 갤럭시S의 다양한 기능과 생활친화형 애플리케이션을 직접 체험해 볼 수 있는 '갤럭시S 익스피리언스 존'도 오픈했다. 특히 주말에는 애플리케이션 개발사 담당자가 소비자들을 대상으로 주요 애플리케이션 활용법 등을 직접 설명해줄 예정이다. 삼성전자 관계자는 갤럭시S의 다양한 기능과 애플리케이션을 직접 체험해보고 스마트폰을 즐겁게 사용할 수 있도록 다양한 체험 마케팅과 스마트폰 교육을 실시할 것이라고 밝혔다.

자료원: 경제투데이, 2010년 7월 4일.

---

3. 고객체험의 5가지 마케팅과 효과

Schmitt(1999)는 고객체험의 5가지 유형들로 감각(Sense), 인지(Think), 감성(Feel), 행동(Act),

관계(Relate)를 제시한다. 이러한 5가지 유형들은 이전부터 마케팅, 특히 소비자행동에서 중요한 요소들로서 취급되어 왔다. 다음에는 각각의 고객체험의 유형들을 바탕으로 한 마케팅과 효과를 살펴본다.

1) 감각마케팅과 효과

감각은 시각, 청각, 후각, 미각, 촉각의 5가지 세부 유형들을 포함한다. 시각은 정보를 받아들이는 데에 있어서 오감 중에서 대체로 80% 이상의 비중을 차지할 정도로 가장 중요하다고 알려져 있다. 청각은 음파로서 실제로 우리가 듣는 소리는 음의 높낮이, 음량, 음색에 따라 결정된다고 한다. 후각은 진화의 측면에서 가장 원시적이고, 다른 감각들보다 뇌에 전달되는 직접적인 통로를 가지고 있어서 위험신호를 빠르게 인식하는 데 있어서 절대적으로 중요한 감각이다. 미각은 혀의 자극에 의해서 느껴지는데 맛은 짠맛, 신맛, 쓴맛, 단맛의 4가지 기본적 성질의 조합으로 이루어지고 단순한 미각뿐만 아니라 냄새, 촉각, 온도 및 시각의 복합적 산물이다. 촉각은 피부의 자극과 연관되는데 압각, 온각, 냉각, 통각의 4개가 기본적인 감각이고 복합적 피부감각은 이 4가지 기본감각들의 조합으로 이루어진다고 한다(고경순, 2004; 신응섭 등, 2006).

감각마케팅은 시각, 청각, 후각, 미각, 촉각의 오감 중에서 일부나 전체를 자극하여 소비자들에게 미학적 즐거움과 흥분, 아름다움, 만족감을 전달한다. 고객들에게 감각적 체험을 창조하는 대표적 브랜드들에는 스타벅스, 노키아, 코카콜라, 티파니, 앱솔루트 보드카, LG, 라네즈 등이 있다.

학계에서는 개별 감각과 관련된 요소가 매장에 대한 평가, 브랜드 평가, 구매행동 등에 미치는 영향들을 다룬 연구가 약간 있었다. 청각과 관련해서는 매장 내 음악이 브랜드 태도와 매장 태도, 구매 행동에 미치는 영향들을 다룬 연구들이 일부 있다. Bruner(1990)는 사람들은 음악에 정서적 의미를 부여하고 음악에 대한 감성적 반응을 보이고 마케팅과 관련해서 사용되는 음악은 소비자들의 감성 반응들과 행동 반응들을 야기한다고 주장했다. Milliman(1982·1986)은 슈퍼마켓(1982년의 연구)과 레스토랑(1986년의 연구)에서 청각과 관련되는 음악의 템포(느린 음악 대 빠른 음악)가 고객의 행동, 판매량, 매장에서 머무는 시간, 계산서에서 지불하는 비용 등에 주는 영향을 조사했는데, 그에 따르면 빠른 음악을 틀어준 슈퍼마켓보다 느린 음악을 틀어준 슈퍼마켓에서 고객은 더 천천히 움직였고 판매량이 더 많았고, 빠른 음악을 틀어준 레스토랑보다 느린 음악을 틀어준 레스토랑에서 고객은 더 오래 머물렀고, 식사를 위해 레스토랑에서 머무른 시간도 더 길었고 더 많은 비용을 지불했다. Spangenberg 등(1996)은 후각을 통한 점포환경의 개선과 관련해서 연구했는데, 그들은 매장 환경에 향기가 있는 점포가 무향의 점포에 비해 매장과 제품에 대한 평가와 다양한 쇼핑행동 면에서 더 긍정적 영향을 주는 것을 발견했다.

감각마케팅은 실무에 다양하게 적용될 수 있다. 기업들은 음향, 색상, 조명, 가구 등을 통해 소비자의 감각을 자극함으로써 미학적 체험과 독특한 매장 분위기를 연출하고, 상품에 독특한 디자인이나 컬러를 사용함으로써 차별화를 시킬 수 있다. TGIF는 식욕을 자극하는 색상 중의 하나인 빨간색을 매장 인테리어로 주로 사용하고 식욕에 도움이 되는 포도향을 실내에 뿌려서 시각과 후각을 통해 고객의 미각을 자극한다. COCOS의 경우에는 핑크색과 연녹색을 주로 하는 단순한 실내장식으로 고객에게 편안함을 주려 한다. 감각마케팅을 활용하는 기업의 노력은 고객의 반응을 일으키는 데 도움이 되고, 감각적 체험을 통해 호의적인 태도 형성이나 구매의도에 긍정적 영향을 준다(Schmitt, 1999).

감각마케팅의 효과에도 불구하고 많은 기업들이 감각마케팅을 제대로 활용 못하고 있다. 인터브랜드에 따르면 오늘날 상위 200개의 가치 있는 브랜드들 중에서 아주 한정된 수의 브랜드들만이 감각의 잠재성을 분명히 활용한다고 한다. Lindstrom(2006)은 세계 상위 200개 브랜드들에 대한 광범위한 평가 결과 감각 활용을 잘 하는 20개의 감각 브랜드들을 도출했고 이것은 <표 8-2>에 제시된다. 한편 <브랜딩사례 8-3>은 최근 우리나라의 신용카드사들의 오감마케팅을 다룬다.

〈표 8-2〉 20대 감각 브랜드들

순위	브랜드명	감각 활용도(%)
1	싱가포르항공	96
2	애플	91
3	디즈니	88
4	메르세데스 벤츠	79
5	말보로	75
6	타파니	74
7	루이뷔통	73

8	뱅앤올룹슨	71
9	노키아	70
10	할리데이비슨	69
11	나이키	68
12	앱솔루트 보드카	65
13	코카콜라	64
14	질레트	63
15	펩시	61
16	스타벅스	60
17	프라다	59
18	캐터필러	58
19	기네스	56
20	롤스로이스	55

출처: Lindstrom, 2006.

〈브랜딩사례 8-3: 신용카드사의 오감마케팅〉

우리나라 신용카드사들이 오감마케팅을 강화하고 있다. 금속을 소재로 한 카드가 나오는 가 하면 가죽질감, 종이질감을 손끝으로 느낄 수 있는 카드도 속속 출시됐다. 향기카드 및 발광카드 등 후각과 시각에 호소하는 상품들도 주목을 끈다.

최근 카드업계를 살펴보니, 현대카드는 VVIP인 'the Black' 등급회원에게 금속(티타늄) 소재의 카드를 제공하고 있다. 현대카드 관계자는 "티타늄은 '금속의 다이아몬드'로 불릴 만큼 내구성이 강해 다이아몬드와 함께 영원불멸의 상징으로 알려져 있다"며 "1년 6개월의 개발 기간과 1,200여 개의 샘플 제작과정을 통해 완성되었으며 모든 공정은 국내 최고의 금속공예 장인들에 의해 이뤄졌다"고 설명했다. 이 카드는 일반 플라스틱 카드보다 300배 이상 비싸고, 하루 최대 생산량은 10여 개로 제한된다. 특히 일반카드의 3배(42g)에 해당하는 무게감과 존재감이 강조됐다.

KB국민은행의 'KB스타 레더스타일카드'는 카드 표면에 특수하게 고안된 안료를 사용해서 천연 가죽의 입체 문양을 시각적으로 표현했고 가죽의 질감을 손으로도 느낄 수 있다. 이 카드는 기존의 획일화된 디자인에서 탈피한 신개념의 디자인이라는 평가를 받아 지식경제부로부터 GD(굿디자인)마크를 획득한 바 있다. 최근에는 프랑스 파리에서 열린 'OSCARD AWARD 2008'에서 디자인 및 형식 부문 수상작으로 선정되기도 했다. 비씨카드는 최근 한지카드를 새로 출시했다. 친환경소재인 종이를 사용한 신개념 카드로 이 회사는 현재 대대적인 마케팅을 펼치고 있다.

촉감에 호소하는 신소재 카드 이외에도 시각과 후각에 호소하는 카드들도 다양하게 나와 있다. 우리은행의 '우리은행 V포인트카드'는 내부에 발광 LED단자를 삽입해 카드를 긁으면 단말기로부터 전원을 공급받아 카드 가운데 부분에서 빛이 나온다. 삼성카드의 셀프디자인 카드는 고객마음대로 카드의 디자인을 바꿀 수 있다. 비씨카드는 최근 카드에 향기매체를 삽입해서 고객이 원하는 향기를 발산하여 후각에 호소하는 '향기 나는 카드'를 출시했다. 기존 향기카드가 스티커를 붙이는 방법이었다면 이 카드는 향기매체를 도입해서 원하는 향을 언제든지 바꿀 수 있는 특징이 있다.

자료원: 아시아투데이, 2009년 7월 3일.

2) 인지마케팅과 효과

인지마케팅은 고객들에게 창조적으로 몰두하게 만드는 인지적이고 문제해결적인 체험을 창조하는 데 목표를 두고 고객들의 지성에 호소한다. 인지마케팅이 성공하기 위해서는 종종 놀람, 흥미, 도발적 자극을 활용하는 것이 효과적이다. 인지마케팅은 제품 디자인, 소매유통업, 커뮤니케이션 등의 분야에서 사용되어 왔다(Schmitt, 1999).

인지마케팅은 하이테크 제품들에서 흔하지만 다른 제품들이나 서비스에도 효과적으로 사용될 수 있다. 고객들의 지성에 호소해서 브랜드의 주요 기능적 속성들과 혜택들에 주목하게 하는 인지적 브랜드들에는 HP, 3M, IBM, 인텔, 마이크로소프트, 지멘스(Siemens), 아모레퍼시픽그룹의 이니스프리 등이 있다.

3) 감성마케팅과 효과

감성마케팅은 고객들의 내부 느낌(feelings)이나 정서(emotion)에 호소해서 약하게는 긍정적인 기분으로부터 기쁨과 자부심과 같은 강한 정서까지 정도에 차이가 있는 감성적 체험을 창조하는 마케팅이다. 대부분의 감성은 소비 상황에서 주로 일어나는 반면에 표준적인 감성적 광고는 정적이고 이런 상황을 직접 목표로 하지 않기 때문에 효과적이 없는 경우가 많다. 효과적인 감성마케팅을 위해서는 특별한 감정을 일으키는 자극에 대한 상세한 이해와 소비자가 해당하는 관점을 취하고 감정이입을 하도록 유도하는 것이 필요하다(Schmitt, 1999).

브랜드와 관련된 정서, 감정으로부터 감성적 체험을 창출하는 것이 두드러진 브랜드들에는 홀마크 카드, 캠벨 수프, 하겐다즈 아이스크림과 카페, 스타벅스, 크리니크(Clinique)의 'Happy'라고 불리는 향수, 오리온 초코파이, CJ 다시다, 풀무원 등이 있다. 우리나라에서 삼성의 "또 하나의 가족" 캠페인은 대성공한 감성 캠페인이었다.

감성은 인간의 삶에서 다양한 역할을 수행한다. 첫째 감성은 삶의 깊이를 주고 의미를 준다. 둘째, 감성은 인간의 원초적 욕구와 일상적 행동 사이의 교량 역할을 한다. 셋째, 감성은 우리를 행동하게 하고 인생의 게임에 참여하게 한다. 넷째, 감성은 의사결정을 정당화하며 그에 대한 느낌을 가지게 한다. 감성마케팅은 구매를 촉진하고 고객 자신이 기업으로부터 소중하게 여겨지고 배려받는다고 느끼게 함으로써 애호도를 가지게 한다. 감성을 바탕으로 한 커뮤니케이션은 ① 개인적이며 적절하고, ② 관계 지향적이고, ③ 독특하고 차별적이고, ④ 감성적 유대를 형성하는 장점을 가진다(Robinette et al., 2003). 감성마케팅은 직접적인 대면접촉을 통해 감정을 강화할 기회가 많은 복잡하고 관여도가 높은 제품들과 서비스의 브랜드자산 강화에 보다 적합하다. 저관여 제품들에 대해서는 감정전이형 광고를 통해도 비교적 쉽게 수행될 수 있다(안광호·한상만·전성률, 2008).

4) 행동마케팅과 효과

행동마케팅은 육체적 체험, 라이프스타일과 관련된 체험, 다른 사람들과의 상호작용에 연관된 체험을 생성하는 마케팅이다. 영화 스타, 스포츠 스타 등 많은 사람들이 동경하는 역할 모델을 통해 생생한 간접경험을 보여 주는 것도 행동마케팅에 종종 효과적이다(Schmitt, 1999).

고객이 육체적인 체험에 몰두하게 하고 삶의 현장에서 실제 브랜드를 사용하고 물리적으로 경험하도록 유도하는 행동 면이 두드러진 브랜드들에는 질레트 마하 면도기, 나이키, 마사스튜어트 리빙 등이 있다. 미국의 우유 콧수염 캠페인도 미국사람들, 특히 청소년들이 우유를 더 마시도록 하는 데 중점을 둔, 대싱공한 행동 지향적 캠페인이었고 나이키의 유명한 "Just Do It" 광고 슬로건은 성공적인 행동마케팅이었다.

5) 관계마케팅과 효과

관계마케팅은 감각, 인지, 감성, 행동마케팅의 측면을 포함하지만 개인적인 것을 넘어서 개인을 자신의 이상적 자아, 다른 사람들, 문화에 연결시키는 마케팅이다. 관계마케팅은 향수, 돌봄 서비스, 란제리 등의 제품이나 서비스에서 효과적으로 사용되어 왔다(Schmitt, 1999).

소비자는 이상적인 자아와 브랜드를 관련시키고 특정 브랜드가 가진 문화에 빠져들고 브랜드를 사용하는 소비자들과 커뮤니티를 형성하는 것 등을 통해 소비자들은 자신의 심리적·사회적 욕구를 충족시키고 브랜드와 깊고 지속적인 관계를 형성해 나갈 수 있다. 소비자들과의 관계 형성이 뛰어난 브랜드들에는 할리 데이비슨, 디즈니, GM기업의 새턴, 애플, 타미힐피거(Tommy Hilfiger), 원더브라(Wonderbra), 구글, 네이버, 삼성 지펠 냉장고 등이 있다.

Chapter 9

체험마케팅의 핵심과 기여

〈도입사례: 싱가포르항공(Singapore Airlines)〉

싱가포르항공은 2008년에 세계적인 여행 전문지 『비즈니스 트래블러 아시아 퍼시픽 (Business Traveller Asia-Pacific)』이 실시한 독자 여론조사에서 17년 연속 '세계 최고 항공 사'로 선정되었다. 이뿐만 아니라 싱가포르항공은 같은 해에 '최고 아시아퍼시픽 항공사', '최고 일등석', '최고 비즈니스 클래스', '최고 이코노미 클래스' 등 4개의 부문에서 각각 1 위에 선정되는 쾌거를 이뤘다. 또한 미국 『트래블 레저(Travel & Leisure)』가 독자 500만 명을 대상으로 실시한 여론조사에서도 '최우수 국제 항공사(Best International Airline)'로 13년 연속 1위로 선정됐고, 세계 최대 여객기인 A380의 성공적인 도입과 운행으로 영국 "항공 비즈니스"가 선정한 '운행' 부문 1위 항공사 자리도 차지했다. Brand Finance사의 온라인 브랜드 디렉토리에서는 싱가포르항공은 브랜드자산 가치 37억 달러로 277위에 랭크되어 전 세계 항공사들 중에서 당당하게 2위를 기록하였다.

싱가포르항공의 역사

1947년 5월 민간자본으로 설립한 말라야항공에서 출발하였고 1963년 말레이시아연방 성립과 함께 말레이시아항공으로 개편하였다. 1965년 싱가포르 독립과 함께 말레이시아와 싱가포르 양국 정부가 공동 경영하는 말레이시아싱가포르항공(MSA)으로 재출발하였다. 1972년 10월에 현재의 싱가포르항공과 말레이시아항공으로 분리해서 독립하였다. 제2차 세계대전 종결과 함께 아시아 지역에서는 가장 먼저 항공업에 진출하였다.

브랜드 전략과 커뮤니케이션

싱가포르항공은 40년간 차별적인 브랜드 이미지 전략을 일관성 있게 고수해왔다. 혁신, 기술, 최고의 품질, 탁월한 맞춤화 고객서비스를 통해 고품질과 고객을 배려하는 친근한 브랜드이미지를 생성, 유지해 왔다.

브랜드 전략의 일환으로 일관된 커뮤니케이션 전략을 수행해 왔다. 초기의 메시지인 'A Great Way to Fly'는 최고의 서비스 품질을 향한 브랜드의 열정을 강조하기 위해서 TV와 인쇄매체들을 통해 전달되었다. 모든 메시지는 '싱가포르 걸'을 아이콘화하는 데 초점을 두고 전 세계 지역에서 다양한 테마로 진행되었다.

최근에 비즈니스클래스에 안락한 '스페이스 베드(space bed)'를 설치했을 때는 브랜드의 열정과 싱가포르 걸을 강조하는 매우 감성적인 60초짜리 광고를 제작해서 사용하였다. 싱가포르항공은 경험적 브랜드 전략을 통해 승무원들의 친절과 따뜻함을 통한 고객들의 특별한 좋은 체험을 강조한다.

세계적으로 유명한 싱가포르항공의 승무원들을 의미하는 '싱가포르 걸(Singapore Girl)' 캠페인은 싱가포르항공의 차별화된 브랜드전략을 위한 커뮤니케이션을 잘 보여 준다. 싱가포르항공은 1972년 개업 당시 프랑스의 고급 패션디자이너인 피에르 발망(Pierre Balmain)에게 싱가포르 전통 의상을 주제로 한 승무원 의상 제작을 의뢰하였고 이때 제작된 독특한 의상은 싱가포르항공의 상징물이 된다. 싱가포르 걸은 아시아인의 가치와 친절함을 잘 보여 주었고 상냥함, 따뜻함, 우아함의 상징이 되었고 뛰어난 서비스 품질을 추구한다는 기업의 목표와 어울려 싱가포르항공의 브랜드 이미지 형성에 큰 영향을 미쳤다.

마케팅 전략

싱가포르항공은 개별화 전략을 선택하여 성공적으로 실행해 온 대표적 기업들 중 하나이다. 싱가포르항공은 뛰어나고 다양한 고객편의 서비스를 혁신적으로 제공해서 고객을 사로잡는다. 싱가포르항공은 1992년에 항공사들에서는 처음으로 통신위성을 이용한 국제전화서비스를 시작했고 팩스 서비스도 제공했다.

1990년대부터 전문요리사들로 기내 식단을 개발하기 시작했고, 극장 스타일의 영화서비스 등을 처음으로 도입했다. 기내에 설치한 'KrisWorld'라는 기내 정보 및 오락시스템은 영화 시청을 위한 'KrisVision', 음악을 들을 수 있는 KrisSound', 비디오 게임을 위한 'KrisGames', 손쉽게 전화를 받는 시스템인 'KrisFone' 등으로 구성되었다. 2006년 7월엔 비즈니스클래스에 컴퓨터를 설치해 비행 중에 사무를 볼 수 있는 서비스도 개발했다. 싱가포르항공 모든 좌석에 장착된 USB 포트에 개인 USB 장치를 연결하면 노트북 없이도 워드작업이나 뉴스검색 등을 할 수 있고, 각종 정보도 살펴볼 수 있다.

최신 기종 항공기를 고수하는 것도 고객들의 높은 평가를 받는 이유다. 싱가포르항공의 평균 비행기 기령은 6.5년이다. 미국이나 유럽엔 평균기령이 10년이 넘는 항공사들도 많다. 싱가포르항공은 세계 최초로 에어버스의 A380기를 인도받았고 추가로 수십 대를 들여왔다.

체험마케팅

싱가포르항공은 오감을 통한 감각마케팅의 성공사례로 손꼽힌다. 싱가포르항공은 기내에서 스테판 플로리안 워터스라 불리는 매력적인 향기가 나는 것으로 유명하다. 이 항공사는 자신만의 향기를 만들기 위하여 향수업체의 도움을 얻어 스테판 플로리안 워터스를 직접 기획, 제작하였다. 이 향기는 뜨거운 물수건을 통해서 또는 직접 기내에서 퍼져나간다. 싱가포르항공을 이용한 소비자들은 누구나 기내의 독특한 향기에 대한 추억을 지니기에 이러한 향기마케팅은 차별화된 브랜드 형성에 도움을 주었다고 할 수 있다.

감각 외에도 고객체험의 다른 유형들을 통해 고객들에게 차별화해서 다가간다. 이 기업은 고객체험의 모든 단계들을 철저히 분석해서 체험전략을 집행한다. 비즈니스 클래스는 말할 것도 없이 이코노미 클래스 승객들을 위해서도 친절하고 능력 있는 예약 대리인들이 고객들을 위해 서비스를 제공한다. 체크인 절차는 빠르고 효율적이다. 따뜻하고 자연스러운 미소를 지닌 탑승 승무원들이 비행기에 들어가는 탑승객들에게 인사하고 고객의 자리로 안내한다. 자리에는 쾌적한 편의물들이 든 상자가 있고 승무원들은 비행 중 고객들을 사려 깊게 돌본다. KrisWorld, 편안히 잠잘 수 있는 취침용 좌석과 같은 서비스도 항공사들 중에서 처음으로 제공하는 등 혁신적인 전략으로 고객체험을 잘 관리한다.

자료원: 머니투데이, 2007년 10월 17일; 이유재, 2009; 조이뉴스24, 2008년 9월 30일; Roll, 2006; Schmitt, 2003.

1. 체험마케팅의 5가지 핵심[*7]

1) 체험마케팅의 5가지 핵심적 특성들 및 모델

김우성과 허은정(2007)은 Schmitt(1999)를 비롯한 이전의 체험마케팅과 관련한 연구들을 종합정리, 분석하여 체험마케팅의 핵심적 특성들을 다음의 5가지로 제시했다.

① 체험마케팅은 고객이 브랜드와의 깊은 관계를 형성하고 유지하도록 한다.

② 체험마케팅은 고객이 브랜드나 조직체를 개인적 최종가치와 더욱 연관하여 생각하고 기억하도록 한다.

③ 체험마케팅은 감각, 인지, 감성, 행동, 관계의 5가지 유형들을 포함한다. 소비상황에 따라 5가지 유형들 중 강조되는 유형이 달라질 수 있지만 감성과 행동은 항상 강조된다.

④ 체험마케팅은 고객에게 즐거움과 쾌락을 주고 고객이 브랜드에 몰입하게 한다.

⑤ 체험마케팅은 고객만족과 고객감동을 통해 고객유지로 이끈다.

<표 9-1>은 체험마케팅의 이러한 5가지 핵심적 특성들과 관련된 8장에서 다룬 체험에 대한 접근방법들 및 관련된 영역들을 나타낸다. <그림 9-1>은 체험마케팅의 5가지 핵심적인 특성들 간의 관계를 바탕으로 작동원리를 설명하는 체험마케팅 모델을 나타낸다. <그림 9-1>은 2가지의 전제들을 바탕으로 한다. 첫째, 여기서 설명하는, 체험마케팅의 5가지 핵심적인 특성들의 관계는 고객의 장기적인, 여러 번의 경험을 바탕으로 한다. 예를 들면, 인지, 감성, 행동은 장기적인 관점에서 보면 병렬의 관계로 설명될 수 있지만, 한 번의 브랜드 경험만 고려하면 종종 순서를 가진다(예: 고관여시 인지 → 감성 → 행동, FCB모델은 제품의 유형과 관여도에 따라서 다양한 순서를 제시). Schmitt(1999)는 5가지 고객체험의 유형들의 순서를 대체적으로 감각 → 감성 → 인지 → 행동 → 관계로 언급했고, 지각의 기본 모형과 커뮤니케이션의 단계적 효과의 모델을 고려하면 감각 → 인지 → 감성 → 행동 → 관계의 순서가 된다. 필자는 장기적·종합적으로는 인지, 감성, 행동이 병렬의 관계라고 본다. 둘째, 여기서는 소비자의 내적/외적 과정에만 초점을 두지만, 소비자의 특성들(예: 학습, 라이프스타일), 소비시장에서의 외부적 요인들(예: 경제적 여건, 경쟁브랜드들), 상황적 요인들(예: 시간 압박)이 각 요소의 상대적 중요성이나 체험마케팅의 효과에 영향을 미칠 것이다.

　　<그림 9-1>에서 표시된 각 요소들이나 특성들의 관계를 간단히 설명한다. 브랜드나 조직체는 체험마케팅의 대상이 되는 자극의 대표적 예들이다. 이러한 자극이 들어오면 먼저 고객의 감각기관이 작동하고 인지, 감성, 행동 면에서 반응이 일어난다. 감각, 인지, 감성, 행동, 관계는 Schmitt(1999)가 제시한 5가지의 고객체험의 유형들로서 이들이 적절히 조화되어서 총체적 체험이 형성된다. 앞서서 소비자체험에 관한 관점에서 설명한 것과 같이, 즐거움/쾌락/몰입은 감성과 행동과 주로 연관된다. 체험마케팅에서의 관계는 고객과 브랜드와의 깊은 관계 형성과 브랜드와 관련된 고객의 개인적 최종 가치와 연결이라는 점에서 중요하다. 관계는 감각으로부터 직접 영향을 받을 수도 있고 인지, 감성 또는 행동의 결과로서 나타나기도 하고, 총체적 체험에 영향을 준다. 관계, 총체적 체험, 즐거움/쾌락/몰입은 고객만족과 고객감동으로 이어지고 고객만족과 고객감동은 고객유지로 이끈다.

〈표 9-1〉 체험마케팅의 5가지 핵심적 특성들

핵심적 특성	관련된 체험에 대한 접근방법	관련 영역
브랜드와의 총체적 체험	총체적 체험	① 통합적 소비경험 ② 5가지 고객체험 유형들의 통합

고객과 브랜드간의 깊은 관계 형성	① 브랜드 개념 ② 감성을 강조하는 행동 ③ 즐거움, 감동, 쾌락으로서의 경험	① 관계기반모델 ② 소비자-브랜드 관계유형 모델 ③ 브랜드 반향 ④ 브랜드 커뮤니티
고객만족과 고객감동을 통한 고객 유지	① 감성을 강조하는 행동 ② 즐거움, 감동, 쾌락으로서의 경험	① 고객만족 ② 소비 관련 정서 ③ 고객감동과 고객환희
즐거움, 쾌락, 몰입	즐거움, 감동, 쾌락으로서의 경험	① 체험영역들 ② 컴퓨터와 인터넷 사용
개인적 최종가치와 연결됨	브랜드 개념	① 수단-목적 연쇄사슬 모델 ② 경험적 브랜드와 자아실현욕구 ③ 쾌락적 제품과 개인적 가치

출처: 김우성과 허은정, 2007.

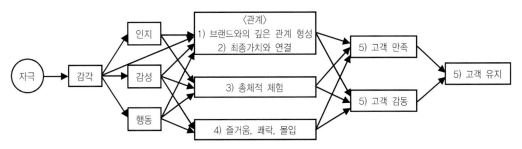

출처: 김우성과 허은정, 2007에서 관계와 관련된 화살표들을 수정해 제시.

〈그림 9-1〉 체험마케팅 모델

2) 고객과 브랜드 간의 깊은 관계

체험마케팅에서 브랜드와 고객 간의 관계는 중요시된다. 관계는 Schmitt(1999)의 5가지 유형들의 하나이다. 고객과 브랜드는 친밀한 연인, 가족 구성원, 친구 같은 사이로서 여겨지고, 조직체는 고객들을 신뢰와 진실성을 바탕으로 평생 고객들로 다룬다.

체험마케팅이 반영하는 Hirschman과 Holbrook(1982)의 쾌락적(hedonic) 관점은 제품 사용에 따라오는 소비자들의 심리적 반응들을 중요시하고 제품을 객관적 실체라기보다는 주관적 상징으로서 여긴다. 따라서 이러한 쾌락적 접근방법에서는 브랜드와 소비자와의 동적인 상호작용을 바탕으로 한 깊고 지속적인 관계 형성을 중요시한다.

Aaker와 Joachimsthaler(2000)는 고객 관계 모델에 바탕을 두고 브랜드 관리를 하는 것을 제안했는데, 고객의 소유물들, 활동들과 홍미, 가치들과 신념들의 3가지 차원들을 바탕으로 하는, 핵심이 되는 자아개념에 대한 깊고 통찰력 있는 이해가 필요하다고 했다. 브랜드개성(brand personality)은 브랜드와 연관되어지는 인간적인 일련의 특성들인데(J. Aaker, 1997), D. Aaker(1996)는 브랜드개성이 브랜드 자산을 창조하는 것을 기능적 혜택 모델, 자아표현 모델, 관계기반 모델의 3가지로 설명한다. 이 중 관계기반 모델은 사람으로서 브랜드(브랜드와 관련된 주요 인간으로서 본 브랜드)와 고객과의 관계, 브랜드 개성의 2가지를 통해 개인이 브랜드와의 관계를 맺는 것을 설명한다. 기업이 호의적인 관계를 부각시키는 인상적인 체험을 고객에게 제공할 때 고객과 고객에게 체험을 제공하는 직원과의 유대는 깊어지고 그 고객에게 브랜드와 관련된 브랜드 개성은 더욱 중요하게 기억될 것이다.

브랜드와 고객과의 깊은 관계는 소비자−브랜드 관계모델(예: Fournier, 1998)이나 브랜드 커뮤니티(brand community) 개념(예: Muniz and O'Guinn, 2001)으로 설명되어질 수 있다. Fournier(1998)는 소비자와 브랜드 사이의 관계를 15가지의 관계 유형들로 설명하는 이론을 제시했다. 체험마케팅에서는 이러한 15가지의 관계 유형들 중에서 소비자와 브랜드 사이의 깊고 장기적인 관계들인 몰입된 파트너십(Committed partnerships)이나 최고의 우정(Best friendships)을 형성하는 데 초점을 둔다고 할 수 있다. 브랜드와 그 브랜드를 상대로 깊고 호의적이고 장기적인 관계를 맺는 소비자들은 일대일 관계를 넘어서 다수의 브랜드 애호자들이 형성하는 브랜드 커뮤니티에도 가담하기도 한다. 체험마케팅은 긍정적이고 인상적인 체험을 경험하는 것을 도와서 Keller(2008)의 고객기반의 브랜드자산 피라미드 모델에서 제시한 마지막인 4번째 단계인 브랜드 반향에 도달하도록 한다. 이 단계의 고객들은 브랜드 커뮤니티에 흔히 참가하고 적극적 브랜드 관련 활동을 통해 브랜드에 대한 몰입을 하게 될 것이다.

3) 개인적 최종가치 연결

체험마케팅은 고객의 평생 가치를 기반으로 고객을 관리하는 것과 연관된다. 체험마케팅을 바탕으로 고객에게 체험 대상을 제공할 때 해당 고객은 흔히 행복, 자아실현 등 개인적 최종가치와 연관해서 기업 또는 브랜드를 대한다. Rokeach(1973)에 따르면, (개인적 또는 사회적) "가치는 특별한 행실의 방식이나 존재의 최종상태가 개인적·사회적으로 그 반대되는 경우보다 선호되는 지속적인 개인적 신념"이다. Rokeach 가치목록은 18가지의 최종 가치들과 18개의 수단적 가치들을 포함한다. <브랜딩 사례 9-1>은 가치 등 사이코그래픽스를 통해 소비자들의 체험을 이해하는 것의 중요성을 다룬다.

〈브랜딩사례 9-1: 사이코그래픽스를 통해 고객체험의 이해〉

소비자행동을 제대로 이해하려면 제품 소비에 관련된 행동뿐만 아니라 소비자의 전반적인 하루 일상을 손바닥 들여다보듯 파악하는 일에서부터 시작해야 한다. 사이코그래픽스는 개성, 가치, 라이프스타일의 3가지로 구성되어 있는데 인구동태적으로 비슷한 특성들을 가진 소비자들이 다른 소비자행동을 보이는 것을 설명하는 데 유용한 개념이다. 홍성태는 애플의 스티브 잡스, 쌈지의 천호균 사장의 예를 들어 소비자의 삶 속에 파고들어 재미와 개성 있는 삶을 살아가려는 하나의 인간으로서의 소비자의 가치와 라이프스타일을 파악하는 것을 강조한다.

과거 스티브 잡스는 기발한 제품들을 많이 발명했지만, 어느 하나도 시장을 지배한 적이 없다. 예를 들면, 그가 만든 애플 컴퓨터는 타의 추종을 불허하는 우수한 기종으로 인정받았지만 전 세계 시장점유율이 10%에 못 미쳤다. 최상의 기술로 제품을 만들면 성공하리라 생각했지만, 점유율 면에서는 늘 기대에 못 미쳤던 것이다. 잡스는 뒤늦게 젊은이들의 삶을 그들의 방식에 따라 몸소 체험하고 나서야 성공의 열쇠를 찾게 됐다고 말한다. 즉, 청바지에 티셔츠를 입고 젊은이들과 어울리며 그들의 생각과 라이프스타일을 이해하려 애쓰자 비로소 어떤 제품을 어떻게 디자인해야 할지 감이 생기더라는 것이다. 그렇게 탄생한 것이 아이팟(iPod)이다. 잡스는 심플한 작동 원리를 가진 멋진 디자인의 MP3플레이어는 물론 불편한 음악 다운로드 환경을 개선한 아이튠즈(iTunes)도 개발했다. 잡스는 소비자의 라이프스타일에 따라 아이팟을 계속 진화시켜 왔으며 급기야는 아이폰(iPhone)을 만들기에 이른다. 또한 아이튠즈도 그 범위를 넓혀 단순히 음악을 다운받는 역할에서 나아가 앱스토어와 링크시켜 12만 가지가 넘는 애플리케이션 프로그램을 판매하고 있다. 아이폰의 성공은 타깃 소비자들을 관찰하고 그들이 꿈꾸는 새로운 라이프스타일을 창출함으로써 가능했던 일이다.

여러 개의 패션 브랜드들을 성공시킨 쌈지의 천호균 사장은 50세가 넘은 나이에도 홍대앞이나 청담동의 클럽을 찾았다고 한다. 밤 12시에 클럽에 가서 젊은이들의 놀이문화와 옷차림새, 액세서리 등을 유심히 살펴왔던 것이다. 어떻게 저런 복장을 하고 이 밤중에 나와 돌아다닐까라고 가치 판단을 하기보다, 짐짓 시대를 앞서가는 젊은이들의 생각과 라이프스타일을 그대로 받아들이고 이해하려 애쓴 결과였다. 소비자들의 사이코그래픽스를 정확하게 파악하고 브랜드에 잘 반영한 기업에 소비자들이 반응하고 환호하는 시대에 우리는 살고 있다.

자료원: 홍성태, 2010.

수단-목적 연쇄사슬 모델(Means-End Chain Model)은 개인적 가치들을 결과들(혜택들)을 통해 제품의 속성들에 연결시킨다. 개인적 가치는 여기에서 개인의 선택에 결정적인 역할을 한다(Gutman, 1982). 소비자는 구체적 속성, 추상적 속성, 기능적 혜택, 사회/심리적 혜택, 도구적 가치, 최종 가치의 순서로 이어지는 연쇄사슬에서 특히 부각되는 수준과 관련하여서 브랜드를 연상할 수도 있다.

체험마케팅에서는 브랜드가 고객과 상호작용을 통해서 고객의 삶을 향상시키는 데에 중점을 둔다. O'Sullivan과 Spangler(1998)는 체험마케팅은 전통적 마케팅과 비교해서 유형적 편익보다 소비자의 내면적 필요를 중요시하고 삶의 표준보다 삶의 질을 향상하는 데 중점을 둔다고 주장했다. 이러한 내면적 필요나 삶의 질은 소비자의 개인적 최종 가치와 밀접한 관련을 가지고 있다. Tybout과 Carpenter(2001)는 인간의 기본적인 필요나 욕구를 3가지의 브랜드 유형(기능적 브랜드, 이미지 브랜드, 경험적 브랜드)에 연결시켰는데 이 중에서 경험적 브랜드는 자아실현 욕구와 주로 관련되어진다.

쾌락적(hedonic) 또는 경험적(experiential) 제품들 또는 브랜드들에서 개인적 가치는 소비자들의 소비 동기에 직접적으로 영향을 주는 경향이 있다. Mort와 Rose(2004)는 제품 유형[실용적(utilitarian) 대 쾌락적(hedonic)]이 수단-목적 연쇄 사슬에서의 개인적 가치로의 연결에 주는 영향을 조사했다. 그들이 가설에서 예측한 대로 개인적 가치는 소비자들의 실용적 제품들을 소비하려는 동기에서는 혜택을 통해 제품의 속성에 연관이 되었는 데 비해 쾌락적 제품들에서는 소비자들의 가치는 직접적으로 이러한 제품들을 소비하려는 동기를 자극했다.

종합하면, 고객에게 강한, 인상적인, 독특한 체험을 제공하는 체험마케팅에 바탕을 두어 마케팅전략을 실행하면 고객들은 흔히 브랜드를 개인적 가치와 연결하고 주로 브랜드 체험과 관련된 최종가치 면에서 그 브랜드를 생각, 평가, 기억한다.

4) 브랜드와의 총체적 체험

Schmitt(1999)는 체험을 5가지 유형들을 포함하는 총체적 개념으로 본다. Keller(2003)나 Addis와 Holbrook(2001)도 브랜드 차원들이나 소비경험을 통합적으로 본다. Keller(2003)는 브랜드 지식에 관한 이론적 논문에서 브랜드에 관한 새로운 연구들을 반영하여서 브랜드 인지도와 연상/이미지에 중점을 둔 이전의 관점(예: Keller, 1993)보다 더 넓고 통합적인 관점을 채택하는 것이 바람직하다고 주장했다. Addis와 Holbrook(2001)은 쾌락적·경험적 관점에서 소비경험을 통합적 경험으로서 보는 것을 강조한다. 이러한 관점에서 제품 사용은 소비자의 감정, 다른 제품들, 소비자의 관계들, 주변 사회, 소비자의 전체 삶의 세계와 밀접하게 연관된다.

체험마케팅은 Schmitt(1999)가 제시한 5가지 고객체험 유형들(감각, 인지, 감성, 행동, 관계)을 적절히 조화시켜서 브랜드와의 전체적이고 호의적인 체험을 형성하는 데에 중점을 둔다. 체험마케팅에 바탕을 둔 전략들은 행동을 중심으로 가능하면 5가지 유형들 전체와 연관되는 고객체험을 제공하고 개별적 유형들이 적절히 시너지 효과를 줄 수 있게 통합적으로 관리하는 데 중점을 둔다. 5가지 고객체험의 유형들을 결합해 총체적 체험을 준, 성공적인 브랜드들에는 폭스바겐(Volkswagen) 뉴비틀(New Beetle), 싱가포르항공, 버진, 아모레퍼시픽의 라네즈 등이 있다.

〈그림 9-2〉 뉴 비틀　　　　〈그림 9-3〉 싱가포르항공 승무원

5) 즐거움, 쾌락, 몰입

체험마케팅을 바탕으로 한 마케팅 전략들을 잘 구사할 때. 고객은 해당 브랜드를 마음 편하게 대하고 즐거움을 가지고 빠져들게 된다. 고객은 마케터가 제공하는 소비상황에서 수동적으로 제품/서비스를 접하는 것이 아니라 능동적으로 제품/서비스/체험을 경험한다. 2002년 한일 월드컵에서 두드러졌던 열정적인 경기관람 또는 거리응원, 인터넷에서 좋아

하는 게임에 몰두, 서로 마음이 맞는 연인들의 분위기 있는 레스토랑에서의 저녁식사 및 데이트 등과 같이 적절한 소비 환경에서 브랜드가 인상적으로 잘 관리될 때 소비자들은 시간 가는 줄 모르고 소비 경험을 진정으로 즐긴다.

영화 "빅(Big)"에서 나오는 슈워츠 장난감 매장은 즐거움, 쾌락, 몰입을 보여 주는 좋은 예가 될 수 있다. 톰 행크스와 로버트 로지아가 슈워츠 매장에 설치된 대형 피아노 건반 위에서 함께 춤추는 등 푹 빠져서 즐기는 것은 슈워츠 매장이 제공하는 순수하고 자유분방한 즐거움의 경험을 잘 보여 준다. 이 매장은 기발한 세트, 재미있는 직원들, 다양한 장난감 제품들로 장난감 애호가들의 메카로 자리 잡았다(Robinette et al., 2003).

소비경험에서의 즐거움, 쾌락은 소비자행동에서 인지적 정보 처리를 강조하는 연구에서는 지금까지 상대적으로 덜 다루어져 온 반면에, Holbrook과 Hirschman(1982)의 연구 등은 소비의 상징적, 쾌락적, 미적 측면을 강조했다.

즐거움 또는 쾌락은 조직체가 고객에게 인상적인 체험을 제공할 때 자연스럽게 나타난다. Pine과 Gilmore(1999)는 고객들이 참여하는 대표적 체험 영역들을 2가지 축으로 묘사했는데 수평축은 고객/손님이 체험 이벤트에 미치는 영향에 따라 수동적 또는 능동적 차원이고 수직축은 고객과 이벤트를 결합시키는 연관이나 환경적 관계의 차원으로서 이 차원의 한쪽 끝에는 체험을 고객의 마음속에 심어주는 흡수(absorption)가 있고 다른 쪽 끝에는 체험 이벤트에 빠져들어 고객이 체험 그 자체의 일부가 되는 몰입(immersion)이 있다. 이 2가지 축들에 따른 체험의 4가지 영역들은 엔터테인먼트 체험(소극적 참여, 흡수), 교육 체험(적극적 참여, 흡수), 미적 체험(소극적 참여, 몰입), 현실도피 체험(적극적 참여, 몰입)이다.

많은 소비자들은 인터넷을 이용하여 정보 탐색, 게임, 오락 등을 하면서 자기도 모르게 빠져든다. 이러한 컴퓨터를 매개로 한 환경에서의 어떤 체험들은 Pine과 Gilmore(1999)의 현실도피 체험에 속하는 것으로서 흔히 다수 대 다수의, 쌍방향 커뮤니케이션에 바탕을 둔다(Hoffman and Novak, 1996). 인터넷을 사용할 때 소비자들이 느끼는 즐거움, 몰입감은 빠져듦(flow)이란 용어로 주로 표현되었다. 빠져듦(flow)은 일련의 선행 조건들이 있고 일련의 결과들이 있는 최적의 체험으로서 Csikszentmihalyi(1990)에 의해 제시된 후 많은 연구자들에 의해 이런 상태를 표현하기 위해 사용되어 왔다.

6) 고객만족과 고객감동을 통한 고객유지

체험마케팅에서 고객만족은 기본이고 더 나아가 고객에게 감동, 기쁨, 환희를 줌으로써 고객과의 관계를 유지, 제고하려 한다. 체험마케팅에서는 인상적인 감동을 주는 것을 추구하고 제품이나 서비스를 사용한 결과보다는 고객이 그것을 사용하고 경험하는 과정을 중요시한다. Schmitt(2003)는 고객만족은 주로 기능적 측면에서 기대와 성과를 비교하는 데 중점을 두고 제품의 속성 측면에서 주로 다루어졌다고 비판하고 고객체험은 실제 소비 및 사용 과정을 다룬다고 주장한다. 그에 의하면, 고객만족은 결과 지향적인 반면에 고객체험은 과정 지향적이다. 또한 고객만족은 고객들에 초점을 두는 데 비해서 고객체험은 고객들뿐만 아니라 내부 경영자들, 종업원들에도 중점을 둔다고 주장한다. 고객에게 기억에 남는 좋은 경험을 주기 위해서는 경영자들, 종업원들이 자발적으로 고객에게 좋은 연출을 해야 하기 때문이다. 현재 시장에서 만족스러운 제품과 서비스를 제공하는 기업은 많기에 고객만족만 가지고는 우량 고객들을 장기적으로 유지하기 어렵다고 한다. 따라서 기업은 고객의 관심을 불러일으키고 고객을 고무시키고 열광적 옹호자로 전환할 필요가 있다. 고객들을 지속적으로 감동시키기 위해서는 그들을 진정으로 배려하고 있다는 것을 보여 줄 필요가 있다(Robinette et al., 2003).

체험마케팅에서 목표로 하는 고객유지는 마케팅에서 오랫동안 중요시되어 왔다. Kotler (2003)는 고객개념에서 고객가치사슬 관리를 통한 고객 유지의 중요성을 강조했고, 전통적 마케팅과 비교해서 새로운 마케팅에서는 고객획득보다 고객유지를 더 중요시해야 한다고 주장했다. Lemon 등(2001)은 고객 자산(customer equity) 개념을 제시하는데, 이것은 가치 자산(value equity), 브랜드 자산(brand equity), 관계 자산(relationship equity)의 3가지 요소들의 작용으로 형성된다. 현재 고객들은 장래 수입과 이익의 가장 믿을 만한 원천을 제공하기 때문에 고객 유지는 마케팅 전략의 중심이다.

고객만족은 다른 마케팅 요소들(예: 품질, 서비스의 질)의 종속변수, 다른 요소들의 선행변수(예: 구전, 재구매)로서 많이 사용되어 왔는데, 지금까지 고객만족의 개념에 대한 정의는 다양하게 제시되어 왔다. 이유재(2000)는 고객만족의 정의를 ① 소비경험으로부터 야기되는 결과(인지적, 감정적 또는 혼합적)에 중점을 둔 정의들과 ② 기대와 성과에 대한 비교 과정에 초점을 둔 정의들의 2가지 유형들로 분류했다. 고객만족의 정의로 많이 사용되는

Oliver(1997)의 고객만족의 정의는 인지적/정서적 반응이 결합된 만족에 대한 판단에 속한다. 그는 고객만족을 종합적인 충족 상태에 대한 반응으로서 제품/서비스의 특성들 또는 소비에 대한 충족 상태를 유쾌한 수준에서 제공하였는가에 대한 판단으로 정의한다. 한편 박명호와 조형지(1999)는 고객만족의 정의를 인지적 차원인 충족과 정서적 차원에 속하는 소비관련 정서라는 두 개념이 결합된 것으로 정의한다.

소비 관련 정서와 관해서, Richins(1997)는 소비자들이 소비 상황에서 가장 빈번히 경험하는 정서들을 소비 관련 정서목록(CES: Consumption Emotions Set)으로 제시했다. 그녀의 소비관련 정서목록은 다음에 제시하는 20가지의 핵심 정서 유형들로 구성되어 있다. 이 중 처음 16가지 정서 유형들은 각각 2~3개의 구체적 측정항목들로 구성되어 있고 마지막 4가지 정서 유형들은 각각의 유형자체가 구체적 측정항목인 유형들(유형당 1가지 측정항목)로 구성되어 있다.

(1) 각각 2~3개의 구체적 측정항목들이 있는 16가지 정서 유형들

① 분노(anger): 좌절한, 화난, 짜증내는

② 불만(discontent): 충족되지 못한, 불만족한

③ 걱정(worry): 초조한, 걱정하는, 긴장한

④ 슬픔(sadness): 우울한, 슬픈, 비참한

⑤ 공포(fear): 겁에 질린, 두려운, 공황을 느끼는

⑥ 수치(shame): 당황하는, 수치스러운, 모욕을 당한

⑦ 질투(envy): 부러운, 질투하는

⑧ 외로움(loneliness): 외로운, 향수병에 젖은

⑨ 낭만적 사랑(romantic love): 섹시한, 낭만적인, 열정적인

⑩ 사랑(love): 사랑하는, 감상적인, 따스한

⑪ 평화스러움(peacefulness): 조용한, 평화로운

⑫ 만족함(contentment): 만족된, 충족된

⑬ 낙관주의(optimism): 낙관적인, 격려된, 희망적인

⑭ 즐거움(joy): 행복한, 기쁜, 즐거운

⑮ 흥분(excitement): 흥분된, 짜릿한, 열광적인

⑯ 놀람(surprise): 놀라는, 몹시 놀라는, 깜짝 놀라는

(2) 단일 항목으로 구성된 4가지 정서 유형들
① 죄책감(guilty): 죄책감을 느끼는
② 자부심(proud): 자부심을 가진
③ 열망(eager): 열망하는
④ 안도함(relieved): 안도하는

Phillips와 Baumgartner(2002)는 소비정서가 만족에 주는 역할을 연구했는데 합리적 의사결정 상황과 체험적 의사결정 상황에서 정서의 역할이 다르다는 것을 보여 주었다. 그들은 합리적 의사결정 상황에서는 제품의 성과 그 자체가 기대−성과의 비교보다 소비 정서를 결정하는 더 중요한 요소임을 제시하였고, 체험적 의사결정 상황에서는 정서의 역할이 강화되고 정서의 역할이 소비 후뿐만 아니라 소비 전과 소비 중에도 나타난다는 것을 보여 주었다.

고객감동은 고객만족보다 고객에게 더 깊고 긍정적인 감정을 주는 것으로 주로 이해된다. 에버랜드, 신라호텔, 싱가포르항공 등은 고객감동을 통해 고객과 브랜드 및 기업 사이의 긍정적이고 깊은 관계를 유지하고 브랜드 애호도를 높이는 데 큰 성과를 거두고 있다. 홀마크의 골드크라운 카드는 매장과 온라인 경험을 통합하는 통합적 전략을 채택한다. 홀마크 로열티 프로그램의 개별화된 서비스는 고객만족을 넘어 고객감동을 주기 때문에 홀마크 로열티 프로그램의 많은 회원들은 오랫동안 홀마크 브랜드의 옹호자로서 남는다.

고객감동과 비슷한 용어에는 고객환희(customer delight)가 있는데 이것은 고객이 만족하는 것을 넘어 고객이 예상하지 못했던 가치와 만족을 받는 것인데 격렬한 긍정적 감정 상태와 관련된다. 고객환희에 대한 학문적 연구는 거의 이루어지지 않았다. Chandler(1989)에 따르면, 고객만족은 현재에 집중하는, 정적인, 잘 알려진 환경들과 잘 알려진 변수들을 다루는 개념인 반면에, 고객환희는 동적인, 잘 알려지지 않은 환경과 변수들을 다루는, 미래 지향적인 개념이다. Oliver 등(1997)은 학계에서 연구되어져 오지 않았던 고객환희에 대한 이론적 기초와 모델을 제시하였다. 그들은 야생 테마파크의 고객들과 교향악 연주회의 고객들로부터 걷은 실증적 자료를 통해 예상하지 못했던 높은 수준의 만족 또는 성과가 각성(arousal), 기쁨(pleasure)의 단계를 차례로 거쳐 환희로 이른다는 것을 보여 주었다. <브랜딩

사례 9-2>는 다양한 체험마케팅 행사들을 통해 고객 참여, 만족, 감동을 주는 것을 다룬다.

〈브랜딩사례 9-2: 진화하는 체험마케팅〉

"셸 위 쿡(Shall we cook)?" 경기도 포천 아람유치원의 원어민 요리강사 지도로 엄마와 함께 쿠키를 만드는 유치원생들의 표정은 진지했다. 에그(계란), 스터(젓다) 등 영어 단어도 현장에서 배우니 머리에 쏙쏙 들어왔다. LG전자는 빛(광파)을 이용해 예열하지 않고 고온에서 빨리 조리할 수 있는 '디오스 광파 오븐' 마케팅을 하면서 어린이 요리교실에 영어를 접목해 좋은 반응을 얻고 있다. 이 오븐은 체험 마케팅에 힘입어 2004년 첫 출시 이후 2년 만에 매출이 860%가 늘었다.

체험 마케팅이 진화하고 있다. 경쟁이 치열해지면서 고객 참여를 통해 판매를 극대화하려는 기업들의 체험 마케팅 수법이 더욱 정교하고 다양해지고 있다. 조기 교육 열풍을 마케팅에 접목하고 계절별로 테마를 달리하는가 하면 경쟁사 제품을 같이 써보게 하는 '용감형 마케팅'도 등장하고 있다. 한국 닛산㈜은 고급세단 브랜드인 "인피니티"를 팔면서 동급의 경쟁사 제품을 동시에 시승할 수 있도록 하고 있다. 인피니티의 경기도 분당 SK네트웍스 전시장은 6일 분당 지역 고객을 초청해 뉴인피니티 G35 세단과 BMW320, 렉서스 IS250 차량을 동시에 타보고 고를 수 있는 시승행사를 진행한다.

SK텔레콤은 모바일 게임을 즐기는 '엄지족'들에게 인기 있는 최신 실시간 네트워크 게임을 7일간 정보이용료 및 다운로드 통화료를 받지 않고 즐길 수 있는 라이브 배틀(Live Battle) 서비스를 제공하고 있다. 맛보기에 그치던 마케팅에서 벗어나 전체 서비스를 일정기간 사용하게 하는 '인심형 마케팅'을 도입한 것이다. 등산용품 전문업체인 "K2"는 주말마다 서울 근교 산으로 가서 등산화 100족을 무료로 빌려 주고 경쟁사 제품을 마다하지 않고 고객들의 기존 등산화를 수선해 준다. 삼성전자는 공기만으로 냄새와 세균을 없애주는 '하우젠 에어워시'의 특장점을 살리기 위해 계절별로 체험공간을 달리하고 있다. 봄에는 산후조리원, 여름에는 헬스클럽, 가을에는 아파트단지, 겨울에는 스키장에서 무료 세탁행사를 벌인다.

LG경제연구원 박정현 연구위원은 "고객들이 미리 써봄으로써 제품과 서비스에 대한 사전 검증을 할 수 있는 데다 고객들의 로열티도 올라가 체험 마케팅이 이제는 마케팅의 대세로 자리 잡고 있다"고 말했다.

자료원: 국민일보, 2007년 6월 5일.

2. 체험마케팅의 기여

체험마케팅은 브랜드와의 총체적 경험을 바탕으로 고객에게 즐거운, 깊은, 강한, 인상적인 경험을 지속적으로 주는 데에 중점을 둔다. 이러한 체험마케팅을 바탕으로 한 마케팅 전략들의 집행은 정보화사회에서 다른 기업들과 차별화할 수 있는 수단으로서 고부가가치를 창출하는 데 도움을 준다. 체험마케팅이 기여하는 점들은 크게 3가지 면에서 살펴볼 수 있다. ① 마케팅 전반에서 이론적인 측면들과 방법론적 측면에서 기여를 하고, ② 전통적인 브랜딩 전략과 차별화되는 브랜딩 전략을 제시하고, ③ 체험산업의 분야들과 일반 산업의 분야들에서 공히 마케팅믹스 및 도구들에서(예: 광고, 매장관리, 판촉) 다양한 유용한 전략들을 제시한다.

1) 마케팅의 이론과 방법론

체험마케팅은 마케팅 전반에서 이론적 측면들과 방법론적 측면에서 기여를 한다. 체험마케팅은 인지적·감성적·행동적 요소를 다 중요하게 여기지만 특히 고객의 행동에 중점을 둔다. 1990년대 이후에 커뮤니케이션 관리와 촉진에서는 고객에서 출발하고 고객의 행동에 영향을 주는 것을 중시하는 통합적 마케팅커뮤니케이션이 보편적으로 받아들여져 왔는데, 체험마케팅을 통해 행동의 중요성을 더 부각시킬 수 있다.

소비자 구매행동의 5단계들(문제인식, 정보탐색, 대안평가, 구매, 구매 후 과정)과 관련해 보면, 전통적인 마케팅에서는 고객만족과 브랜드에 대한 평가를 마지막 단계인 구매 후 과정에서 주로 다루었는 데 비해 체험마케팅을 적용하면 구매 후 경험뿐만 아니라 구매 전, 구매 시 경험과 소비 정서도 고객 만족과 브랜드 평가에 중요하게 여겨질 것이다. 체험마케팅은 고객만족을 넘어선 고객감동이나 환희의 중요성을 강조하는데, 학계에서 별로 연구되지 않은 이런 분야에서의 연구를 자극시킬 것이다.

체험마케팅과 관련된 한 접근방법은 새로운 경제 형태나 상품 유형인 체험을 부각시키는데(예: Pine & Gilmore, 1999; O'Sullivan & Spangler, 1998) 과연 체험이 서비스를 넘어서는 독립적인 형태가 되는 것이 타당한지에는 아직도 많은 논란이 있고 필자를 포함한 많은 연구자들은 이런 입장을 받아들이지 않고 있는 걸로 알고 있다. 하지만 이러한 접근방법은 인상적인 경험의 중요성 강조, 체험에 맞는 새로운 4P의 제시 등 나름대로 공헌을 한다.

체험마케팅은 제품의 실제 사용을 강조하고 브랜드와 소비자 사이의 폭넓고 깊은 관계를 중시한다. Schmitt(1999)는 브랜드를 체험을 제공하는 개체(experience provider)로서 본다. 고객체험 면에서 경쟁품들과 시장을 분석하면, 고객들의 사회문화적 환경을 보다 고려하고 실제 사용 상황을 바탕으로 경쟁품들을 분석할 수 있다(Schmitt, 1999·2003). 예를 들면, 점심식사의 선택이란 소비자의 상황에서 본다면, 롯데리아 햄버거의 경쟁 상대는 맥도날드 햄버거뿐만 아니라, 김밥나라의 김밥, 장우동의 우동 등도 포함할 것이다.

체험마케팅은 방법론적 다양성을 강조한다. Schmitt(1999)는 정보처리 중심의 이성적 면을 강조하는 실증적 기법들(예: 변량분석, 회귀분석)도 중요하지만 포커스 그룹 연구, 심층 면접 등의 질적 연구, 현장 연구 등 다양한 마케팅 방법들과 도구들을 사용할 필요성을 주장했다.

2) 차별화되는 브랜딩 전략

브랜드 관리 면에서 체험마케팅은 5가지 고객체험 유형들의 통합을 바탕으로 한 총체적 브랜드 관리를 제시한다. <표 9-2>는 전통적 브랜딩과 체험적 브랜딩을 비교해서 주요 특성들을 열거한다. 첫째, 체험적 브랜딩은 경험제공자로서의 브랜드를 중시하고, 브랜드명, 로고, 슬로건 외에도 이벤트, 고객접촉 등이 중요하게 여겨진다. 둘째, 브랜드자산에 대해서도 인지도, 연상 및 이미지를 지나치게 중시하는 과거의 관점을 벗어나 총체적인 접근법을 제시한다. 셋째, 즐거움과 쾌락을 주는 브랜드의 사용을 강조하고 브랜드의 수단-목적 연쇄 사슬에서 고객의 개인적 가치와 브랜드를 연결시키는 것을 강조한다. 넷째, 브랜드를 파는 데 집중하는 것이 아니라, 고객들의 삶을 윤택하게 하는 브랜드의 역할을 중시해서 고객들에게 다가가고 고객만족과 감동을 제공함으로써 매출과 수익은 저절로 따라오도록 한다. 마지막으로, 고객관계관리(CRM)를 넘어서 고객체험관리(CEM)의 브랜드 관리를 제시한다.

〈표 9-2〉 전통적 브랜딩과 체험적 브랜딩의 비교

전통적 브랜딩	체험적 브랜딩
확인증명으로서의 브랜드	경험제공자로서의 브랜드
브랜드명, 로고, 슬로건이 핵심요소들	브랜드명, 로고, 슬로건 외에도 이벤트, 고객접촉이 핵심요소들
브랜드자산은 인지도와 연상/이미지의 2가지 요소가 중점	브랜드자산에 대한 총체적인 접근법(인지, 속성, 혜택, 이미지, 생각, 감정, 태도, 경험을 모두 고려)
브랜드가 제공하는 혜택에 중점	브랜드가 주는 즐거움, 흥분, 쾌락에 중점
브랜드는 속성과 혜택에 주로 관련됨	속성, 혜택 외에도 개인적 가치와 주로 연관됨
브랜드를 파는 것이 중요	브랜드가 고객의 삶을 풍요롭게 하는 것을 증명하는 것이 중요. 판매는 저절로 따라 옴
CRM(고객관계관리)을 통한 관리	CEM(고객체험관리)을 통한 관리

출처: 김우성. 2009(김우성과 허은정. 2007; Keller. 2003. 2008; Schmitt. 1999. 2003으로부터 편집).

2000년대에 나타난 중요한 소비 트렌드들 중의 하나가 감성중심의 소비 트렌드라고 할 수 있다. 이러한 감성중심의 소비 트렌드는 제품과 서비스에 대한 느낌이나 정서가 소비자들의 소비행동을 결정하게 하는 소비경향이라고 할 수 있는데(임종원 등, 2006), 체험마케팅은 감성적인 자극을 통한 소비자와 브랜드와의 깊은 관계 형성, 소비경험을 즐겁게 함에 의해서 소비자들이 특정 브랜드를 구매, 소비하도록 유도한다.

체험마케팅은 일반적으로 선도자 브랜드의 마케팅 전략으로서 현존하는 브랜드를 강화하고 경쟁 브랜드로부터 차별화하는 데 도움을 줄 수 있다. 한편으로는, 체험마케팅을 바탕으로 한 마케팅 전략은 소비자들의 경험에 대한 자기 통제감과 실제 경험의 생생함을 가지는 이점을 가지기 때문에 자원이 부족한, 열세 브랜드들(underdogs)의 마케팅 전략으로도 적합할 것이다(Hoch and Deighton, 1989).

3) 체험산업 분야들과 일반산업 분야들에서의 전략

현대 마케팅은 그 적용 범위를 계속 넓혀 왔는데 서비스산업, 스포츠산업, 레저산업, 문화산업, 오락산업, 연예산업, 예술 등은 체험마케팅을 적용하기에 적합한 분야들이다. Pine과 Gilmore(1999)가 주장한 대로, 체험마케팅은 문화산업, 연예산업, 고급 서비스업(예: 교육, 의료), 오락산업, 가상현실, 인터넷 게임, 스포츠산업 등 체험상품으로서 적합한 분야들에서 더욱 중요하게 여겨질 것이다. 감동적이고 인상적인 경험을 고객들에게 심어 준다면, 체험마케팅은 체험상품으로서 적합한 위의 분야들뿐만 아니라 소비 시장에서의 많은 일반적 제품들이나 서비스에서 성공적으로 실행되어질 것이다.

체험마케팅은 판촉, 광고, 디자인 및 제품 포장, 매장 관리 등에서 특히 효력을 발휘해 왔다고 할 수 있다. 판촉을 살펴보면, 체험마케팅은 시연, 이벤트, 애호도제고 프로그램 등에 성공적으로 적용되어져 왔다. 불황을 벗어나기 위해 중소 벤처기업들은 체험마케팅을 제품 판촉에 사용하여 사전 홍보로 활용했고 구전마케팅의 효과도 얻었다(뉴시스, 2004).

체험적 광고가 정확히 어떤 유형의 광고인지에 대해서는 연구가 별로 되어 오지 않았다. 감각, 감성을 중심으로 소비자들의 총체적 반응을 유도하는 광고가 최근 더 많이 나타나는데 이것은 체험마케팅과 연관된다고 볼 수 있다. 체험마케팅과 관련된 광고는 여러 가지의 형태를 가질 수 있다. 여기에서는 3가지 형태의 광고 유형들을 언급하는데 이 3가지 유형들의 광고는 전혀 새로운 것은 아니고 전통적 마케팅에서도 다루어져 온 유형들이지만 체험적 요소를 부각시키는 형태를 취했다.

첫째, 고객체험의 5가지 유형들 중 특히 행동과 관계를 강조하여 육체적인 체험과 라이프스타일, 이상적인 자아를 내재된 드라마의 표현 방식을 통해 나타낼 수 있다(예: "everyday new face"라는 광고슬로건을 사용하는 라네즈 광고). 둘째로는 제품 속성보다는 제품이 제공하는 편익과 즐거움, 또는 제품을 사용하는 사람에 초점을 맞추어 체험적 요소 발견을 강조하는 형태(예: 양미라를 버거소녀로 등장시킨 롯데리아 광고)가 있다. 셋째로는 삶의 단편 형식을 취하는 전통적인 광고 방식에 감각, 감성 및 관계를 특히 강조할 수 있다(예: 2000년대 중반 전지현을 광고모델로 사용했던 올림푸스 디지털카메라의 여름 편과 겨울 편의 멀티광고).

한편 체계적인 체험적인 광고를 개발하려는 노력도 있었다. 이영희와 박경란(2002)은 Schmitt(1999 · 2003)의 연구에 바탕을 두고 체험적인 광고의 효과에 대한 실증연구를 하였다. 이것은 탐색적 연구로서 조사 대상의 연령층이 10~20대로 한정되었고 11명을 대상으로 1차 설문조사 후 심층 면접을 통해 연구한 것으로서 일반화하기 위해서는 추가 검증이 필요하지만 체험적 광고의 개발 및 효과 측정에 시사점들을 주었다. 이영희와 박경란(2002)은 Schmitt(1999)의 5가지 고객체험의 유형들(감각, 인지, 감성, 행동, 관계)과 재미(fun), 놀람(surprise), 존경(respect), 가치(value)의 창의적 컨셉트 요소들의 매트릭스를 바탕으로 체험적 광고를 개발했다. 기존 광고와 비교해서 체험적 광고는 모든 피면접자들로부터 우수하게 평가되었다. 체험적 광고의 만족도는 5점 만점에 11명 전원이 4~5점 사이로 평가하였으며 특히 전체의 45%인 5명은 5점 만점을 주었다.

디자인 및 제품 포장에서도 체험마케팅이 일부 적용되어 왔다. 앱솔루트 보드카, 고디바 초콜릿의 예들에서와 같이 디자인 및 제품 포장에서는 특히 고객 체험의 5가지 유형들 중 감각이 중요하게 여겨지고 감성을 자극하는 것이 중요한 것 같다. 매장 관리에서도 체험마케팅의 효과는 나타난다. 매장은 서비스마케팅 믹스인 7P 중의 하나인 물리적 증거의 대표적인 예이다. 요즘 상품매장에서 단순히 상품을 파는 것 이외에 고객의 휴식공간 및 만남의 장소를 제공하고 인터넷을 사용하거나 잡지를 읽을 수 있는 편안하고 감각적이고 감성을 일으키는 공간을 제공하는 경우가 두드러지게 많아졌다.

Chapter 10

체험마케팅 주요 모델들과 활용전략

〈도입사례: NHN〉

NHN(주)는 1999년 6월 네이버컴(주)를 설립하여 검색포털 '네이버' 서비스를 시작하였다. 같은 해 12월에는 한게임 정식 서비스를 시작하였다. 2001년 9월에는 'Next Human Network'를 의미하는 NHN(주)로 사명을 변경했다. 2002년 코스닥에 상장이 되었고 2008년에는 코스피 시장으로 이전해 상장하였다. NHN은 국내 1위의 검색포털 네이버, 국내 최대 인터넷 게임 포털인 한게임, 국내 최초 어린이 전용 포털 쥬니어네이버, 국내 최초 온라인 기부 포털 해피빈을 운영하고 있는 국내 최고의 인터넷 전문 기업이다. 2009년에는 150자로 개인의 소소한 일상과 재미를 지인들과 함께 나누는 마이크로 블로그 서비스인 미투데이를 인수해 SNS 사업에도 들어갔다. 매년 영업이익률이 40%가 넘는 기업(2006년부터 2009년까지 40.0%에서 43.0%)이고 자산대비 부채가 상대적으로 적은 재정상태가 건실한 기업이다.

비전 및 사업영역

NHN의 비전은 인터넷 그 이상의 가치를 통해 삶의 질을 향상시키고 새로운 문화를 창출하여 인류의 삶을 풍요롭게 하는 것이다. 도전, 열정, 창의, 혁신, 겸손, 주인정신의 6가지 핵심가치를 실천해 고객과 상생하기를 미션으로 가지고 있다. NHN은 근무여건, 보수, 종업원 지원 등에서 종업원들을 잘 대우해주는 기업이다.

현재 NHN의 주된 사업영역들은 검색포털, 게임, 디스플레이광고, 전자상거래이고 앞으로 글로벌브랜드로서 일본, 중국, 미국 등 해외에서 매출이 상당히 늘어날 전망이다. NHN은 2001년 5월, 업계 최초로 키워드 검색 광고를 실시하였고, 이 부문에서 매년 빠른 성장세를 기록하고 있다. 2008년 NHN의 검색 매출은 전년 대비 24.9% 성장한 6,085억 원을 기록하여 NHN 매출 중 약 50%의 비중을 차지했다.

한게임은 2001년 기본적으로 제공되는 무료 게임들을 사용자들이 더 재미있고 편리하게 즐길 수 있도록 해주는 유료 부가 서비스인 프리미엄 서비스를 세계 최초로 선보이며 온라인 게임 사업의 패러다임을 바꾸는 혁신적인 비즈니스 모델을 창출했다. 2008년 NHN의 게임 매출은 3,667억 원으로 전년 대비 51%의 성장률을 기록했다. 2009년 C9, 2010년 헤라 등이 대표적인 한게임의 대작 게임들이다.

디스플레이광고에서 NHN은 국내 최대 1일 순방문자수를 확보하고 있는 네이버와 한게임 서비스를 통해 최적의 온라인 마케팅 플랫폼을 제공하고 있다. 2008년에 NHN의 디스플레이 광고 매출은 NHN 총 매출 중 약 12%인 1,390억 원을 달성하였다.

NHN은 2003년 10월 국내 최대의 쇼핑 관련 정보를 제공하는 쇼핑 지식 검색부터 가격 비교, 안전구매까지 온라인쇼핑에 필요한 모든 과정을 한 번에 지원하는 '지식쇼핑'을 선보였다. 현재 5,400여 개의 크고 작은 쇼핑몰이 입점하여 활발한 온라인 사업을 펼치고 있다. 네이버 지식쇼핑은 2008년 전년 대비 46.9% 성장한 844억 원의 매출을 기록했다.

브랜드관리와 촉진

NHN의 핵심 브랜드인 네이버는 '항해하다'라는 'navigate'와 ~하는 사람이라는 'er'이 만나서 탄생한 이름으로 녹색을 기본색으로 한다. 세계적인 검색 포털 기업 구글(Google)이 힘을 쓰지 못한 유일한 나라가 대한민국인데 그 배경에는 우리나라 대표 인터넷포털 네이버(Naver)가 있다. 국내 포털 관계자들은 네이버의 승리 요인을 검색에 특화된 구글에 비해 뛰어난 서비스 경쟁력을 핵심 요인으로 제시하고 있다. 같은 정보를 검색하더라도 구글의 단순 나열식 편집과 달리 네이버는 이미지, 뉴스, 블로그 등 카테고리별 분류를 제공하고, 검색 이외에도 지식 검색, 쇼핑, 사전 등 다양한 서비스를 제공한 것이 주효했다. 네이버는 2004년부터 국내에서 시장선도 브랜드로 올라섰고 통합검색, 지식검색, 녹색 검색창(Green Window)이 강하게 연상된다.

광고에서는 전지현을 주 모델로 기용하였고 녹색을 기본 바탕색으로 사용하였다. 카페iN '전지현' 캠페인, "감동을 경험하다" 캠페인, "생활을 발견하다" 캠페인 등 다양한 주제의 캠페인을 바탕으로 광고와 PR을 진행해 왔다. 또한 현재 NHN에 종사하는 사람들의 이야기를 담은 네이버 다이어리 500만 명 방문을 기념해 "당신의 뒷모습을 보여 주세요" 등 다양한 이벤트들을 벌였다.

NHN은 NHN 희망소학교, 직원 참여 봉사활동, 도서산간지역에 157개가 넘는 우리 학교 마을도서관 건립 지원과 45만 권의 책 지원, 책 읽는 버스, 지식인의 서재를 통한 문화 공간 제공, 북리펀드 등을 통해 다양한 사회공헌활동을 한다. 온라인을 통해 진행되는 문화체험 캠페인인 '컬처플러그,' 부산국제영화제, 서울국제도서전 등의 다양한 문화행사 후원을 통해 문화마케팅도 한다.

체험마케팅

NHN은 네이버 스토리, 온/오프라인에서 체험공간을 마련하기 등을 통해 체험마케팅도 하고 있다. 네이버 스토리는 brand, meet, ad, people의 4가지 범주들 안에서 생생한 네이버 이야기를 담고 있다. 이용자 중심으로 쉽고 친근하게 만들었고 자연스럽게 이용자들이 소통할 수 있게 디자인되었다. 네이버 스토리는 2009년 웹어워드에서 브랜드 이노베이션 대상을 수상했다.

NHN은 새로운 검색화면, 창이나 새로운 게임이 나오면 고객들이 온라인이나 오프라인에서 직접 체험할 수 있게 한다. NHN저팬은 고객들의 생활 속을 파고 들어가기 위해 동경에서 게릴라 마케팅을 펼치기도 하고, 스모경기장에서 500명의 한게임 이용자들을 초청해 직접 게임대결을 벌이도록 '한게임 2008 여름 페스티벌'을 개최하기도 하고, 도심에 게임을 체험할 수 있는 매장을 설치하기도 했다. 일상생활 속에서 네이버를 사용할 수 있는 체험공간인 네이버 스퀘어를 인천국제공항과 숭실대학교에 두 곳에 마련해 사람들이 무료로 정보검색, 휴식 등을 하도록 하고 있다.

NHN의 현재와 미래

NHN의 네이버는 2010년에도 5년 연속 인터넷포털 부문 브랜드파워 1위를 기록했다. 네이버의 검색 시장점유율은 약 70%에 달한다. NHN은 검색과 게임을 양축으로 혁신적이고 편리한 온라인 서비스를 꾸준히 선보이며 디지털 라이프를 선도하면서 한국 최고의 인터넷 기업으로 발돋움하고 있다. NHN은 핵심 서비스인 검색과 게임분야에서 검색 광고, 게임 유료 서비스 등의 안정적인 수익 모델을 발굴하고 이를 성공적으로 시장에 정착시켜 국내 최고의 수익률을 자랑하는 인터넷 기업으로 성장하였다.

2008년 4월에 'Global 2000 기업'(미국 포브스)에 선정되었고, 2008년 9월에는 '아시아 50대 우량기업'(비즈니스위크)에 선정되었다. NHN은 해외시장 진출에도 적극적이다. 일본과 중국에서 탄탄한 비즈니스 기반을 확보하는 데 성공하였으며 미국에도 법인 설립 후 게임 포털 이지닷컴을 시작하는 등 세계 최고의 인터넷 기업으로 도약하기 위해 노력하고 있다.

자료원: 서울신문, 2008년 8월 26일; 한국경제매거진, 2010년 4월 8일; www.nhncorp.com

1. 대표적인 체험마케팅 모델들

1) 오설리번과 스팽글러(O'Sullivan & Spangler)의 모델

(1) 체험산업으로의 변화와 체험마케팅의 특성

상품 유형 또는 산업의 진화로서의 체험은 O'Sullivan과 Spangler(1998)에 의해 제시되었다. 박물관, 동물원, 호텔, 병원, 음악, 영화, 교육, 스포츠 등은 실제 경험이 중요하기 때문에 경험재로 분류되고 체험산업에 속한다. 많은 제품들과 서비스에도 체험의 요소가 포함된다. O'Sullivan과 Spangler(1998)는 과학과 기술의 진보, 인구동태적 변화, 경제상황, 라이프스타일 방식, 가치의 변화가 새로운 형태의 상품 유형인 체험을 21세기에 들어 부각시킨다고 주장한다. 과거에 제조업에서 서비스업으로 경제가 이동한 것과 비슷하게 이제는 서비스업에서 경험으로 경제의 변화가 일어나고 있다. 체험마케팅(experience marketing)은 산업의 자연스러운 진행이다. 체험은 다음과 같은 것을 포함한다.

① 소비에서 개인의 참여와 관여

② 신체적, 정신적, 정서적, 사회적, 또는 영적으로 관계된 상태

③ 육체적, 정신적 등 다양한 형태의 참여를 통해 생성되어 나온 지식, 기술, 기억 또는 정서에서의 변화

④ 어떤 활동이나 행사를 의도적으로 직면하거나, 직접 행사에 가거나, 활동이나 행사를 통해서 살아왔다는 것에 대한 의식적 지각

⑤ 참가자의 심리적이나 내적인 필요를 다루는 것에 향해진 노력

O'Sullivan과 Spangler(1998)에 따르면, 전통적 마케팅에서는 유형적인 혜택과 인구동태적 요소들이 강조되는 반면에 체험마케팅에서는 소비자의 내적인 필요와 심리도식적 요소들이 강조된다. 이들이 주장하는 체험마케팅에서는 전통적인 4P(제품, 가격, 촉진, 유통) 전략들과 다른 4P 전략들이 부각된다. 즉, 새로운 4P는 매개변수들(parameters), 사람(people), 주변요소(peripherals), 개별적인 정보 중심적 커뮤니케이션(PerInfoCom)이다. 매개변수는 제품이나 서비스상품에 대한 체험으로서 전통적인 마케팅에서 다루는 제품의 많은 것을 대체하고 제품의 남은 일부나 가격, 유통은 주변요소 안에 포함되고 촉진은 개인화된, 체험에 맞는 커뮤니케이션 변수로서의 개별적인 정보 중심적 커뮤니케이션으로 대체된다. <표 10-1>은 전통적 마케팅과 체험마케팅의 두드러진 특성들을 비교하여 제시한다.

〈표 10-1〉 전통적 마케팅과 체험마케팅의 비교

전통적 마케팅	체험마케팅
제품들과 서비스의 생산자	체험의 산출자
제품의 유형적인 혜택들	소비자의 내적 필요들

제조업자들과 제공자들로부터	체험주입자(infusers), 체험향상자들(enhancers), 체험제작자들(makers)
인구통계 변수들	심리도식 변수들
삶의 표준	삶의 질
마케팅의 4P(product, price, promotion, place)	체험마케팅의 4P(parameters, people, peripherals, PerInfoCom)

출처: O'Sullivan and Spangler, 1998.

(2) 체험마케팅의 4P에 대한 설명과 체험마케팅의 활용

체험의 매개변수(parameter)에는 다음과 같은 5가지 세부 요소들이 있다.

① 체험의 단계들

② 실제적인 체험

③ 체험을 통해 다루어지는 필요들

④ 체험에 관여된 참가자와 다른 사람들의 역할

⑤ 체험제공자의 역할과 관계

사람은 다음과 같은 하위 요소들을 포함한다.

① 핵심요소: 나이/단계, 성, 인종, 민족, 성향

② 문화: 동료집단(cohort), 가구, 종교, 교육/소득/직업, 지리적 위치

③ 변화: 삶의 단계, 삶의 주요 사건들, 건강, 준비, 계절/주기

④ 선택: 가치/태도, 선호, 행동, 라이프스타일

주변요소는 장소(시간과 장소를 포함), 가격, 패키징[물리적 증거, 특별한 제공물들(perks), 개인화], 참가자들, 정책들과 절차들, 공적 이미지, 수요 패턴, 그리고 유행 주기를 포함한다. 마지막 4P는 특별한 목적을 위해 만들어진 합성어인 개별적인 정보 중심적 커뮤니케이션(PerInfoCom)이다. 이것은 전통적인 촉진을 대신하는데 특별한 체험과 관계가 있을 때 필요에 대해서 다른 사람들과 개인화된 방식으로 정보를 교환하는 것을 의미한다.

O'Sullivan과 Spangler(1998)는 고객연속체를 제시했다. 이것은 제품에서 서비스를 통해 체험사업으로 가면서 고객서비스, 고객배려, 고객연결, 고객협업으로 고객의 중요성과 관여도가 올라가면서 연속해서 변하는 것을 나타낸다. 체험산업에서는 고객협업이 나타난다. O'Sullivan과 Spangler는 제공자, 참여자, 요원, 과정의 4가지 요소들로 구성되는 고객중심

시스템을 체험산업에서 중요한 시스템으로 제시했다.

O'Sullivan과 Spangler(1998)는 체험산업으로 산업의 중점이 변하는 배경, 체험마케팅과 전통적 마케팅을 차별화시키는 주요 요소들, 체험마케팅의 새로운 4P, 체험마케팅 실행을 위한 고객시스템, 조직적 과제들 등에 대해 나름대로 자신들의 생각과 모델을 제시했다.

하지만 그들의 체험마케팅은 몇 가지 문제점들을 지니고 있다. 첫째 체험을 독립적인 산업으로 분류하는 것은 Pine과 Gilmore(1999)의 체험경제와 비슷한데 이러한 분류는 완전한 설득력을 가지지 못한다고 생각한다. 서비스와 체험이 완전히 다른 유형의 산업인 것에 대해서 많은 연구자들과 실무자들이 의문을 제시해왔다. O'Sullivan과 Spangler의 체험마케팅은 그 자체가 프레임워크를 가진 모델인 것보다는 그들이 독립된 유형으로 분리한 체험산업에서 유용한 다양한 마케팅 수단들을 기존에 나와 있는 마케팅의 전술들, 형태들, 방법들에서 선택하고 설명한 모델로 해석된다. 따라서 그들의 체험마케팅을 다양한 산업들에 적용시키는 것은 한계가 있다고 본다. 고경순(2004)도 본 저서의 필자와 비슷하게 O'Sullivan과 Spangler가 제시한 새로운 체험마케팅의 4P는 고객중심 시스템 등을 통해 레저, 스포츠, 문화산업, 연예산업, 교육 등 체험산업의 마케팅으로 적용 가능성은 어느 정도 있을 것으로 여겨지지만 다양한 일반 상품에 적용하는 데는 한계가 있을 수 있다고 했다. 그들의 체험마케팅에서 핵심인 새로운 4P는 포함된 일부요소들의 명칭, 정의가 불분명하고(예: Parameter, Peripheral) 포함된 일부 하위요소들도 설득력이 미흡한 것 같다. 예를 들면 제품에서 체험과 관련된 것은 Parameter로 들어가고 나머지는 Peripheral에 들어간다고 했는데 분류의 경계가 애매한 것 같다.

2) 로비넷 등(Robinette et al.)의 모델

(1) 가치의 별(Value Star) 모델

Robinette, Brand, Lenz(2003)는 <그림 10-1>과 같이 별 모양의 5가지 요소들로 구성된 가치의 별(Value Star) 모델을 제시한다. 이 모델의 5가지 요소들 중 제품과 가격은 이성적 요소들에 속하고 브랜드 자산, 체험, 에너지는 감성적 요소로 다룬다. 가치의 별은 비용(가격, 에너지) 대 편익(제품, 브랜드자산, 체험)이라는 전통적 가치방정식을 대신해서 이성적 요소와 감성적 요소로 새롭게 양분한다. 제품(product)과 가격(money)은 브랜드 선택에서 중요한 요소들로서 이성적 측면을 형성한다. 하지만 제품과 가격은 경쟁브랜드들이 모방하기 쉬워서 브랜드를 계속 이들에 바탕을 두어 차별화하기가 어렵다. 브랜드자산, 체험, 에너지는 가치의 별에서 감성적 측면에 속한다. 감성적 요소들은 경쟁브랜드들과 차별화의 기회를 제공할 뿐만 아니라 실제로 소비자의 구매결정에 상당한 영향을 미친다. 브랜드자산(brand equity)은 브랜드의 신뢰성과 브랜드 아이덴티티를 포함하는 개념이다. 체험(experience)은 고객과의 접점에서 일어나는, 감성을 바탕으로 한 상호작용이다. 에너지(energy)는 고객이 제품과 서비스에 투자하는 시간과 노력이다(Robinette et al., 2003).

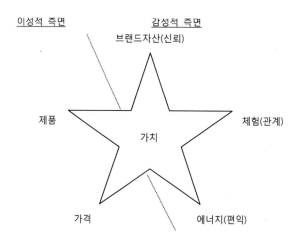

출처: Robinette et al., 2003

〈그림 10-1〉 가치의 별(Value Star) 모델

홀마크의 경험에 의하면, 브랜드가 시장에서 성공을 거두기 위해서는 다음의 2가지 목표를 충족시켜야 한다.

① 브랜드가 소비자의 고려대상에 남아 있기 위해서는 가치의 별의 5가지 요소들 중에서 어느 한 요소도 부정적이어서는 안 된다.

② 가치의 별의 5가지 요소들 중에서 적어도 2가지 이상의 요소들에서 탁월해야 하고 그중 한 가지 이상은 감성요소이어야 한다.

가치의 별은 다음과 같은 3가지 핵심 기능을 가진다.

① 경쟁 브랜드와 비교하여 특정 브랜드가 제공하는 전반적 가치 제안을 평가한다.

② 다양한 세분시장의 가치 인식을 분석한다.

③ 소비자 개개인의 선호에 부합하는 맞춤형 제품/서비스를 제공하는 데 도움을 준다.

(2) 감성을 중심으로 하는 체험마케팅과 활용

Robinette, Brand, Lenz(2003)의 모델에서는 감성마케팅 또는 정서마케팅(emotion marketing)의 일부분으로서 감성을 중심으로 하는 체험마케팅을 제시한다. 체험은 기업과 소비자가 감각적 자극, 정보, 감성을 교환하는 접점들의 집합으로서 체험에서 감성적 유대는 소비자와 브랜드 사이의 상호작용을 위해 특히 중요시된다.

교환에는 제품/서비스와 거래 대금과의 교환인 거래적 교환, 정보의 교환, 고객접점에서의 감성적 교환의 3가지 중요한 유형이 있는데 여기서의 체험은 세 번째의 유형을 말한다. 감성을 중심으로 하는 체험의 관점에서 보면 조직체는 고객과 만나는 모든 접점들을 고객들의 욕구를 충족시키고 감성적인 유대를 형성할 수 있는 기회들로 활용한다. 매장과 웹사이트 방문, 직원들과의 접촉, 커뮤니케이션, 로열티 프로그램, 제품과 서비스의 사용 등은 고객들에게 감동적이고 인상적인 경험을 제공하는 기회가 된다. 체험은 고객을 배려하고 있다는 것을 진정으로 보여 주고 애호도가 있는 우량고객들을 확보, 유지하기 위해서 중요하다. 브랜드와의 체험은 다음과 같은 다양한 형태로 이루어질 수 있다.

① 만족스러운 제품체험을 제공한다.

② 만족스러운 환경체험을 제공한다.

③ 고객의 마음을 사로잡는 애호도 제고프로그램(loyalty program)을 통한 체험을 제공한다.

④ 탁월한 고객서비스와 사회적 교환을 통한 체험을 제공한다.

⑤ 다양한 이벤트를 통해 즐거운 고개체험을 창출한다.

감성을 바탕으로 한 체험의 성공사례에는 홀마크 골든크라운 프로그램이 있다. 이 프로그램은 1,200만 명의 활동회원들을 가진 세계 최대의 로열티 프로그램으로 성장했는데 이 프로그램의 전체 회원들 중에서 75%가 넘는 회원들이 실제 활동회원들이다. 성공의 주요 요인에는 감성을 강조한 총체적 체험이 잘 구사된 것이 있다. 홀마크에서는 구매 후에도 직원과 고객 사이에 감성적 교환이 일어난다. 종종 생일카드를 받은 고객들이 골드크라운 매장을 직접 방문하거나 편지로 홀마크 직원에게 자신을 기억해 준 데 대해서 감사의 뜻을 전한다. 다른 성공적인 사례에는 리츠칼튼이 있다. 리츠칼튼 호텔은 고객들을 특별히 배려하고 세세한 것까지 챙기는 호텔로 명성이 있다. 이 호텔의 고객만족과 감동을 주는 서비스는 다음과 같은 사훈에 잘 나타나 있다(Robinette et al., 2003).

> 우리 리츠 칼튼 호텔은 고객의 편안함과 고객에 대한 진정한 배려를 최고의 사명으로 여긴다. 우리는 고객들에게 최고의 서비스와 편의를 제고함으로써 고객이 따뜻하고 편안하며 세련된 분위기를 향유할 수 있도록 한다. 우리 리츠칼튼에서의 경험은 감각을 즐겁게 하고 행복감을 불어넣으며 고객이 표현하지 않은 바람과 욕구까지 충족시킨다.

Robinette 등(2003)의 모델은 애호도, 마케팅 커뮤니케이션, 인터넷에서의 마케팅, 직원관리, 중요한 변수들(예: 애호도, 가치제안, 브랜드자산, 체험)의 진단을 위한 서베이 설문지 등 그들의 모델의 실제적 활용에서 좋은 제안을 해 준다. 그들의 모델은 홀마크에서 직접 경험한 것을 바탕으로 만들어졌기 때문에 실무적인 통찰력을 반영한다. 그들은 저서에서 디즈니, 미쉐린, 매스터카드, 할리 데이비슨, 허츠(Hertz) 자동차 렌털회사, 나이키, 리츠칼튼, 스타벅스 등의 예를 들어 가치의 별 모델의 활용에 대해서 흥미 있게 설명한다.

하지만 2가지 문제점들을 지적하고자 한다. 첫째는 체험과 감성(또는 정서)의 관계이다. Schmitt(1999)의 고객체험의 5가지 유형들과 같이, 우리 일상생활이나 학계에서 체험은 감성을 포함하는 개념으로 보통 사용된다. 하지만 Robinette 등(2003)의 모델에서는 반대로 가치의 별의 2가지 측면들 중의 하나인 감성적 요소 안에 한 하위요소로서 체험이 들어가고 앞에서 그들의 정의를 제시한 것과 같이 체험은 고객접점에서의 정서적 요소가 강한 행동으로 한정된 개념으로 사용한다. 둘째, 가치의 별에서 3가지 감성적 요소들에서 일부는 완전한 감성적 요소들이라기보다는 인지적인 성격도 가지고 있다. 예로 브랜드자산이 포함하는 주요 요소인 신뢰는 믿음에 포함된 감성과도 관련되지만 인지에 속하는 신념과도 밀접히 관련되는 개념이다. 에너지는 일상적으로는 힘, 추진력, 추진을 위한 자원 등으로 사용되는데 필자는 제품이나 서비스에 투자하는 시간과 노력이란 의미로 사용한다. 이런 의미의 에너지가 또한 완전히 감성적 요소인지에 대한 의문도 든다.

3) 슈미트(Schmitt)의 모델

(1) 슈미트의 체험마케팅의 특성과 체험 격자

Schmitt(1999)는 고객 체험의 5가지 유형들을 바탕으로 한 총체적인 체험마케팅을 제시하였다. 그에 따르면 전통적 마케팅과 새로운 체험마케팅의 주요 차이점들은 다음과 같다.

① 전통적 마케팅

a) 브랜드의 기능상의 속성과 혜택에 중점을 둠.

b) 제품의 속성과 혜택 면에서 경쟁브랜드들을 규정함. 브랜드의 범주와 경쟁 범위를 좁게 한정함.

c) 고객을 이성적이고 합리적인 의사결정자로 간주함.

d) 분석적, 계량적, 언어중심적인 마케팅 수단들과 도구들을 주로 사용.

② 체험마케팅

a) 고객의 실제적 체험에 중점을 둠.

b) 총체적 체험의 소비상황 면에서 경쟁브랜드들을 규정함. 브랜드의 범주와 경쟁 범위를 넓힘.

c) 고객은 이성적이면서 동시에 감성적인 존재로 간주함.

d) 다양한 마케팅 수단들과 도구들의 사용을 강조: 양적 연구와 질적 연구를 균형 있게 사용, 실생활에서 조사를 중요하게 여김.

Schmitt(1999)는 <그림 10-2>와 같이 고객이 실제로 경험하는 체험의 종류인 전략적 체험모듈들(SEMs: Strategic Experiential Modules)과 고객에게 체험적 자극과 경험의 원천이 되는 체험 제공물들(ExPros: Experience Providers)이 서로 교착되는 격자(grid) 형태의 체험마케팅의 기본 뼈대를 제시한다. 전자는 체험마케팅의 내용물인 고객체험의 5가지 유형들이고 후자는 5가지 유형의 체험을 제공하는 다양한 전술적 수단이다. 둘 이상의 전략적 체험모듈들이 결합되어 체험적 혼합물이 구성된다. 대략적으로 전략적 체험모듈들은 개인적(individual) 체험과 공유된(shared) 또는 사회문화적(sociocultural) 체험의 2가지 범주들로 나누어진다. 감각, 인지, 감성은 개인적 체험이고 일반적으로 행동과 관계는 공유된 경험이다.

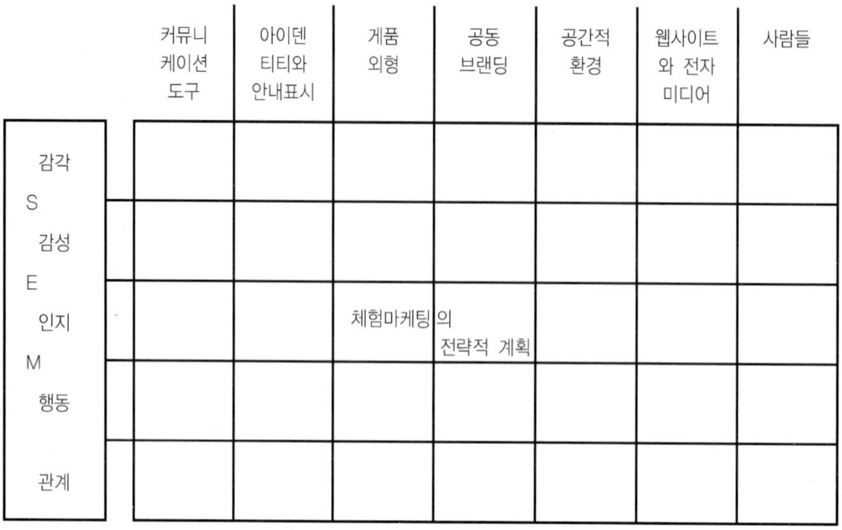

	커뮤니케이션 도구	아이덴티티와 안내표시	게품 외형	공동 브랜딩	공간적 환경	웹사이트와 전자 미디어	사람들
감각 S							
감성 E							
인지 M			체험마케팅의 전략적 계획				
행동							
관계							

출처: Schmitt, 1999

〈그림 10-2〉 체험적 격자

체험마케팅의 궁극적인 목표는 개별적인 체험 유형의 성공이 아니라 5가지 체험 유형들을 적절하게 조화시킨 체험적 혼합물의 브랜드를 만들어서 고객을 끌어들이고 유지하고 깊은 관계를 계속 유지하는 것이다. 성공적인 체험적 혼합물의 예들 중 하나에는 폭스바겐의 "뉴비틀(New Beetle)"이 있다. 뉴비틀은 1993년에 과거의 비틀 자동차를 그리워하는 소비자들의 정서적 향수에 근거하여 피치 회장의 결단에 의해 추진되었다. 외양은 과거의 딱정벌레 모양을 유지했지만 현대식 장비들을 제공하였고 소형차치고는 다소 비싼 가격에도 성공하였다. 뉴비틀의 체험마케팅의 세부적인 5가지 마케팅은 다음과 같다(Schmitt, 1999).

① 감각: 다른 자동차들과 확연히 구분되는 딱정벌레 모양의 특이한 외모, 화려한 자동차 외부 색상을 가짐
② 인지: 연비가 좋고 엔진이 뛰어난 소형의 차의 가치를 계속 강조함
③ 감성: 소비자들에게서 따뜻한 감정, 애정, 향수를 이끌어 냄
④ 행동: 개인주의자가 되기를 권유, 유쾌한 스타일을 추구하기 위해 차를 삼
⑤ 관계: 히피의 추억을 되살림. 1960년대 스타일을 좋아하는 사람들과 문화와 관련됨

Schmitt(1999)는 체험적 격자모형을 다음과 같은 체험마케팅의 핵심적 전략적 과제들과 연관시킨다.

① 체험의 강도: 강화 대 분산

② 체험의 폭: 풍부화 대 단순화

③ 체험의 깊이: 확장 대 수축

④ 연결: 연결 대 분리

(2) 고객체험관리와 체험마케팅의 활용

Schmitt(2003)는 현대의 많은 조직체들이 마케팅개념과 고객만족의 중요성을 강조하지만 실제 실행에서는 과정보다 최종 결과에 너무 집중한다고 주장했다. 고객관계관리(CRM)는 만연해 있지만 기업에게 중요한 고객에 대한 데이터 중심이고 고객의 행동에는 영향을 주더라도 고객과의 정서적 유대를 확립하는 것은 실제로는 드물다고 주장했다.

Schmitt(2003)는 고객관계관리 대신에 고객의 제품 또는 기업과의 전적인 체험을 전략적으로 관리하는 과정인 고객체험관리(CEM: Customer Experience Management)를 제시한다. 그에 의하면 고객체험관리는 정말로 고객에 집중한 개념이고 과정에 중점을 둔 관리이다. 고객체험관리는 내부적, 외부적 요소들을 다 고려한, 조직체에 대한 통합적인 접근방법을 취한다. 또한 분석적이고 창의적인 방법이고 전략과 실제 집행에 골고루 관련된다. 고객체험관리는 다음과 같은 CEM 프레임워크의 5가지 단계들을 제시했다.

① 고객의 체험적 세계를 분석하기

② 체험적 플랫폼(platform)을 형성

③ 브랜드 체험을 디자인하기

④ 고객과의 접점에서 의사소통을 조직화하기

⑤ 계속되는 혁신에 참여하기

전략적 집행에 기초가 되는 것이 체험적 플랫폼인데, 이것은 포지셔닝과 관련된 바람직한 체험에 대한 동적인·다감각적인·다차원적인 서술을 포함하고, 체험적 가치 약속 (EVP: Experiential Value Promise)을 상세히 밝히고, 후속적인 마케팅과 커뮤니케이션과 혁신을 조정할 전반적인 집행 주제로 끝낸다.

Schmitt(1999)에 따르면, 체험마케팅은 ① 쇠퇴하는 브랜드를 회생, ② 경쟁 브랜드들로부터 차별화하여 현존 브랜드를 강화, ③ 기업 이미지와 아이덴티티 확립, ④ 신제품 사용 촉진, ⑤ 시용, 구매 및 재구매 유도에 큰 효과를 발휘한다고 주장했다. Schmitt(2003)는 고객체험관리의 기법들이 다양한 영역들에서 사용될 수 있지만, 시장세분화와 표적시장 선정, 포지셔닝, 브랜딩, 서비스관리, 혁신의 5가지 영역들에서 특히 활용 가치가 있다고 주장했다.

Schmitt의 체험마케팅은 이론, 모델, 전략적 틀에서 잘 구성되었고 고객체험의 유형들(SEMs) 등 사용된 용어들이나 정의들도 명확하고 큰 무리가 없다. Schmitt(1999 · 2003)는 체험마케팅의 실제 활용을 싱가포르항공, 뉴비틀 자동차, 나이키, 애플, 씨티(Citi)그룹, 프라다 등 많은 예들로서 설명하고 체험마케팅을 구사하기 위해 적절한 조직 문제와 구조에 대해서도 언급했다. 그의 체험마케팅은 학계와 실무에서 공히 이 분야에서는 가장 많이 인용되고 실제로 널리 활용된다. Schmitt는 체험마케팅의 유형들이나 다른 핵심 용어들은 명확히 정의 내렸지만 아이러니하게도 체험마케팅 자체는 정의 내리지 않았다. 그에 의하면 체험마케팅은 체험혼합물을 통해 일반적으로 진행되고 체험혼합물은 어느 2가지 이상의 요소들을 같이 사용하는 것이고 이상적으로는 5가지 요소들의 혼합물이다. 일반적으로 실무에서는 실제의 고객 행동(사용, 소비 등)이 포함된 형태를 체험마케팅이라 부른다.

2. 체험마케팅 활용전략[*8]

최근 소비시장에서 기업 간의 경쟁은 더욱 치열해지고 있다. 기업의 생존과 성장을 위해서 현재의 고객유지와 새로운 고객 유치는 중요하다. 모든 기업들이 고객의 심리를 파악하고 고객을 만족시키기 위해 경쟁하기에 고객만족은 소비시장에서 당연시되고 고객환희, 고객감동을 추구하는 조직체들이 늘어나고 있고 소비자들도 고객만족 이상의 것을 종종 원한다. 특히, 미국과 유럽에서 서브프라임 모기지로 시작된 경제위기 이후 전 세계에 경제불황이 계속되면서 기업들은 꽁꽁 닫힌 소비자들의 지갑과 마음을 열기 위해 악전고투를 하고 있다. 체험마케팅은 소비자들의 감각, 감성을 자극해 제품을 구매하고 사용하도록 한다. 체험마케팅은 조직체가 고객에게 다가가고 고객의 마음과 지갑을 열게 하는 좋은 방안이 될 수 있다. 김우성(2009)은 9가지의 체험마케팅을 활용하는 유용한 전략들을 다음과 같이 제시하고 각각에 대해서 실제 예들을 들어서 설명했다.

1) 특별한 체험이벤트를 이용

2) 감동적인 브랜드 관련 이야기를 이용

3) 애호도 제고프로그램을 체험과 연관

4) 고객체험단을 이용

5) 브랜드 체험숍을 이용

6) 체험존이나 체험버스를 이용

7) 디자인과 제품포장에 감각을 살려서 고객의 감성을 자극

8) 매장 종업원을 훈련, 교육시켜서 고객감동을 일으킴

9) 편안한 고객체험을 위한 매장관리

1) 특별한 체험이벤트

판촉 수단으로 이용되는 이벤트를 체험과 연관시켜 고객을 만족, 감동시킬 수 있다. 태평양의 라네즈는 "everyday new face"라는 광고슬로건과 라네즈걸 캠페인을 통해 10대 후반에서 20대를 중심으로 성공적으로 브랜드관리를 해오고 있다. 반면에, 설화수는 허브농장 체험 등의 체험 행사를 통해 40대에서 50대 이후의 주 고객들을 공략한다. 쌍용차 "카이런"의 체험이벤트는 영화와 드라마 속 자동차 촬영 장면 연출, 뮤지컬 "오페라의 유령"의 고객을 초청하여 행해진 온/오프라인 디지털카메라 촬영, 카이런 퀴즈 및 매력 발산 페스티벌 등을 포함했다(스탁데일리, 2005). 한국HP는 드림웍스가 제공하는 애니메이션인 "마다가스카"와 공동마케팅을 위해 코엑스몰, CGV, 에버랜드 등에서 마다가스카 동물 캐릭터와 배경으로 꾸며진 체험존을 마련하고 홈포토프린팅을 체험할 수 있는 이벤트를 진행했다(디지털데일리, 2005). 유무선 음악 서비스업체들도 서로 경쟁해서 무료체험 이벤트를 했다. 예를 들면, 아이팝, SK텔레콤에서 서비스하는 '멜론' 음악 서비스, KTF에서 제공하는 '도시락' 음악 서비스 등은 각각 일정기간 동안 무료로 음악을 즐길 수 있는 이벤트를 진행하여 소비자들로부터 큰 호응을 얻었다(헤럴드경제, 2005).

〈그림 10-3〉 전지현과 라네즈걸 캠페인   〈그림 10-4〉 라네즈걸 가상캐릭터

2) 감동적인 브랜드 이야기

현재의 고객과의 깊은 관계를 형성하기 위해서는 실화 또는 실화 같은 감동적인 브랜드 관련 이야기를 이용하는 방법을 사용할 수 있다. "캘빈클라인"의 향수 브랜드인 "CK One"은 고객과의 친밀한 관계를 형성하기 위해서 고객들에게 전자우편으로 마치 실화처럼 들리는 가상의 이야기를 실어 보냈다고 한다(Robinette et al., 2003). 우리나라의 대표적인 인터넷포털 브랜드인 네이버는 NHN 홈페이지에 네이버 브랜드 탄생 및 발전 스토리도 올려놓고 있고 고객들이 네이버 브랜드를 체험한 자신의 스토리를 올리도록 하고 있다.

3) 애호도 제고프로그램 연결

애호도 제고프로그램(loyalty program)은 대부분의 판촉도구들이 가진 단기에 치우친 매출효과와 브랜드자산 침식의 문제를 극복할 수 있는 판촉도구로서 현대마케팅에서 많이 사용되고 있다. 애호도 제고프로그램을 체험과 연관시키면 고객에게 좋은 반응을 줄 수 있다. 홀마크 로열티 프로그램의 회원들은 매장에서의 특별서비스, 상세한 고객행사 정보, 신제품 소식, 기념일 안내를 비롯한 다양한 서비스를 제공받는다(Robinette et al., 2003). 씨티은행이 일부 최우수고객들에게 제공하는 프라이오러티 패스(Priority Pass) 멤버십카드를 이용하면 전 세계 500여 VIP 공항라운지들을 무료로 이용할 수 있다.

4) 고객체험단

　최근 일부 기업들은 고객이 구매하기 전에 해당 제품을 사용해 볼 수 있도록 해서 고객들로부터 좋은 반응을 얻고 있다. 실제 제품에 대한 평가를 해주고 질문을 하는, 모집된 고객들로 구성된 고객체험단은 적극적이고 능동적인 체험을 유도한다. "청풍"은 신제품이 나올 때마다 고객체험단을 활용해 공기청정기 제품에 대한 장점들, 단점들, 의문사항들을 수집하고 고객체험단에 속한 고객들이 실제로 청풍 공기청정기를 구입하고자 하면 상당한 할인을 해주었다.

5) 브랜드 체험숍

　브랜드를 경험할 수 있는 지속적인 공간으로 제공되는 브랜드 체험숍은 최근 고객들로부터 인기를 누리고 있다. 태평양은 디아모레 스타숍을 개설해서 고객들이 다양한 미용용품들을 비교 체험할 수 있게 하고 "최고의 스킨을 찾아라"라는 이벤트와도 연관시켰다. 애플은 제품이 아닌 디지털기술을 써보는 경험을 판다는 컨셉트로 브랜드 체험숍을 운영한다. 고객들은 애플의 브랜드 체험숍에서 제품 비교, 체험형태의 교육, 음악 감상, 기술전문가들의 무료조언을 받음 등의 혜택을 누릴 수 있다. 삼성전자의 삼성 딜라이트(<브랜딩사례 10-1> 참고)는 성공한 브랜드 체험숍으로서 이제는 디지털명소로 자리 잡았다.

〈브랜딩사례 10-1: 삼성 딜라이트〉

　삼성전자가 지난 2008년 말 서초사옥 안에 마련한 홍보관인 '삼성 딜라이트'가 마케팅 수단으로 활용되고 있다. 삼성전자에 따르면 삼성 딜라이트는 개관 1년 6개월 만에 누적 방문객 80만 명을 돌파하며 기업 홍보관의 새로운 아이콘으로 자리를 잡았다. 하루 내방객수 평균 3,000여 명에 달하며 자사 제품의 전시홍보라는 기업의 기존 홍보관의 틀을 깼다는 평가다. 딜라이트는 '디지털(Digital)'과 '라이트(Light)'의 합성어로, 삼성의 성장 스토리를 보여 주는 '글로벌 갤러리', 카메라와 휴대전화 등으로 콘텐츠를 만들고 즐길 수 있는 '모바일 플라자', 노트북, 휴대전화, TV 등을 체험할 수 있는 '디지털 라운지'로 구성돼 있다.

　삼성은 딜라이트를 디지털 체험학습 공간으로 정의했고 국내는 물론 해외에서도 찾는 사람들이 더욱 늘고 있다. 일본에서는 여행가이드북에 추천장소로 실릴 정도다. 일본과 중국 고등학생들의 수학여행단이 즐겨 찾을 뿐 아니라 하버드 비즈니스 스쿨을 비롯해 미국 유수 경영대학원 생들도 방문하는 명소가 됐다. 삼성은 학생들을 위해 2010년 5월부터 본격적인 학습프로그램을 도입했다. 지금까지 전국 50여 개 초, 중, 고등학교들에서 디지털 체험학습을 위해 딜라이트를 들렀다. 한국을 방문하는 외국의 VIP들의 필수 방문 코스가 됐다. 나탈리 모리제 프랑스 국무장관, 시린 에바디 노벨평화상 수상자 등 이곳을 다녀간 유명인사들만 1만 2,700명에 이른다.

딜라이트는 첨단 IT제품을 가장 먼저 전시하는 곳으로도 유명하다. "초슬림 3D LED TV 9000"을 비롯해 "하이엔드 디카 NX10", "미니 노트북 N310", "스마트폰 옴니아2", "슈퍼 스마트폰 갤럭시S"는 공통적으로 딜라이트를 통해 처음으로 세상에 공개됐다. 딜라이트는 창조적 아이디어를 공유하고 작품을 전시하거나 발표하는 장소로도 활용된다. 소규모의 각종 전시회나 글로벌 디자인 멤버십 7개국 대학생 우수 작품전, 삼성 소프트웨어 멤버십 우수전, 대학생 에코 패션 공모전, 파브미디어 아트전, 디지털네오판타지 패션쇼 등 젊은 예술인들의 다양한 실험이 연중 펼쳐지고 있다. 최근에는 더불어 함께 즐길 수 있는 다양한 이벤트들도 끊이지 않고 있다. 삼성 임직원들이 촬영한 사진을 전시하는 행사, 삼성 그룹의 비영리 대학생 커뮤니티인 '영 삼성'의 밴드 공연, 결혼을 앞둔 커플 1,000쌍을 초대하는 3일간의 웨딩페어 등도 이곳에서 열렸다.

자료원: 매일경제, 2010년 7월 1일; 아시아경제, 2010년 5월 7일.

6) 체험존과 체험버스

브랜드 체험숍과 비슷한 개념이지만 일반적으로 체험존은 브랜드 체험숍에 비해 규모가 작고 일시적으로 지속된다. LG텔레콤은 'Phone & Fun' 체험존을 운영해서 좋은 반응을 얻었다. 특히 자사 고객들뿐만 아니라 타사 고객들에게도 체험존을 개방한 것이 특징이다. 서울의 용산 CGV극장은 MS가 제공하는 Xbox 360 게임 체험존을 극장 내에 설치해서 극장 고객들이 기다리는 동안에 편안한 자리에서 다양한 게임들을 즐길 수 있게 해서 좋은 반응을 얻고 있다. 체험존보다 규모가 작지만 동적인 것으로 체험버스가 있다. 태평양의 머리염색제 브랜드인 "미쟝센"은 체험버스를 오랫동안 운영해 온 것으로 유명하다. <브랜딩사례 10-2>는 "큐레어샴푸", 빙그레의 "끌레도르"와 "과일라떼" 등의 체험버스 마케팅에 대해 설명한다.

월마트 인천점 앞에 유리창만 빼고는 온통 샴푸 "큐레어" 광고가 그려진 버스 1대가 주차했다. 버스 안에선 7~8명의 주민들이 녹차를 마시며 두피진단을 기다렸다. 염증이 있는지, 피지가 많은지 등을 진단해보고 샴푸 큐레어 샘플도 받아가는 '체험버스'였다. 서울 양재역과 남부터미널에서는 이국적인 밴이 빙그레의 프리미엄 아이스크림 "끌레도르"를 가득 싣고 다니며 시식행사를 펼쳤다. 빨간색과 금색 등으로 꾸며진 이 차는 국내에는 출시되지 않은 벤츠의 밴으로 빙그레가 영국에서 약 1억 원을 주고 수입해왔다. 내부를 냉동고로 개조한 이 '끌레도르 카'는 유럽풍 분위기를 자아내 '프리미엄 아이스크림'의 이미지 형성에 기여하고 있다.

요즘 거리에 이 같은 '래핑카(Rapping car)'가 심심찮게 눈에 띈다. 대형버스 등을 개조해 외부는 광고 페인팅으로 둘러싸고, 내부는 먹고 마시고 면도하고 게임을 즐기는 등 갖가지 체험공간으로 사용되는 차를 말한다. 최근 업체들은 이러한 버스체험 마케팅에 경쟁적으로 나서고 있다.

빙그레는 끌레도르 외에 신제품 "과일라떼" 시식버스를 운행키로 했으며, 건강음료 "미닛메이드"도 시음과 골다공증 진단을 해주는 버스를 운행 중이다. 큐레어 버스는 소비자 반응이 좋아 운행을 연장할 계획이다. 인터넷 포털 업체인 "구글"은 2층 버스를 개조해 지난달 말까지 축제 중인 대학과 코엑스몰 등을 다니며 구글을 체험토록 하고 추첨을 통해 미국 캘리포니아주의 구글 본사 방문기회를 주는 행사를 벌였다. 질레트코리아도 "브라운 액티베이터" 면도기 출시 1주년 기념으로 직접 면도도 해보고 면도날과 망을 교체해주는 로드쇼 버스를 운행했다.

이러한 '버스체험 마케팅'은 소비자를 적극 찾아가는 마케팅의 일환이다. 큐레어 브랜드 매니저인 LG생활건강 임혜순 대리는 "TV CF는 다수의 대중에게 브랜드 이미지는 전달할 수 있지만 경쟁 제품이 많은 생활용품 같은 경우 특정 제품을 선택하도록 하려면 생활 속으로 깊이 파고들어야 한다"라고 말했다. 버스는 이동성이 뛰어난 데다 이벤트를 할 공간까지 갖추고 있어 비용대비 효과도 크다는 분석이다. 버스가 장소를 옮기는 동안 자연스럽게 노출되는 광고효과도 덤으로 얻을 수 있다.

자료원: 한국일보, 2005년 6월 2일.

7) 디자인과 제품포장 활용

디자인과 제품 포장에서는 특히 고객 체험의 5가지 유형들 중 감각이 중요하게 여겨지고 감성을 자극하는 것이 중요하다. 삼성 "애니콜"은 특수 플라스틱 소재로 만든 버튼, 소리 디자인 등 고유한 한국적 감성 디자인을 채택해서 좋은 효과를 보았고(고경순, 2004),

초슬림형 디자인을 통해서도 좋은 효과를 거두었다. 제품 포장에서도 화려하고 독특한 형상을 통해 고객들로부터 좋은 반응을 얻을 수 있다. "앱솔루트 보드카"는 매우 감각적이고 감성을 불러일으키는 크리스마스판 술병을 통해 좋은 효과를 보았다. <브랜딩사례 10-3>은 앱솔루트 보드카의 화려하고 환상적인 술병 및 광고에 대해서 설명한다.

〈브랜딩사례 10-3: 앱솔루트 보드카(Absolut Vodka)〉

보드카 시장에서 브랜드 선호도와 애호도는 브랜드 이미지와 높은 관련성을 가지고 있다. 스웨덴의 보드카 브랜드인 Absolut가 1979년 미국 시장에 진출했을 때 당해 매출액은 실망스러운 7,000상자 판매에 그쳤다. 하지만 1991년의 판매는 200만 상자에 달했다. Absolut는 미국에 수입되는 보드카 중에서 가장 많이 판매되는 브랜드로서 마케팅과 광고 전략 덕분에 전체 시장의 65%를 점하고 있다.

Absolut는 미국 시장에서 매우 세련되고 상류 지향적이고 풍요로운 애주가들을 주된 목표고객으로 했다. 광고의 구심점은 독특하고 깨끗한 병이었다. 많은 광고에서 독특하게 표출되는 병의 스타일적 이미지에 대응해 익살스럽게 제시되는 표제들이 흔히 등장했다. 광고에서 감각을 활용하는 것도 유명한데 크리스마스판 술병을 부각한 광고에서는 환상적이고 화려한 술병을 부각시켜 브랜드의 고급스러운 이미지와 연관시켰다. 2007년 광고 캠페인에서는 창의력이 풍부한 시리즈물로 새로운 이미지를 부각시키려고 했다. 예를 들면 남자들이 임신하고 굴뚝에서 비누거품이 나오고 명작그림이 Times Square에 매달려 있고 항의자와 경찰관이 깃털 베개를 가지고 싸우는 것 등이 광고로 사용되었다.

자료원: Kotler and Keller, 2009.

---

8) 매장 종업원을 통한 실행

고객만족과 고객감동에 가장 중요한 사람들은 일선에서 고객과 접촉하는 종업원들이다. 소비자행동에서 충동구매는 전체 구매 건수의 거의 절반을 차지하는 것으로 높이 나타나기에 매장 종업원들의 역할이 크다. 애플의 아이팟은 세계 MP3플레이어 시장의 절반 이상을 차지하는 금세기 최고의 히트상품들 중의 하나로 꼽힌다. 아이팟의 성공에는 매장의 디자인과 철저하게 교육, 훈련된 종업원들의 역할이 상당한 영향을 미쳤다고 한다. 애플 매장의 직원들은 제품의 사용법, 판매, 애프터서비스, 상담 등에서 철저한 훈련, 교육을 받고 투입되고 모두 본사에서 직접 파견된다고 한다. <브랜딩사례 10-4>는 애플 아이팟의 매장관리를 포함한 체험마케팅 전략들에 대해 설명한다.

〈브랜딩사례 10-4: 애플 아이팟의 체험마케팅〉

아이팟은 세계 MP3플레이어 시장의 60~70%를 점유하고 있는, 『Fortune』지가 선정한 금세기 최고의 히트상품들 가운데 하나이다. 이 제품은 쓰러져 가던 애플사를 단숨에 '세계에서 가장 유망한 기업'(파이낸셜 타임스)으로 부활시켰고, 동시에 경영 부진을 이유로 축출됐다가 복귀한 이 회사 창업주 스티브 잡스를 '가장 창의적인 CEO'(보스턴컨설팅 그룹)로 평가받게 했다.

마케팅 디자인을 중시

애플이 제2의 전성기를 맞이한 비결은 영국의 세계적인 제품 디자이너 조너선 아이브를 영입한 덕분이라 한다. 애플은 제품 디자인 외에 판매도 마치 디자인을 하듯 치밀하게 설계한다. '마케팅 디자인' 개념을 구현하고 있는 것이다. 애플 제품을 판매하는 애플 리테일 스토어는 세계 139개이다. 애플 리테일 부문 부회장 론 존슨 씨는 "일본 도쿄 긴자에 리테일 스토어를 개점하는 데 2년이 걸렸다"며 "건물의 노출도, 유동인구, 인구유형분석, 소비자 성향, 재방문 접근성을 고려해 부지 선정과 건물 디자인을 결정했다"고 말했다.

헝그리(hungry) 및 풀리시(foolish) 정신

리테일 스토어에는 애플이 생산하는 아이맥 컴퓨터나 다른 회사가 만든 아이팟 애플리케이션이 100여 종 진열돼 있다. 아이팟에 부착하는 간단한 스티커부터 아이맥과 관련된 캠코더나 키보드까지 다양하다. 이곳에 전시된 제품은 방문객들이 모두 직접 사용해 보고 구입할 수 있다. 매장에는 아르바이트 사원이 한 명도 없다. 20여 명의 직원은 모두 본사에서 직접 파견된 사원들이다. 이들이 모두 제품의 사용법, 판매, 애프터서비스, 상담을 맡는다. 미국 컬럼비아 대학교 번트 슈미트 교수는 "애플의 리테일 스토어 운영방식은 브랜드 마케팅과 세일즈를 이상적으로 결합한 체험마케팅 사례"라고 설명했다. 다른 회사가 만든 아이팟 애플리케이션 제품을 애플이 직접 판매 관리해주는 것도 두드러진다. 이 매장의 매니저는 "한 제품에 이처럼 다양한 관련 상품들이 출시되는 사례를 본 적이 없다"며 "영세 기업들부터 세계적 기업들까지 다양한 회사들의 새로운 제품들이 끊임없이 들어오고 있다"고 말했다.

아이팟은 21개국 언어를 지원한다. 시판되는 어떤 전자사전보다 많은 언어를 제공하고 있다. 잡스는 지난해 스탠퍼드 대학교 졸업식에서 학생들에게 "늘 배고프고 어리석어라"고 주문했다. 이 말에는 뼈아픈 '마케팅 부재'에 대한 성찰이 담겨 있다. 그는 과거 매킨토시 컴퓨터가 호환성 부재로 시장에서 퇴출당했던 경험을 되새겨 '시장을 장악하든지 호환성을 높이든지'에 경영 원칙을 맞추고 있다고 한다. 디자인도 마케팅이라는 사실을 다시 한번 일깨우는 경구이기도 하다

자료원: 동아일보, 2006년 2월 13일.

9) 고객체험 매장관리

현대의 소비자들은 상품매장에서 단순히 상품을 사는 것 이외에 휴식, 만남의 장소로 이용하고 때로는 인터넷을 사용하거나 잡지도 읽는다. 캐주얼 브랜드인 "아이겐포스트" 매장은 고객이 자유롭게 인터넷을 사용할 수 있고 커피 한 잔을 마시면서 패션잡지를 볼 수 있는 휴식공간을 제공해서 젊은이들로부터 좋은 반응을 얻었다(고경순, 2004). "바디샵"은 동선으로 상품을 배치하고 실제 소비체험을 바탕으로 관련 제품들을 옆에 배열한다. <브랜딩사례 10-5>는 2010년 여름에 새로 개장한 롯데백화점 부산 광복점 아쿠아몰의 체험 마케팅 행사들을 비롯한 고객체험 매장 운영에 대해 설명한다.

〈브랜딩사례 10-5: 롯데백화점 아쿠아몰 개점으로 쇼핑과 엔터테인먼트 결합〉

롯데백화점이 부산 중구 중앙동 롯데백화점 광복점의 신관격인 아쿠아몰을 완공하고 2010년 8월 25일 개관했다. 롯데 측은 지난해 12월 국내 최초의 '씨 사이드(Sea Side) 백화점'을 표방하며 개장한 본관과 함께 광복점이 전체 모습을 갖추게 됐으며, 롯데그룹이 야심차게 진행 중인 '부산 롯데타운' 건립 프로젝트의 1단계 사업이 완료됐다고 밝혔다.

부산 롯데타운은 옛 부산시청 부지에 건립 중인 복합쇼핑·문화·생활단지이다. 지난해 12월 7일 개장한 본관과 이번에 문을 연 아쿠아몰로 이뤄진 롯데백화점 광복점과 롯데마트·시네마동(2014년), 초고층 타워동으로 2016년 완공될 예정이다. 부산 롯데타운이 완공되면 부지면적 4만 4030㎡, 연면적 56만 2975㎡, 영업면적 13만 4266㎡ 등으로 부산지역 최대 규모이며 서울 소공동 본점에 이어 롯데 점포 중 2번째로 큰 규모이다.

롯데백화점 관계자는 "이날 아쿠아몰의 개장으로 광복점은 세계 최대 규모의 실내 분수와

건물 외벽의 창호지 문양의 LED 조명, 옥상 공원의 전망대 등이 조화를 이루는 '빛과 물, 바람의 백화점'으로 거듭나게 됐다"고 밝혔다. 아쿠아몰의 지하 1층부터 지상 3층까지 이어지는 중앙 보이드에 설치된 '아쿠아틱쇼(Aquatique Show)'는 높이 21m, 수조폭 16m의 분수가 1천여 개 노즐에서 뿜어내는 물줄기와 음악과 영상이 환상적인 분위기를 연출해낸다.

아쿠아몰은 20~30대가 선호하는 "자라", "망고", "유니클로" 등 SPA(기획·생산·판매일괄) 의류 브랜드들이 대거 입점해 젊은 층에 많은 볼거리를 줄 예정이다. 이 밖에 문화와 여가생활을 즐길 수 있는 문화홀과 갤러리, 아이들을 위한 키즈카페 및 영어학원, 스포츠 클럽, 대형서점 등 다양한 엔터테인먼트 시설도 갖췄다.

이철우 사장은 "대형 SPA 브랜드들을 입점시키고 엔터테인먼트 요소가 부각된 아쿠아몰 오픈을 통해 광복점이 완성됐다"며 "글로벌 유통 기업으로 변화하고 있는 롯데의 꿈을 실현하는 대표적인 상징물이 될 것"이라고 말했다.

자료원: 조선일보, 2010년 8월 25일.

참고노트

*1. 김우성(2011), "스토리텔링 마케팅의 효과와 활용", **마케팅**, 45권 12호, 41-47의 내용을 바탕으로 수정해 작성함.

*2. 김우성(2010), "애호도 제고프로그램의 효과와 활용전략", **마케팅**, 44권 12호, 64-72의 내용을 바탕으로 수정해 작성함.

*3. 김우성(2011), "스타마케팅의 작동원리와 유형에 대한 고찰", **영산논총**, 21집, 135-150의 내용을 바탕으로 수정해 작성함.

*4. Kim, Woo-Sung (2007), *A Study of Important Factors in Brand Extension*, 파주: 한국학술정보(주)의 2장과 3장의 내용을 바탕으로 첨가, 삭제, 수정해 작성.

*5. Kim, Woo-Sung (2007), *A Study of Important Factors in Brand Extension*, 파주: 한국학술정보(주)의 4장의 내용을 바탕으로 첨가, 삭제, 수정해 작성.

*6. 김우성, 허은정(2007), "소비자 체험마케팅의 핵심적 특성들과 기여에 대한 고찰", **한국생활과학회지**, 16(1), 89-102의 내용을 바탕으로 첨가, 삭제, 수정해 작성함.

*7. 김우성, 허은정(2007), "소비자 체험마케팅의 핵심적 특성들과 기여에 대한 고찰", **한국생활과학회지**, 16(1), 89-102의 내용을 바탕으로 첨가, 삭제, 수정해 작성함.

*8. 김우성(2009), "고객감동을 위한 체험마케팅 활용방안", **마케팅**, 43권 1호, 46-51의 내용을 바탕으로 수정해 작성함.

참고문헌

경제투데이(2010), "삼성전자, 갤럭시S 체험마케팅 봇물", **경제투데이**, 2010년 7월 4일.

경제투데이(2011), "상상력을 자극하라, 스토리텔링 분양마케팅 활발", **경제투데이**, 2011년 5월 12일.

강명수(2004), "고객관계관리를 위한 온라인 브랜드 커뮤니티 구축", **마케팅**, 38권 3호, 46-52.

강명수·김병재·신종칠(2005), "브랜드 커뮤니티 성과에 관한 연구", **광고연구**, 69(겨울호), 9-32.

고경순(2004), **경험마케팅**, 대구: 대명.

국민일보(2006), "먹거리 디자인 시대, 보기 좋아야 맛도 좋다", **국민일보**, 2006년 11월 10일.

국민일보(2007a), "진화하는 체험마케팅-맛보기는 옛말, 이젠 써보며 배운다", **국민일보**, 2007년 6월 5일.

국민일보(2007b), "명화+생필품 '아름다운 앙상블' 데카르트 마케팅 열풍", **국민일보**, 2007년 7월 31일.

국민일보(2007c), "'와인트레인' 포도따기 체험", **국민일보**, 2007년 7월 31일.

국민일보(2009a), "스타 마케팅 진화", **국민일보**, 2009년 8월 27일.

국민일보(2009b), "삼성전자 브랜드가치 세계 19위", **국민일보**, 2009년 9월 19일.

국민일보 쿠키뉴스(2010), "이야기 담긴 포장으로 고객 유혹, 스토리텔링 마케팅 활발", **국민일보**, 2010년 12월 29일.

김우성(2006), "브랜드의 시대와 자기관리", **영산대신문**, 72호(10월).

김우성(2007), "스타마케팅의 효과와 문제점", **영산대신문**, 76호(4월 2일).

김우성(2009), "고객감동을 위한 체험마케팅 활용방안", **마케팅**, 43권 1호, 46-51.

김우성(2010a), "스타마케팅의 효과와 메커니즘", **마케팅**, 44권 1호, 51-56.

김우성(2010b), "애호도 제고프로그램의 효과와 활용전략", **마케팅**, 44권 12호, 64-72.

김우성(2010c), "스마트폰 경쟁과 브랜드 성공을 위한 핵심요인", **영산대신문**, 102호(9월 9일).

김우성(2011a), "스타마케팅의 작동원리와 유형에 대한 고찰", **영산논총**, 21집, 135-150.

김우성(2011b), "스토리텔링 마케팅의 효과와 활용", **마케팅**, 45권 12호, 41-47.

김우성·허은정(2007), "소비자 체험마케팅의 핵심적 특성들과 기여에 대한 고찰", **한국생활과학회지**, 16(1), 89-102.

김재범(2005), **문화산업의 이해**, 서울: 서울경제경영.

김재영(2007), Brand and Branding: The Science of Branding, 서울: 비앤엠북스.

내일신문(2004), "식품업계 브랜드확장으로 불황대응", **내일신문**, 2004년 10월 1일.

뉴데일리(2010), "슈퍼스타K Top 4 갤럭시탭 홍보대사로 우뚝", **뉴데일리**, 2010년 11월 16일.

뉴시스(2004), "중소기업 내수불황 타개책 고객체험마케팅", **뉴시스**, 2004년 9월 9일.

뉴시스(2010), "이대호, 추신수 등 부산 스포츠스타 5명 호텔리어로 변신?", **뉴시스**, 2010년 11월 18일.

동아일보(2005), "지자체, 농산물 고유 브랜드 경쟁 후끈", **동아일보**, 2005년 10월 6일.

동아일보(2006), "구세주 아이팟! '체험마케팅'으로 호환성 높여", **동아일보**, 2006년 2월 13일.

동아일보(2009a), "삼성래미안의 마케팅철학", **동아일보**, 2009년 7월 4일.

동아일보(2009b), "소비자와 대화, 스토리텔링 마케팅 뜬다", **동아일보**, 2009년 11월 9일.

디지털데일리(2005), "한국HP, 휴가철 맞아 포토 제품군 대규모 프로모션", **디지털데일리**, 2005년 7월 3일.

매일경제(2005), "애플컴퓨터, 스타벅스 로고 무슨 뜻일까", **매일경제**, 2005년 6월 18일.

매일경제(2008), "맨유의 경영학, 관중의 마음을 향해 공을 찬다", **매일경제**, 2008년 5월 16일.

매일경제(2010), "일본 수학여행단 꼭 들르는 곳은 '삼성 딜라이트'", **매일경제**, 2010년 7월 1일.

매일경제(2011), "유통업계, 스토리 마케팅 활발", **매일경제**, 2011년 4월 6일.

머니투데이(2007), "싱가포르항공, 19년째 최우수 항공사 비결은?", **머니투데이**, 2007년 10월 17일.

박명호·조형지(1999), "고객만족 개념의 재정립", **한국마케팅저널**, 1(4), 126−151.

박문기·브랜드38연구소(2006), **스타와 CF**, 서울, 두남출판사.

박종원·현호섭(2005), "광고에서의 슈퍼스타 모델의 관련성과 성취수준이 제품평가에 미치는 효과에 관한 연구", **경영학연구**, 34(4), 1079−1100.

박충환(2007), "코카콜라가 No.1 브랜드된 비결", **매일경제**, 2007년 7월 1일.

서울경제(2010a), "마케팅으로 세상을 바꾼다: 르노삼성자동차", **서울경제**, 2010년 6월 27일.

서울경제(2010b), "마케팅으로 세상을 바꾼다: SK에너지", **서울경제**, 2010년 6월 27일.

서울경제(2010c), "마케팅으로 세상을 바꾼다: 메르세데스−벤츠코리아", **서울경제**, 2010년 6월 27일.

서울경제(2010d), "마케팅으로 세상을 바꾼다: 삼성", **서울경제**, 2010년 6월 27일.

서울경제(2010e), "마케팅으로 세상을 바꾼다: 아모레퍼시픽", **서울경제**, 2010년 6월 27일.

서울신문(2008), "한게임 일공략 '이색마케팅'", **서울신문**, 2008년 8월 26일.

스탁데일리(2005), "쌍용차, 카이런으로 SUB명가 자존심 살린다", **스탁데일리**, 2005년 7월 2일.

스포츠한국(2010), "박태환 부활 뒤엔 드림팀 있었네, 특별강화위원회 구성, 의학, 과학적인 종합관리", **스포츠한국**, 2010년 11월 16일.

신응섭·이재윤·남기덕·문양호·김용주·고재원·강성록(2006), **심리학개론(제2 개정판)**, 서울: 박영사.

아시아경제(2010), "도요타사장도 반한 '삼성 딜라이트'", **아시아경제**, 2010년 5월 7일.

아시아투데이(2009a), "명품 Car는 불황에도 강하다: 수입차 프리미엄 마케팅으로 위기 탈출", **아시아투데이**, 2009년 1월 27일.

아시아투데이(2009b), "신용카드사, 오감마케팅 강화", **아시아투데이**, 2009년 7월 3일.

아주경제(2011), "차별화된 콘텐츠로 소비자 사로잡은 브랜드 온라인 커뮤니티들!", **아주경제**, 2011년 8월 16일.

안광호(2003), **마켓리더의 브랜드 경영**, 서울: 학현사.

안광호·김동훈·유창조(2008), **촉진관리: 통합적 마케팅 커뮤니케이션 접근(제2판)**, 파주: 학현사.

안광호·하영원·박흥수(2010), **마케팅원론(제5판)**, 파주: 학현사.

안광호·한상만·전성률(2008), **전략적 브랜드관리(제3판)**, 파주: 학현사.

오수연(2006), "커뮤니티를 활용한 마케팅 전략", **마케팅**, 40권 1호, 65-68.

우석봉(2010), **브랜드심리학(2판)**, 서울: 학지사.

이데일리(2008), "08 금융명품대상 출품작, 삼성카드 빅앤빅카드", **이데일리**, 2008년 1월 30일.

이데일리(2009), "한국 브랜드 세계10위, 삼성 가치 20조 껑충", **이데일리**, 2009년 11월 26일.

이코노믹리뷰(2007), "맨유에 경영을 묻다: 3) 마케팅 전략", **이코노믹리뷰**, 2007년 4월 4일.

이영희·박경란(2002), "체험수단으로서의 광고 크리에이티브 개발 및 효과에 관한 연구", **광고학연구**, 13(5), 283-300.

이유재(2000), "고객만족 연구에 관한 종합적 고찰", **소비자학연구**, 11(2), 139-166.

이유재(2009), **서비스 마케팅(제4판)**, 파주: 학현사.

이종호·김용호·김문태·옥정원(2009), **현대광고론**, 서울: 경문사.

이지훈(2010), **혼창통**, 서울: 쌤앤파커스.

이진용(2003a), "브랜드 경험에 대한 개념적 고찰과 실무적 시사점", **소비자학연구**, 14(2), 215-242.

이진용(2003b), "마케팅의 경험적 접근방법 및 그 활용방안에 관한 비판적 고찰", **한국마케팅저널**, 5(2), 19-48.

이호배·정이규(1997), "유명인 광고모델속성이 광고태도와 상표태도에 미치는 영향", **광고학연구**, 8(2), 167-181.

임종원·김재일·홍성태·이유재(2006), **소비자행동론(제3판)**, 서울: 경문사.

전자신문(2010), "사례연구: 매일유업 CRM 프로젝트", **전자신문**, 2010년 7월 5일.

조선일보(2010a), "소비자가 뽑은 가장 신뢰하는 브랜드 대상(종합금융 부문): KB금융그룹 'KB'", **조선일보**, 2010년 2월 18일.

조선일보(2010b), "5억 명 돌파 페이스북(세계 최대 소셜 네트워크 서비스), 지구촌 소통 이끈다", **조선일보**, 2010년 7월 23일.

조선일보(2010c), "한국 스포츠 스타 다큐 미 전역에 방송", **조선일보**, 2010년 8월 4일.

조선일보(2010d), "문화와 젊음 코드로 거듭나는 롯데백화점 광복점", **조선일보**, 2010년 8월 25일.

조이뉴스24(2008), "싱가포르항공, 17년 연속 세계최고항공사 선정", **조이뉴스24**, 2008년 9

월 30일.

중앙일보(2009a), "삼성 브랜드 가치, 세계 19위로 올랐다", **중앙일보**, 2009년 9월 19일.

중앙일보(2009b), "글로벌 브랜드 9년 연속 1위 코카콜라 비결은", **중앙일보**, 2009년 12월 21일.

중앙일보(2010), "애플 '3부작' 연타석 히트 비결 있었네", **중앙일보**, 2010년 4월 7일.

파이낸셜뉴스(2005), "Joy+Brand 대상 제일모직, 빈폴, 종합 가족브랜드 '큰걸음' 내딛어", **파이낸셜뉴스**, 2005년 9월 26일.

파이낸셜뉴스(2009), "삼성전자 40주년 '21세기형 그레이트 뉴 삼성' 시동", **파이낸셜뉴스**, 2009년 10월 31일.

프라임경제(2011), "청정원, 순창고추장 브랜드 사이트 '레드스토리' 오픈", **프라임경제**, 2011년 9월 8일.

하틀리·장대련(2011), **마케팅 서바이벌: 세계기업들의 도전, 성공과 실패**, 서울: 명인문화사.

한경비즈니스(2005a), "기업 살리는 명약 브랜드 리인벤팅: 케이스 스터디, 제일모직 빈폴", **한경비즈니스**, 2005년 9월 5일.

한경비즈니스(2005b), "기업 살리는 명약 브랜드 리인벤팅: 케이스 스터디, 라네즈와 설화수", **한경비즈니스**, 2005년 9월 5일.

한경닷컴(2009), "전지현 스토리", **한경닷컴**, 2009년 6월 19일.

한경닷컴(2011), "관광 및 외식업계, 스토리텔링 마케팅 한창", **한경닷컴**, 2011년 8월 17일.

한국경제(2006), "히트상품 스토리: 물먹는 하마, 20년간 2억 개 불티", **한국경제**, 2006년 6월 23일.

한국경제(2009a), "2009 대한민국 명품브랜드 대상: 대상, 고유 맛 살려 한국대표 고추장 자리매김", **한국경제**, 2009년 7월 7일.

한국경제(2009b), "세대 넘은 히트상품, 장수 DNA에 주목하라", **한국경제**, 2009년 10월 27일.

한국경제(2010), "신형 아반떼 1호차 주인공은 역시 김연아", **한국경제**, 2010년 7월 21일.

한국경제매거진(2010), "골리앗을 이긴 다윗, No.1 국산 명품 브랜드", **한국경제매거진**, 2010년 4월 8일.

한국금융신문(2010), "외환은행, 여름방학 청소년 인턴십 체험단 모집", **한국금융신문**, 2010년 7월 8일.

한국일보(2005), "'체험버스' 마케팅 붐", **한국일보**, 2005년 6월 2일.

헤럴드경제(2005), "유무선 음악 서비스 틀어볼래!", **헤럴드경제**, 2005년 7월 1일.

헤럴드경제(2010), "황 회장은 갔어도, KB, 그룹통합로열티제도 시행", **헤럴드경제**, 2010년 3월 29일.

홍성태(2010), "홍성태 교수의 마케팅 레슨: 책상에 앉아 마케팅 고민? 클럽 가서 춤추고 느껴라", **조선일보**(위클리비즈), 2010년 2월 20일.

Aaker, David A.(1990), "Brand Extensions: the Good, the Bad, and the Ugly", *Sloan Management Review*, Summer, 47−56.

Aaker, David A.(1991), *Managing Brand Equity*, New York: The Free Press.

Aaker, David A.(1996), *Building Strong Brands*, New York: The Free Press.

Aaker, David A. and E. Joachimsthaler(2000), *Brand Leadership*, New York: The Free Press.

Aaker, David A. and Kevin Lane Keller(1990), "Consumer Evaluations of Brand Extensions", *Journal of Marketing*, 54(January), 27−41.

Aaker, Jennifer L.(1997), "Dimensions of Brand Personality", *Journal of Marketing Research*, 34(August), 347−356.

Addis, Michela and Morris B. Holbrook(2001), "On the Conceptual Link between Mass Customization and Experiential Consumption: An Explosion of Subjectivity", *Journal of Consumer Behavior*, 1 (1), 50−66.

Batra, Rajeev and Pamela Miles Homer(2004), "The Situational Impact of Brand Image Beliefs", *Journal of Consumer Psychology*, 14(3), 318−330.

Batra, Rajeev, Donald R. Lehmann, and Dipinder Singh(1993), "The Brand Personality Component of Brand Goodwill: Some Antecedents and Consequences", in *Brand Equity and Advertising*, David A. Aaker and Alexander Biel, eds. Hillsdale, NJ: Lawrence Erlbaum.

Bedbury, Scott and Stephen Fenichell(2002), *A New Brand World: Eight Principles for Achieving Brand Leadership in the 21st Century*, New York, NY: Viking Press.

Berry, Leonard L.(1980), "Services Marketing is Different", *Business*, (May−June).

Berry, Leonard L.(2000), "Cultivating Service Brand Equity", *Journal of the Academy of Marketing Science*, 28(1),128−137.

Berthon, Pierre, James M. Hulbert, and Leyland F. Pitt(1999), "Brand Management Prognostications", *Sloan Management Review*, Winter, 53−65.

Bhat, Subodh and Srinivas K. Reddy(1997), "Investigating the Dimensions of the Fit Between a Brand and Its Extension", in *AMA Winter Educators' Conference Proceedings*, Vol.8, eds. Debbie Thorne LeClair and Michael Hartline, Chicago, IL: American Marketing Association, 186−194.

Biel, Alexander(1993), "Converting Image into Equity", in *Brand Equity and Advertising*, David A. Aaker and Alexander Biel, eds. Hillsdale, NJ: Lawrence Erlbaum.

Bitner, Mary Jo(1995), "Building Service Relationships: It's All About Promises", *Journal of the Academy of Marketing Sciences*, 23(4), 246−251.

Blackett, T.(1991), "The Valuation of Brands", *Marketing Intelligence & Planning*, 9(1), 27−35.

Booms, B. H. and M. J. Bitner(1981), "Marketing Strategies and Organizational Structures for Service Firms", in *Marketing of Services*, eds. J. H. Donnelly and W. R. George, Chicago: American Marketing Association, 47−51.

Bottomley, Paul A. and John R. Doyle(1996), "The Formation of Attitudes Towards Brand Extensions: Testing and Generalising Aaker and Keller's Model", *International Journal of Research in Marketing*, 13, 365−377.

Boush, David M.(1993a), "How Advertising Slogans Can Prime Evaluations of Brand Extensions", *Psychology and Marketing*, Vol. 10(1), 67−78.

Boush, David M.(1993b), "Brands as Categories", in *Brand Equity and Advertising*, David A. Aaker and Alexander Biel, eds. Hillsdale, NJ: Lawrence Erlbaum.

Boush, David M. and Scott M. Jones(2006), "Ch. 1: A Strategy−Based Framework for Extending Brand Image Research", in Lynn R. Kahle and Chung-Hyun Kim (Eds.), *Creating Images and the Psychology of Marketing Communication*, Mahwah, NJ: Lawrence Erlbaum Associates, 3-29.

Boush, David M. and Barbara Loken(1991), "A Process−Tracing Study of Brand Extension Evaluation", *Journal of Marketing Research*, 28(February), 16−28.

Boush, David M., Shannon Shipp, Barbara Loken, Ezra Gencturk, Susan Crockett, Ellen Kennedy, Betty Minshall, Dennis Misurell, Linda Rochford, and Jon Strobel(1987), "Affect Generalization to Similar and Dissimilar Brand Extensions", *Psychology and Marketing*, 4(3), 225−237.

Braig, Bridgette M. and Alice M. Tybout(2005), "Brand Extensions", in Alice M. Tybout and Tim Calkins (Eds.), *Kellogg on Branding*, Hoboken, NJ: John Wiley & Sons, 91−103.

Bridges, Sheri, Kevin L. Keller, and Sanjay Sood(2000), "Explanatory Links and the Perceived Fit of Brand Extensions: The Role of Dominant Parent Brand Association and Communication Strategies", *Journal of Advertising*, 29(4), 1−11.

Broniarczyk, Susan M. and Joseph W. Alba(1994), "The Importance of the Brand in Brand Extension", *Journal of Marketing Research*, 31(May), 214−228.

Bruner II, G. C.(1990), "Music, Mood, and Marketing", *Journal of Marketing*, 54(4), 94−104.

Calder, Bobby. J.(2005), "Designing Brands", in Alice M. Tybout and Tim Calkins (Eds.), *Kellogg on Branding*, Hoboken, NJ: John Wiley & Sons, 27−39.

Chakravarti, Dipankar, Deborah J. MacInnis, and Kent Nakamoto(1990), "Product Category Perceptions, Elaborative Processing and Brand Name extension Strategies", in *Advances in Consumer Research*, Vol.17, eds. Marvin E. Goldberg, Gerald Gorn, and Richard W. Pollay, Provo, UT: Association for Consumer Research, 910−916.

Chandler, C. H.(1989), "Quality: Beyond Customer Satisfaction", *Quality Progress*, 22(February), 30−32.

Cheverton, Peter(2003), *If You're So Brilliant−How Come Your Brand Isn't Working Hard Enough?* (브랜드 관리기술; 이관수 옮김), 서울: 미래와 경영.

Claeys, C., A. Swinnen, and P. Vanden Abeele(1995), "Consumers' Means−End Chains for 'Think' and 'Feel' Products", *International Journal of Research in Marketing*, 12, 193-208.

Cohen, Joel B.(1982), "The Role of Affect in Categorization: Towards a Reconsideration of the Concept of Attitude", in Andrew Mitchell (Ed.), *Advances in Consumer Research*, Vol. 9, Ann Arbor, MI: Association for Consumer Research, 94−100.

Csikszentmihalyi, M.(1990), *Flow: The Psychology of Optimal Experience*, New York: Harper and Row.

Dacin, Peter A. and Daniel C. Smith(1994), "The Effect of Brand Portfolio Characteristics on Consumer Evaluations of Brand Extensions", *Journal of Marketing Research*, 31(May), 229-242.

Darby, Michael R. and E야 Karni(1973), "Free Competition and the Optimal Amount of Fraud", *Journal of Law and Economics*, 16 (April), 67-88.

DelVecchio, Devon and Daniel C. Smith(1997), "Brand Extension Price Premiums: The Role of Product Category and Consumer Characteristics", in *AMA Educators' Conference Proceedings*, Vol.8, eds. William M. Pride and G. Thomas M. Hult, Chicago, IL: American Marketing Association, 58-64.

Dobni, D. and George M. Zinkhan(1990), "In Search of Brand Image: A Foundation Analysis", in *Advances in Consumer Research*, Vol. 17, 110-119.

Donius, James F.(1995), "Brand Equity: A Holistic Perspective", in *Exploring Brand Equity*, ed. by Advertising Research Foundation, New York, NY: Advertising Research Foundation, Inc., 55-64.

Eagly, Alice H. and Shelly Chaiken(1993), *The Psychology of Attitudes*, Orlando, FL: Harcourt Brace Javanovich, Inc.

Farquhar, Peter H.(1989), "Managing Brand Equity", *Marketing Research*, Sep., 24-33.

Farquhar, Peter H. and Paul M. Herr(1993), "The Dual Structure of Brand Associations", in *Brand Equity and Advertising*, David A. Aaker and Alexander Biel, eds. Hillsdale, NJ: Lawrence Erlbaum.

Fiske, Susan T.(1982), "Schema-Triggered Affect: Application to Social Perception", in Margaret S. Clark and Susan T. Fiske (Eds.), *Affect and Cognition: the 17th Annual Carnegie Symposium on Cognition*, NJ: Lawrence Erlbaum Associates, 171-190.

Fiske, Susan T. and Mark A. Pavelchak(1986), "Category-Based Versus Piecemeal-Based Affective Responses: Developments in Schema -Triggered Affect", in Richard W. Sorrentino and E. Tory Higgins (Eds.), *The Handbook of Motivation and Cognition: Foundation of Social Behavior*, New York: Guilford Press, 167-203.

Forde, Pat(2011), "Oregon Brand Built on Constant Change", *ESPN.com*, Jan. 9, 2011.

Fournier, Susan(1998), "Consumers and Their Brands: Developing Relationship Theory in Consumer Research", *Journal of Consumer Research*, 24 (March), 343-373.

Freiden, Jon B.(1984), "Advertising Spokesperson Effects: An Examination of Endorser Types and Gender on Two Audiences", *Journal of Advertising Research*, 24(October/November), 33-41.

Garvin, David(1984), "Product Quality: An Important Strategic Weapon", *Business Horizons*, 27

(May—June), 40—43.

Griffin, Jill(1995), *Customer Loyalty: How to Earn It, How to Keep It*, New York, NY: Lexington Books.

Gutman, Jonathan(1982), "A Means—End Chain Model Based on Consumer Categorization Processes", *Journal of Marketing*, 46, 60—72.

Gutman, Jonathan and Thomas Reynolds(1979), "An Investigation of the Levels of Cognitive Abstraction Utilized by Consumers in Product Differentiation", in *Attitude Research Under the Sun*, ed. J. Eighmey, Chicago, IL: American Marketing Association, 128—150.

Hellofs, Linda L. and Robert Jacobson(1999), "Market Share and Customers' Perceptions of Quality: When Can Firms Grow Their Way to Higher Versus Lower Quality?", *Journal of Marketing*, 63(January), 16—25.

Herr, Paul M., Peter H. Farquhar, and Russell H. Fazio(1996), "Impact of Dominance and Relatedness on Brand Extensions", *Journal of Consumer Psychology*, 5(2), 135—159.

Heskett, J. L., T. O. Jones, G. W. Loveman, W. E. Sasser Jr., and L. A. Schlesinger(1994), "Putting the Service—Profit Chain to Work", *Harvard Business Review*, 72(March—April), 164—174.

Hirschman, Elizabeth C. and Morris B. Holbrook(1982), "Hedonic Consumption: Emerging Concepts, Methods, and Propositions", *Journal of Marketing*, Summer, 92—101.

Hoch, Stephen and John Deighton(1989), "Managing What Consumers Learn from Experience", *Journal of Marketing*, 53 (April), 1—20.

Hoffman, Donna L. and Thomas P. Novak(1996), "Marketing in Hypermedia Computer—Mediated Environments: Conceptual Foundations", *Journal of Marketing*, 60 (3), 50—68.

Holbrook, Morris B. and Kim P. Corfman(1985), "Quality and Value in the Consumption Experience: Phaedrus Rides Again", in *Perceived Quality*, eds. Jacob Jacoby and Jerry C. Olson, Lexington, MA: Lexington Books, 31—57.

Holbrook, Morris B. and Elizabeth C. Hirschman(1982), "The Experiential Aspects of Consumption: Consumer Fantasies, Feelings, and Fun", *Journal of Consumer Research*, 9(September), 132—140.

Holt, Douglas B.(1995), "How Consumers Consume", *Journal of Consumer Research*, 22, 1—16.

Hovland, Carl, Irving Janis, and Harold H. Kelly(1953), *Communication and Persuasion*, New Haven, CT: Yale University Press.

Jacobson, Robert and David A. Aaker(1987), "The Strategic Role of Product Quality", *Journal of Marketing*, 51(October),31—44.

Johnson, Michael D. and F. Seines(2004), "Customer Portfolio Management: Toward a Dynamic Theory of Exchange Relationships", *Journal of Marketing*, 68(April), 1—17.

Joiner, Christopher and Barbara Loken(1998), "The Inclusion Effect and Category-Based Induction: Theory and Application to Brand Categories", *Journal of Consumer Psychology*, 7(2), 101—129.

Kahle, Lynn R. and Pamela M. Homer(1985), "Physical Attractiveness of the Celebrity Endorser:

A Social Adaptation Perspective", *Journal of Consumer Research*, 11(March), 954−961.

Kamins, Michael A.(1990), "An Investigation into the Match-Up-Hypothesis in Celebrity Advertising: When Beauty Be Only Skin Deep", *Journal of Advertising*, 19(1), 4−13.

Keller, Kevin Lane(1993), "Conceptualizing, Measuring, and Managing Customer−Based Brand Equity", *Journal of Marketing*, 57(Jan.), 1−22.

Keller, Kevin L.(2003), "Brand Synthesis: The Multidimensionality of Brand Knowledge", *Journal of Consumer Research*, 29 (4), 595−600.

Keller, Kevin L.(2008), *Strategic Brand Management: Building, Measuring, and Managing Brand Equity (3rd Edition)*, Upper Saddle River, NJ: Pearson Education, Inc.

Keller, Kevin L. and David A. Aaker(1992), "The Effects of Sequential Introduction of Brand Extensions", *Journal of Marketing Research*, 29(February), 35−50.

Kim, Woo-Sung(2007), *A Study of Important Factors in Brand Extension*, 파주: 한국학술정보(주).

Kirmani, Amna and Valarie Zeithaml(1993), "Advertising, Perceived Quality, and Brand Image", in *Brand Equity and Advertising*, David A. Aaker and Alexander Biel, eds. Hillsdale, NJ: Lawrence Erlbaum.

Klink, Richard R. and Daniel C. Smith(1997), "On the Extendibility of Brands", in *AMA Winter Educators' Conference Proceedings*, Vol.8, eds. Debbie Thorne LeClair and Michael Hartline, Chicago, IL: American Marketing Association, 185.

Kochan, Nicholas(1997), *The World's Greatest Brands*, New York, NY: New York University Press.

Kotler, Philip(2003), *Marketing Management (11th Edition)*, Upper Saddle River, NJ: Prentice Hall.

Kotler, Philip(2010), *Marketing 3.0: From Products to Customers to the Human Spirit* (마켓 3.0; 안진환 옮김), 서울: 타임비즈.

Kotler, Philip and Kevin Keller(2009), *Marketing Management (13th Edition)* (마케팅관리론 제13판; 윤훈현 옮김), 서울: 석정.

Lawson, Robert and Subra Balakrishnan(1998), "Developing and Managing Brand Image and Brand Concept Strategies", in *AMA Winter Educators' Conference Proceedings*, Vol.9, eds. Dhruv Grewal and Connie Pechmann, Chicago, IL: American Marketing Association, 121−126.

Lemon, Katherine N., Roland T. Rust, and Valarie A. Zeithaml(2001), "What Drives Customer Equity", *Marketing Management*, 10 (1), 20-25.

Lindstrom, Martin (2006), *Brand Sense: How to Build Powerful Brands Through Touch, Taste, Smell, Sight, and Sound* (세계 최고 브랜드에게 배우는 오감 브랜딩; 최원식 옮김), 서울: 랜덤하우스코리아.

Loken, Barbara and Deborah Roedder John(1993), "Diluting Brand Beliefs: When Do Brand Extensions Have a Negative Impact?", *Journal of Marketing*, 57(July), 71−84.

Lovelock, Christopher and Jochen Wirtz(2004), *Services Marketing: People, Technology, Strategy (5th Edition)*, Upper Saddle River, NJ: Pearson/ Prentice Hall.

Lovelock, Christopher and Jochen Wirtz(2011), *Services Marketing: People, Technology, Strategy (7th Edition)*, Seoul: Pearson.

Mackenzie, Scott B., Richard J. Lutz, and George E. Belch(1986), "The Role of Attitude Toward the Ad as a Mediator of Advertising Effectiveness: A Test of Competing Explanations", *Journal of Marketing Research*, 23(May), 130−143.

McAlexander, James H., John W. Schouten, and Harold F. Koenig(2002), "Building Brand Community", *Journal of Marketing*, 66 (1), 38−54.

McCracken, Grant(1989), "Who is the Celebrity Endorser? Cultural Foundations of the Endorsement Process", *Journal of Consumer Research*, 16(December), 310−321.

Milliman, R. E.(1982), "Using background music to affect the behavior of supermarket shoppers", *Journal of Marketing*, 46(3), 86−91.

Milliman, R. E.(1986), "The influence of background music on the behavior of restaurant patrons", *Journal of Consumer Research*, 13(2), 286−289.

Moorthi, Y. L. R.(2002), "An Approach to Branding Services", *Journal of Services Marketing*, 16(2/3), 259−274.

Moran, William T.(1995), "Brand Equity: The Durability of Brand Value", in *Exploring Brand Equity*, ed. Advertising Research Foundation, New York, NY: Advertising Research Foundation, Inc., 293−318.

Mort, Gillian Sullivan and Trista Rose(2004), "The Effect of Product Type on Value Linkages in the Means-End Chain: Implications for Theory and Method", *Journal of Consumer Behavior*, 3(3),221−234.

Muniz, Albert M. Jr., and Thomas C. O'Guinn(2001), "Brand Community", *Journal of Consumer Research*, 27 (4), 412−432.

Nakamoto, Kent, Deborah J. MacInnis, and Hyung-Shik Jung(1993), "Advertising Claims and Evidence as Bases for Brand Equity and Consumer Evaluations of Brand Extensions", in *Brand Equity and Advertising*, David A. Aaker and Alexander Biel, eds. Hillsdale, NJ: Lawrence Erlbaum.

Nelson, Philip(1970), "Information and Consumer Behavior", *Journal of Political Economy*, 78(March/April), 311−329.

O'Cass, Aron and Debra Grace(2004), "Exploring Consumer Experiences with a Service Brand", *Journal of Product and Brand Management*, 13 (4), 257−268.

Ohanian, Roobina(1990), "Construction and Validation of A Scale to Measure Celebrity Endorsers' Perceived Expertise, Trustworthiness, and Attractiveness", *Journal of Advertising*, 19(3), 39−52.

Oliver, Richard L.(1997), Satisfaction: A Behavioral Perspective on the Consumer, New York: McGraw−Hill.

Oliver, Richard L.(1999), "Whence Customer Loyalty?", *Journal of Marketing*, 63 (Special Issue),

33−44.

Oliver, Richard L., Roland T. Rust, and Sajeev Varki(1997), "Customer Delight: Foundations, Findings, and Managerial Insight", *Journal of Retailing*, 73 (3), 311−336.

Olson, Jerry C. and Jacob Jacoby(1972), "Cue Utilization in the Quality Perception Process", in *Proceedings of the Third Annual Conference of the Association for Consumer Research*, ed. M. Venkatesan, Iowa City, IA: Association for Consumer Research, 167−179.

Olson, Jerry C. and Thomas J. Reynolds(1983), "Understanding Consumers' Cognitive Structures: Implications for Advertising Strategy", in *Advertising and Consumer Psychology*, eds. L. Percy and A. Woodside, Lexington, MA: Lexington Books, 77−90.

Ostrom, Amy L., Dawn Iacobucci, and Felicia N. Morgan(2005), "Services Branding", in Alice M. Tybout and Tim Calkins (Eds.), *Kellogg on Branding*, Hoboken, NJ: John Wiley & Sons, 186−200.

O'Sullivan, Ellen and Kathy J. Spangler(1998), *Experience Marketing*, State College, PA: Venture Publishing, Inc.

Parasuraman, A., Valarie A. Zeithaml, and Leonard L. Berry(1985), "A Conceptual Model of Service Quality and Its Implications for Future Research", *Journal of Marketing*, 49(Fall), 41−50.

Parasuraman, A., Valarie A. Zeithaml, and Leonard L. Berry(1988), "SERVQUAL: A Multiple-Item Scale for Measuring Consumer Perceptions of Service quality", *Journal of Retailing*, 64(Spring), 12−40.

Park, C. Whan, Bernard J. Jaworski, and Debora J. MacInnis(1986), "Strategic Brand Concept-Image Management", *Journal of Marketing*, 50(October), 135−145.

Park, C. Whan, Sandra Milberg, and Robert Lawson (1991), "Evaluation of Brand Extensions: The Role of Product Feature Similarity and Brand Concept Consistency", *Journal of Consumer Research*, 18(September), 185−193.

Petty, Richard E., John T. Cacioppo, and David Schumann(1983), "Central and Peripheral Routes to Advertising Effectiveness: The Moderating Role of Involvement", *Journal of Consumer Research*, 10(September), 135−146.

Phillips, Diane M., and Hans Baumgartner(2002), "The Role of Consumption Emotions in the Satisfaction Response", *Journal of Consumer Psychology*, 12 (3), 243−252.

Pine, II B. Joseph, and James H. Gilmore(1999), *The Experience Economy: Work Is Theater & Every Business a Stage*, Boston, MA: Harvard Business School Press.

Puto, Christopher P. and William D. Wells(1984), "Informational and Transformational Advertising: The Differential Effects of Time", in *Advances in Consumer Research*, Vol. 11, ed. Thomas C. Kinnear, Association for Consumer Research, 638−643.

Rangaswamy, Arvind, Raymond R. Burke, and Terence A. Oliva(1993), "Brand Equity and the Extendibility of Brand Names", *International Journal of Research in Marketing*, Vol. 10,

61-75.

Ratchford, Brian T.(1987), "New Insights about the FCB Grid", *Journal of Advertising Research*, Aug/Sep, 24-38.

Reddy, Srinivas K., Susan L. Holak, and Subodh Bhat(1994), "To Extend or Not to Extend: Success Determinants of Line Extensions", *Journal of Marketing Research*, 31(May), 243-262.

Rein, Irving, Philip Kotler, and Ben Shields(2009), *The Elusive Fan: Reinventing Sports in a Crowded Marketplace*, (스포츠팬을 잡아라; 서원재와 성용준 역), 서울, 한국방송통신대학교출판부.

Reynolds, Thomas J. and Jonathan Gutman(1984), "Advertising is Image Management", *Journal of Advertising Research*, 24(1), 27-37.

Richins, M. (1997), "Measuring Emotions in the Consumption Experience", *Journal of Consumer Research*, 24(2), 127-146.

Robinette, Scott, Claire Brand, and Vicki Lenz (2003), *Emotion Marketing*(감성마케팅; 윤천규 옮김), 서울: 김앤김북스.

Rokeach, M. J. (1973), *The Nature of Human Values*, New York, NY: The Free Press.

Roll, Martin (2006), *Asian Brand Strategy*(아시아의 글로벌 브랜드; 정인식과 구승회 옮김), 서울: 시그마프레스.

Romeo, Jean B. (1991), "The Effect of Negative Information on the Evaluation of Brand Extensions and the Family Brand", in *Advances in Consumer Research*, Vol. 18, eds. Rebecca H. Holman and Michael R. Solomon, Provo, UT: Association for Consumer Research, 399-406.

Rossiter, John R., Larry Percy, and Robert J. Donovan (1991), "A Better Advertising Planning Grid", *Journal of Advertising Research*, Oct/Nov, 11-21.

Roth, Martin S.(1995), "The Effects of Culture and Socioeconomics on the Performance of Global Brand Image Strategies", *Journal of Marketing Research*, 32(May), 163-175.

Rust, Roland T., Anthony J. Zahorik, and Timorthy L. Keiningham(1996), *Service Marketing*, New York: Harper Collins.

Schmitt, Bernd H.(1999), *Experiential Marketing: How to Get Customers to Sense, Feel, Think, Act, Relate to Your company and Brands*, New York, NY: The Free Press.

Schmitt, Bernd H.(2003), *Customer Experience Management*, Hoboken, NJ: John Wiley & Sons, Inc.

Schroeder, George(2010), "Oregon Football Proves That Marketing Pays", *Register-Guard*, Oct. 1, 2010.

Schultz, Howard(1977), *Pour Your Heart into It*, New York: Hyperion.

Singh, Mandeep, Siva K. Balasubramanian, and Goutam Chakraborty(2000), "A comparative Analysis of Three Communication Formats: Advertising, Informercial, and Direct Experience", *Journal of Advertising*, 29 (4), 59-75.

Sharp, Byron M.(1993), "Managing Brand Extension", *Journal of Consumer Marketing*, 10(3), 11-17.

Sheinin, Daniel A. and Bernd H. Schmitt(1994), "Extending Brands with New Product Concepts: The Role of Category Attribute Congruity, Brand Affect, and Brand Breadth", *Journal of Business Research*, 31, 1−10.

Sherry, John F. Jr.(2005), "Brand Meaning", in Alice M. Tybout and Tim Calkins (Eds.), *Kellogg on Branding*, Hoboken, NJ: John Wiley & Sons, 40-69.

Shocker, Allan D., Rajendra K. Srivastava, and Robert W. Ruekert(1994), "Challenges and Opportunities Facing Brand Management: An Introduction to the Special Issue", *Journal of Marketing Research*, 31(May), 149−158.

Smith, Daniel C. and Jonlee Andrews(1995), "Rethinking the Effect of Perceived Fit on Customers' Evaluations of New Products", *Journal of the Academy of Marketing Science*, 23(1), 4−14.

Smith, Daniel C. and C. Whan Park(1992), "The Effects of Brand Extensions on Market Share and Advertising Efficiency", *Journal of Marketing Research*, 29(August), 296−313.

Smith, Edward E., Edward J. Shoben, and Lance J. Rips(1974), "Structure and Process in Semantic memory: A Featural Model for Semantic Decisions", *Psychological Review*, 81(3), 214−241.

Sole, D. and D. Gray-Wilson(1999), *Storytelling in Organizations: The Power and Traps of Using Stories to Share Knowledge in Organizations*, Boston, MA: Harvard University.

Spangenberg, E. R., A. E. Crowley, and P. W. Henderson(1996), "Improving the store environment: Do olfactory cues affect evaluations and behavior?", *Journal of Marketing*, 60(2), 67−80.

Srull, Thomas K. and Robert S. Wyer(1989), "Person Memory and Judgment", *Psychological Review*, 96(1), 58−83.

Sunde, Lorraine and Roderick J, Brodie(1993), "Consumer Evaluations of Brand Extensions: Further Empirical Results", *International Journal of Research in Marketing*, 10, 47−53.

Szybillo, G. J. and J. Jacoby(1974), "Intrinsic Versus Extrinsic Cues as Determinants of Perceived Product Quality", *Journal of Applied Psychology*, 59(February), 74−78.

Tauber, Edward M.(1981), "Brand Franchise Extensions: New Product Benefits from Existing Band Names", *Business Horizons*, 24(2), 36−41.

Tauber, Edward M.(1988), "Brand Leverage: Strategy for Growth in a Cost Controlled World", *Journal of Advertising Research*, 28(August/ September), 26−30.

Tauber, Edward M.(1993), "Fit and Leverage in Brand Extensions", in *Brand Equity and Advertising*, David A. Aaker and Alexander Biel, eds. Hillsdale, NJ: Lawrence Erlbaum.

Temporal, Paul(2006), *Advanced Brand Management: From Vision to Valuation* (브랜드 전략론; 이문규 옮김), 서울: 석정.

Till, Brian D., Sarah M. Stanley, and Randi Priluck(2008), "Classical Conditioning and Celebrity Endorsers: An Examination of Belongingness and Resistance to Extinction", *Psychology and Marketing*, 25(2), 179-196.

Tom, Gail, Rebecca Clark, Laura Elmer, Edward Grech, Joseph Masetti Jr., and Harmona Sandhar (1992), "The Use of Created Versus Celebrity Spokespersons in Advertisements", *Journal of Consumer Marketing*, 9(4), 45-51.

Tulving, Edward E.(1985), "How Many Memory Systems Are There?", *American Psychologist*, 40, 385-398.

Tybout, Alice, M. and Gregory Carpenter(2001), "Creating and Managing Brands", in D. Iacobucci (Ed.), *Kellogg on Marketing*, Hoboken, NJ: John Wiley & Sons.

Tybout, Alice, M. and Brian Sternthal(2005), "Brand Positioning", in Alice M. Tybout and Tim Calkins (Eds.), *Kellogg on Branding*, Hoboken, NJ: John Wiley & Sons, 11-26.

Vaughn, Richard(1980), "How Advertising Works: A Planning Model", Journal of Advertising Research, 20(Oct), 27-33.

Wanke, Michaela, Herbert Bless, and Norbert Schwarz(1998), "Context Effects in Product Line Extensions: Context is Not Destiny", *Journal of Consumer Psychology*, 7(4), 299-322.

Wheeler, Alina(2006), *Designing Brand Identity (2nd edition)*, Hoboken, NJ: John Wiley & Sons, Inc.

Woodside, Arch G., Suresh Sood, and Kenneth E. Miller(2008), "When Consumers and Brands Talk: Storytelling Theory and Research in Psychology and Marketing", *Psychology & Marketing*, Vol. 25(2), 97-145.

Wright, Alice A., and John G. Lynch Jr.(1995), "Communication Effects of Advertising Versus Direct Experience When Both Search and Experience Attributes Are Present", *Journal of Consumer Research*, 21 (4), 708-718.

www.amorepacific.com

www.encyber.com(인터넷 두산백과사전)

www.goducks.com(오리건대 공식 스포츠웹사이트)

www.naver.com (네이버 백과사전)

www.nhncorp.com

www.virgin.com

www.wikipedia.org(위키피디아 백과사전)

Wright, Peter L.(1976), "An Adaptive Consumer's View of Attitudes and Choice Mechanisms as Viewed by an Equally Adaptive Advertiser", in *Attitude Research at Bay*, ed. William D. Wells, Chicago: American Marketing Association, 113-131.

Zeithaml, Valarie A.(1988), "Consumer Perceptions of Price, Quality, and Value: A Means-End Model and Synthesis of Evidence", *Journal of Marketing,* 52(July), 2-22.

Zeithaml, Valarie A., A. Parasuraman, and Leonard L. Berry(1985), "Problems and Strategies in Services Marketing", *Journal of Marketing*, 49(Spring), 33-46.

Zeithaml, Valarie A., Mary Jo Bitner, and Dwayne D. Gremler(2009). *Services Marketing: Integrating Customer Focus Across the Firm (5th Edition)*, Singapore: McGraw-Hill.

김우성

서울대학교 영어교육학과를 졸업하고 미국 University of Missouri에서 경영학 석사(MBA) 및 심리학 석사학위, University of Oregon에서 경영학(마케팅) 박사학위를 취득했다. 현재 한국마케팅학회, 한국소비자학회, 한국소비문화학회, 한국마케팅관리학회 등의 평생회원으로 있고 한국소비문화학회, 한국마케팅관리학회 등의 이사를 역임했다. University of Oregon에서 강사 및 연구조교로서 일했다. 영산대학교에서 경영학과장을 역임했고 현재 경영학과 교수로 재직하고 있다.

주요 관심분야는 브랜드 관리, 소비자 기억과 의사결정, 광고, 스포츠마케팅, 소비문화, 체험마케팅이다. 저서로『세대연구와 소비자행동』,『A Study of Important Factors in Brand Extension』등이 있고『Journal of Consumer Psychology』,『소비자학연구』,『소비문화연구』등에 다수의 논문들을 게재했다. 2003년 소비자학회의 최우수논문상을 받았다.

매년 가을이 되면 오리건 대학교의 풋볼 팀이 전미 챔피언이 되기를 열망하는 열성팬이고 Kenny G의 음악을 특히 좋아한다.

브랜드와
고객체험

초판인쇄 | 2012년 4월 2일
초판발행 | 2012년 4월 2일

지 은 이 | 김우성
펴 낸 이 | 채종준
펴 낸 곳 | 한국학술정보㈜
주　　소 | 경기도 파주시 문발동 파주출판문화정보산업단지 513-5
전　　화 | 031) 908-3181(대표)
팩　　스 | 031) 908-3189
홈페이지 | http://ebook.kstudy.com
E-mail | 출판사업부　publish@kstudy.com
등　　록 | 제일산-115호(2000. 6. 19)

ISBN　　978-89-268-3277-6 93320 (Paper Book)
　　　　978-89-268-3278-3 98320 (e-Book)